Nicole Forseille

RECHERCHE EN ÉDUCATION EN MILIEU MINORITAIRE FRANCOPHONE

Sous la direction de

Yves Herry et
Catherine Mougeot

Collection
ACTEXPRESS

Les Presses de l'Université d'Ottawa

© Presses de l'Université d'Ottawa, 2007

Tous droits de traduction et d'adaptation, en totalité ou en partie, réservés pour tous les pays. La reproduction d'un extrait quelconque de ce livre, par quelque procédé que ce soit, tant électronique que mécanique, en particulier par photocopie et par microfilm, est interdite sans l'autorisation écrite de l'éditeur.

CATALOGAGE AVANT PUBLICATION DE BIBLIOTHÈQUE ET ARCHIVES CANADA

Recherche en éducation en milieu minoritaire francophone /
sous la direction de Yves Herry et Catherine Mougeot.

Textes présentés lors d'une conférence internationale tenue à
l'Université d'Ottawa le 20 avril 2005.

(Actexpress) Comprend des réf. bibliogr.
ISBN-13 : 978-2-7603-0630-1   ISBN-10 : 2-7603-0630-5   ISSN : 1480-4743

1. Canadiens français — Éducation — Recherche — Canada — Congrès.
2. Minorités linguistiques — Éducation — Recherche — Canada — Congrès.
3. Langage et éducation — Recherche — Canada — Congrès.
4. Minorités linguistiques — Éducation — Recherche — Congrès.
5. Langage et éducation — Recherche — Congrès. I. Herry, Yves, 1958- II. Mougeot, Catherine, 1984-

LC3734.R4195 2006   371.829'1140072071   C2006-906394-X

Imprimé par Les Presses de l'Université d'Ottawa, 2007
542 Avenue King Edward
Ottawa, Ontario K2P 0Z3
www.uopress.uottawa.ca

Cet ouvrage a été publié grâce à une subvention de la Fédération canadienne des sciences humaines, de concert avec le Programme d'aide à l'édition savante, dont les fonds proviennent du Conseil de recherches en sciences humaines du Canada.

Les Presses de l'Université d'Ottawa remercient le Conseil des Arts du Canada et l'Université d'Ottawa de l'aide qu'ils apportent à leur programme de publication.

Nous reconnaissons également l'aide financière du gouvernement du Canada par l'entremise du Programme d'aide au développement de l'industrie de l'édition (PADIE) pour nos activités d'édition.

La série ACTEXPRESS est publiée sans l'intervention éditoriale régulière des Presses de l'Université d'Ottawa. Le processus d'édition pour *Recherche en éducation en milieu minoritaire francophone* a été assuré par les directeurs de l'œuvre.

Table des matières

Liste des collaborateurs ix

Préface — *Yves Herry et Catherine Mougeot* xi

Remerciements xiv

Introduction
La recherche sur l'éducation de langue française
en milieu minoritaire : pourquoi? — *Normand Labrie* 1

PREMIÈRE PARTIE
Processus de construction identitaire

Introduction 15

L'émergence de l'Ontario français et de son processus identitaire :
au seuil des luttes scolaires, 1904-1910 — *Yvan Morin* 16

Construction identitaire et éducation artistique :
l'enseignante et l'enseignant comme passeurs culturels — *Mariette Théberge* 24

Vivre son adolescence et construire son identité
en milieu minoritaire de l'Ontario français — *Georges Duquette* 32

L'école francophone au Nouveau-Brunswick engendre-t-elle
un sentiment d'insécurité linguistique chez les jeunes? — *Carole Boucher* 40

Le rapport à l'identité dans les écoles situées
en milieu francophone minoritaire — *Diane Gérin-Lajoie* 48

La concurrence des programmes d'immersion précoce auprès des familles linguistiquement
mixtes ayant le droit d'envoyer leurs enfants à l'école française — *Josée Makropoulos* 57

Rôle de l'école et de la famille dans la sauvegarde d'une langue minoritaire en
milieu alloglotte : le cas du Val D'Aoste — *Marisa Cavalli* 65

Situation de la langue française dans une Suisse aux quatre langues :
paradoxes entre son statut, ses représentations et son enseignement
— *Aline Gohard-Radenkovic* 74

DEUXIÈME PARTIE
Littératie

Introduction 85

Survol de la recherche en littératie — *Anne-Marie Dionne et Diana Masny* 86

Effets sur la conscience de l'écrit d'un programme préscolaire
universel offert à temps plein à des enfants de 4 ans au sein d'une
communauté francophone minoritaire de l'Ontario — *Claire Maltais* 92

Les littératies multiples en milieu minoritaire — *Diana Masny* 99

Interventions enseignantes en lecture et réussite
des élèves éprouvant des difficultés : état des lieux — *Catherine Turcotte* 107

TROISIÈME PARTIE
Arts et culture

Introduction 115

La contribution de l'éducation au développement
des arts visuels de l'Acadie du Nouveau-Brunswick — *Lise Robichaud* 116

Les motifs d'élèves de 9e année à s'inscrire à un programme spécialisé en musique — *Josée Benoît* . . . 122

QUATRIÈME PARTIE
Profession enseignante

Introduction 131

Survol de la recherche sur la profession enseignante en contexte minoritaire
francophone de l'Ontario — *Diane Lataille-Démoré, Annie Malo et Nora Havelaar* 132

La motivation chez les enseignantes et enseignants du secondaire :
une étude de cas — *Manon M. Gauthier* 137

L'éducation à la carrière : une évaluation critique du programme-cadre de l'Ontario
— *André Samson et Nicola Gazzola* 145

La création de communautés d'apprentissage en sciences pour les enseignants :
Quelles conditions et quel accompagnement? — *Liliane Dionne* 151

Modes d'apprentissage des étudiantes et étudiants universitaires en difficultés d'apprentissage :
régulation, appropriation et performance — *Silas Leno, Raymond Leblanc, Jacques Chevrier,
Gilles Fortin, Judith Malette et Martine Peters* 161

Table des parties

PREMIÈRE PARTIE
Processus de construction identitaire 15

DEUXIÈME PARTIE
Littératie 85

TROISIÈME PARTIE
Arts et culture 115

QUATRIÈME PARTIE
Profession enseignante 131

CINQUIÈME PARTIE
Technologies de l'information
et des communications en éducation (TIC) 169

SIXIÈME PARTIE
Gestion de l'éducation 203

SEPTIÈME PARTIE
Petite enfance 267

HUITIÈME PARTIE
Enfance en difficulté 293

CINQUIÈME PARTIE
Technologies de l'information et des communications en éducation (TIC)

Introduction 169

Les facteurs facilitant l'intégration des TIC selon les représentations du personnel enseignant d'une école primaire francophone de l'Ontario — *Martine Leclerc* 170

Vers une compréhension de la relation entre pédagogie et intégration des TIC à travers le processus de choix des enseignants franco-ontariens — *Ann-Louise Davidson* 178

Les technologies numériques en éducation : théorie et profils de compétences chez les enseignants francophones de l'Ontario — *François Desjardins* 187

CRÉATIC.ca, un système de ressources hypermédia qui permet aux apprenantes et apprenants de partager et d'échanger — *Manon Leblanc, Nicole Lirette-Pitre, Claire IsaBelle et Rodrigue Savoie* 196

SIXIÈME PARTIE
Gestion de l'éducation

Introduction 203

Tendances de la recherche en administration scolaire — *Michel St-Germain, Bakary Diallo et Claire IsaBelle* 204

Bilan de la pleine gestion scolaire assurée par l'application de l'article 23 de la *Charte canadienne des droits et libertés* — *Daniel Bourgeois* 212

L'article 23 et les dilemmes éthiques : perceptions de chefs d'établissements scolaires francophones en milieu minoritaire — *Lyse Langlois et Claire Lapointe* 218

Relation entre les styles cognitifs et les styles de gestion des directrices et directeurs d'école. Une étude exploratoire — *Paulette Rozon* 225

Pratiques et représentations d'activités, dilemmes et priorités des directions d'écoles en milieux minoritaires francophones — *Michel St-Germain, Claire Lapointe et Lyse Langlois* ... 233

Incidences du déficit démographique et de l'anglicisation précoce sur l'éducation en langue française à l'extérieur du Québec — *Charles Castonguay* 244

Directions d'écoles et classes à niveaux multiples — *Michel St-Germain* 250

Le métier d'élève dans la classe à niveaux multiples : regards d'élèves dans une école française en milieu minoritaire — *Diane Farmer et Nathalie Bélanger* 259

SEPTIÈME PARTIE
Petite enfance

Introduction 267

Un programme de prévention destiné à la petite enfance :
ses effets sur les enfants, les familles et la communauté — *Yves Herry* 268

Résultats d'une expérience de perfectionnement virtuel en éducation inclusive
au préscolaire visant les parents et les professionnels
— *André C. Moreau, Yves Herry et Claire Maltais* 276

Le développement des jeunes enfants en contexte français minoritaire en Ontario :
les effets d'un programme de maternelle 4 ans temps plein — *Claire Maltais et Yves Herry* 284

HUITIÈME PARTIE
Enfance en difficulté

Introduction 293

Besoins de formation des directions d'écoles concernant
l'éducation inclusive au Manitoba français — *Herman Duchesne* 294

École de langue française et pratiques enseignantes en Ontario
— *Nathalie Bélanger et Kehra Taleb* 303

Index 311

LISTE DES COLLABORATEURS

Josée Benoît, Ph.D., Université d'Ottawa

Nathalie Bélanger, Professeure agrégée, Faculté d'éducation, Université d'Ottawa

Carole Boucher, Ph.D., études françaises, Université de Moncton

Daniel Bourgeois, Chercheur associé, Institut de recherche sur les minorités linguistiques, Université de Moncton

Charles Castonguay, Professeur auxiliaire, Département de mathématiques et statistiques, Université d'Ottawa

Marisa Cavalli, Institut régional de recherche éducative pour le Val d'Aoste, Italie

Jacques Chevrier, Professeur, Département des sciences de l'éducation, Université du Québec en Outaouais

Ann-Louise Davidson, Étudiante au doctorat, Ph.D., Université d'Ottawa

François Desjardins, Professeur adjoint, Faculté d'éducation, Université d'Ottawa

Bakary Diallo, Ph.D., Faculté d'éducation, Université d'Ottawa

Anne-Marie Dionne, Professeure adjointe, Faculté d'éducation, Université d'Ottawa

Liliane Dionne, Professeure adjointe, Faculté d'éducation, Université d'Ottawa

Hermann Duchesne, Professeur titulaire, Collège de Saint-Boniface

Georges Duquette, Professeur titulaire, École des sciences de l'éducation, Université Laurentienne

Diane Farmer, Professeure assitante, OISE, Université de Toronto

Gilles Fortin, Doyen de la Faculté des sciences humaines, Université Saint-Paul

Manon M. Gauthier, Ph.D., Université d'Ottawa

Nicola Gazzola, Professeur adjoint, Faculté d'éducation, Université d'Ottawa

Diane Gérin-Lajoie, Professeure agrégée, Institut d'études pédagogiques de l'Ontario, Université de Toronto

Aline Gohard-Radenkovic, Professeure associée et Directrice du Centre d'enseignement et de recherche en langues étrangères, Université de Fribourg, Suisse

Nora Havelaar, Ph.D., Faculté d'éducation, Université d'Ottawa

Yves Herry, Vice-doyen à la recherche et au développement professionnel, Faculté d'éducation, Université d'Ottawa

Claire Isabelle, Professeure agrégée, Faculté d'éducation, Université d'Ottawa

Normand Labrie, Vice-doyen à la recherche et aux études supérieures, Institut des études en éducation de l'Ontario, Université de Toronto

Lyse Langlois, Professeure agrégée, Département des relations industrielles, Université Laval

Claire Lapointe, Professeure, Département des fondements et pratiques en éducation, Université Laval

Diane Lataille-Démoré, Professeure, École des sciences de l'éducation, Université Laurentienne

Silas Leno, Ph.D., Faculté d'éducation, Université d'Ottawa

Manon Leblanc, Ph.D., Faculté des sciences de l'éducation, Université de Moncton

Raymond Leblanc, Professeur titulaire, Faculté d'éducation, Université d'Ottawa

Martine Leclerc, Professeure, Département des sciences de l'éducation, Université du Québec en Outaouais

Nicole Lirette-Pitre, Professeure, Faculté des sciences de l'éducation, Université de Moncton

Josée Makropoulos, Ph.D., Université de Toronto

Judith Malette, Psychologue, Professeure adjointe, Université Saint-Paul

Annie Malo, Professeure adjointe, Faculté d'éducation, Université d'Ottawa

Claire Maltais, Directrice, formation à l'enseignement, secteur francophone, Faculté d'éducation, Université d'Ottawa

Diana Masny, Directrice, programmes d'études supérieures, secteur anglophone, Faculté d'éducation, Université d'Ottawa

André C. Moreau, Professeur, Département des sciences de l'éducation, Université du Québec en Outaouais

Yvan Morin, Professeur adjoint, Développement humain, Université Laurentienne

Catherine Mougeot, Université d'Ottawa

Martine Peters, Professeure, Département des sciences de l'éducation, Université du Québec à Montréal

Lise Robichaud, Professeure, Faculté des sciences de l'éducation, Université de Moncton

Paulette Rozon, Agente d'éducation, Ministère de l'Éducation de l'Ontario, Université d'Ottawa

André Samson, Professeur assistant, Faculté d'éducation, Université d'Ottawa

Rodrigue Savoie, Chef de groupe Apprentissage électronique, ITI, Conseil national de recherche du Canada (CNRC)

Michel St-Germain, Directeur, programmes d'études supérieures, secteur francophone, Faculté d'éducation, Université d'Ottawa

Kehra Taleb, Enseignante au niveau du primaire et étudiante au doctorat, OISE, Université de Toronto

Mariette Théberge, Professeure agrégée, Faculté d'éducation, Université d'Ottawa

Catherine Turcotte, Ph.D., Université d'Ottawa

PRÉFACE

Le processus d'arbitrage

Tous les textes de ce recueil ont été soumis à un processus d'arbitrage par les pairs. Les objectifs de cet arbitrage étaient d'assurer la qualité des textes publiés ainsi que le respect des normes de recherche et de publication. C'est de façon anonyme que les manuscrits ont été remis aux évaluateurs externes chargés de commenter, de critiquer et de prendre une décision concernant la publication des textes. Le nombre d'évaluateurs externes par texte variait de deux à quatre. Nous remercions les chercheurs universitaires qui ont généreusement accepté de participer au processus d'arbitrage des textes.

Préface

Les chercheurs en éducation œuvrant en milieu minoritaire de langue française effectuent des démarches de recherche variées pour mieux comprendre les forces qui agissent sur leur communauté et pour répondre à ses besoins particuliers. Ce livre poursuit trois objectifs principaux :

- permettre la diffusion de recherches portant sur l'éducation de langue française en milieu minoritaire;
- faire la promotion de la recherche portant sur l'éducation de langue française en milieu minoritaire;
- favoriser le développement de réseaux de personnes intéressées par des questions de recherche portant sur l'éducation de langue française en milieu minoritaire.

Au cours des dernières années, les gouvernements provinciaux du Canada ont accordé la gestion des écoles de langue française aux francophones, souvent au prix de nombreuses luttes politiques et juridiques. C'est le cas notamment de l'Ontario qui, en 1998, a créé douze conseils scolaires de langue française, octroyant ainsi aux quelque 80 sections de langue française existantes une gestion scolaire indépendante des conseils scolaires de langue anglaise. Cette autonomie a également été accordée aux francophones d'autres provinces, tant à l'est qu'à l'ouest du pays. Les premières années, la structuration de ces conseils scolaires a représenté un défi important et a mobilisé bon nombre de ressources. Toutefois, la période d'implantation tirant à sa fin, les conseils scolaires consacrent leurs énergies à répondre le plus efficacement possible aux besoins de leurs communautés, tout en respectant les limites financières imposées par les gouvernements. Les communautés de langue française en milieu minoritaire font face à de nombreux défis auxquels les communautés en milieu majoritaire ne sont pas confrontées et elles perçoivent l'école comme le pivot de leur maintien et de leur survie (Allard, 2003). Outre ses responsabilités pédagogiques, l'école a une responsabilité à l'égard du maintien et de la vitalité de la langue et de la culture francophone. Ne pouvant faire face seuls à ces défis, les conseils scolaires se tournent de plus en plus vers la recherche pour orienter leurs actions. Cet intérêt pour la recherche a conduit à la publication des Actes du Colloque pancanadien sur la recherche en éducation en milieu francophone minoritaire, tenu en 2000 à l'Université de Moncton. Ce livre a permis de faire le bilan de la recherche dans ce domaine et des besoins émergents.

Depuis, la communauté éducative de langue française en milieu minoritaire a continué de faire des gains, que ce soit en matière d'éducation préscolaire (ex. : programmes de maternelle 4 ans à temps plein), d'éducation postsecondaire, de regroupements de conseils scolaires ou de consortiums provinciaux comme celui de l'Ouest ou de l'Est. Les francophones ont également à leur disposition deux nouveaux instituts de recherche, soit l'Institut canadien de recherche sur les minorités linguistiques (Moncton, 2002) et le Centre canadien de recherche sur les francophonies en milieu minoritaire (Université de Régina, 2005).

En 2005, s'est tenue à l'Université d'Ottawa la Conférence internationale sur la recherche en éducation en milieu minoritaire de langue française. Elle a permis à quelque 250 chercheurs et membres de la communauté de faire le point sur la recherche dans ce domaine. À la suite de cette conférence, il fut suggéré de créer un recueil de recherches. Le présent ouvrage s'inscrit dans cette démarche visant à favoriser la diffusion de la recherche effectuée sur l'éducation en milieu minoritaire de langue française, la concertation entre les chercheurs et la consolidation des réseaux.

Ce livre offre un éventail des travaux de recherche qui émergent des préoccupations des chercheurs et des membres de la communauté éducative. Compte tenu de l'ampleur du présent ouvrage, les auteurs devaient limiter leur texte à quinze pages et ne pas inclure de tableaux ni de figures.

Le livre débute par un texte de Normand Labrie qui définit tant les fondements que les particularités de la recherche en milieu minoritaire francophone. Les 36 autres chapitres du livre sont répartis en huit sections correspondant aux thèmes suivants :

le processus de construction identitaire, la littératie, les arts et la culture, la profession enseignante, les technologies de l'information et des communications en éducation, la gestion de l'éducation, la petite enfance et l'enfance en difficulté.

La section portant sur la thématique du processus de construction identitaire aborde des problématiques liées à l'adolescence en milieu minoritaire, aux besoins d'appartenance et d'autodétermination, à l'insécurité linguistique, à la mixité linguistique ainsi qu'à la menace de l'assimilation. La majorité des textes se concentrent sur la situation de l'Ontario français, mais certains d'entre eux se penchent sur la situation francophone minoritaire de l'Acadie du Nouveau-Brunswick et de certaines régions d'Europe.

La deuxième section expose les développements récents de la recherche dans le domaine de la littératie et le concept des littératies multiples en milieu minoritaire. On y présente les résultats d'une évaluation des effets d'un programme de maternelle 4 ans à temps plein sur la conscience de l'écrit et la lecture des élèves. Une auteure étudie ensuite les différents modes d'interventions enseignantes en lecture et des approches à promouvoir afin de favoriser la réussite scolaire de tous les élèves.

Les recherches qui figurent à la troisième section de ce recueil traitent de l'éducation artistique et culturelle en milieu minoritaire de langue française. Une étude de l'enseignement des arts visuels en Acadie ainsi qu'une recherche sur le choix des élèves de l'Ontario français qui s'inscrivent à un programme spécialisé en musique sont présentées.

La quatrième section aborde le thème global de la profession enseignante, mais on y traite aussi d'orientation scolaire, de communautés d'apprentissage et de transition universitaire. On fait d'abord un survol de l'évolution de la profession et de la pratique enseignante et on étudie ensuite le phénomène de la motivation des enseignants au secondaire. Il s'ensuit une critique du programme d'orientation et de formation au cheminement de carrière de l'Ontario, une analyse conceptuelle des communautés d'apprentissage en sciences pour les enseignants, ainsi qu'une recherche portant sur les étudiants universitaires éprouvant des difficultés d'apprentissage.

La section suivante a pour sujet les technologies de l'information et des communications en éducation, plus précisément les facteurs facilitant leur intégration dans les pratiques enseignantes, le processus de décision des enseignants quant à leur utilisation, ainsi que les profils de compétences des enseignants. Le dernier chapitre de cette section traite d'un projet-pilote de cybercarnets mis sur pied à Moncton et visant à favoriser les échanges et l'apprentissage.

La section portant sur la gestion de l'éducation comporte huit chapitres dont certains traitent de l'article 23 de la *Charte canadienne des droits et libertés*, garantissant le droit à l'éducation francophone des communautés minoritaires francophones. D'autres chapitres abordent les styles de gestion ou encore les classes à niveaux multiples. Les textes abordent principalement les problématiques auxquelles font face les directions d'écoles en milieu minoritaire de langue française.

La septième section traite du thème de la petite enfance et regroupe trois études. Le premier texte porte sur le programme préventif Partir d'un bon pas pour un avenir meilleur, destiné aux enfants de moins de huit ans; tandis que le second sur l'inclusion des enfants ayant des besoins particuliers et du personnel œuvrant dans le domaine préscolaire. Le troisième chapitre de cette section traite d'un programme préscolaire universel offert à temps plein aux élèves de quatre ans de la communauté francophone de l'Ontario.

La dernière section de ce recueil comprend deux textes sur l'enfance en difficulté. L'un d'entre eux fait suite à une étude des besoins des directions d'écoles franco-manitobaines sur le plan de la formation professionnelle en enfance en difficulté. Enfin, le deuxième texte cible les approches pédagogiques en rapport avec l'enfance en difficulté.

Yves Herry et Catherine Mougeot
Directeurs de la publication

REMERCIEMENTS

L'élaboration de ce recueil de recherche fut un projet collectif auquel nombre de personnes ont collaboré. Nous tenons donc à exprimer notre sincère gratitude à tous ceux et celles qui y ont contribué, de près ou de loin. Plus particulièrement, nous aimerions remercier :

- les auteurs qui ont accepté de contribuer à cet ouvrage;

- tous les membres du comité scientifique ainsi que les évaluateurs externes pour leur participation à l'arbitrage des textes;

- Les Presses de l'Université d'Ottawa, spécialement madame Louise Bélair, directrice de la collection Éducation.

Finalement, nous tenons à souligner la contribution financière de notre partenaire, le Centre canadien de recherche sur les francophonies en milieu minoritaire (CRFM), sans lequel cette publication n'aurait pu voir le jour.

Yves Herry et Catherine Mougeot
Directeurs de la publication

INTRODUCTION

La recherche sur l'éducation de langue française en milieu minoritaire : pourquoi?

Normand Labrie, Université de Toronto

RÉSUMÉ

Pourquoi la recherche sur l'éducation de langue française a-t-elle pris l'ampleur qu'on lui connaît au Canada? Pourquoi certaines orientations scientifiques et idéologiques se sont-elles imposées au détriment d'autres approches possibles? Qu'est-ce qui est propre à la recherche menée en contexte canadien, par rapport à la recherche menée ailleurs dans le monde au sujet des minorités linguistiques? Voilà autant de questions auxquelles ce chapitre tentera de répondre en déconstruisant les présupposés qui sous-tendent l'existence même de la recherche sur l'éducation de langue française en milieu minoritaire au Canada. Cette déconstruction passera par l'examen des thèmes suivants : Quels sont les rapports entre la recherche et le monde de l'éducation? Pourquoi la recherche cible-t-elle d'abord et avant tout l'éducation plutôt que d'autres aspects de la vie communautaire? Pourquoi est-il question d'éducation de langue française et non pas d'éducation tout court, ou encore d'éducation langagière, bilingue ou multilingue? Pourquoi se réfère-t-on nécessairement à la condition minoritaire? Pour conclure, nous chercherons à savoir si la recherche canadienne sur l'éducation de langue française en milieu minoritaire débouche uniquement sur la singularité ou, au contraire, sur la connaissance de l'universel.

J'ai pensé que ma contribution à ce recueil pourrait être de proposer une réflexion critique sur la notion même de recherche en éducation en milieu minoritaire de langue française, en me basant sur environ 25 ans d'intérêt, d'étude et de recherche au sujet de questions de pluralisme linguistique, dont une dizaine à titre de directeur du Centre de recherches en éducation franco-ontarienne. J'ai alors décidé d'axer mon texte sur le « pourquoi » de la recherche en éducation en milieu minoritaire de langue française.

Présenter une réflexion critique est nécessairement adopter une position « critique » et adopter une telle position est toujours quelque peu risqué. Mon but est de fournir des éléments de réflexion sur la signification idéologique, politique et sociale de l'entreprise que constitue la recherche (universitaires, savants, scientifiques, etc.) dans le domaine des minorités linguistiques, en l'occurrence francophones du Canada. Ces éléments, je l'espère, nous permettront d'avancer dans cette entreprise en toute connaissance des raisons pour lesquelles on s'engage sur la voie de la recherche, on s'engage dans certains courants de recherche, on s'intéresse à certains sujets de recherche plutôt qu'à d'autres, et ce, en toute conscience des intérêts que l'on sert en effectuant les choix que l'on effectue. La recherche n'est pas neutre.

Il existe un danger que cette réflexion critique soit interprétée, soit comme l'expression d'un désaveu de la recherche en éducation en milieu minoritaire de langue française, soit comme un désaccord avec le thème de la conférence, ou encore comme une critique de l'éducation en milieu minoritaire de langue française. J'en suis conscient, mais j'en prends le risque, en insistant sur le fait que la recherche en éducation en milieu minoritaire de langue française au Canada a atteint un niveau de maturité remarquable ces dernières années, grâce en particulier au développement du secteur d'éducation de langue française en milieu minoritaire, ce dont l'organisation de la Conférence internationale sur la recherche en éducation en milieu minoritaire de langue française, en avril 2005 à la Faculté d'éducation de l'Université d'Ottawa, témoigne éloquemment.

Avant d'entrer dans cette réflexion critique qui consistera à déconstruire certains concepts avec lesquels on est appelé à composer comme chercheur, permettez-moi de revenir sur les objectifs de cette conférence tels que formulés par les organisateurs : « Les chercheures, les chercheurs et la communauté éducative effectuent des démarches de recherche variées pour répondre aux besoins de leur milieu et pour mieux comprendre les forces qui agissent sur la communauté de langue française en milieu minoritaire. Cette conférence poursuit quatre objectifs principaux :

1. permettre le partage d'informations, d'expertises et de questions de recherche en éducation de langue française en Ontario;
2. permettre la diffusion de recherches portant sur l'éducation de langue française en milieu minoritaire;
3. faire la promotion de la recherche portant sur l'éducation de langue française en milieu minoritaire;
4. favoriser le développement de réseaux de personnes intéressées par des questions de recherche portant sur l'éducation de langue française en milieu minoritaire. »

En somme, les objectifs du colloque s'inscrivent dans une conception volontariste et positive de la recherche, où les chercheurs sont au service du monde éducatif afin de l'aider à faire preuve d'une meilleure efficacité, tout en examinant de l'extérieur, de façon critique, les dynamiques à l'œuvre. Plus précisément, les objectifs du colloque consistent à faciliter le transfert des connaissances, à valoriser la recherche et son apport à la société, et à renforcer les liens entre chercheurs et communauté.

Ma contribution à ces objectifs consistera à réfléchir à la signification de la recherche en éducation de langue française en milieu minoritaire.

Pour mener cette réflexion, j'ai proposé dans mon résumé une série de questions :
1. Pourquoi la recherche sur l'éducation de langue française a-t-elle pris l'ampleur qu'on lui connaît au Canada?
2. Pourquoi certaines orientations scientifiques et idéologiques se sont-elles imposées au détriment d'autres approches possibles?
3. Qu'est-ce qui est propre à la recherche menée en contexte canadien, par rapport à la recherche menée ailleurs dans le monde au sujet des minorités linguistiques?

Voilà des questions auxquelles ce texte tentera de répondre en déconstruisant les présupposés qui sous-tendent l'existence même de la recherche sur l'éducation de langue française en milieu minoritaire au Canada. Cette déconstruction passera par l'examen des thèmes suivants :
1. Quels sont les rapports entre la recherche et le monde de l'éducation?
2. Pourquoi la recherche cible-t-elle d'abord et avant tout l'éducation plutôt que d'autres aspects de la vie communautaire?
3. Pourquoi est-il question d'éducation de langue française et non pas d'éducation tout court, ou encore d'éducation langagière, bilingue, ou multilingue?
4. Pourquoi réfère-t-on nécessairement à la condition minoritaire?

Au fur et à mesure, nous chercherons à savoir si la recherche canadienne sur l'éducation de langue française en milieu minoritaire débouche uniquement sur l'étude de la singularité, ou au contraire sur la connaissance de l'universel.

Je vais commencer par faire quelques observations sur les particularités de la recherche en milieu minoritaire francophone au Canada qui consistent à mettre l'accent sur certains phénomènes, tout en négligeant leurs contreparties. Par la suite, je tenterai de démontrer que la recherche est souvent justifiée par la création d'un problème social, d'une crise, affectant l'ensemble de la société, et nécessitant l'imposition de solutions éducatives et pédagogiques, de nature corrective, visant les autres, le plus souvent les jeunes générations. Je poursuivrai en attirant l'attention sur une série de phénomènes qui mériteraient d'être étudiés, mais qui constituent pratiquement des tabous.

PARTICULARITÉS DE LA RECHERCHE EN MILIEU MINORITAIRE FRANCOPHONE

La recherche en milieu minoritaire francophone présente des particularités, dont certaines sont relativement universelles et s'appliquent à l'étude des minorités en général, d'autres portent sur les aspects éducatifs en particulier. Voyons d'abord deux phénomènes problématiques visant l'étude des minorités linguistiques en général.

D'abord, dénombrer, ensuite définir, et vice versa

Le premier réflexe, lorsqu'on entreprend des recherches sur les minorités linguistiques — cela s'applique en fait de façon universelle à la recherche sur les minorités, et de surcroît aux minorités de langue française au Canada — consiste à dénombrer les membres de la minorité. Fournir des nombres permet de conceptualiser l'importance de la minorité, de réaliser sa force numérique, ou au contraire sa fragilité. Mais, à tout coup, on est confronté à l'imperfection des instruments de dénombrement. Par exemple, lorsqu'on se fie aux recensements nationaux, on est dépendant de la formulation des questions, de la définition de ces questions, de l'arbitraire plus ou moins grand du découpage administratif des territoires de recensement, de la transformation du recensement et de ses questions d'un quinquennat à l'autre, du fait que seulement le chef de famille réponde aux questions du recensement pour l'ensemble des membres du foyer, ou encore du fait qu'on doive se fier à la bonne foi et à l'honnêteté du répondant, etc. Ce qui semblait simple à première vue est en fait beaucoup plus compliqué.

> *Le premier réflexe consiste à dénombrer les membres de la minorité. Fournir des nombres permet de conceptualiser l'importance de la minorité, de réaliser sa force numérique, ou au contraire sa fragilité.*

Des questions sur la langue maternelle, la langue d'usage au foyer, la langue utilisée au travail, la connaissance des langues officielles, l'origine ethnique et l'appartenance à des minorités visibles permettent des approximations, mais demeurent souvent problématiques à plusieurs égards lorsque vient le temps d'estimer le nombre de francophones. Prenons le cas hypothétique d'une jeune femme d'origine haïtienne, socialisée en langue créole par ses parents et scolarisée en langue française dans son pays d'origine, ayant acquis l'anglais une fois immigrée au Canada, où elle parle toujours créole au foyer, tout en travaillant en anglais et en supervisant la scolarité de ses enfants inscrits dans une école de langue française.

Cette personne n'apparaît pas comme francophone si l'on se fie à sa réponse au sujet de sa langue maternelle (créole), de sa langue parlée au foyer (créole), de sa langue parlée au travail (anglais).

Toutefois, elle aura déclaré avoir une connaissance des deux langues officielles, et c'est la seule indication de son identification à la francophonie et de sa participation à la vie francophone. Cherche-t-on à savoir combien de personnes de minorité visible sont francophones, cette jeune femme sera absente des statistiques. On se trouve immanquablement confronté à la nécessité de définir ce qu'on entend par « francophone ». On pourrait multiplier les exemples de la sorte.

Définir ce qu'on entend par « francophone », c'est à la fois inclure et exclure. Oublions un instant le recensement canadien et ses questions, oublions le libellé de l'article 23 de la *Charte canadienne des droits et libertés* qui définit les critères servant à décider si un enfant jouit des droits constitutionnels d'être scolarisé dans la langue minoritaire de l'un des deux groupes de langue officielle du pays. Comment définir qui est francophone? Le cas de figure le plus simple serait une personne monolingue de langue française, provenant d'un foyer de langue et d'origine françaises, vivant dans un environnement majoritairement de langue française, et s'identifiant comme francophone. Ce cas de figure ne s'applique qu'à une minorité de personnes parlant le français au Canada, incluant au Québec, la province comptant la plus grande proportion de personnes bilingues au pays, à savoir 40 %. Qu'advient-il des personnes originaires de foyers mixtes? De personnes bilingues? Des personnes vivant dans un milieu bilingue? Des personnes vivant en français au foyer et en anglais au travail, dès lors qu'elles attachent une importance primordiale à leur identité professionnelle? Qu'advient-il de cette hypothétique jeune femme d'origine haïtienne de langue maternelle créole, occupant en emploi en anglais, jadis scolarisée en français? De ces gens d'origine française socialisés jadis en anglais et ayant décidé de s'approprier le français? De ces gens d'origine anglo-saxonne ayant développé un attrait pour la langue française, certains allant jusqu'à se reconnaître comme francophones? De ces nouveaux arrivants algériens, congolais, camerounais, sino-mauriciens de langues premières diverses — et parfois nombreuses — pour qui le français représente un atout linguistique servant à faciliter leur intégration sociale et économique au Canada? Comme chercheurs, dès lors qu'on s'appuie sur les données de Statistique Canada, ou comme éducateurs, dès lors qu'on s'appuie sur l'article 23 de la *Charte canadienne des droits et libertés*, l'on inclut a priori un certain nombre de personnes susceptibles de refuser toute identification à la francophonie, tout comme on exclut un certain nombre de personnes revendiquant cette identité.

Il est donc impossible de dénombrer, sans au préalable avoir défini. Il est aussi impossible de définir, sans au préalable se demander à quelles fins définir et dénombrer. Il s'agit d'une entreprise scientifique, ayant des dimensions idéologiques, politiques et sociales (Madibbo, 2004). Cela s'applique à la recherche en milieu minoritaire de langue française, mais aussi à une multitude de minorités réparties dans le monde.

Survalorisation de la sédentarité par rapport à la mobilité

Un autre phénomène caractéristique de la recherche sur les minorités linguistiques, notamment celles de langue française au Canada, consiste à se concentrer sur les communautés ayant des assises territoriales et historiques, et à négliger les individus ou groupes engagés dans un processus migratoire. Cela vaut pour les immigrants, mais aussi pour les citoyens canadiens se déplaçant des régions rurales vers des centres urbains, des régions nordiques vers le sud, du Québec ou d'Acadie vers l'Ontario ou l'Ouest canadien, vers les États-Unis, etc.

Sur le plan idéologique, on considère que les membres sédentaires font preuve davantage d'authenticité et de légitimité comme francophones. Cette valorisation de la sédentarité découle d'une vision nationaliste et conservatrice des groupes linguistiques, autrefois définis en fonction de l'homogénéité religieuse, ethnique, raciale, etc., et remonte à une époque où les moyens de transport et de communication n'avaient pas la même configuration qu'aujourd'hui, et où les règles régissant la mobilité géographique des citoyens, celles liées à l'immigration, et celles au droit du travail, etc., étaient plus restrictives. Mais depuis, il y a eu l'urbanisation, la mondialisation, les déréglementations, le développement des moyens de transport et de communication, les nouvelles technologies d'information et de communication, la nouvelle économie, autant de phénomènes qui, aujourd'hui, nous incitent à repenser la normalité du destin humain, non plus comme sédentaire, mais comme marqué par la mobilité. Aux siècles derniers, les Canadiens-français d'origine rurale et prolétaire migraient vers le Nord-Est américain, vers le Nord de l'Ontario, l'Ouest canadien, ou le Nord-Ouest québécois (ce qui était vu par l'élite cléricale comme préférable au Nord-Est américain). Aujourd'hui, les francophones choisissent d'autres schémas migratoires. Pendant que des francophones d'Afrique choisissent d'immigrer au Canada, pour certains d'abord au Québec, ensuite en Ontario, beaucoup de Canadiens choisissent de vivre en Floride, en Californie, en Suisse, en France, en Chine, etc.

Selon une étude de Jedwab (2003), la région d'Amérique du Nord comptant le plus grand nombre de résidents permanents parlant le français au foyer, en dehors du Québec, n'est pas l'Ontario, mais bien la Floride. Il est extrêmement risqué de comparer des statistiques recueillies au moyen de recensements de deux pays différents, entre autres pour les raisons évoquées plus haut, mais selon cette étude, il y aurait quelque onze mille personnes de plus en Floride qu'en Ontario parlant le français au foyer : principalement des Canadiens et des Haïtiens, résidents permanents — on ne parle pas des vacanciers, ni des gens y ayant une résidence saisonnière. Selon cette même étude, la région de l'Amérique du Nord, à l'extérieur du Québec, où le nombre de résidents permanents de langue française connaît la plus forte croissance est la Californie. La raison en est la migration de Canadiens de langue française, mais aussi d'Européens, de Nord-Africains, etc. attirés par la nouvelle économie.

Alors que la fête de la Saint-Jean n'attire plus qu'une poignée de personnes âgées dans les anciennes localités canadiennes-françaises de Nouvelle-Angleterre ou de l'Ouest canadien, plus de deux cents jeunes Québécois dans la trentaine se réunissent chaque année en Suisse pour célébrer leur fête nationale le 24 juin. Ce sont des ingénieurs informatiques, des infirmières, des artistes, des gestionnaires, des professeurs, etc. La migration existe donc toujours, mais elle obéit à de nouvelles trajectoires. Étudier les minorités francophones aujourd'hui, c'est aussi partir pour Calgary, Miami, Lausanne ou Hong Kong.

En Ontario, la population francophone de la région de Simcoe-Nord (Lafontaine, Penetanguishene) décline tout en voyant sa moyenne d'âge augmenter, alors que la population de Simcoe-Sud (Barrie) est supérieure en nombre et jouit d'une moyenne d'âge nettement inférieure. Ailleurs, à London, Brampton, Hamilton, etc., de nouvelles communautés francophones, autrefois inexistantes, sont en voie d'émergence, comme en témoignent leur désignation comme nouvelles villes bilingues selon les règles de la *Loi sur les services en français de l'Ontario*, ou encore l'ouverture de nouvelles écoles francophones.

On revient donc à l'idée de définir ce qu'on entend par francophone. Qui est vraiment (authentiquement et légitimement) francophone? Le tiers des francophones de l'Ontario vivant dans le sud et le sud-ouest de la province, pour la plupart issus de processus migratoires récents, est-il moins francophone que le tiers vivant dans l'Est ou l'autre tiers vivant dans le Nord, du fait que sa croissance démographique serait due à des processus migratoires plus récents?

La survalorisation de la sédentarité par rapport à la mobilité n'est pas un phénomène exclusif à la recherche sur les minorités de langue française du Canada. Il s'agit d'un phénomène pratiquement universel. Mais un jour ou l'autre, on devra bien délaisser le paradigme voulant que la sédentarité représente la norme, et la mobilité l'exception, et inverser ce paradigme si l'on veut que la recherche colle mieux à la réalité et qu'elle ne reproduise pas les idéologies d'exclusion fondées sur l'authenticité et la légitimité.

Les deux premiers phénomènes dont il vient d'être question, dénombrer et définir, en premier lieu, et la survalorisation de la sédentarité au détriment de la mobilité, en second lieu, sont des tendances propres à la recherche sur les minorités linguistiques en général, sans égard pour l'éducation, et elles sont relativement généralisées à travers le monde. Les prochains phénomènes dont il sera question sont plus directement liés à l'éducation et, dans certains cas, aux minorités de langue française au Canada.

Préséance de la recherche en éducation par rapport à d'autres aspects de la vie sociale

Plusieurs aspects de la vie sociale des communautés linguistiques minoritaires font l'objet de recherches, comme l'encadrement juridique, la vie politique, le monde communautaire, le secteur culturel, la langue, etc., mais au Canada et en Ontario l'éducation demeure l'un des secteurs les mieux développés en recherche. Cela s'explique pour les communautés minoritaires de langue française au Canada par le fait que la religion catholique et la langue française ont longtemps été superposées dans la population, et par le fait que la constitution canadienne de 1867 a protégé les droits scolaires des catholiques. Il s'en est suivi la mise en place progressive, avec plus ou moins de réticence, de systèmes d'éducation de langue française réservés à la minorité francophone, phénomène renforcé par l'application par les gouvernements provinciaux — elle aussi plus ou moins réticente — de l'article 23 de la *Charte canadienne des droits et libertés*. Le système d'éducation de langue française est devenu à la fois un enjeu politique et un espace de pouvoir de première importance. C'est aussi devenu plus récemment, avec la consolidation et la création de conseils scolaires de langue française, un univers institutionnel disposant de ressources matérielles importantes, dont une part est affectée à la recherche en éducation de langue française en milieu minoritaire. Il y a ici une adéquation entre l'existence de besoins en matière de recherche, la disponibilité de ressources matérielles pour effectuer ces recherches, et un pouvoir institutionnel de nature politique permettant d'engager les ressources humaines et matérielles nécessaires.

L'éducation représente, par ailleurs, un champ privilégié pour la recherche sur les minorités dans la mesure où l'on identifie des problèmes de société qui affectent l'ensemble de la population et dont la solution se trouverait dans la formation des générations émergentes. On cherche en quelque sorte à régler les problèmes de société d'aujourd'hui, en en remettant le fardeau aux jeunes générations.

Observe-t-on des phénomènes de changement linguistique qui ne correspondent pas à l'idéal qu'on s'est fait? La solution est simple, on enseignera l'idéal aux jeunes. On n'aime pas le fait qu'une majorité de francophones bilingues travaillent en anglais? Plutôt que de voir les adultes quitter collectivement leurs emplois, on enseignera le français aux jeunes, et on les préparera à occuper des emplois en français.

On — et c'est souvent l'élite de classe moyenne, ou du moins les gens qui détiennent des positions de pouvoir dans le monde institutionnel relié à l'éducation.

En fait, l'utilisation de l'éducation comme panacée pour les maux de société est un phénomène universel. Le contrôle de l'éducation par une élite l'est également. Cela n'est pas unique à la recherche en éducation en milieu minoritaire de langue française au Canada. Ce qu'il y a de propre à la recherche en Ontario, c'est peut-être la conjoncture qui fait du monde de l'éducation de langue française un espace de pouvoir privilégié, plus développé que d'autres secteurs de la société, qui a la possibilité d'exercer un certain contrôle sur la recherche.

Préséance de la recherche sur l'enseignement primaire et secondaire, au détriment du collégial et de l'universitaire

La recherche en éducation en milieu minoritaire de langue française en Ontario porte essentiellement sur l'enseignement primaire et secondaire, et très peu sur l'enseignement collégial et universitaire. Cela peut s'expliquer par plusieurs raisons, mais il demeure que les deux premiers secteurs sont privilégiés par rapport aux deux derniers, et qu'il y existe un besoin important de recherche sur la scolarisation des jeunes francophones aux niveaux collégial et universitaire (Frenette et coll., 1989; Lamoureux, en cours)

Il y a ici un phénomène de catégorisation sociale reposant sur une catégorie juridique intéressante à observer, mais qu'une approche scientifique ne saurait accepter tel quel.

Parmi les raisons qui expliquent ce déséquilibre, on peut penser que, le niveau de scolarité des populations occidentales ayant augmenté au cours des dernières décennies, les études de niveaux collégial et universitaire étaient moins généralisées dans le passé et n'ont pas commandé un intérêt suffisant pour inciter à la réalisation de recherches sur ce phénomène. Au cours des dernières décennies, des établissements postsecondaires ont été créés et des programmes ont été développés. L'heure était probablement plus à la mobilisation politique et à l'action, qu'à la recherche. Pourtant, encore aujourd'hui, l'honorable Bob Rae (2005) le souligne dans son rapport au premier ministre de l'Ontario sur l'enseignement postsecondaire : les francophones sont sous-représentés dans les études postsecondaires. Comment inverser cette tendance sans au préalable effectuer des recherches pour comprendre les causes, les manifestations et les conséquences du phénomène?

La rareté des études sur l'éducation Postsecondaire n'est pas unique aux minorités de langue française au Canada. Elle s'applique en général aux minorités partout dans le monde, même dans le cas où des établissements universitaires réservés aux minorités ont été créés au cours des quarante dernières années, comme en Acadie, en Corse (France) ou dans le Tessin (Suisse). On y a fondé des établissements, mais on n'a pas accompagné ceux-ci de départements de recherche.

Préséance de la recherche sur la filière scolaire par rapport à la filière professionnelle

Un autre phénomène, partiellement lié au précédent, correspond au fait que la recherche en éducation qui prédomine dans les secteurs primaire et secondaire, s'intéresse davantage à la filière théorique qu'à la filière professionnelle. De la même manière que le système d'éducation de langue française est contrôlé par une élite de classe moyenne, qui conçoit le système en fonction des intérêts de cette même classe sociale, en tant qu'un système axé sur une trajectoire scolaire menant aux études postsecondaires et principalement universitaires, la recherche porte essentiellement sur l'éducation dans ses finalités théoriques. Il existe très peu d'études portant sur le passage à des voies professionnelles au secondaire (pour un francophone, ce passage nécessitant souvent le passage à l'école de langue anglaise), soit en prévision du collégial ou de programmes professionnels de niveau universitaire. C'est-à-dire que pour l'étudiant type, la valeur par défaut consiste à faire des études secondaires devant l'amener à poursuivre des études universitaires, tandis qu'une trajectoire professionnelle correspondrait pratiquement à une voie d'échec. C'est là une idéologie dominante qui se répercute aussi dans le monde de la recherche.

Préséance de la recherche sur la langue française (monolinguisme) par rapport au bilinguisme et au multilinguisme

Ma sixième observation consiste dans le fait que la recherche en éducation en milieu minoritaire de langue française est davantage axée sur la langue française que sur le bilinguisme ou sur le multilinguisme. Non pas qu'elle ignore le bilinguisme, ou qu'elle ne porte pas sur les pratiques bilingues, mais elle est souvent biaisée en faveur du monolinguisme. On sait que la réalité sociale des minorités de langue française est imprégnée du bilinguisme, et que la réalité des jeunes l'est tout autant. L'école, comme solution de l'élite imposée aux jeunes générations, est alors conçue à titre correctif comme milieu monolingue. Une grande partie des énergies déployées à l'école consiste donc à travailler sur la négation du bilinguisme, à son éradication. La recherche adopte souvent le même filtre (Labrie et Lamoureux, 2003).

Préséance de la recherche appliquée par rapport à la recherche fondamentale

Une septième observation concerne le fait que la grande majorité de la recherche en éducation en milieu minoritaire en Ontario correspond à des recherches appliquées, la portion réservée aux recherches fondamentales demeurant congrue. On peut considérer que cela est très bien, car cela veut dire que les recherches répondent directement aux besoins réels du monde de l'éducation. Depuis quelques années, le financement de la recherche en éducation en milieu minoritaire provient en partie des ententes fédérales-provinciales sur l'éducation des minorités de langue officielle, transitant par le ministère de l'Éducation et les conseils scolaires de districts. Les besoins en recherche sont déterminés par ces derniers, qui passent des commandes à des chercheurs. Or, il y a des conséquences négatives qu'on ne peut négliger : alors que la recherche fondamentale donne généralement lieu à la diffusion des résultats dans le domaine public, le plus souvent au moyen de publications scientifiques, la recherche appliquée donne généralement lieu à la production de rapports remis aux commanditaires qu'ils tendent souvent à tenir confidentiels. Ainsi, des millions de dollars investis dans la recherche en éducation en milieu minoritaire de langue française servent à des fins administratives et leurs résultats demeurent inconnus du public et du reste de la communauté scientifique.

Préséance des intérêts institutionnels par rapport aux intérêts populaires

Enfin, une huitième observation consiste dans le fait que la recherche, surtout si celle-ci est commanditée, tend à adopter la perspective institutionnelle (les intérêts du système, du corps enseignant), plutôt que la perspective populaire des principaux acteurs sociaux concernés (les intérêts des élèves ou des parents). Bien sûr, il y a des exceptions, en particulier dans le domaine de la recherche fondamentale (Bélanger, 2003; Bélanger et Farmer, 2004), mais il est rare que la recherche se place du point de vue du public, ou encore qu'elle explicite clairement la perspective qu'elle adopte.

En somme, la recherche en éducation en milieu minoritaire de langue française présente des forces, mais ses points forts reflètent des idéologies dominantes au cœur du monde institutionnel et les intérêts de l'élite de classe moyenne en contrôle des institutions scolaires. À chaque point fort, correspondent toutefois des points faibles dont il faut être conscient si l'on veut que la recherche s'élève au-dessus des intérêts particuliers et qu'elle serve aussi les intérêts des exclus et des marginalisés. Ces observations étant posées, j'aimerais dans la prochaine section déconstruire un phénomène répandu en éducation en milieu minoritaire de langue française, phénomène que l'on retrouve aussi dans la société en général, qui consiste à identifier un problème de société et à rechercher des solutions, d'où le rôle de la recherche.

IDENTIFICATION OU CRÉATION D'UN PROBLÈME SOCIAL, D'UNE CRISE?

De quelle façon l'élite en contrôle du système d'éducation s'y prend-elle pour amener la collectivité à épouser ses intérêts? Une façon d'y parvenir consiste à utiliser les canaux politiques, publics et institutionnels pour dénoncer un problème, et proposer une solution éducative, pédagogique, de nature corrective, visant les autres, et en particulier les jeunes générations. Il s'agit souvent de la création (davantage que de l'identification) d'un problème social, d'une crise, de sa dénomination au moyen d'un concept censé faire consensus (c.-à-d. hégémonique), et de l'imposition institutionnelle de mesures correctives (Plaisance, 2000). Plusieurs de ces concepts circulent dans les communautés minoritaires de langue française. Il s'agit de concepts qu'on prend pour acquis comme étant des faits irréfutables, atteignant généralement un état de crise, pour lequel des solutions s'imposent. Les pressions pour que la recherche porte sur ces faits et s'appuie sur ces concepts sont fortes.

Or, l'adoption d'une perspective scientifique suggère la prudence et un questionnement sur le bien-fondé de ces problèmes sociaux et de ces concepts censés les décrire. Je donnerai quelques exemples dans ce qui suit en évoquant l'assimilation, le décrochage culturel, les ayants droit à l'école de langue française, l'immigration et la passivité des parents.

L'assimilation

L'assimilation est probablement le fait social le plus dénoncé en éducation en milieu minoritaire de langue française, et l'un des concepts faisant le plus large consensus au point d'être devenu hégémonique. En gros, les francophones seraient victimes d'assimilation, fléau qui toucherait davantage les jeunes, et qui irait en s'accroissant avec le temps. Compte tenu de l'assimilation croissante, des mesures correctives s'imposeraient, et celles-ci devraient débuter avec l'école. La plus récente politique d'aménagement linguistique du ministère de l'Éducation de l'Ontario s'appuie sur un tel argumentaire : on commence par poser que les jeunes francophones de l'Ontario sont de plus en plus victimes d'assimilation, et que par conséquent une politique d'aménagement par laquelle les jeunes devront faire l'acquisition à l'école de « la » culture franco-ontarienne linguistique s'impose. L'augmentation de l'assimilation est présentée comme un fait irréfutable et la notion d'assimilation comme un concept universellement accepté. Or, qui dit que le fait de parler anglais pour de jeunes bilingues d'une minorité linguistique signifie leur assimilation (Gérin-Lajoie, 2003)? Et qui dit qu'il y a augmentation du phénomène?

Le décrochage culturel

Le décrochage scolaire est le concept désignant le choix, effectué par des jeunes, de quitter l'école avant l'obtention d'un diplôme d'études secondaires. Ceci, soit pour occuper un emploi, soit pour devenir inactifs sur le marché du travail, soit pour se retrouver à la rue. Calqué sur ce concept, le décrochage culturel, concept propre aux milieux de l'éducation minoritaire de langue française, correspond au choix effectué par des élèves fréquentant des écoles de langue française de passer à une école de langue anglaise pour poursuivre leurs études secondaires. Ce que l'on qualifie de décrochage culturel est facilement perçu comme un problème, voire une crise, vu l'analogie avec la question du décrochage scolaire. Mais sa nature est tout à fait différente. Et ce qui apparaît à première vue comme un problème affectant les jeunes, problème dont les jeunes seraient responsables, et qui compromettrait leur propre avenir, n'est, en fait, pour les jeunes pas tant un problème qu'une solution. Ces jeunes que l'on taxe de décrochage culturel portent un jugement sur l'école de langue française et font le choix délibéré de passer à un établissement de langue anglaise, soit pour se préparer à faire des études postsecondaires en langue anglaise et être plus facilement admis à l'université, soit tout simplement pour poursuivre leurs études en anglais lorsqu'ils se sentent plus à l'aise dans cette langue, soit pour bénéficier d'infrastructures scolaires et parascolaires plus développées, soit pour avoir accès à des programmes spécialisés ou des programmes professionnels non disponibles à l'école de langue française, soit tout simplement pour fréquenter un établissement plus près de leur résidence. En fait, le passage de l'école de langue française à celle de langue anglaise n'est pas tant un problème pour le jeune qu'il ne l'est pour l'école de langue française. Ne devrait-on pas plutôt parler de la difficulté de l'école de langue française de retenir et d'attirer les élèves de langue française? Ce serait déplacer la responsabilité du jeune vers l'institution.

Les ayants droit

Les « ayants droit » est un concept juridique découlant de l'article 23 de la *Charte canadienne des droits et libertés*. Il désigne les enfants jouissant du droit constitutionnel d'avoir accès à une école de la minorité de langue officielle, dont le critère juridique consiste à avoir un parent canadien ou une sœur ou un frère aîné ayant effectué sa scolarité primaire dans la langue de la minorité au Canada. Rien n'indique que ces enfants « ayants droit » ne parlent le français, ni que leurs parents ne le parlent encore. Or, on déplore que le système d'éducation de langue française ne fasse pas le plein d'ayants droit, et certains font de l'accroissement des ayants droit à l'école de langue française une priorité, plus urgente encore que l'attraction des nouveaux arrivants francophones. En fait, beaucoup d'ayants droit qui ne se trouvent pas dans le système d'éducation de langue française n'ont aucun désir de fréquenter des écoles de langue française. Considérer que la place naturelle des ayants droit se trouve à l'école de langue française est problématique : il s'agit d'une appropriation systémique du destin des gens par l'institution, sans tenir compte des intérêts de ces derniers.

Il y a donc les ayants droit absents qui posent problème, mais il y a aussi des ayants droit présents qui posent problème. Dès lors que des ayants droit ne parlant pas français font le choix de fréquenter l'école de langue française, la frange franco-parlante des parents et des acteurs institutionnels risque de développer un sentiment de rejet, le désir de séparer les élèves franco-parlants des élèves anglo-parlants afin de ne pas « contaminer » le parler des « vrais » élèves francophones. En somme, tous les ayants droit poseraient problème, à l'exception des ayants droit franco-parlants fréquentant l'école de langue française! Il y a ici un phénomène de catégorisation sociale reposant sur une catégorie juridique intéressante à observer, mais qu'une approche scientifique ne saurait accepter telle quelle comme une catégorie immuable ou neutre.

L'immigration

L'immigration est une solution trouvée par nos gouvernements pour accroître le développement économique et social de nos sociétés, de notre pays. C'est aussi une solution trouvée par des individus pour s'assurer des conditions de vie préférables à celles qui résulteraient de leur sédentarité. Or, il n'est pas rare que l'immigration soit considérée comme un problème pour le système d'éducation de langue minoritaire, ou encore par la recherche en éducation en milieu minoritaire de langue française : « le problème de l'immigration ».

La passivité des parents

De façon générale, une idée reçue en éducation veut que la participation des parents soit instrumentale dans la réussite scolaire des enfants (Labrie et coll., 2003; Farmer et coll., 2003). Or, on déplore que les parents ne participent pas suffisamment à la vie scolaire, un phénomène qui serait d'autant plus aigu pour les parents issus de l'immigration. Le système scolaire considère la « passivité des parents » comme un problème, idée qui se reflète également dans la recherche en éducation. Il existe toutefois des contradictions dans la perception du rôle que les parents devraient jouer, entre le point de vue institutionnel et celui des parents eux-mêmes. L'institution scolaire et les enseignants cherchent à prédéterminer ce que le rôle des parents devrait être et ne considèrent pas nécessairement les tentatives effectuées par les parents qui ne correspondent pas à leurs idées. L'institution érige par ailleurs des barrières, des limites, à la participation des parents.

De façon générale, une idée reçue en éducation veut que la participation des parents soit instrumentale dans la réussite scolaire des enfants.

Je n'ai fait ici que passer en revue certains concepts qui résultent de la création de « problèmes » censés mériter de faire l'objet de la recherche. Cela permet de parvenir à des solutions de nature corrective visant, avant tout, la clientèle scolaire de langue minoritaire ou leurs parents, laissant intact le fonctionnement institutionnel mis au point par l'élite de classe moyenne en contrôle des institutions scolaires des minorités de langue française en Ontario. Il faut donc être prudent lorsqu'on traite de « problèmes » sociaux, et que l'on se sert de concepts pour en traiter, car il arrive souvent que ces problèmes, ces concepts, et les solutions correctives qui en découlent ne soient que l'expression idéologique, politique et sociale d'intérêts particuliers. Les chercheurs ont un rôle à jouer dans la démystification des faits sociaux pris pour acquis et des concepts qui les désignent.

Je vais bientôt conclure, mais après avoir démontré, d'une part, que la recherche en éducation en milieu minoritaire de langue française s'est concentrée ces dernières années sur certains phénomènes au détriment d'autres réalités ou enjeux éducatifs, et que ces choix étaient conditionnés par des intérêts idéologiques, politiques et sociaux de l'élite de classe moyenne, et, d'autre part, que pour faire avancer ses intérêts, cette même élite tend à créer des « problèmes », désignés au moyen de concepts hégémoniques, et à proposer des solutions correctives visant les autres, en l'occurrence les générations émergentes. J'aimerais terminer en évoquant des domaines négligés de la recherche, car ils marquent l'évolution récente du système scolaire et l'expérience des enseignants et des apprenants. Il s'agit de domaines de recherche qui risquent peu de faire l'objet de la recherche commanditée, du fait qu'ils situent davantage le « problème » dans le système scolaire lui-même, que chez les apprenants.

La confusion entre gestion scolaire et démocratie populaire

L'article 23 de la *Charte canadienne des droits et libertés* a confirmé le droit des francophones de gérer leurs propres établissements scolaires, et la réforme conservatrice de l'éducation a permis la création de conseils scolaires de district en vantant les bénéfices de la démocratie populaire dans la gestion scolaire. Des recherches exploratoires suggèrent que la démocratisation scolaire n'a pas vraiment eu lieu par manque de participation populaire, par la limitation des pouvoirs conférés aux administrations scolaires, et par la concentration du pouvoir dans les cercles administratifs et gouvernementaux (Labrie et coll., 2003; Heller et coll., 2003).

Les conséquences du clivage confessionnel/public

Le système d'éducation de langue française en Ontario est toujours soumis à un clivage entre un réseau confessionnel et un réseau public, les deux réseaux se trouvant en compétition l'un avec l'autre pour attirer la même clientèle francophone. On peut se demander si les valeurs chrétiennes véhiculées par le réseau confessionnel sont vraiment d'intérêt public, et si ces valeurs et pratiques ne servent pas de modes implicites de discrimination dans une société désormais laïque ou multiconfessionnelle.

La responsabilité envers l'apprentissage

Depuis une dizaine d'années, l'idéologie dominante en éducation fut à la reddition de comptes des institutions publiques. La généralisation de tests servant à comparer les systèmes scolaires et les établissements ainsi qu'à mesurer la performance des apprenants amène le public à porter des jugements globaux sans nécessairement disposer de tous les éléments d'analyse pertinents. Pour les systèmes d'éducation de langue minoritaire, qui nécessitent davantage de ressources que le système majoritaire pour assurer un même niveau de succès, sans nécessairement disposer de ce surplus de ressources, et qui forment des élèves bilingues que l'on soumet à des tests conçus pour des populations monolingues, il existe des risques de désaffection à long terme (Gérin-Lajoie et Labrie, 1999).

Le décalage entre la valorisation des pratiques sociales et langagières de jeunes en société et à l'école

L'école de langue française, conçue comme une institution monolingue, effectue un travail de négation de la réalité bilingue des jeunes, et ce, afin de contrebalancer une réalité sociale anglo-dominante. Les élèves sont formés au monolinguisme français, et l'école valorise la langue française et non pas le bilinguisme. Cela est en porte-à-faux avec les pratiques langagières d'une majorité de jeunes, avec leur valorisation de l'anglais ou du bilinguisme, ainsi qu'avec les pratiques et représentations de leurs parents, qui en fournissant une éducation de langue française à leurs enfants, cherchent en fait à les préparer au bilinguisme. Or, l'école formant les élèves au monolinguisme, ces derniers demeurent peu outillés au sortir de l'école pour s'insérer dans un monde du travail misant sur leur bilinguisme (Lamoureux, Lozon et Roy, 2003).

L'altérité subordonnée à la langue

La question linguistique occupant une place tellement importante dans les systèmes d'éducation en milieu minoritaire, d'autres questions tout aussi importantes reliées à l'altérité sont souvent reléguées à une position subordonnée à la langue. Souvent, on associe l'altérité avec une « anormalité » linguistique. Par exemple, des liens sont établis entre l'enfance en difficulté et les programmes d'ALF/PDF, des liens qui, en fait, sont ténus (Berger, 1999; Bélanger, 2003, Taleb, en cours). On pourrait aussi évoquer toute la question de l'homophobie à l'école (Dalley et Campbell, 2003).

CONCLUSION

Pour conclure, la recherche sur l'éducation de langue française a pris l'ampleur qu'on lui connaît au Canada à propos de l'importance de l'éducation comme projet politique et du développement des systèmes d'éducation relativement à l'application de l'article 23 de la *Charte canadienne des droits et libertés* de 1982. Certaines orientations scientifiques ont été imposées au détriment d'autres approches possibles, ce qui s'explique par l'investissement de l'élite de classe moyenne qui s'est mobilisée dans les institutions. Les phénomènes éducatifs qui ont été traités prioritairement par les administrations scolaires et qui se sont reflétés dans la recherche correspondent en grande partie aux intérêts défendus par l'élite. L'accent fut mis sur l'éducation de langue française comme solution corrective pour des réalités bilingues prévalant en société.

Plusieurs phénomènes sociaux et les objets de recherche qui viennent d'être présentés et critiqués s'appliquent non seulement aux minorités canadiennes de langue française, mais aux minorités en général, bien que quelques aspects leur soient spécifiques. La recherche canadienne sur l'éducation de langue française en milieu minoritaire ne débouche donc pas uniquement sur l'étude de la singularité, mais bien au contraire sur la connaissance de l'universel.

RÉFÉRENCES

BÉLANGER, N. « Des "steamer classes" à l'enfance en difficulté : la création de la différence » in Labrie, N. et S. Lamoureux, *L'éducation de langue française en Ontario : enjeux et processus sociaux*, Sudbury, Prise de parole, 2004, p. 109-126.

BÉLANGER, N. et D. FARMER. « L'exercice du métier d'élève, processus de socialisation et sociologie de l'enfance », *Revue des sciences de l'éducation de McGill*, vol. 30, n° 1(2004), p. 45-67.

BERGER, M.-J. *Vers un modèle de perfectionnement professionnel orienté vers les meilleurs pratiques ALF/PDF et les savoirs enseignants en milieu minoritaire franco-ontarien*, Toronto, Ministère de l'Éducation et de la Formation de l'Ontario, 1999.

DALLEY, P. et M. CAMPBELL. « Être gai, lesbienne ou bisexuel(le) à l'école » in Labrie, N. et S. Lamoureux, *L'éducation de langue française en Ontario : enjeux et processus sociaux*, Sudbury, Prise de parole, 2003, p. 253-284.

FARMER, D., Y. KABEYA, N. LABRIE et D. WILSON. *La relation école-familles francophones d'origine immigrante à Toronto*, Toronto, Centre de recherches en éducation franco-ontarienne, 2003.

FRENETTE, N. « L'éducation universitaire : besoins des minorités francophones », *Éducation et francophonie*, vol. 17, n° 3 (1989), p. 10-15.

GÉRIN-LAJOIE, D. et N. LABRIE. « Les résultats aux tests de lecture et d'écriture en 1993-1994 : une interprétation sociolinguistique » in N. Labrie et G. Forlot, *L'enjeu de la langue en Ontario français*, Sudbury, Prise de parole, 1999, p. 79-108.

HELLER, M., N. LABRIE, S. ROY et D. WILSON. « Les conseils d'école : vers plus de démocratie? » in N. Labrie et S. Lamoureux, *L'éducation de langue française en Ontario : enjeux et processus sociaux*. Sudbury, Prise de parole, 2003, p. 57-84.

JEDWAB, J. *Evolving French Presence in North America: Florida is Continent's fastest growing French-speaking community*, Association d'études canadiennes, 2003. Document téléaccessible à l'URL : <http://www.acs-aec.ca/Polls/EvolvingFrench.pdf>

LABRIE, N. et S. LAMOUREUX (dir.). *L'éducation de langue française en Ontario : enjeux et processus sociaux*. Sudbury, Prise de parole, 2003.

LABRIE, N., D. WILSON et M. HELLER. « La gestion scolaire et la création de conseils de district » *in* N. Labrie et S. Lamoureux, *L'éducation de langue française en Ontario : enjeux et processus sociaux*, Sudbury, Prise de parole, 2003, p. 31-55.

LABRIE, N., D. WILSON et B. ROBERGE. « "Wô minute, c'est pas ton école... c'est notre école" : tensions autour de la participation des parents » *in* N. Labrie et S. Lamoureux, *L'éducation de langue française en Ontario : enjeux et processus sociaux, Sudbury,* Prise de parole, 2003, p. 85-108.

LAMOUREUX, S. *La transition de l'école secondaire de langue française à l'université : questions de changements identitaires,* thèse de doctorat, Curriculum, Teaching and Learning, OISE/UT, University of Toronto, Toronto, en cours.

LAMOUREUX, S.A., R. LOZON et S. ROY. « Bilinguisme et accès des jeunes au marché du travail » *in* N. Labrie et S. Lamoureux, *L'éducation de langue française en Ontario : enjeux et processus sociaux,* Sudbury, Prise de parole, 2003, p. 187-202.

MADIBBO, A. *Minority within a minority: Black Francophones of Ontario and the Dynamics of Power and Resistance*, thèse de doctorat, Sociology and Equity Studies in Education, OISE/UT, University of Toronto, Toronto, 2004.

PLAISANCE, É. « Les mots de l'éducation spéciale » *in* É. Plaisance et M. Chauvière, *L'école face aux handicaps : éducation spéciale ou éducation ségrégative*, Paris, PUF, 2000, p. 15-29.

RAE, B. *L'Ontario chef de file en éducation : Rapport et recommandations (février)*, Conseiller du premier ministre et de la ministre de la Formation et des Collèges et Universités, 2005. Document téléaccessible à l'URL : <http://raereview.on.ca>.

TALEB, K. *La construction sociale de l'enfance en difficulté : émergence et cristallisation des processus menant à l'identification des élèves à l'école de langue française en Ontario*, Ph. D., Sociology and Equity Studies in Education, OISE/UT, University of Toronto, Toronto, en cours.

PREMIÈRE PARTIE

Processus de construction identitaire

INTRODUCTION

Les huit chapitres contenus dans cette section démontrent l'importance du rôle du milieu éducationnel relativement à la construction identitaire en milieu minoritaire. Le premier texte, d'Yvan Morin, retrace l'évolution historique de l'Ontario français et en dégage les racines identitaires. Ensuite, le texte de Mariette Théberge aborde la fonction de passeur culturel de l'enseignant dans le domaine particulier de l'éducation artistique. En troisième lieu, Georges Duquette expose les défis identitaires de la période cruciale qu'est l'adolescence et propose des pistes d'intervention visant à rehausser l'identité culturelle chez les adolescents. Le texte de Carole Boucher dénonce la dévalorisation des variétés linguistiques au Nouveau-Brunswick et les conséquences qu'elle engendre, en particulier l'insécurité linguistique. Le texte suivant, de Diane Gérin-Lajoie, porte sur l'identité bilingue chez les jeunes et sur le rapport à l'identité, à la langue et à la culture des enseignants, en tant qu'agents de reproduction linguistique et culturelle. L'auteure du sixième texte de cette section, Josée Makropoulos, étudie, quant à elle, l'attrait et le rôle identitaire des programmes d'immersion précoce auprès des familles linguistiquement mixtes. Les deux derniers textes, l'un de Marisa Cavalli et l'autre d'Aline Gohard-Radenkovic, traitent du milieu minoritaire francophone de régions plurilingues d'Europe. Le premier texte illustre les rôles de la famille et de l'école s'inscrivant dans l'objectif de sauvegarde de la langue minoritaire au Val d'Aoste. Le second texte traite de certaines appréhensions reliées au plurilinguisme et des implications de l'enseignement de la langue française, particulièrement dans le canton de Fribourg.

L'émergence de l'Ontario français et de son processus identitaire : au seuil des luttes scolaires, 1904-1910

Yvan Morin, Université Laurentienne

RÉSUMÉ

Un conflit relatif à l'absence de brevets ontariens d'enseignement, en 1904, est tranché, en 1906, par un jugement de la Cour de Londres en faveur de la loi de la province de l'Ontario, même si celle-ci ne les dispense qu'en anglais. L'exigence de se mesurer au hiatus constitutionnel entre la langue française, en principe canadienne, et l'école, de juridiction provinciale, incite les Canadiens français d'Ontario à produire l'Ontario français comme Ontario canadien-français, au Congrès de l'ACFE, en 1910. Du fait de l'enjeu pédagogique, ils pressentent les luttes scolaires avant même qu'elles n'éclatent avec le *Règlement 17* et que le Franco-Ontarien n'en surgisse. Le processus identitaire se révèle avec ce passage du Canada français à l'Ontario français, si l'on considère ce passage comme tel, au lieu d'en isoler l'Ontario français, à la façon de ce qu'en proposent les Franco-Ontariens depuis les années 1960.

Bien avant que le Franco-Ontarien surgisse, avec le *Règlement 17* et les luttes scolaires, ces dernières sont pressenties, de 1904 à 1910, du fait de l'exigence légale d'un brevet d'enseignement dispensé uniquement en anglais. Sur cette base, l'Ontario français émerge et s'énonce comme Ontario canadien-français (ACFE, 1910, p. 117). Il s'éveille en se mesurant au hiatus entre la langue (censée être garantie au fédéral) et l'école (de juridiction provinciale). Il revendique celle-là au sein de celle-ci. La langue française est considérée en sa teneur canadienne, au sein de l'Ontario. Voyons d'abord en quoi elle constitue un énoncé franco-canadien qui est antérieur à tout énoncé franco-ontarien et qui désigne le hiatus entre le fédéral et le provincial par lequel les Canadiens français d'Ontario sont incités à produire l'Ontario canadien-français. Puis, cernons autant l'enjeu pédagogique des luttes scolaires alors pressenties que le processus identitaire en cause.

DES CANADIENS FRANÇAIS D'ONTARIO À L'ONTARIO CANADIEN-FRANÇAIS

À la suite de la proclamation de l'*Acte d'Union*, en 1840, et, comme Louis-Hippolyte La Fontaine l'avait alors recherché, les Canadiens, comme Français établis au pays, partagent leur identité avec les Anglais qui, eux aussi, se disent « Canadians ». De plus, en 1848, les Anglais acceptent d'abroger l'article 41 de l'*Acte d'Union* et de ne plus faire de l'anglais la seule langue officielle. Pour se distinguer d'eux et clarifier les dénominations identitaires respectives, les premiers Canadiens se disent dorénavant « Canadiens-Français — *French Canadians* » (Sulte, cité par Bock et Gervais, 2004, p. 97). De même, c'est fort récemment que l'expression « Franco-canadiens », signalée par Groulx (1918, p. 141), a commencé à acquérir un tout autre sens que celui qu'il avait lors de l'émergence de la Confédération. Au Congrès de 1910, cette expression sert encore à désigner un mouvement regroupant des « Canadiens-Français » en particulier celui de l'« éclatante manifestation franco-canadienne » de l'important Congrès de Windsor en 1883 (ACFE, 1910, p. 40). Sans doute, il faudrait écrire « Canadiens français (nom) ou canadien-français (adjectif) » (Dionne, 1995, p. 42, note 61). Néanmoins, les Canadiens français, justement, francisent et s'approprient l'expression « Franco-Canadiens » qui, autrement, est fort proche et littéralement traduite à partir du « French Canadians ». Ils en font usage pour désigner leur propre manifestation française, mais canadienne, en ramenant le mot « française » à son radical, en en tirant l'élément « franco- » et en l'articulant avec le mot « canadienne ». Sinon, ils la renvoient aux échanges entre la France et le Canada, à commencer par la venue des premiers Français au Canada (selon le nom que Jacques Cartier a emprunté à la langue huronne et donné à la Nouvelle-France) et par l'ascendance française des premiers Canadiens. Du moins, pour autant que, en plus de la dire, ils la pensent vraiment en français. Leur appartenance au Canada médiatise leur appartenance à la francité et la fait varier, de la quasi-rupture avec la France, surtout pendant les 100 ans après la conquête, au rapprochement permettant de se comparer avec elle, surtout depuis les années 1960. On peut en dire autant de l'expression « Ontario français ». Tel est le titre d'un journal ayant brièvement paru à Ottawa de 1902 à 1904 (Sylvestre, 1984). Elle est plus fermement reprise au Congrès de 1910. Elle désigne une partie du Canada français et pense déjà en français, ce qui, en réponse au *Règlement 17*, se dira par l'expression « Franco-Ontarien ». Cette dernière expression risquera de traduire « French Ontarian » beaucoup plus que de découler d'échanges directs entre la France et l'Ontario ou de reconnaître la teneur canadienne du français en Ontario, comme le réclame pourtant l'idée d'Ontario français. Si l'on compare le Franco-Canadien d'autrefois (uniquement constitué par et de Canadiens français) et celui d'aujourd'hui (tendant à se recomposer à partir de Franco-Provinciaux), on s'aperçoit que les mêmes mots n'ont pas du tout le même sens. Loin que ce sens soit donné avec ces mots, c'est plutôt pour l'exprimer et le communiquer, mais d'une façon sociohistoriquement contextualisée et apte à désigner la réalité en question, que nous les prononçons ou les écrivons. Nous les donnons à entendre ou à voir dans un même esprit : nous les partageons culturellement et nous les transmettons par l'éducation. Et plus l'éducation se scolarise, plus l'appel à l'esprit, seul à saisir le sens, s'y intensifie.

Tel est le principe : saisir le sens, mais en le libérant, au lieu de l'aliéner, et ce, à même les mots qui le véhiculent. Le sens se dégage de l'évolution sociohistorique des mots. Le ramener en toute situation à soi, à leur source, c'est cultiver le sens de soi, donc de son identité. Ainsi, le Canadien français d'Ontario produit l'Ontario canadien-français ou, plus succinctement, l'Ontario français. Il a conquis sa part du sol. Il la nomme. Il y recherche sa part d'instruction publique et d'éducation (ACFE, 1910, p. 138), qu'il confie de plus en plus à l'école. Cette éducation, en se scolarisant, s'intellectualise et se différencie de la vitale éducation domestique, ainsi que du vaste sentiment familial d'appartenance s'étendant au Canada français, voire à l'Amérique française, par le fait que tous y reçoivent une même éducation catholique et morale. De fait, depuis la Renaissance européenne, la culture, telle que l'éducation la transmet, ne cherche plus seulement à favoriser la vie, en en prenant soin et en l'élevant, mais aussi à lui enseigner à penser, à la conduire intellectuellement et moralement (Morin, 2000, 2002, 2003; voir les conclusions).

Toutefois, cette conduite intellectuelle et morale reste d'autant plus critique à l'égard d'elle-même qu'elle se trouve démultipliée avec les écoles confessionnelles et territorialement conjuguée avec la langue du pays, lors de la Réforme. Elle s'impose, non seulement au sein des États modernes en train d'émerger, mais également dans leurs colonies, en particulier en Amérique du Nord. Si l'on suit Montaigne, il ne s'agit pas « tant de meubler l'esprit que de le forger » (Dunn, 1878, p. 92), c'est-à-dire d'en susciter l'habitus, donc d'en faire un souvenir inhérent à une manière d'être, de vivre. Se cultiver, c'est faire de l'habitus la voie par laquelle l'on passe du vécu à la pensée, mais en les liant au sein de soi (Morin, 2000; 2002). Autant au Québec qu'en Ontario, la similitude d'habitus alimente alors le sentiment commun d'appartenance. Ce dernier s'articule et se régularise par l'Église, puis dans les années 1960, par l'État. L'expansion du système public des écoles et, en Ontario, la conversion corrélative de l'ACFEO en ACFO l'illustrent (Juteau et Séguin-Kimpton, 1993). En tous les cas, il est question de courants renaissants et modernes ayant davantage amené le « Françoys » à se transformer en « François », puis en « Français », de Rabelais à Montaigne, puis à Descartes, qu'à inspirer l'Ontarois, proposé par Grisé (1998).

Les courants européens, formés dès la Renaissance, laissent donc leurs marques autant avant qu'après la conquête de la Nouvelle-France et, depuis 1775, se teintent d'inquiétudes maintes fois soulevées par les « mouvements du colosse américain » (Groulx, 1918, p. 13-14). La Confédération canadienne en émerge, ainsi que son hiatus constitutionnel entre la langue, garantie au fédéral, et l'éducation, relevant du provincial. Sur ce fond, le Congrès de 1910 se constitue et l'éducation scolaire y prend la forme d'une exigence de cohésion. Il s'agit de s'organiser et d'entreprendre une action sociale passant par l'élément d'une telle langue française, comme langue d'enseignement, dans la province d'Ontario (ACFE, 1910, p. 77). Cela ne veut pas déjà dire que cette action passe par l'identité franco-ontarienne, ni qu'elle prend la forme d'une revendication purement linguistique, même si l'on pouvait en avoir l'impression. La langue française demeure un élément de l'identité canadienne-française d'Ontario et s'y ramène à la religion et au sol. Après bien des résistances anglaises, le sol en est enfin investi. Il est chargé d'un sens quasi familial d'appartenance renvoyant de l'Ontario à l'ensemble du Canada français. Il s'agit bien d'un Ontario canadien-français ou, plus succinctement, d'un Ontario français. Le mot « canadien » reste donc sous-entendu et constitue ce qui lie les mots « Ontario » et « français ».

En effet, comment l'Ontario, s'il n'était canadien et ne renvoyait au fédéral, serait-il dit français? Et pourquoi le Canadien, s'il n'était français, prendrait-il la peine de ne plus se dire d'Ontario qu'en en dégageant l'idée d'Ontario (canadien) français? C'est bien un tel Canadien français qui formule le projet d'une humble requête de son élément langagier auprès du gouvernement ontarien (ACFE, 1910, p. 150-169). Cela s'accorde avec une éducation qui est de juridiction provinciale, certes, mais aussi avec le fait que la langue française est constitutionnellement une langue officielle, au niveau fédéral.

Par ailleurs, il est entendu que l'*Acte de l'Amérique du Nord britannique* (1867), en maintenant les droits scolaires déjà existants, prévoyait la création d'écoles confessionnelles, sans faire mention de la langue, même si c'est seulement en 1917 que les tribunaux ont effectivement explicité et déclaré qu'il était question de religion, non de langue. De là découle l'établissement des écoles confessionnelles séparées, mais non sans occasionner des tensions biethniques catholiques (en particulier entre Canadiens français et Irlandais). Celles-ci sont d'autant plus susceptibles de tourner au désavantage des Canadiens français qu'elles se conjuguent avec un courant « orangiste » qui, en plus de chercher à imposer le protestantisme, n'admet pas d'autre langue que l'anglais. Les jugements des tribunaux, en en consacrant le résultat, indiquent que rien, constitutionnellement, ne contraint directement le gouvernement de l'Ontario à faire place à une autre langue que l'anglais dans les écoles publiques. De fait, le gouvernement ontarien ne se voit contraint d'accepter la langue française qu'indirectement, à l'occasion de ce devenir religieux (Clavel, Grenier, L'Écuyer et Samson, 1984, p. 7 et 107). La langue, gardienne, voire gardée par la foi, découvre dans la religion, non plus le ressort, comme cela est censé être, mais le maillon le plus faible du devenir social, ce dernier passant par l'éducation scolaire. La langue doit donc davantage assumer elle-même la quête d'une scolarisation de l'éducation et, par là, de sa propre intellectualisation. Elle en devient le principe organisateur, même si l'enseignement peut continuer de relever principalement du clergé.

Le Canadien français d'Ontario de l'époque commence à prendre conscience de la fâcheuse position dans laquelle il se trouve, pour ne pas dire de la violence institutionnelle qu'il subit par le hiatus constitutionnel entre le fédéral et le provincial. De là surgit un hiatus identitaire respectif entre sa langue et son éducation scolaire, par laquelle il peut l'intellectualiser, et ce, par rapport à sa vitale éducation domestique et à sa religieuse éducation morale. Cette prise de conscience s'est accentuée, surtout depuis un certain jugement de 1906 à la suite d'un conflit ayant surgi à Ottawa en 1904 relativement à l'absence de brevets ontariens chez le personnel enseignant. Après bien des détours juridiques, ce conflit aboutit au Conseil de Londres,

> *Le sens se dégage de l'évolution sociohistorique des mots. Le ramener en toute situation à soi, à leur source, c'est cultiver le sens de soi, donc de son identité.*

dont le jugement statue que tous les instituteurs religieux et laïcs doivent se qualifier selon la loi de la province de l'Ontario. Cela complique passablement la reconnaissance de l'enseignement en français par des exigences de brevet qui sont clairement sous le contrôle anglophone. En effet, la formation des maîtres n'est offerte qu'en anglais et relève d'une juridiction provinciale guère soucieuse ni de l'offrir en français, ni de la provenance québécoise d'une grande partie du personnel enseignant en comblant la déficience. Dans ces conditions, les exigences de brevet ne visent pas à améliorer, mais à empêcher l'enseignement en français, en disqualifiant le personnel enseignant susceptible de le dispenser. Toute l'institution scolaire s'en trouve érodée du haut vers le bas. Loin de contrer l'assimilation, elle est appelée à en devenir le foyer. En amont, le gouvernement ontarien se trouve renforcé par le jugement de Londres de 1906. En aval, ce même gouvernement ouvre une brèche véritable dans le nationalisme canadien-français, là où ses règlements de 1885 et de 1890, pour imposer l'anglais comme seule langue d'enseignement, avaient été vains. Ce n'est donc pas pour rien que le projet d'une fédération regroupant les Canadiens français de la province de l'Ontario se forma en 1906, l'année même du fameux jugement de Londres, si lourd de conséquences.

Depuis 1851, les Canadiens français, enfin véritablement établis en Ontario, ont été renforcés par la reconnaissance du droit de fonctionner exclusivement en français dans leurs écoles (Bock et Gervais, 2004, p. 114) et ont travaillé d'arrache-pied à l'amélioration de leur système scolaire. Par contre, en 1906, l'urgence de la cohésion de ces efforts est d'autant plus palpable qu'ils se mesurent au point culminant d'une pression qui, depuis les années 1880, s'est accentuée en vue d'imposer un modèle uniquement anglais. Les officiers de la Société Saint-Jean Baptiste d'Ottawa mettent alors sur papier un projet de Fédération catholique et nationale des Canadiens-Français de la province d'Ontario (ACFE, 1910; Dionne, 1995). En 1908, *Le Moniteur* d'Hawkesberry, à peine trois mois après sa création, lance plutôt publiquement l'idée d'un congrès national des Canadiens français de l'Ontario (ACFE, 1910; Sylvestre, 1984). Durant l'année 1909, l'idée du congrès l'emporte et s'organise, avec l'approbation et l'adhésion de Mgr Duhamel (ACFE, 1910, p. 62 et 92). Le congrès a lieu en 1910 et signe autant la conscience émergente d'un Ontario français que l'acceptation, en principe, de la création de l'ACFEO, d'ailleurs effectivement constituée peu après. La défense des droits, d'abord de celui d'enseigner en français, s'organise. Toutefois, en votant la mise en œuvre d'une ACFEO au Congrès de 1910, un glissement majeur semble s'effectuer : le Catholique français fait place au Canadien français (Centre de renaissance catholique des Laurentides, 2000). Avec cette accentuation de la question nationale, l'Ontario français émerge sous la forme d'un Ontario canadien-français. En 1912, à compter du *Règlement 17*, les luttes scolaires éclatent en bonne et due forme.

Bref, si l'Ontario français est dorénavant partie prenante de l'Ontario et, par là, du Canada, c'est bien parce que le hiatus entre ces deux derniers, quand vient le temps de conjuguer respectivement éducation et langue, devient si évident que les Canadiens français ne se disent plus d'Ontario qu'en se disant d'Ontario français. Par là, ils entreprennent une action sociale passant par cet élément de la langue française, censé être garanti au fédéral par la Constitution, dans la province de l'Ontario. L'Ontario français est donc tout, sauf une donnée. Et l'élément de la langue française, en Ontario, n'y est en rien un énoncé franco-ontarien, lequel télescoperait plutôt les deux en un. Il s'agit d'un élément, en principe, canadien.

L'ENJEU PÉDAGOGIQUE DES LUTTES SCOLAIRES

Notons bien que ces impositions juridiques indiquent l'ignorance, voire le déni, puis le traitement minimaliste des droits constitutionnels des minorités. Elles découlent du fait que l'éducation scolaire est de juridiction provinciale et que, du point de vue d'un Ontario foncièrement anglais, la question de la langue de l'enseignement ne se poserait même pas, si ce n'était de la Constitution canadienne, si peu respectée soit-elle. Elles affectent au premier chef la formation des maîtres, puisque celle-ci n'est effectivement offerte qu'en anglais. Elles ne découlent pas tant d'une volonté explicite d'assimilation que l'on considérerait uniquement à l'état pur, mais d'abord et avant tout, de son exercice à l'occasion d'un hiatus constitutionnel se conjuguant avec des contraintes inhérentes à la pédagogie moderne. Cette dernière s'est instituée depuis le XVIIe siècle, afin de répondre à l'exigence d'organiser des classes plus nombreuses d'étudiants selon diverses contraintes (âge, niveau d'apprentissage, etc.). Les nouvelles techniques pédagogiques, dont l'enseignement simultané, permettaient d'assumer cette complexité et d'en résoudre les problèmes, comme l'illustre l'adoption d'un même livre pour les élèves d'un même niveau d'apprentissage et d'âges avoisinants (Gauthier, 1991). À travers le livre d'enseignement, ce qui est attaqué ce n'est pas seulement, ni même d'abord, la teneur linguistique des classes, mais la capacité d'organiser celles-ci. Certes, il est plus efficace, pédagogiquement, d'enseigner dans la langue de ceux à qui l'on s'adresse, c'est-à-dire en français. Toutefois, cela suppose de pouvoir organiser la classe qui les réunit. De même, la possibilité de quelque enseignement que ce soit est remise en question en s'attaquant aux enseignants eux-mêmes, en l'occurrence à leur formation, donc à leur capacité d'enseigner. Or, la formation des maîtres est bien plus institutionnellement circonscrite et contrôlable, jusqu'en l'effet d'assimilation recherché, que le livre.

Le gouvernement ontarien pouvait donc remédier à ses échecs de produire cette assimilation, en 1885 et 1890, en trouvant enfin, dans la pédagogie, un point technique par lequel l'exercer véritablement. De fait, la pédagogie moderne, tout entière définie par l'exigence de mieux former les formateurs (les maîtres) afin de toujours mieux former et conduire les élèves, voire les amener à se conduire eux-mêmes et à devenir responsables, est dorénavant encadrée par les sciences de l'éducation qui, à la fois, émergent avec les sciences sociohistoriques et en sont un enjeu majeur, depuis le XIXe siècle. Telle est la voie de son amélioration et, par le fait même, d'un progrès éminemment social et seul bien de son temps. Ce n'est donc pas seulement l'éducation scolaire, mais toute la culture canadienne-française d'Ontario qui risque d'être rétrogradée. Pouvoir s'en prendre effectivement à la formation des maîtres,

c'est pouvoir créer une faille importante dans la résistance canadienne-française à l'assimilation et menacer sa capacité même d'y résister. Surtout, c'est rendre la culture canadienne-française dépassée et anachronique par rapport à l'époque, en la sortant carrément hors du champ alors prévalent de la culture, en l'occurrence celui de l'amélioration des moyens autant de sa transmission que de son intellectualisation.

En 1912, à compter du Règlement 17, les luttes scolaires éclatent en bonne et due forme.

Cette faille s'exprime par le récurrent « l'union fait la force », de fait d'autant plus récurrent qu'urgent, de 1906 à 1910, tant les luttes scolaires sont pressenties. D'où, en réponse, non seulement à l'action assimilatrice, mais aussi à une telle faille par laquelle elle pourrait si efficacement s'exercer, le germe de ce qui allait devenir le Congrès de 1910, l'émergence de l'idée d'Ontario français (alors explicitement énoncée, voire affirmée), la fondation de l'ACFEO, sa promotion du « canadianisant » élément de la langue française dans la province d'Ontario, plus spécifiquement dans les écoles, etc. On reconnaît donc toutes les prémices d'un devenir dont les traces sont encore aujourd'hui fort actuelles et évidentes. Elles sont constitutives de l'identité de tout l'Ontario français, dorénavant éveillé à lui-même et culturellement conscient.

UN PROCESSUS IDENTITAIRE

Quel sens se dégage de ce passage du Canada français à l'Ontario français, si on le considère comme tel, alors que celui-ci y spécifie celui-là, au lieu de s'y substituer à la façon de ce qu'en proposent les Franco-Ontariens depuis les années 1960 (Gervais,

2003; Bock et Gervais, 2004)? Pour Lionel Groulx, le conflit scolaire en Ontario français constituait « un épisode déterminant de l'histoire du Canada français tout entier » (Bock, 2004, p. 230). Il était susceptible de provoquer le « réveil » tant attendu de la nation canadienne-française (Bock, 2004 p. 267), au sens d'un Québec fort, à la fois soucieux et apte à améliorer les chances de survie des minorités canadiennes-françaises en constituant les avant-gardes ailleurs au pays. Le tout se déroulait dans un esprit religieux catholique irréductible autant à la seule langue anglaise qu'à l'idée d'une nation purement canadienne et dominée par les Canadiens anglais (Bock, 2004 p. 326-327). Il s'agissait surtout de reconnaître que, après la restriction des droits scolaires des Canadiens français au Manitoba (1896), puis en Alberta et en Saskatchewan (1905), le refoulement de la francophonie dans le Québec et l'inégalité de fait imposée par la classe politique canadienne-anglaise entre les deux peuples, malgré l'esprit de 1867, étaient devenus plus que sensibles et obéissaient à une logique systématique (Bock, 2004, p. 61). Cela s'atténue en 1927, en modifiant le *Règlement 17*, puis en 1944, en l'abandonnant, mais se perpétue néanmoins jusque dans les années 1960. Par contre, le Canada anglais ne semble pas avoir bien évalué les effets systémiques de ses actes. En effet, sur cette base, l'assimilation du nationalisme canadien-français au nationalisme québécois va s'effectuer dans un Québec se retrouvant autant dissocié des minorités canadiennes-françaises, que situé en face de la centralisation du pouvoir, à un niveau fédéral dorénavant censé, voire contraint, avec quelque 100 ans de retard, de se porter enfin véritablement à la défense de celles-ci. Minorités canadiennes-françaises? Elles se franco-provincialisent, comme le Québec, mais contrairement à lui, en se révélant radicalement minorisées. Le tout se constitue paradoxalement, au sein du Canada, en un sens franco-canadien dont la teneur canadienne-française, si elle survit, est dorénavant ainsi atomisée et médiatisée, en plus d'être renvoyée à des droits et libertés dont la portée nationale, alimentée de l'esprit de 1867, se trouve bien fragilisée.

CONCLUSION

Le Canadien français d'Ontario produit un Ontario qui, s'il est vraiment canadien en un Canada s'assumant lui-même en sa constitution, fait place au français. D'où, en quelque sorte, l'Ontarien français, à la source du Franco-Ontarien par lequel l'articulation des thèmes composant son identité s'inverse. L'ACFO adhère à cette inversion. En se faisant AFO, oubliera-t-elle la teneur canadienne du français en Ontario? Et l'Ontario anglais, voire tout le Canada anglais, tirera-t-il une leçon des effets systémiques de ses actes, du fait d'avoir mis en péril, en plus du Canada français, le Canada tout court, en renforçant du même coup le nationalisme québécois en un sens purement québécois?

RÉFÉRENCES

ASSOCIATION CANADIENNE-FRANÇAISE D'ÉDUCATION *Congrès d'éducation des Canadiens-Français d'Ontario, Rapport officiel des séances tenues à Ottawa du 18 au 20 janvier 1910 : questions d'éducation et d'intérêt général*, Ottawa (1re édition), 1910.

BOCK, M., et G. GERVAIS. *L'Ontario français. Des Pays-d'en-Haut à nos jours*, Ottawa, CFORP, 2004.

BOCK, M. *Quand la nation débordait les frontières : Les minorités françaises dans la pensée de Lionel Groulx*, Montréal, Éditions Hurtubise, 2004.

CENTRE DE RENAISSANCE CATHOLIQUE DES LAURENTIDES, « Les Oblats à la conquête de l'Ouest (VI) : La lutte victorieuse contre le "Règlement 17" », *La Renaissance catholique*, Shawinigan, QC, mai 2000.

CLAVEL, B., M. GRENIER, M. L'ÉCUYER et G. SAMSON. *À la recherche d'une identité franco-ontarienne : la question scolaire, fascicule* n° 2, Montréal, Guérin, 1984.

DIONNE, R. « 1910 : Une première prise de parole collective en Ontario français », *Cahiers Charlevoix*, 1 (1995), p. 15-124.

DUNN, O. *Lecture pour tous*. Québec, Imprimerie de Léger Brousseau, 1978.

GAUTHIER, C. « Histoire de trois naissances : l'enseignement, l'école, la pédagogie », *Vie pédagogique*, 75 (nov.-déc) (1991), p. 10-16.

GERVAIS, G. *Des gens de résolution : Le passage du « Canada français » à l'« Ontario français »*, Sudbury, Institut franco-ontarien/Prise de parole, 2003.

GRISÉ, Y. *Ontarois, on l'est encore!*, Bibliothèque nationale du Canada, Le Nordir, 1998.

GROULX, L. *La Confédération canadienne : ses origines*, Montréal, Le Devoir, 1918.

JUTEAU, D., et L. SÉGUIN-KIMPTON. « La collectivité franco-ontarienne : structuration d'un espace symbolique et politique » *in* C.J. Jaenen (dir.), *Les Franco-Ontariens*, Ottawa, Presses de l'université d'Ottawa, 1993, p. 265-304.

MORIN, Y. « La Renaissance philosophique : entre immanence et transcendance », *Renaissance and Reformation/Renaissance et Réforme*, vol. 24, n° 1 (2000), p. 57-87.

MORIN, Y. « Le rapport à la *causa sui* : de Plotin à Descartes par la médiation du débat entre Ficin et Pic » in *Renaissance and Reformation/Renaissance et Réforme*, vol. 24, n° 2 (2002), p. 43-71.

MORIN, Y. « Les trois Grâces du *"Commento"* : la réaction initiale de Pic à Ficin », *Revue philosophique de Louvain*, vol. 101, n° 3 (2003), p. 383-412.

SYLVESTRE, P.-F. *Les journaux de l'Ontario français 1858-1983*, Documents historiques n° 81, Société historique du Nouvel-Ontario, Université de Sudbury, 1984.

Construction identitaire et éducation artistique : l'enseignante et l'enseignant comme passeurs culturels

Mariette Théberge, Ph. D., Université d'Ottawa

RÉSUMÉ

Cette présentation tend à retracer des éléments d'éducation artistique qui favorisent la construction identitaire chez des adolescentes et des adolescents. Elle s'inspire de la définition du concept d'identité de Mucchielli (1986), de la théorie de l'autodétermination (Deci et Ryan, 1985) ainsi que de la conception de « passeur culturel » de Zakhartchouk (1999). Elle se réfère à deux recherches actuellement en cours qui illustrent à partir d'entrevues et de groupes de discussion comment l'enseignante et l'enseignant jouent un rôle de premier plan et agissent en tant que passeurs culturels dans le contexte scolaire. Les différents témoignages cités font également ressortir comment l'éducation artistique concourt à accroître le sens d'appartenance chez l'élève.

De nos jours, il est tout à fait naturel et souhaitable de se questionner sur ce que nous sommes en relation avec la société dans laquelle nous vivons. Il en est ainsi parce que, contrairement aux années 1950, notre société n'est plus isomorphe, c'est-à-dire une société qui n'accepte qu'un seul système de valeurs et de manières d'être (Hall, 1992). À cette époque, les institutions en place dictaient les rôles sociaux de façon très claire et explicite. Par exemple, les femmes qui choisissaient d'exercer une profession pouvaient devenir enseignantes, infirmières ou religieuses. Le célibat n'était pas valorisé et il était préférable de se marier et d'avoir des enfants. Très peu de parents divorçaient. Il était clairement établi que tout enfant devait naître au sein d'une famille unie selon les liens du mariage. On ne parlait que rarement d'homosexualité, puisque celle-ci était considérée comme une dérogation aux règles morales.

Dans le contexte nord-américain actuel, il est évident que la société a évolué. D'une part, les moyens de communication nous rendent beaucoup plus informés et conscients de tout ce qui se passe dans le monde. D'autre part, le milieu ambiant où nous vivons a lui aussi changé, entre autres, grâce à la diversité culturelle qui nous amène à réfléchir à nos rapports sociaux. La relation à l'autre ne tient désormais plus autant à un critère d'appartenance à une même communauté homogène, mais se tisse plutôt à partir de la diversité dont la communauté est constituée (Mujawamariya, 2001; 2006; Ouellet, 1999; Perrenoud, 1999; Théberge, 2006; Vinsonneau, 2002).

Ces changements sociaux sont aussi apparents dans le contexte des écoles secondaires de langue française de l'Ontario où il est de plus en plus question du processus de construction identitaire. Le document portant sur la *Politique d'aménagement linguistique du ministère de l'Éducation et de la Formation de l'Ontario* (2004) en témoigne. L'importance de l'éducation artistique y est également reconnue (Haentjens et Chagnon-Lampron, 2004; Théâtre Action, 2003). C'est pourquoi cette recherche tend à retracer des éléments d'éducation artistique qui favorisent ce processus autant chez des enseignantes et des enseignants que chez des adolescentes et des adolescents. Une première partie de cette présentation précise les assises théoriques qui s'inspirent de la définition du concept d'identité de Mucchielli (1986) ainsi que de la théorie de l'autodétermination (Deci et Ryan, 1985; 2002). Une deuxième partie esquisse la procédure méthodologique de deux projets de recherche en cours, tandis qu'une troisième partie donne les grandes lignes de résultats préliminaires. Ces résultats nous amènent à faire valoir la conception de l'enseignante et de l'enseignant en tant que « passeurs culturels » telle que la définit Zakhartchouk (1999) et la spécifie Gohier (2002).

CADRE THÉORIQUE

Cette recherche s'inspire de la définition de Mucchielli (1986, p. 62) selon laquelle l'identité repose sur un ensemble de sentiments : sentiment de son être matériel, d'unité et de cohérence, de continuité temporelle, d'appartenance, de différence, de valeur, d'autonomie, de confiance, d'existence. Au cœur de ces différents sentiments, se retrouve le sentiment de confiance et d'existence. Si le premier rejoint la capacité de confiance en autrui, il n'en est pas moins la base essentielle sur laquelle se fonde « l'effort central du sentiment d'existence », ce qui permet à la personne de donner un sens à ses actions. Comme le décrit si justement Allport (1970), l'être humain a besoin d'avoir un but, que ce dernier soit sujet à révision importe peu puisqu'il donne une direction et alimente l'effort central en sous-tendant les actions.

Dans la conception identitaire de Mucchielli (1986), les différents sentiments sont conditionnés les uns aux autres. Ils forment un système et peuvent engendrer un « sentiment optimal de l'identité » (*Ibid.*, p. 63) caractérisé par un bien-être psychosocial (Théberge, 1998). Selon cette conception identitaire, le sentiment d'appartenance résulte d'un processus d'intégration des valeurs sociales et correspond à la possibilité de communication, pour ne pas dire de communion, que l'être humain ressent avec des pairs. Dans l'optique où la personne participe au processus de construction du sens de son identité (Barth, 1995; Basch, 1995), le sentiment d'appartenance est perçu davantage comme la résultante de ce processus.

> *Par ailleurs, le sentiment de différence tout comme celui d'appartenance contribue à cette prise de conscience identitaire.*

Par ailleurs, le sentiment de différence tout comme celui d'appartenance contribue à cette prise de conscience identitaire. Par exemple, lorsque la personne est confrontée à « ce qu'elle n'est pas » ou lorsqu'elle se voit plongée dans un monde qui ne lui est pas du tout familier, elle apprend à reconnaître ses référents identitaires. Cette situation lui donne aussi l'occasion de développer un sentiment de valeur (Mucchielli, 1986), lié à la capacité d'emprunter divers points de vue de manière à en saisir la représentation. La superposition consciente du regard de l'autre sur soi permet non seulement de porter un jugement sur sa propre valeur, mais aussi de remettre en question celle qui prévaut. Quant au sentiment d'autonomie, il constitue le versant opposé du sentiment d'appartenance puisqu'il correspond à ce besoin que l'être humain a d'affirmer son identité par rapport au groupe auquel il s'identifie (*Ibid.*, 1986).

Cette recherche s'inspire également de la théorie de l'autodétermination (Deci et Ryan, 1985; Ryan et Deci, 2000) qui reconnaît chez l'être humain la prédominance de trois besoins fondamentaux : besoin d'autonomie, de compétence et d'appartenance. Comme le soulignent La Guardia et Ryan (2000, p. 285), l'autonomie émane du « vrai soi » et « suppose que la personne décide volontairement de son action et qu'elle est elle-même l'agent qui réalise cette action de sorte qu'elle est en congruence avec elle et qu'elle l'assume entièrement ». Cette définition du besoin d'autonomie ne signifie pas que la personne se doit d'être individualiste ou indépendante, mais plutôt qu'elle agit d'une façon autonome en faisant des choix correspondant à ses aspirations et en les respectant. Le besoin de compétence « réfère à un sentiment d'efficacité sur son environnement (Deci, 1975; White, 1959), ce qui stimule la curiosité, le goût d'explorer et de relever des défis » (La Guardia et Ryan, 2000, p. 285). Quant au besoin d'appartenance, il se traduit en relation à autrui par une complicité plus particulière à une personne ou à un ensemble de personnes formant un groupe. Par exemple, il se peut très bien qu'un élève nouvellement immigrant en Ontario crée une complicité avec une personne dans une école (un autre élève ou un membre du personnel enseignant) sans pour autant ressentir un sentiment d'appartenance à l'ensemble du contexte où il étudie dorénavant. Le besoin d'appartenance peut donc se traduire par une relation à autrui particularisée ou englobant et rejoignant une collectivité.

Cette première partie précise les concepts de base sur lesquels nous nous appuyons dans la présente recherche. Ces concepts d'identité, de besoins d'autonomie, de compétence et d'appartenance donneront un éclairage aux questions de recherche suivantes :

1. Comment l'enseignant d'éducation artistique définit-il son rôle dans le contexte des écoles secondaires de langue française de l'Ontario?
2. À quels besoins fondamentaux — autonomie, compétence, appartenance — l'éducation artistique répond-elle chez l'élève dans ce contexte?

Ces concepts serviront également de toile de fond à la lecture de témoignages recueillis lors de l'application de la procédure méthodologie que nous expliciterons dans la partie qui suit.

MÉTHODOLOGIE

Les deux projets de recherche auxquels fait référence cette présentation portent respectivement sur le rôle que jouent des enseignants dans la réalisation de productions théâtrales au secondaire ainsi que sur l'apport de l'éducation artistique dans le contexte des écoles françaises de l'Ontario. L'apport de l'éducation artistique dans ce contexte est indéniable, entre autres pour la relève artistique franco-ontarienne, et contribue également à la construction identitaire de jeunes francophones de la province (Haentjens et Chagnon-Lampron, 2004; Théâtre Action, 2003). Ces deux projets de recherche s'avèrent complémentaires et sont actuellement réalisés en concomitance.

Dans le premier projet, sept enseignants du secondaire ont accepté de me rencontrer en entrevue individuelle pour parler de leurs expériences en tant que responsables de troupes de théâtre dans leur école (Théberge, à paraître). Ces entrevues semi-dirigées leur demandaient de me faire part de leur parcours d'apprentissage artistique ainsi que de celui qu'ils ont suivi en enseignement au secondaire. Les questions demandaient également de spécifier ce qui les motive à enseigner l'art dramatique/théâtre au secondaire dans le contexte des écoles de langue française de l'Ontario.

Dans le deuxième projet, les entrevues sont toujours en cours. Jusqu'à maintenant, plus de quatre-vingts élèves ont accepté de participer eux aussi à des entrevues individuelles. Lors de ces rencontres, les élèves précisent ce qui les incite à s'inscrire ou à ne pas s'inscrire à des cours en éducation artistique au secondaire (Théberge, 2004). Ils identifient les apprentissages réalisés et font part de l'apport qu'ils conçoivent à la formation reçue. Le contexte où ont lieu ces entrevues est également celui d'écoles secondaires de langue française de l'Ontario.

Le contenu intégral des entrevues est actuellement à l'étape d'analyse. Les résultats dont il est question dans cette présentation sont donc préliminaires et nous en présenterons, dans la prochaine partie, les grandes lignes.

PRÉSENTATION DES RÉSULTATS

Afin de présenter cette analyse préliminaire des entrevues, le contenu est regroupé en relation avec chacun des besoins décelés dans la théorie de l'autodétermination, soit le besoin d'autonomie, de compétence et d'appartenance.

Le besoin d'autonomie

Tant les enseignants que les élèves reconnaissent qu'il est important de faire des réalisations à partir de soi. Pour les élèves, cela leur donne la chance de s'affirmer et de concevoir que ce qu'ils ont à dire a de l'importance.

Pour les responsables de troupes de théâtre, le respect de cette autonomie de l'élève se traduit, entre autres, par un engagement envers la communauté et les élèves. Même si les questions de discipline et de gestion de classe entrent toujours en ligne de compte dans la relation éducative, celle-ci tient à un respect mutuel où le rôle de l'enseignant consiste à inciter l'élève à aller au bout de ses possibilités dans ce qu'il a à dire. La démarche artistique qui en découle permet une découverte de soi où l'objet culturel de la production théâtrale devient médiatrice et porteuse de sens pour l'élève. L'engagement de l'enseignant se traduit par cette mise en scène de la pratique artistique dans un cadre scolaire. Il fait appel à une motivation intrinsèque et à une passion que chacun tient à communiquer. Lorsque ces moments-là se produisent, les enseignants ont le sentiment d'accomplir leur mission, comme en témoigne la personne suivante :

« Là, j'ai vu dans leurs yeux et un peu dans l'attitude qu'ils avaient, un peu cette passion qu'ils venaient d'avoir, la piqûre du théâtre. C'est ce moment-là que je suis en train de raconter, qui a été un peu l'élément déclencheur. Je me suis dit : "Si vous autres, vous venez de saisir un moment important pour vous, je peux m'imaginer ce que ça peut être pour bien d'autres jeunes, parce que moi aussi je l'ai vécu" » (entrevue d'enseignant).

La « piqûre » de transmettre ce qui nous habite par l'expression de personnages, de productions visuelles, de sons en musique ou de mouvements en danse, c'est en fait tout cela qui se véhicule dans cette relation en éducation artistique. S'investir auprès des jeunes leur apporte une grande satisfaction. Leur réussite tient à cette affirmation de soi dans la production de spectacles et d'œuvres, affirmation que les élèves font individuellement, affirmation qui est aussi collective parce que le travail de chacun compte dans la présentation d'ensemble.

> *Pour les adolescents, la réalisation de ces productions artistiques prend surtout une signification parce qu'elle est le reflet de leur pensée, de leur façon d'imaginer le monde d'aujourd'hui et de demain.*

Pour les adolescents, la réalisation de ces productions artistiques prend surtout une signification parce qu'elle est le reflet de leur pensée, de leur façon d'imaginer le monde d'aujourd'hui et de demain. Leurs dires confirment qu'ils se sentent entendus et écoutés et que cette chance de parler de ce qui se passe à l'intérieur d'eux-mêmes sert ce besoin fondamental d'autonomie et leurs sentiments d'appartenance et de différence. Inutile de rappeler qu'à cet âge, le besoin d'affirmer son entité prédomine. L'appartenance à un groupe est également essentielle dans leur processus de construction identitaire (Beauchamp, 1998; Claes, 2003; Erickson, 1978; Gallagher et Booth, 2003). C'est pourquoi ils reconnaissent sans contredit qu'il importe pour eux de se retrouver en situation où ils peuvent créer ensemble et discuter de ce qui en ressort.

Le besoin de compétence

Les enseignants, tout comme les élèves, font également ressortir dans les entrevues que la pratique artistique leur offre de nombreux défis. L'excellence dans les différentes disciplines les confronte à revoir autant leur mode de fonctionnement avec les divers groupes d'élèves que la manière de concevoir le produit artistique.

En ce qui a trait au mode de fonctionnement du groupe, les enseignants font preuve de flexibilité. Ils doivent s'adapter à la situation d'apprentissage et non pas adapter celle-ci à une représentation traditionnelle de l'enseignement où l'élève est assis. Par exemple, en éducation artistique, plus particulièrement en art dramatique/théâtre et en danse, le « pupitre » ou table de travail n'est plus garante de l'immobilité de l'élève. L'espace de jeu, de répétition et de représentation est dénudé par rapport aux accessoires habituels de l'école que constituent encore de nos jours la craie et le tableau, le rétroprojecteur, le cahier de prise de notes. Cela ne signifie pas que ces outils de la vie scolaire quotidienne de l'élève ne sont jamais utilisés, mais que l'enseignement se fait principalement à partir de réalisations artistiques.

C'est donc dire que cet espace dénudé est offert à la création, ce qui n'est pas peu dire quand des adolescents sont les protagonistes. Cet espace incite également à une prise de contact direct entre élèves ainsi qu'entre enseignant et élèves. Le contenu des entrevues est explicite à cet effet, un enseignant doit être bien dans sa peau pour franchir le pas. Cela exige des individus forts et prêts à faire face aux nombreux défis de la réalité de la salle de classe en ébullition et en mouvement. Quant aux jeunes, ils réalisent que le contexte d'un programme spécialisé en arts leur donne la chance d'apprendre plus vite et d'aller plus en profondeur dans ce qu'ils aiment faire comme en fait foi ce témoignage :

« Ça permet aux jeunes d'avoir plus d'expérience dans quelque chose qu'ils aiment faire » (entrevue d'élève).

Ce contexte est non seulement propice à leur apprentissage artistique, mais également aux autres apprentissages puisque, comme ils l'avouent eux-mêmes, leur vie serait très différente si les arts n'étaient pas inclus dans leur parcours scolaire.

Le besoin d'appartenance

L'appartenance est le besoin qui prédomine dans le contenu des entrevues réalisées avec les élèves ainsi que celles réalisées avec les enseignants. Ce besoin s'exprime en relation avec la formation de liens solides d'amitié dans le groupe et de la consolidation de ces liens entre élèves. L'enseignant fait aussi sa marque et est une figure de proue dans la possibilité de créer ces liens. Cette personne devient vite pour les jeunes quelqu'un en qui on peut avoir confiance et qui est là lorsque des circonstances particulières surviennent. Force est de reconnaître que ce ne sont pas tous les jeunes qui ont la vie facile. Ils ont parfois à faire face à des épreuves qui les dépassent et ils se sentent en déséquilibre dans cette société où les valeurs sont bien souvent remises en question. Avoir des amis avec lesquels ils peuvent parler, discuter, échanger, confier leur joie et leur peine joue un rôle crucial dans leur développement à l'adolescence, comme en témoigne l'élève suivant :

« Moi, ce que j'aime, c'est que... ça te permet de... ce n'est pas comme une classe normale. Ça te permet d'agir normalement sans que personne te juge, ça te permet d'essayer des nouvelles choses, ça te permet d'apprendre, mais t'as pas l'atmosphère de la classe. C'est plus une gang d'amis. Même le prof, il faut que tu le considères comme un ami quand t'es là parce que sinon, t'es pas capable de présenter tes choses en avant » (entrevue d'élève).

Le respect et l'amitié sont les clés de ce qui crée cette chimie de groupe où la bonne entente et l'expression forment le quotidien. Les élèves agissent ainsi en complémentarité pour s'entraider les uns les autres. Par exemple, dans une troupe de théâtre, chaque membre prend conscience que sa participation est essentielle au bon fonctionnement de la production en cours.

Favoriser un tel sens d'appartenance ne va cependant pas de soi et aux dires des enseignants, même si les émotions peuvent être à fleur de peau dans les échanges, il ne faut pas avoir peur des confrontations. L'intensité des échanges avec les élèves permet d'aller plus en profondeur dans les relations. S'il y a des problèmes, ils sont abordés et sont discutés. Les solutions font partie des problèmes et c'est en groupe qu'elles doivent être trouvées. L'établissement de règles claires et précises contribue également à faciliter le fonctionnement du groupe. Par exemple, l'organisation d'un voyage pour participer à un festival de théâtre ne saurait se concrétiser sans qu'en partant chacun sache les limites acceptables du comportement à avoir dans de telles circonstances. Si les enseignants s'engagent, ils n'en exigent pas moins de la part des élèves, et c'est ce pacte mutuel qui donne lieu à la consolidation de liens et du sentiment d'appartenance. Sans vouloir s'arroger des droits ou agir dans un sens trop protectionniste, la métaphore de la famille est présente dans toutes les entrevues des enseignants. Elle fait également partie du langage des élèves qui reconnaissent les bienfaits de ce qu'ils vivent au sein de troupes de théâtre ou d'harmonie musicale. Dans le processus de construction identitaire, cette métaphore concrétise le sentiment d'appartenance et permet de mieux saisir comment, à cet âge, le vécu d'expériences artistiques donne « la possibilité de connaissance de soi et d'ouverture sur le monde » (Théberge, 2004).

CONCLUSION

Les résultats préliminaires des entrevues des élèves nous permettent de voir à quel point le besoin d'appartenance prédomine chez les adolescents. Le fait de vivre des expériences artistiques répond à ce besoin lorsqu'une synergie de base s'établit dans le groupe et que l'atmosphère est positive. Pour ce faire, le rôle de l'enseignant est primordial et celui-ci doit également faire suffisamment preuve de maturité et de confiance en lui pour ne pas craindre l'épanchement d'émotions et les confrontations. Dans le contexte minoritaire, il serait important d'approfondir le sens que prend le besoin d'appartenance chez des jeunes pour mieux en saisir la portée. Actuellement, en éducation artistique, nous avons très peu de données à cet effet (Benoît, 2005; Haentjens et Chagnon-Lampron, 2004; Lowe, 2002; Robichaud, 2002; Théâtre Action, 2003).

Quant aux besoins d'autonomie et de compétence, ils sont inhérents à l'accomplissement même de la personne en situation de réalisation artistique et les élèves affirment ouvertement que le processus de création concourt à faciliter l'accomplissement de ces besoins. Par ailleurs, la richesse des expériences artistiques vécues tient également au contexte où elles ont lieu et au soutien reçu de la part de la direction et des collègues.

Les résultats préliminaires des entrevues de cette recherche font également valoir l'importance de concevoir l'enseignant en tant que « passeur culturel » (Zakhartchouk, 1999). Lorsqu'elle parle de cette fonction, Gohier (2002, p. 233) la définit en ces termes : « Passeur culturel, jetant des passerelles entre les différents registres culturels, mais aussi lieur, lieur du sensé et du senti par l'intermédiaire de l'objet culturel qui devient un liant, servant d'interface entre les hommes. » C'est ainsi que se créent des liens et se rejoint cette finalité de l'éducation qui « vise à unir la personne en elle-même, dans ses diverses dimensions, aussi bien qu'à l'autre ». Le document portant sur la *Politique d'aménagement linguistique* du ministère de l'Éducation et de la Formation de l'Ontario (2004) est explicite à cet effet et c'est pourquoi il s'avère judicieux de continuer à s'interroger sur les diverses manières de répondre aux besoins fondamentaux d'autonomie, de compétence et d'appartenance reconnus par la théorie de l'autodétermination. Ces besoins touchent des cordes particulièrement sensibles chez les adolescents et les enseignants en contexte minoritaire.

RÉFÉRENCES

ALLPORT, G.W. *Structure et développement de la personnalité* (traduction française), Paris, Delachaux et Niestlé, 1970.

BARTH, B.M. « Présentation générale : l'émergence d'une psychologie culturelle et les processus d'éducation », *Revue française de pédagogie,* n° 111 (1995), p. 5-10.

BASCH, M. *Comprendre la psychothérapie*. Paris, Le Seuil, 1995.

BEAUCHAMP, H. *Le théâtre adolescent*. Montréal, Les Éditions Logiques, 1998.

BENOÎT, J. *La motivation d'élèves de 9ᵉ et 10ᵉ années à s'inscrire à un programme spécialisé en musique dans une école secondaire de langue française de l'Ontario*, thèse de maîtrise, Ottawa, Université d'Ottawa, 2005.

CLAES, M. *L'univers social des adolescents,* Montréal, Les presses de l'Université de Montréal, 2003.

DECI, E.L. *Intrinsic motivation,* New York, Plenum, 1975.

DECI, E.L. et R.M. RYAN. *Intrinsic motivation and self-determination in human behaviour,* New York, Plenum, 1985.

DECI, E.L. et R.M. RYAN. *Handbook of self-determination research,* Rochester, The University of Rochester Press, 2002.

ERIKSON, E. *Adolescence et crise : la quête de l'identité,* Paris, Flammarion, 1978.

GALLAGHER, K. et D. BOOTH. *How theatre educates. Convergences and counterpoints?*, Toronto, Université de Toronto Press, 2003.

GOHIER, C. « La polyphonie des registres culturels, une question de rapports à la culture. L'enseignant comme passeur, médiateur, lieur », *Revue des sciences de l'éducation*, vol. 28, n° 1 (2002), p. 215-236.

HAENTJENS, M. et G. CHAGNON-LAMPRON. *Recherche-action sur le lien langue-culture-éducation en milieu minoritaire francophon*, Ottawa, Fédération culturelle canadienne française, 2004.

HALL, S. « The question of cultural identity » in S. Hall, D. Held et T. McGrew (éd.), *Modernity and its future*, Cambridge, England, Polity, 1992, p. 273-316.

LA GUARDIA, J.G. et R.M. RYAN. « Buts personnels, besoins psychologiques fondamentaux et bien-être : théorie de l'autodétermination et applications », *Revue québécoise de psychologie*, vol. 21, n° 2 (2002), p. 281-304.

LOWE, A. « Recherche dans le domaine de l'éducation musicale en milieu francophone minoritaire au Canada : aperçu et prospectives » *in* R. Allard (dir.), *Actes du colloque pancanadien sur la recherche en milieu francophone minoritaire : bilan et prospectives*, Québec, ACELF, 2002, p. 194-202.

MINISTÈRE DE L'ÉDUCATION ET DE LA FORMATION DE L'ONTARIO. *Politique d'aménagement linguistique de l'Ontario*, Toronto, Imprimeur de la Reine pour l'Ontario, 2004.

MUCCHIELLI, A. *L'identité*, collection « Que sais-je? », Paris, Presses universitaires de France, 1986.

MUJAWAMARIYA, D. « Associate Teachers Facing Integration of Visible Minorities into the Teaching Profession in Francophone Ontario », *Canadian Ethnic Studies*, vol. 33, n° 2 (2001), p. 78-87.

MUJAWAMARIYA, D. (éd.), *L'éducation multiculturelle dans la formation des enseignants au Canada, Dilemmes et défis*, Berne : Peter Lang (2006), p. 77-99.

OUELLET, F. « L'éducation face aux défis du pluralisme ethnoculturel : les grandes questions de l'heure », *Association pour la recherche interculturelle*, Bulletin n° 3 (1999), p. 9-19.

PERRENOUD, P. *Dix nouvelles compétences pour enseigner*, Paris, ESF éditeur, 1999.

ROBICHAUD, L. « Répertoire de la recherche en enseignement des arts visuels en milieu francophone minoritaire au Canada » *in* R. Allard (dir.), *Actes du colloque pancanadien sur la recherche en milieu francophone minoritaire : bilan et prospectives*, Québec, ACELF, 2002, p. 186-193.

RYAN, R.M. et E.L. DECI. « Self-determination theory and the facilitation of intrinsic motivation, social development, and well-being », *American Psychologist*, vol. 55, n° 1 (2000), p. 68-78.

THÉÂTRE ACTION. *Étude de l'impact socio-économique et culturel de l'activité théâtrale en Ontario français*, secteur scolaire, La force du théâtre, Ottawa, Théâtre Action, 2003.

THÉBERGE, M. « L'identité culturelle d'étudiants de la formation à l'enseignement : sentiments et référents identitaires », *Revue des sciences de l'éducation de McGill*, vol. 33, n° 3 (1998), p. 265-283.

THÉBERGE, M. *L'apport de l'éducation artistique dans le contexte d'écoles secondaires de langue française de l'Ontario*, projet de recherche subventionné par le ministère de l'Éducation et de la Formation de l'Ontario, 2004.

THÉBERGE, M. « La dimension pluriethnique de l'identité culturelle et la relation entre enseignants-associés et stagiaires » in D, Mujawamariya (éd.), *L'éducation multiculturelle dans la formation des enseignants au Canada, Dilemmes et défis*, Berne : Peter Lang 2006, p. 77-99.

THÉBERGE, M. « Le rôle de responsables de troupes dans des productions théâtrales au secondaire » in *The Universal Mosaic of Drama/Theatre: The IDEA 2004 Dialogues*, à paraître.

VINSONNEAU, G. *L'identité culturelle*. Paris, Armand Colin, 2002.

WHITE, R.W. « Motivation reconsidered: The concept of competence », *Psychological Review*, n° 66 (1959), p. 678-691.

ZAKHARTCHOUK, J.-M. *L'enseignant, un passeur culturel*, ESF éditeur, 1999.

Vivre son adolescence et construire son identité en milieu minoritaire de l'Ontario français

Georges Duquette, Université Laurentienne

RÉSUMÉ

Dans sa nouvelle *Politique d'aménagement linguistique* (PAL), le ministère de l'Éducation de l'Ontario propose « la construction d'une identité en Ontario français ». L'objectif de cet article est de présenter des éléments qui, à partir de principes solidement établis en psychologie de l'adolescence peuvent contribuer à une base théorique et une démarche d'implantation qui seront plus aptes à réussir auprès des adolescentes et adolescents qui fréquentent les écoles de langue française de l'Ontario. En examinant comment se vit une période de l'adolescence et comment elle se traduit sur le plan des comportements chez celles et ceux qui sont enracinés en milieu francophone minoritaire de l'Ontario, on pourra mieux comprendre comment intervenir pour produire des résultats prometteurs à long terme sur le plan du vécu langagier de nos jeunes. En conclusion, l'auteur rappellera certaines balises à respecter et offrira des suggestions de pistes à suivre pour l'implantation de cette composante particulière de la *Politique*.

En octobre 2004, le ministère de l'Éducation de l'Ontario (MEO) lança officiellement sa nouvelle *Politique d'aménagement linguistique* (PAL) « visant à assurer la protection, la valorisation et la transmission de la langue et de la culture françaises en milieu minoritaire » (MEO, *Politique d'aménagement linguistique*, napperon, définitions).

Un axe d'intervention de cette politique est celui de la construction identitaire, un processus qui, selon le Ministère, « s'amorce au foyer, se poursuit tout au long de la scolarisation et s'approfondit au cours de la vie adulte » (MEO, p. 49). Il a pour but de permettre à la clientèle scolaire non seulement de vivre en français, mais de se définir comme ayant une appartenance à une société qui partage une culture française commune.

L'objectif de cet article est de contribuer à la construction d'une base théorique qui pourra ensuite alimenter une démarche d'implantation qui sera plus apte à réussir auprès des adolescentes et adolescents qui fréquentent les écoles de langue française de l'Ontario.

Cet article critique proposera, dans un premier temps, un examen de l'axe d'intervention sur la construction identitaire telle qu'elle est proposée par le MEO. Dans un deuxième temps, dans le but de mieux comprendre les élèves à qui incombe la responsabilité de la relève de la francophonie ontarienne, il présentera certaines caractéristiques psychologiques de l'adolescence. Dans un troisième temps, il y aura examen des résultats d'une recherche récente (2001-2003) sur la question de l'identité menée auprès d'adolescentes et d'adolescents de l'Ontario français. Dans un quatrième temps, des liens seront établis entre la situation minoritaire de l'Ontario français et la baisse des inscriptions dans les écoles. Enfin, l'auteur présentera ses conclusions et suggérera des pistes d'intervention qui seront plus aptes à réussir. La méthode d'application de cet axe d'intervention sera la clé de réussite de la PAL.

L'AXE D'INTERVENTION SUR LA CONSTRUCTION IDENTITAIRE

Selon le MEO (2004), la construction identitaire reposera sur les quatre principes suivants :

1. la culture et le développement de l'identité;
2. les attitudes porteuses d'affirmation culturelle;
3. l'animation culturelle et la liaison communautaire;
4. l'espace francophone.

La culture française constitue un élément-clé dans le développement d'une identité. Plusieurs groupes autochtones, même parmi ceux qui ne parlent plus leur langue maternelle, se réfèrent à leur culture lorsqu'ils définissent leur identité. Cependant, le mot « culture » a une variété de définitions. Selon Gérin-Lajoie (2005), plusieurs définissent la culture dans un sens folklorique. Le dictionnaire Bélisle (1902, p. 519) dit que le mot folklore vient de l'anglais, que c'est un « ensemble des légendes, chansons, contes et traditions d'un pays ». Il existe d'autres définitions de la culture. Legendre (1993), citant Linton (1977), nous propose cette définition :

> « Un ensemble des manières de voir, de sentir, de percevoir, de penser, de s'exprimer, de réagir, des modes de vie, des croyances, des connaissances, des réalisations, des us et coutumes, des traditions, des institutions, des normes, des valeurs, des mœurs, des loisirs et des aspirations qui distinguent les membres d'une collectivité et qui cimentent son unité à une époque donnée » (p. 284).

Pour avoir des attitudes porteuses d'affirmation culturelle, il faut vivre cette culture de façon majoritaire et développer des valeurs qui correspondent à ses expériences. Or, les valeurs s'acquièrent d'abord dans le contexte familial durant la jeune enfance et se développent ensuite dans le milieu social durant la période de l'adolescence, puis se maintiennent à l'âge adulte. Selon Gordon (1982), les valeurs sont les éléments les plus difficiles à changer chez un individu.

Une concertation entre les organismes francophones, les écoles et les foyers est essentielle pour assurer une animation culturelle qui dépasse les cadres scolaires et pour renforcer les attitudes porteuses d'affirmation culturelle.

Si l'on espère véhiculer une culture française, le français doit devenir essentiel dans la vie du foyer, à l'école et dans la communauté. Si l'on veut construire une identité viable à long terme, nos élèves doivent pouvoir communiquer et affirmer des relations sociales en français.

CARACTÉRISTIQUES PSYCHOLOGIQUES DE L'ADOLESCENCE

Si la période de l'enfance se caractérise par une dépendance physique et psychologique et se définit surtout à l'intérieur du foyer, la période de l'adolescence, pour sa part, se caractérise par une recherche d'indépendance physique et d'autonomie psychologique. Dans la section qui suit, des extraits du livre de Cloutier (1996) seront présentés et commentés afin de faire ressortir certains éléments de la période de l'adolescence durant laquelle se construit l'identité sociale chez les jeunes.

Sur le plan physique, « le corps subit une véritable métamorphose. Or, comme le corps est la base concrète de notre identité personnelle, sa transformation est à l'origine d'une certaine dose d'anxiété » (Cloutier, p. 35). Le déclenchement de la puberté s'opère d'abord sur un plan hormonal, mais les effets se font ressentir sur tous les autres plans de l'individu. L'image que les jeunes se font de leur corps prend une importance capitale. En effet, soucieux d'être estimés et acceptés par les autres (Henson, 1992), les filles et les garçons se sentent d'abord perçus par l'image corporelle qu'ils projettent d'eux-mêmes.

Sur le plan sexuel, « la maturation sexuelle retentit sur le plan social, avec les écarts qu'elle entraîne entre ce que l'on voudrait être et ce que l'on est [...] Les environnements culturel et religieux viennent brouiller les cartes en imposant leurs contraintes [...] Bref, la sexualité adolescente est d'abord physique, mais elle est aussi psychologique, sociale et culturelle » (Cloutier, p. 121). Durant la période de l'adolescence, les jeunes sont appelés à assumer une identité masculine ou féminine et à adopter un rôle et des comportements qui leur correspondent. Si la maturité sexuelle vient normalement compliquer les relations sociales des jeunes, les homosexuelles vivent cette période d'une façon difficile parce qu'elles ou ils doivent se différencier de la majorité et dévier des rôles définis selon leur genre.

Sur le plan cognitif, « la pensée formelle est l'une des acquisitions les plus importantes à l'adolescence. Elle ouvre l'accès à un monde plus vaste permettant l'élaboration de nouvelles stratégies de résolution de problème » (Cloutier, p. 80). L'acquisition de la pensée formelle permet aux adolescents d'ouvrir leur monde à de nouvelles réalités sociales et de remettre en question les hypothèses proposées, de faire abstraction des valeurs qui ne correspondent pas à leur réalité, d'accepter ou de rejeter ces hypothèses. « La plupart des adolescents passent plus de temps que les enfants à réfléchir à leurs émotions, à leurs espoirs, à élaborer des théories, à expliquer leurs relations sociales » (*Ibid.*, p. 90). C'est durant la période de l'adolescence que les jeunes se préoccupent davantage de leurs relations sociales et de leur acceptation par les pairs. C'est durant ce temps qu'ils choisissent de retenir ce qui est important, pertinent pour eux et pour leur avenir. C'est durant ce temps qu'ils conçoivent des stratégies de résolution de problème afin de réussir dans la vie. Si l'on continue à leur dire qu'ils ne sont « pas bons » en français, ne soyons pas surpris s'ils s'assimilent. La nouvelle politique d'aménagement linguistique vise la réussite de tous les élèves par l'implantation de méthodes d'enseignement efficaces à cette fin.

Sur le plan affectif, « l'adolescente ou l'adolescent doit avoir une estime de soi positive de lui-même pour établir des relations avec les autres et y participer activement » (Cloutier, p. 205). Selon Erikson (1968), l'estime de soi est la clé du développement d'une identité. On parle régulièrement de la fierté d'être francophone, mais des adolescents doivent d'abord être fiers d'eux-mêmes comme francophones avant qu'ils puissent être fiers de leur langue.

Sur le plan social, « pendant l'enfance, la famille constitue le principal agent de socialisation [...] C'est dans la famille que se développe la compréhension du monde social » (Cloutier, p. 213-214). Investir dans la petite enfance en ce qui a trait à la lecture et au visionnement de vidéocassettes pour augmenter le vocabulaire et stimuler la vie en français à l'intérieur du foyer donne des résultats plus tard. Attention! Il ne faut pas remplacer les compétences acquises au foyer, mais les renforcer, car elles sont la base de la langue maternelle (Cummins, 2000). Nous devrions ajouter, enrichir, compléter et offrir aux jeunes des occasions de vivre plus pleinement en français.

« Les amis jouent un rôle central de 12 à 18 ans puisque c'est vers eux que se tourne l'adolescent lorsqu'il prend ses distances par rapport à ses parents » (Cloutier, p. 231). Les exigences de la majorité deviennent importantes à cet âge et le statut de la langue majoritaire l'emporte sur la langue minoritaire. Cependant, si l'école réussit en partenariat avec les familles et les organismes communautaires à créer des activités mémorables et valorisantes, les valeurs associées aux expériences de vie dans une culture francophone peuvent être durables (Duquette, 1999).

Dans la recherche d'une réponse à la question : « Qui suis-je? », la présence de points de repères stables, de modèles solides, constitue un atout indéniable (Cloutier, p. 189). En milieu minoritaire, les adolescents ont besoin de modèles qui leur ressemblent pour renforcer leur appartenance à cette société. Les jeunes ont besoin d'enseignants qui ont vécu un cheminement semblable au leur.

Sur le plan économique, « c'est à l'adolescence que le sujet devient un acteur autonome, qu'il acquiert les moyens physiques, sexuels, intellectuels, sociaux et professionnels pour s'établir de façon indépendante dans la vie » (Cloutier, p. 182). La période de l'adolescence offre une transition entre la vie au foyer et celle en société. C'est durant ce temps que les adolescents examinent leurs plans d'avenir. S'ils choisissent de vivre en français, pourront-ils le faire au sein de leur famille et, si oui, comment composer avec un partenaire anglophone dans une relation exogame? Pourront-ils travailler en français, communiquer en français, s'épanouir comme personne en français? « Dix années séparent l'âge de la maturité sexuelle et celui de l'indépendance socio-économique » (Cloutier, 1996, p. 149). Notre société retarde l'insertion sociale malgré la tendance séculaire de la croissance physique qui démontre que les enfants vivent leur maturité sexuelle à un âge plus jeune (Cloutier, 1996, p. 55-56). Le résultat est une prolongation de la période de l'adolescence et de la recherche d'une identité.

RÉSULTATS D'UNE RECHERCHE

Le projet de recherche suivant avait comme but de déterminer l'importance pour les élèves du secondaire d'un certain nombre d'identités courantes.

Population

Parmi douze conseils scolaires, onze ont participé à l'étude. Des 72 écoles secondaires régulières, 41 ont accepté de s'engager. Selon le groupe de gestion de l'information du ministère de l'Éducation (novembre, 2002), 25 090 élèves étaient inscrits aux écoles secondaires de langue française de l'Ontario au cours de l'année scolaire 2001-2002. Parmi ces élèves, 6 472 étaient inscrits aux écoles secondaires publiques et 18 618 étaient inscrits aux écoles secondaires catholiques. Dans toutes les écoles secondaires, 14 866 élèves avaient 16 ans et plus dont 6 998 dans les écoles participantes et 2 888 de ces élèves ont retourné des questionnaires valides.

Méthodes et procédures

Un questionnaire préparé par Rodrigue Landry et Réal Allard de l'Université de Moncton fut utilisé (1990), la section sur l'identité ayant été adaptée avec l'ajout des variables « franco-ontarien » et « canadien-français ». Ce questionnaire cherchait à connaître l'identité des élèves, leurs attitudes, leurs valeurs et leurs comportements langagiers. Afin d'éviter les biais, le questionnaire était développé selon une stannine (non chiffrée pour permettre une réaction affective) opposant des contraires (ex. : Canadien français versus non Canadien français). Les jeunes indiquaient l'importance qu'avait pour eux chacune de ces identités. À l'école, les élèves étaient libres d'accepter ou de refuser de remplir le questionnaire. L'entrée des données fut effectuée à l'Université de Moncton. Malgré le nombre imposant de répondants et les probabilités de représentation, il ne faut pas généraliser les données parce que certaines écoles ont refusé de participer.

Présentation et discussion des résultats

Pour tous les élèves, les identités les plus fortes sont les identités territoriales canadienne et ontarienne. Ensuite viennent les identités ethnolinguistiques, surtout les identités canadienne-française et franco-ontarienne (cette dernière étant légèrement plus faible que la première) et sur le plan linguistique et culturel, l'identité bilingue et l'identité francophone (pour ceux qui ont le français comme langue maternelle). Les résultats démontrent que tous les élèves dans les écoles valorisent le bilinguisme ou, pour ceux qui ont une langue maternelle autre que le français et l'anglais, le multilinguisme. Cette identité se traduit également sur le plan des valeurs et des comportements langagiers.

Les identités territoriales étaient considérées comme les plus importantes. Pourtant, en Ontario, cette année, on vient d'enlever le mot « canadien » du nom de l'organisme qui est censé représenter l'ensemble des francophones. L'Association canadienne française de l'Ontario (l'ACFO) est devenue L'association francophone de l'Ontario (l'AFO).

Les identités linguistiques et culturelles, considérées les plus fortes chez ceux qui ont le français comme langue maternelle, étaient l'identité francophone et l'identité bilingue. Les écoles de langue française doivent être plus ouvertes à l'hétérogénéité, mais elles ne doivent pas devenir bilingues. Pour contrebalancer les effets de la société majoritaire anglophone, elles doivent se transformer en profondeur pour assurer la réussite en français de tous les élèves qui la fréquentent (Landry, Allard et Haché, 1998).

> *Si l'on continue à leur dire qu'ils ne sont « pas bons » en français, ne soyons pas surpris s'ils s'assimilent.*

Là où il y a problème, c'est sur le plan de l'identité ethnique. Il existe deux identités, l'identité canadienne-française et l'identité franco-ontarienne, qui semblent, à première vue, égales en importance, mais qui risquent d'avoir de profondes différences sur le plan de leur représentation idéologique (Duquette et Morin, 2003). Voici ce que disait le sociologue Donald Dennie en 1978 alors qu'il se référait à la société franco-ontarienne :

> « Existe-t-il, a-t-il déjà existé une réalité qu'on peut appeler société franco-ontarienne? Dans le cadre de l'idéologie franco-ontarienne et pour ses définisseurs, il ne fait aucun doute. La société franco-ontarienne est une entité vivante qui a des traditions, des valeurs, des institutions. Mais lorsqu'on tente de la saisir empiriquement, on se bute à des obstacles majeurs qui laissent soupçonner que cette réalité est beaucoup plus une représentation idéologique qu'un fait tangible. Pour l'idéologue franco-ontarien, cette société est essentielle [...] Toutefois, lorsque le scientifique essaie de cerner cette réalité, de l'analyser, la mesurer, en tâter le pouls, il a de la difficulté à retrouver le corps » (p. 79).

Il est essentiel d'éviter les erreurs du passé. Si les idéologies du passé se sont imposées, sans consultation populaire et sans être fondées sur des études empiriques, cette nouvelle tentative de construction identitaire doit se faire en collaboration avec l'ensemble des jeunes adolescents et être axée sur des résultats de recherche comme le propose le ministère de l'Éducation de l'Ontario (2004). Autrement, comme le soulignent les sociologues Campeau, Sirois, Rheault, Dufort, et Rouleau (1993), l'imposition d'une idéologie aura des effets pervers :

> « Dans une première phase, le dominateur définit l'identité de l'autre ou la nie; il nie la capacité de l'autre à être autonome et à se définir lui-même en fonction de son propre potentiel. En réaction, le dominé se voit à travers le regard négatif du dominateur. Dans une deuxième phase [...], il (le dominateur) ne rejette pas seulement un individu, mais l'ensemble. Des groupes sociaux auxquels l'individu s'identifie. Le dominé a honte de son identité et parfois il ne l'assume que partiellement dans une double vie. Dans une troisième phase, le dominateur juge la culture de l'autre inférieure par rapport à la sienne. Il pense contribuer à "civiliser" l'autre en lui transmettant ses valeurs et ses mœurs. Le dominé, de son côté, se sent coupable de ressentir parfois des sentiments de haine » (Campeau, R., Sirois, M., Rheault, E., Dufort, N. et Rouleau, S., p. 304-305).

Baker (1997) donne quatre caractéristiques d'une identité ethnique : 1) une catégorisation autodéfinie du groupe; 2) une ligne ancestrale réelle ou imaginée; 3) des traits culturels simples ou organisés; 4) des lignes de démarcation avec les « autres » (p. 367).

DES DÉFIS À SURMONTER

Selon la direction des programmes du MEO, les inscriptions dans les écoles de langue française ont chuté de 100 000 en 1986 à 92 000 en 2005 (Plourde, 2005) tandis que les inscriptions d'élèves aux programmes de langue anglaise, comme ceux de français comme langue seconde, ont continué à augmenter en Ontario au cours des dernières années (Canadian Parents for French, 2004). Quoique cette chute de la clientèle étudiante n'explique pas nécessairement un processus d'assimilation, elle met en danger la croissance des écoles de langue française.

Pourquoi les jeunes délaissent-ils leur langue maternelle? Voici cinq raisons possibles :
1. ils se sentent mal à l'aise dans leur francophonie. Soit qu'ils ne sont pas acceptés ou valorisés; soit que le discours ou les valeurs ne correspondent pas à leurs expériences et à leur vécu; soit que la culture véhiculée ne correspond pas à celle qu'ils connaissent;
2. les adolescents francophones minoritaires bilingues sont différents des Franco-dominants qui sont favorisés dans leurs écoles;
3. le pouvoir est géré soit par des anglo-dominants ou franco-dominants et les chances d'avancement en français sont limitées;
4. les adolescents remettent en question la pertinence du français dans leur vie;
5. l'identité présentée est ambiguë ou diffuse et elle ne correspond pas aux valeurs des adolescents.

CONCLUSION

Pour réussir, le MEO et ses partenaires sont conviés à ne pas imposer une identité, mais à inviter les jeunes et la francophonie ontarienne à construire cette identité à travers la consultation et le consensus. Ceux qui parlent plus fort ne devraient pas parler pour tous. Ne répétons pas les erreurs du passé. Si nous souhaitons que l'Ontario français s'épanouisse, cette identité doit correspondre aux valeurs et au vécu de l'ensemble des jeunes qui fréquentent les écoles de langue française de l'Ontario. Comprenons mieux notre clientèle, sa période d'adolescence et ce que veut dire vivre et grandir en milieu minoritaire.

PISTES D'INTERVENTION PLUS APTES À RÉUSSIR

Voici maintenant certaines pistes d'intervention plus aptes à rehausser l'identité culturelle.

1. Nous devrions investir auprès des familles durant la petite enfance, cela afin de favoriser l'épanouissement de la culture française et d'en récolter les fruits durant la période de l'adolescence;
2. Respectons l'importance de l'identité territoriale, qu'elle soit nationale ou provinciale, et aidons les jeunes à associer leur langue avec le pays dans lequel ils vivent;
3. Travaillons afin de rehausser l'estime de soi des élèves minoritaires en reconnaissant leurs talents personnels et en valorisant leur présence au sein de leur école;
4. Cherchons à aider les jeunes minoritaires à s'accepter tels qu'ils sont, à découvrir la francophonie de leur famille, de leurs amis, de leur province, de leur pays. Faisons en sorte qu'ils soient davantage représentés dans les médias francophones;
5. Puisqu'une identité imposée est une aliénation et une formule qui conduit vers l'assimilation, faisons en sorte que leur francophonie reflète les valeurs de leur famille et qu'elle colle à leur milieu et aux réalités de leur vécu;
6. Invitons les familles à s'engager au sein d'activités sociales francophones afin d'inciter les jeunes à vivre en français dans leur milieu;
7. Faisons en sorte que cette construction d'identité se fasse à partir de consultations et de résultats de recherche;
8. Aidons l'ensemble des jeunes qui vivent en Ontario français à construire une identité à partir de valeurs et d'expériences culturelles vécues dans des contextes authentiques (ex. : les randonnées en motoneige dans le Nord);
9. Offrons aux jeunes adolescents de bons modèles de personnes francophones minoritaires qui ont réussi.
10. Multiplions les occasions d'avancement et de réussite tant sur le plan des études que du travail afin que les possibilités de réussite soient accessibles à l'ensemble des jeunes de l'Ontario français.

Comme éducateurs, encourageons nos adolescentes et adolescents à réussir en français en dehors des murs de l'école et sur le plan de leur vécu quotidien. Offrons-leur plus d'emplois et de programmes d'études en français. La meilleure façon de franciser, c'est d'inviter tous les jeunes à participer à la construction de l'Ontario français. Sachons être ouverts à l'hétérogénéité et à la diversité. Les messages d'exclusion, quels que soient les véhicules (des commentaires négatifs à l'égard des « minoritaires » ou des tests de compétence linguistique pour lesquels les jeunes n'ont pas été préparés), doivent être découragés. Respectons nos élèves et leur milieu. Ils sont les produits de leur milieu de vie. Devenons leurs alliés et aidons-les à réussir chez eux « en français » en Ontario.

RÉFÉRENCES

BAKER, C. *A parent's and teacher's guide to bilingualism*, Clevedon, Angleterre, Multilingual Matters, 2000.

BAKER, C. *Foundations of bilingualism and bilingual Education* (2ᵉ édition), Clevedon, Angleterre, Multilingual Matters, 1996.

BÉLISLE, L.A. *Le dictionnaire de la langue française au Canada* (éditions intégrales). Montréal, Société des éditions Leland, 1902.

CAMPEAU, R., M. SIROIS, E. RHÉAULT, N. DUFORT et S. ROULEAU. *Individu et société : Introduction à la sociologie.* Montréal, Gaëtan Morin éditeur, 1993.

CLOUTIER, R. *Psychologie de l'adolescence* (2ᵉ édition), Boucherville, Gaëtan Morin Éditeur, 1996.

CUMMINS, J. *Language, power, and pedagogy: Bilingual children in the crossfire*, Clevedon, Angleterre, Multilingual Matters, 2000.

DENNIE, D. « De la difficulté d'être idéologue franco-ontarien », *Revue du Nouvel Ontario*, n° 1 (1978), p. 69-90.

DUQUETTE, G. « Les différentes facettes identitaires des élèves âgés de 16 ans et plus inscrits dans les écoles de langue française de l'Ontario », *Francophonies d'Amérique*, n° 18 (2004), p. 77-92.

DUQUETTE, G. *Vivre et enseigner en milieu minoritaire* (2ᵉ édition), Sudbury, Université Laurentienne, 1999.

DUQUETTE, G. et Y. MORIN, « Double minorisation et hégémonie interne en milieu minoritaire : le cas des institutions scolaires en Ontario français » *in* H. Duchesne (dir.), *Recherche en éducation francophone en milieu minoritaire : regards croisés sur une réalité mouvante*, Winnipeg, Presses du Collège universitaire Saint Boniface, 2003.

ERIKSON, E. *Identity, youth, and crisis*, New York, Norton, 1966.

GÉRIN-LAJOIE, D. *Le rapport à l'identité dans les écoles situées en milieu francophone minoritaire, discussion suite à la présentation lors de la Conférence internationale sur la recherche en éducation en milieu minoritaire francophone*, Ottawa, 2005.

GORDON, T. *Enseignements efficaces.* Montreal : Le Jour, 1982.

GROUPE DE GESTION DE L'INFORMATION, MINISTÈRE DE L'ÉDUCATION DE L'ONTARIO. *Inscriptions aux écoles élémentaires et secondaires de langue français en Ontario : données du rapport des écoles de septembre,* Toronto, Imprimeur de la Reine, 2002.

HENSON, K. « Besoins des élèves » *in* G. Duquette (dir.), *Méthodes et stratégies pour l'enseignement au secondaire*, Welland, Éditions Soleil, 1992, p. 11-16.

LANDRY, R., R. ALLARD et D. HACHÉ. « Ambinance familiae française et développement psycholangagier d'élèves franco-ontariens. » *in* G. Duquette et P. Riopel (dir.), *L'éducation en milieu minoritaire et la formation des maîtres en Acadie et dans les communautés francophones du Canada.* Sudbury, ON : Presses de l'Université Laurentienne, 1998, p. 41-103.

LANDRY, R. et R. ALLARD. « Contacts des langues et développement bilingue : un modèle macroscopique », *Revue canadienne des langues vivantes / Canadian Modern Language Review,* vol. 46, n° 3 (1990), p. 527 - 553.

LEGENDRE, R. *Dictionnaire actuel de l'éducation* (2ᵉ édition), Montréal, Guérin, 1993.

LINTON, R. *Le fondement culturel de la personnalité*, Paris, Dunod (1977).

MINISTÈRE DE L'ÉDUCATION DE L'ONTARIO. *Politique d'aménagement linguistique*, napperon, 2004.

PLOURDE, G. *Présentation à l'école des sciences de l'éducation,* Université Laurentienne, 2005.

TOUBLANC, J.-E. « La puberté humaine » *in* n P. Gutton, J.P. Mialot et J.E. Toublanc (dir.), *La puberté,* Paris, Presses universitaires de France, 1993.

L'école francophone au Nouveau-Brunswick engendre-t-elle un sentiment d'insécurité linguistique chez les jeunes?

Carole Boucher, Université de Moncton

RÉSUMÉ

Dans tous les milieux minoritaires, la question identitaire fait surface, car inévitablement lorsqu'une culture est dominante, l'autre est dominée. Cette dernière doit constamment se battre pour survivre et fait face à l'insécurité linguistique. Cette insécurité engendre un sentiment d'autodestruction, ce qui amène la société minoritaire à renier sa propre langue et, par le fait même, à s'identifier à la norme. Depuis Labov, au début des années 1970, les études des représentations linguistiques du sujet de l'insécurité linguistique n'ont cessé de prendre de l'ampleur. Alors que Geunier (1978) a expliqué les liens de causalité entre insécurité linguistique et diglossie, Francard (1989, 1994) a, pour sa part, démontré que l'école francophone en Belgique était génératrice d'insécurité linguistique en ce sens qu'elle contribuait à dévaloriser les variétés régionales du français. Une telle conclusion porte à réfléchir sur la situation en Acadie du Nouveau-Brunswick. Une analyse de la perception de la langue française et de ses variétés retrouvée dans le programme ministériel néo-brunswickois de même qu'un regard sur la façon dont cette perception se traduit dans les textes littéraires étudiés tendent à confirmer que l'école en Acadie du Nouveau-Brunswick semble effectivement dévaloriser les variétés linguistiques régionales.

Plusieurs réflexions sur les représentations linguistiques et l'insécurité linguistique ont fait l'objet de diverses études depuis la dernière décennie, et ce, dans l'ensemble de la francophonie (Singy, 1996, 1997; Moreau, 1996, 1997; Francard, 1989, 1994, 1997; Boudreau et Dubois, 1991, 1992). Depuis peu toutefois, certains chercheurs abordent ces deux problématiques en relation avec le système scolaire (Francard, 1994; Boudreau et Dubois, 1991, 1992). Dans cette recherche, nous voulons examiner cette nouvelle optique afin de déterminer si le système scolaire francophone du Nouveau-Brunswick engendre ce sentiment d'insécurité linguistique chez les élèves du secondaire.

Dans cet article, nous présenterons un survol des attitudes linguistiques et de l'insécurité linguistique pour ensuite étudier la situation en Acadie du Nouveau-Brunswick, puis nous analyserons le *Programme ministériel du français langue maternelle* (1991) afin de déterminer quelle est la perception de la langue en milieu scolaire. Nous regarderons ensuite comment cette perception se traduit dans les textes littéraires des manuels scolaires de la collection « Cinq saisons », première collection entièrement rédigée et conçue au Nouveau-Brunswick et utilisée dans les écoles secondaires de la province depuis 1994.

LES ATTITUDES LINGUISTIQUES

Lafontaine (1997) définit la notion d'attitudes linguistiques comme « la manière dont les sujets évaluent soit des langues, des variétés ou des variables linguistiques, soit, plus souvent, des locuteurs s'exprimant dans des langues ou des variétés linguistiques particulières » (p. 57). L'attitude est à la fois l'expression et un instrument d'identité sociale. Elle mentionne qu'« en classant différentes variétés linguistiques, un individu se classe; l'expression des goûts et des dégoûts linguistiques, au même titre que les autres signes de distinction culturelle, représente une façon de se situer dans un groupe sur le continuum social » (Lafontaine, 1997, p. 60). Parfois, lorsque apparaît un déséquilibre des pratiques sociolinguistiques lié aux inégalités sociales, l'autoreprésentation et l'autoévaluation d'un locuteur peuvent être affectées : « Il a conscience de pratiquer certaines formes linguistiques, plus ou moins conformes à ce qu'il estime être le modèle à suivre, et à se montrer, par conséquent, plus ou moins satisfait de son "image" linguistique » (Lafontaine, 1986, p. 15). Un sentiment de dénigrement envers sa propre langue, de rejet de son identité linguistique voit le jour, appelé « auto-odi » ou la « haine de soi-même ». Boyer (1990, p. 107) déclare que « cette représentation culpabilisatrice, ce sentiment de honte, d'autodénigrement n'est qu'une identification au groupe sociolinguistique dominant ». Dans certaines situations, les linguistes observent un écart entre la performance réelle qu'ils ont observée et l'autoévaluation des locuteurs, c'est-à-dire que ces derniers sous-estiment leur façon de parler, ce qui amène les linguistes à parler de la notion d'insécurité linguistique.

L'INSÉCURITÉ LINGUISTIQUE

Bourdieu (1980, 1982), tout comme Labov (1976) — le premier chercheur ayant mesuré l'insécurité linguistique — soutient, lui aussi, que l'insécurité linguistique découle de la lutte entre les classes sociales dans une société où les rapports de domination-subordination existent. Dans de telles situations, il y a la classe dominante qui possède à la fois le capital économique et le capital linguistique, ce dernier étant défini comme la compétence dans la langue considérée par tous comme légitime. Il y a également la classe dominée qui ne possède pas la même maîtrise de la langue légitime. Le locuteur dominé est donc prêt à autocensurer ce qu'il dit, à changer de niveau de langue, à s'hypercorriger ou même à se taire. Dans de telles situations, Boudreau et Dubois (1992, p. 8) soulignent que les répercussions se font ressentir par « une baisse de l'estime de soi, la langue que l'on parle étant étroitement liée à l'idée que l'on se fait de soi, une baisse de la productivité résultant du sentiment de ne pas être en mesure d'écrire ou de parler "correctement", une réduction de l'expression se caractérisant par le retrait progressif du discours ». Pour se départir de ce sentiment d'infériorité qu'il éprouve lorsqu'il parle « mal » sa langue maternelle en milieu diglossique, le locuteur pourrait avoir tendance à parler l'autre langue afin de se départir de l'insécurité linguistique qui l'habite face à son malaise linguistique dans sa propre langue.

Plusieurs facteurs peuvent pousser le locuteur à autodéprécier sa langue, à avoir une image négative de sa façon de parler, plus négative en fait que la réalité, bref à souffrir d'insécurité linguistique. Francard (1989) a mené une étude en Belgique dont l'objectif général était de vérifier le rapport de causalité entre l'insécurité linguistique et la diglossie. Il a conclu que la diglossie joue effectivement un rôle dans l'insécurité linguistique, mais que c'est l'école qui « génère l'insécurité en développant à la fois la perception des variétés linguistiques et leur dépréciation au profit d'un modèle mythique et inaccessible » (p. 159). En fait, les fondements de l'école, qui se rattachent toujours au français normé, résultent, pour le locuteur, en une conscience de la variation linguistique et au mépris pour les variétés non légitimes. Francard (1994, p. 159) souligne que l'insécurité linguistique générée par l'école atteint donc son summum chez les locuteurs qui se soumettent entièrement à l'idéologie véhiculée par le système scolaire et qui acceptent « d'être les porte-parole d'un ostracisme qui les frappe eux-mêmes ». Bref, sa conclusion est claire : plus le sujet est scolarisé, plus il est conscient de l'existence d'un marché linguistique où la langue considérée comme légitime doit être parlée, langue qui est souvent perçue comme inaccessible ou, du moins, difficile à atteindre. Une telle conclusion porte à réflexion : si en Belgique, plus précisément en Wallonie, l'école est en grande partie responsable de l'insécurité linguistique, qu'en est-il de la situation au Nouveau-Brunswick?

LA SITUATION EN ACADIE DU NOUVEAU-BRUNSWICK

L'Acadie du Nouveau-Brunswick est la seule région à faire partie d'une province officiellement bilingue. Toutefois, l'anglais est la langue de prestige dans certaines régions de la province et, par conséquent, il arrive parfois qu'elle relègue le français au deuxième rang pour les échanges moins formels. Dans le sud-est de la province, la situation est encore plus compliquée puisqu'une langue vernaculaire s'ajoute aux deux langues officielles. Boudreau et Dubois (1991, p. 41) la décrivent comme « un continuum linguistique qui s'étend du chiac au français normatif avec plusieurs variations langagières reliant ces deux pôles ». Les sociétés où deux langues officielles se côtoient sans heurts sont très peu fréquentes, car même si les deux profitent d'un statut juridique égal, dans la vie réelle, il en est tout autrement. Alors, pour que le peuple acadien puisse s'affirmer totalement, il faudra le reconnaître comme un peuple égal au peuple anglophone.

Le locuteur pourrait avoir tendance à parler l'autre langue afin de se départir de l'insécurité linguistique qui l'habite face à son malaise linguistique dans sa propre langue.

Puisque les représentations linguistiques jouent un rôle primordial dans la création ou le maintien d'une identité sociale, deux groupes de chercheurs, soit Francard (1994) de VALIBEL (Variétés linguistiques du français en Belgique) et Boudreau et Dubois du CRLA (Centre de recherche en linguistique appliquée), se sont penchés conjointement sur cette problématique. L'objectif principal du projet PLURAL (Plurilinguisme et attitudes linguistiques) était d'étudier les pratiques et les attitudes linguistiques chez les jeunes francophones de la Wallonie et de l'Acadie du Nouveau-Brunswick. En Acadie, des finissantes et des finissants de six polyvalentes ont été interviewés et l'étude démontre que les jeunes du Nord-Est voient leur pratique du français beaucoup plus positivement que ceux vivant au Sud-Est. Comme modèles à imiter, le Nord-Est a répondu le Québec et lui-même, alors que le Sud-Est cite lui aussi le Québec et, en deuxième lieu, le Nord-Est. Les jeunes du Sud-Est, région où l'anglais, le français normé et le français vernaculaire sont en « compétition », ont également un sentiment d'autodépréciation qui se traduit par un complexe par rapport à la langue acadienne, qu'ils voient comme une « petite » langue. L'insécurité linguistique est, par conséquent, beaucoup plus prononcée dans cette région. Alors, en Acadie, l'insécurité linguistique a une double légitimité : l'anglais, reconnu comme langue dominante d'un point de vue politique et économique, et le français venu d'ailleurs, qui peut se traduire par le français du Québec, le français de France ou le français enseigné à l'école, français qui se traduit par la norme standard, tous incapables de valoriser une identité, une fierté d'être francophone.

À la suite de cette étude, il est certes intéressant de se pencher sur l'enseignement de la littérature acadienne dans les écoles francophones de la province afin de déterminer quelle est la perception de la langue en milieu scolaire et, plus précisément, dans les textes littéraires.

LA LANGUE DANS LE PROGRAMME MINISTÉRIEL

D'un point de vue pragmatique, la langue constitue un aspect important du programme de français néo-brunswickois puisque le ministère de l'Éducation (1991, p. 20) déclare que le but premier de cet enseignement est d'« amener l'élève à savoir lire et écouter, à savoir écrire et parler ». À travers de nombreux types de discours à l'étude, le Ministère offre effectivement des situations multiples à l'élève afin que ce but soit atteint. Mais la langue est également un symbole et un outil de construction de la culture et de l'identité. La dimension socioculturelle de la langue est donc définie comme suit dans le programme ministériel :

« La langue maternelle est aussi un moyen privilégié par lequel une collectivité se révèle, exprime ses valeurs et ses attentes. La classe de français doit permettre à l'élève de reconnaître les valeurs socioculturelles transmises par la langue et par les discours en usage dans la communauté francophone; elle doit lui donner l'occasion de se situer par rapport à ces valeurs, de les discuter et de les confronter à ses propres valeurs. » (ministère de l'Éducation, 1991, p. 20)

Il est donc intéressant d'analyser la langue dans les textes littéraires afin de vérifier si les manuels scolaires arrivent ou non à concilier l'approche communicative, sans nier la dimension symbolique identitaire et l'approche littéraire de la langue.

LA LANGUE DANS LES MANUELS SCOLAIRES

Le Ministère (1991, p. 20) accorde une importance primordiale à l'utilisation correcte et satisfaisante de la langue en salle de classe. Ces deux qualificatifs font référence au français standard et cet objectif se reflète dans les manuels de la collection « Cinq saisons » puisque dans la section littéraire, les textes étudiés lors de la compréhension en lecture, à l'exception d'une nouvelle littéraire de Guy de Maupassant, sont exempts de toute trace d'oralité ou de changements de registre de langue.

Il est donc opportun de comparer l'exception que les auteures de la collection « Cinq saisons » ont effectuée, soit l'extrait de la nouvelle *Aux champs* de Guy de Maupassant, étudiée en 10ᵉ année (Albert et Vanbrugghe, 1996, p. 116-117)

« Vous voulez que j'vous vendions Charlot? Ah! Mais non; c'est pas des choses qu'on d'mande à une mère, ça! Ah! Mais non! Ce serait une abomination! [...] C'est tout vu, c'est tout entendu, c'est tout réfléchi... Allez-vous-en, et pi, que j'vous revoie point par ici. C'est-i permis d'vouloir prendre un éfant comme ça! [...] Cent francs par mois, c'est point suffisant pour nous priver du p'tit; ça travaillera dans quéqu'z'ans, ct'éfant; i nous faut cent vingt francs [...] J't'ai pas vendu, mé, j't'ai pas vendu, mon p'tiot. J'vends pas m's éfants, mé. J'sieus pas riche, mais vends pas m's éfants. » (de Maupassant, 1972, p. 173-184)

à un extrait du roman acadien *Adieu P'tit Chipagan* de Louis Haché ayant été laissé de côté par le Ministère :

« Tous les chasseux connaissont ben c'te affection d'la mère pour son p'tit, pis la tournont contre yelle pour sa destruction. Les fumelles mortes, les p'tits corvont aussi, car dans l'temps des élevages, les mâles restont au large en mer séparés des fumelles. C'est les fumelles qui nourrissont les p'tits, qui leu z'appernont à nager [...] C'est t'churieux, c'est p'tits veaux marins-là savont pas nager en v'nant au monde; i faut qu'i appernont comme nous aut'es [...] C'est ben d'valeur, mais on a chassé les vaches marines de Miskou [...] A r'viendront-i comme les hommes quand la tourmente est passée? » (Haché, 1978, p. 28)

Les registres de langue de cette nouvelle ressemblent parfois à ceux du parler acadien employé par les personnages de Louis Haché. On peut, par exemple, comparer « j'vous vendions » à « les chasseux connaissont » ou encore « c'est-i permis » à « a r'viendront-i »; les similitudes de ce vocabulaire ne devraient causer aucune difficulté de compréhension auprès des élèves. Toutefois, la compréhension de certains mots ou expressions employés dans *Aux champs* peut s'avérer fautive, contrairement au vocabulaire de *Adieu P'tit Chipagan* qui semble plus facile pour les élèves. C'est le cas de « fumelle », qui se rapproche de « femelle », alors que « ct'éfant », pour signifier « cet enfant » dans l'extrait de Guy de Maupassant, ne fait pas partie du vocabulaire acadien. Maupassant emploie le terme « p'tiot », alors que Louis Haché préfère « p'tits », plus utilisé en Acadie.

D'un point de vue linguistique, les pièces acadiennes *Louis Mailloux* (Duguay et Boudreau, 1994) et *Évangéline Deusse* (Maillet, c. 1975) ont reçu un traitement différent de celui réservé à la nouvelle *Aux champs*. Deux extraits du texte de Maupassant sont à l'étude : l'un d'eux est étudié dans la section littéraire et l'autre sert à démontrer, comme nous l'avons vu, le registre familier d'une région de la France. Ce dernier extrait peut, semble-t-il, entraîner des difficultés chez les élèves puisque la question « Quelles sont les expressions qui ne font pas partie de la langue correcte et qui peuvent nuire à la compréhension? » est posée (Albert et Vanbrugghe, 1996, p. 359). Pourtant, dans l'extrait reproduit dans la section littéraire, les directives semblent être davantage nuancées puisque aucune mention ne stipule que cet extrait pourrait nuire à la compréhension de l'élève :

« Afin de mieux traduire la réalité de ce milieu social, l'auteur s'applique à rendre le patois normand, en utilisant certains mots propres à la région en transcrivant l'accent local : ainsi un fils devient un fieu, toi devient té, enfant se prononce éfant, et je suis, j'sieus, etc. Prépare-toi à "entendre" les personnages afin de les comprendre » (Albert et Vanbrugghe, 1996, p. 114).

Aucun lexique, ni aucune explication supplémentaire ne sont fournis afin de mieux comprendre cette variété de langue, fort probablement inconnue des élèves. Comment expliquer alors que les deux pièces acadiennes, présentées elles aussi dans la section littéraire, soient accompagnées « d'un petit lexique à l'usage des personnes qui ne sont pas familières avec le parler acadien » (Albert-Weil et Vanbrugghe, 1997, p. 48 et 86)? Le Ministère semble juger que les élèves ne connaissent pas la langue acadienne, mais qu'ils sont en mesure d'« entendre » et de « comprendre » le parler normand. De plus, lorsque la question de la langue d'*Évangéline Deusse* est abordée, les exemples linguistiques sont présentés comme étant « incorrects » : « Transformez la réplique suivante en langue correcte » est l'une des consignes adressées aux élèves (Albert-Weil et Vanbrugghe, 1997, p. 92).

En ce qui a trait à l'étude des différents registres de langue, notons que les auteures, Albert-Weil et Vanbrugghe (1994, p. 262), ont choisi, entre autres, un extrait du roman *Grandir à Moncton* d'Yves Cormier :

> « Ma grand-mère faisait les meilleurs biscuits que j'ai jamais mangés. Ils étaient même meilleurs que ceux de ma mère. Comme Mémère avait l'habitude de nous voir arriver les dimanches, elle s'assurait d'avoir une montagne de biscuits cette journée-là [...] On avait pas aussitôt mis les pieds dans la maison qu'on se dardait sur le bocal à biscuits. Même pas de salutations. À se faire passer pour des effarés. Après les biscuits, c'était la maison qui attirait notre attention : on se garrochait à l'explorer [...] On aimait terriblement se trimbaler comme ça, dans une maison différente de la nôtre. Puis ma grand-mère semblait pas être dérangée par notre couraillage » (Cormier, 1993, p. 22).

Elles présentent cet extrait comme une illustration de « la variété de langue familière, telle qu'elle est parlée dans la région du sud-est du N.-B. » (Albert-Weil et Vanbrugghe, 1994, p. 264). Or, la langue utilisée dans ce texte ne reflète pas la langue familière du Sud-Est. Cette dernière est parsemée d'anglicismes alors que cet extrait, comme le roman en entier d'ailleurs, est dénué de termes anglais. Et, bien que les différents registres de langue soient étudiés, la notion de « chiac » n'est jamais mentionnée dans les manuels, « la langue parlée du Sud-Est » lui étant préférée, sans expliquer davantage quelle réalité celle-ci représente. Pourtant, la langue parlée du Sud-Est ne se limite pas à une seule variété de langue. Les différentes formes linguistiques sont étalées sur un continuum linguistique où, entre deux pôles, se situent le basilecte, représenté par le chiac, et l'acrolecte, représenté par le français standard, et où les locuteurs, selon les situations, optent pour diverses formes linguistiques, se « promenant » d'un pôle à l'autre de ce continuum. Il est également intéressant de remarquer que pour illustrer la langue correcte, les extraits choisis ont été puisés dans des œuvres québécoises, comme quoi la langue standard ne peut se trouver dans les textes acadiens.

En utilisant cette méthode pédagogique dans ces manuels, le ministère de l'Éducation tend à oublier ses propres principes. En effet, dans le programme, le Ministère (1991, p. 20) dit vouloir permettre à l'élève « de se situer par rapport à ces valeurs, de les discuter et de les confronter à ses propres valeurs ». Le terme « valeur » fait ici référence aux valeurs socioculturelles transmises par la langue. Comment les enseignants pourraient-ils demander aux élèves de discuter ou encore de confronter certaines valeurs aux leurs alors que ces dernières semblent être ignorées dans les manuels? La définition de la langue proposée n'est, quant à elle, guère respectée puisque aucune pratique en classe de français ne semble « permettre à l'élève de reconnaître les valeurs socioculturelles transmises par la langue [...] » comme le Ministère (1991, p. 20) le stipule dans son programme. Par le terme « langue », le Ministère fait bien sûr référence à la langue maternelle de l'élève, en l'occurrence le français. Or, il existe une diversité linguistique dans la province et on peut se demander si le Ministère tient compte de cette diversité dans les textes littéraires acadiens.

Il semble que l'enseignement ou le « non-enseignement » de la littérature acadienne passe par la « qualité de la langue » retrouvée dans les textes. Par l'analyse du programme et des manuels scolaires étudiés dans les écoles secondaires, le ministère de l'Éducation montre que le français standard est privilégié en salle de classe, même lors de l'étude de textes littéraires.

CONCLUSION

Le but de cette recherche était de découvrir si l'école, en Acadie du Nouveau-Brunswick, est génératrice d'insécurité linguistique. Quoique très préliminaires, les résultats de cette recherche tendent à confirmer l'hypothèse de départ. L'école en Acadie du Nouveau-Brunswick semble effectivement être le lieu d'une valorisation d'une variété de langue particulière, la norme standard, et sanctionne tout écart par rapport à la norme prescrite, même lors de l'étude de textes littéraires.

Pourtant, l'aspect linguistique dans les textes littéraires semble, de prime abord, primordial pour le Ministère. L'analyse de la langue dans les textes littéraires montre toutefois que ce principe est loin d'être appliqué et que les textes ne sont pas tous considérés sur un pied d'égalité, plus spécifiquement en ce qui a trait aux textes acadiens, qui semblent subir un traitement plus rigoureux. On prendra à témoin les glossaires qui accompagnent les pièces *Louis Mailloux* et *Évangéline Deusse* ou encore la présence, malgré son vocabulaire, de l'extrait de la nouvelle *Aux champs*. Bref, le système scolaire semble contribuer à l'insécurité linguistique en ne donnant pas la place qui revient à la littérature acadienne qui, elle-même, présente la diversité linguistique et culturelle du milieu.

RÉFÉRENCES

ALBERT-WEIL, A. et A. VANBRUGGHE. *Intermède*, Moncton, Éditions d'Acadie, 1997.

ALBERT, A. et A. VANBRUGGHE. *Solstice*. Moncton, Éditions d'Acadie, 1996.

ALBERT, A. et A. VANBRUGGHE. *Prélude*. Moncton, Éditions d'Acadie, 1994.

BOUDREAU A. et L. DUBOIS. « Insécurité linguistique et diglossie : étude comparative de deux régions de l'Acadie du Nouveau-Brunswick », *Revue de l'Université de Moncton*, vol. 25, nos 1-2 (1992), p. 3-22.

BOUDREAU A. et L. DUBOIS. « L'insécurité linguistique comme entrave à l'apprentissage du français, *Revue de l'Association canadienne de linguistique appliquée*, vol. 13, no 2 (1991), p. 3-50.

BOURDIEU, P. *Ce que parler veut dire*, Paris, Fayard, 1982.

BOURDIEU, P. L'identité et la représentation : éléments pour une réflexion critique sur l'idée de région, *Actes de la recherche en sciences sociales,* 35 (1980), p. 63-72.

BOYER, H. « Matériaux pour une approche des représentations sociolinguistiques », *Langue française : les représentations de la langue, approches sociolinguistiques,* 85 (1990), p. 102-126.

CORMIER, Y. *Grandir à Moncton*, Moncton, Éditions d'Acadie, 1993.

DE MAUPASSANT, G. *Les contes de la bécasse*, Paris, Albin Michel, 1972.

DUGUAY, C. et J. BOUDREAU. *Louis Mailloux*, Moncton, Éditions d'Acadie. 1994.

FRANCARD, M. « Insécurité linguistique » *in* M.-L. Moreau (éd.), *Sociolinguistique : concepts de base,* Sprimont, Mardaga, 1997, p. 170-176.

FRANCARD, M. « Les jeunes francophones et leur langue : de l'Acadie du Nouveau-Brunswick à la Wallonie », *Revue de l'Université de Moncton,* vol. 27, no 1 (1994), p. 147-160.

FRANCARD, M. « Insécurité linguistique en situation de diglossie : le cas de l'Ardenne belge » *Revue québécoise de linguistique théorique et appliqué*, vol. 8, no 2(1989), p. 133-163.

GUENIER, N., É. GENOUVRIER et A. KHOMSI. *Les Français devant la norme*, Paris, Champion, 1978.

HACHÉ, L. *Adieu P'tit Chipagan*, Moncton, Éditions d'Acadie, 1978.

LABOV, W. *Sociolinguistique*. Paris, Éditions de Minuit, 1976.

LAFONTAINE, D. « Attitudes linguistiques » *in* M.-L. Moreau, (éd.), *Sociolinguistique, concepts de base,* Sprimont, Mardaga, (1997), p. 56-60.

LAFONTAINE, D. *Le parti pris des mots, normes et attitudes linguistiques,* Bruxelles, Pierre Mardaga, 1986.

MAILLET, A. *Évangéline Deusse*, Montréal, Leméac, 1975.

MOREAU, M.-L. « Spécifier l'extension sociolinguistiques des particularismes lexicaux : réflexions méthodologiques au départ d'une enquête sur le français d'Afrique noire » *in* B. Frey et D. Latin (éd.), *Le corpus lexicographique : méthodes de constitution et de gestion*, Louvain-la-Neuve, Duculo, Paris, Aupelfuref, p. 237-246.

MOREAU, M.-L. « Insécurité linguistique : Pourrions-nous être plus ambitieux? Réflexions au départ de données camerounaises, sénégalaises et zaïroises » *in* C. Bavoux, (éd.), *Français régionaux et insécurité linguistique. Approches lexicographiques, interactionnelles et textuelles*, Paris, L'Harmattan, 1996, p. 103-114.

NOUVEAU-BRUNSWICK. MINISTÈRE DE L'ÉDUCATION. *Programme Français langue maternelle, secondaire deuxième cycle, français I*, Fredericton, Ministère de l'Éducation. Direction des services pédagogiques, 1991.

SINGY, P. *L'image du français en Suisse romande : une enquête sociolinguistique en Pays de Vaud*, Paris, L'Harmattan, 1997.

SINGY, P. *Identité de genre, identité de classe et insécurité linguistique*, Bruxelles, Peter Lang, 1996.

Le rapport à l'identité dans les écoles situées en milieu francophone minoritaire

Diane Gérin-Lajoie, Institut d'études pédagogiques de l'Ontario, Université de Toronto

RÉSUMÉ

Mes propos porteront sur le rapport à l'identité chez les minorités francophones, dans le contexte particulier de l'école de langue française. Prenant comme point de départ que l'identité est le résultat d'une construction sociale, je tenterai de montrer qu'une identité unique « francophone » ne représente qu'un type de rapport à l'identité parmi d'autres. Dans une société où les identités sont de plus en plus éclatées, où les frontières linguistiques se traversent facilement, je me pencherai spécifiquement sur la notion d'identité bilingue chez les jeunes des écoles et sur la façon dont les enseignantes et les enseignants, forts de leur propre rapport à la langue, à la culture et à l'identité, se positionnent face à leur rôle d'agents de reproduction linguistique et culturelle. Pour illustrer mes propos, je ferai appel aux résultats de deux de mes recherches ethnographiques récemment complétées qui ont porté sur ces questions et dont les conclusions semblent indiquer que l'école doit se repositionner et réfléchir à son rôle auprès des populations qu'elle dessert. L'école d'aujourd'hui doit, en effet, se faire inclusive, puisqu'elle se trouve au cœur même d'une réalité où les identités sont de plus en plus fragmentées.

Mes propos porteront sur le rapport à l'identité chez les minorités francophones, dans le contexte particulier de l'école de langue française. Prenant comme point de départ que l'identité est le résultat d'une construction sociale, je tenterai de montrer qu'une identité unique « francophone » ne représente qu'un type de rapport à l'identité parmi d'autres. Dans une société où les identités sont de plus en plus éclatées, où les frontières linguistiques se traversent facilement, je me pencherai spécifiquement sur la notion d'identité bilingue chez les jeunes des écoles et sur la façon dont les enseignantes et les enseignants, forts de leur propre rapport à la langue, à la culture et à l'identité, se positionnent face à leur rôle d'agents de reproduction linguistique et culturelle. Pour illustrer mes propos, je ferai appel aux résultats de deux de mes recherches ethnographiques récemment complétées qui ont porté sur ces questions.

L'IDENTITÉ, UNE CONSTRUCTION SOCIALE

La présente analyse s'inspire des écrits sociologiques qui traitent des rapports ethniques et identitaires comme étant le résultat d'une construction sociale, où l'appartenance à un groupe particulier est interprétée comme étant étroitement liée aux interactions que vivent les individus entre eux dans le groupe, et avec d'autres, à l'extérieur du groupe (Breton, 1968, 1984; Barth, 1969; Juteau, 1999; Gérin-Lajoie, 2003).

En ce qui concerne plus particulièrement le rapport à l'ethnicité, je partage l'opinion de Danielle Juteau (1999), lorsqu'elle dit que nous sommes tous et toutes ethniques, aux yeux de l'autre. Elle ajoute que le rapport à l'ethnicité n'est pas inné. Juteau considère le fait ethnique francophone comme un rapport social, une construction.

Le fondement d'une communauté n'est donc pas biologique, mais historique. Par exemple, le fait de naître dans une famille d'origine française ne signifie pas pour autant que l'on soit automatiquement francophone. On le sera en autant que l'on soit exposé à la langue et à la culture françaises et que l'on fasse le choix délibéré de vivre comme francophone. Donc, le fait d'appartenir à un groupe particulier au moment de la naissance ne signifie pas nécessairement une allégeance à vie à ce groupe, même si l'individu partage une histoire, des valeurs, une culture et une langue communes, à un moment donné dans sa vie. L'identité au groupe se construit plutôt à partir des activités quotidiennes. Ce sont ces dernières qui définissent, en fait, les rapports sociaux. Le rapport à l'identité ne peut donc pas être décrit et compris en dehors du contexte social dans lequel il évolue, puisque c'est ce dernier qui lui donne son sens (Barth, 1969; Juteau, 1999).

Nous sommes donc en présence d'identités que certaines et certains qualifient de « fragmentées » ou d'« éclatées » (Giddens, 1991; Cardinal, 1994). Dans cette ère de mondialisation, nous sommes témoins de positionnements et de formes identitaires qui varient. Une de ces formes est l'identité bilingue. Est-il possible de passer d'une identité à l'autre et, selon les circonstances, de s'identifier comme francophone, anglophone ou bilingue? Breton (1994) semble penser que oui. L'auteur qualifie ce type de relation à la collectivité francophone de segmentaire ou situationnelle, où l'identification à un groupe particulier ne concerne qu'un volet de l'identité et de la vie sociale des individus. Par exemple, il serait possible d'afficher une identité francophone au sein de son milieu familial et une identité bilingue dans son milieu de travail. Cela signifierait ainsi que les individus font des choix réfléchis en ce qui a trait à l'identité à privilégier et que ces choix vont dépendre des circonstances. Dans ce sens, une identité bilingue représenterait un phénomène stable. D'autres, pour leur part, s'interrogent sur la stabilité d'un tel phénomène et se demandent si cela ne représente pas plutôt une phase transitoire vers une assimilation inévitable au groupe anglophone dominant (Bernard, 1998; Castonguay, 1999). Ces diverses positions ont donc servi à alimenter mon questionnement au cours des dernières années.

Je ferai remarquer, cependant, que peu de recherches empiriques ont porté sur la relation qui existe entre la construction et la représentation identitaires et le bilinguisme/biculturalisme (Hamers et Blanc, 1983). On en retrouve encore moins sur la question de l'identité bilingue en contexte francophone minoritaire, à l'exception de quelques travaux (Heller 1999; Boissonneault, 1996). Ces études sont, par ailleurs, arrivées à la conclusion qu'une culture bilingue existerait en milieu scolaire, c'est-à-dire que les élèves se trouvant à la frontière de deux langues pourraient ainsi participer à deux mondes à la fois. Une étude ethnographique récemment complétée avec un groupe de jeunes qui fréquentent l'école secondaire de langue française en Ontario a, en effet, montré la complexité du rapport à l'identité, à la langue et à la culture pour ces jeunes (Gérin-Lajoie, 2003).

LA CLIENTÈLE DANS LES ÉCOLES MINORITAIRES DE LANGUE FRANÇAISE

Dans le contexte scolaire francophone actuel, on remarque une grande diversité au sein de la clientèle sur le plan de la langue et de la culture des élèves. On retrouve deux catégories d'élèves : ceux et celles qu'on appelle les ayants droit, c'est-à-dire, les élèves dont les parents sont citoyens canadiens, qui selon l'article 23 de la *Charte canadienne des droits et libertés*, ont accès à l'école de langue française, peu importe leurs compétences langagières en français. La deuxième catégorie se compose du groupe d'élèves admis par l'entremise d'un comité d'admission. Cette deuxième catégorie est constituée d'élèves dont l'origine est autre que canadienne, dont les parents ne sont pas citoyens canadiens; on y retrouve aussi des élèves anglophones qui ont été admis à l'école de langue française pour diverses raisons.

Comment, dans un tel contexte de travail, le personnel des écoles, et en particulier le personnel enseignant, arrive-t-il à composer avec une telle diversité au sein de la clientèle scolaire lorsqu'il est question d'assumer son rôle d'agent de reproduction linguistique et culturelle? Il semble que, face à ce rôle d'agent de reproduction linguistique et culturelle, le personnel enseignant se sente parfois dépourvu de moyens. Des études menées auprès d'enseignantes et d'enseignants ont démontré qu'il existe, en effet, des besoins précis de formation dans ce domaine et qu'un système d'appui propre à la réalité de l'enseignement en milieu francophone minoritaire aurait intérêt à être mis en place (Gérin-Lajoie, 1993, 2002). On connaît peu la réalité du travail enseignant en milieu francophone minoritaire. Comment les enseignantes et les enseignants perçoivent-ils leur travail quotidien auprès des élèves, par exemple? Dans ce même contexte, quelle compréhension ont ces dernières et ces derniers des enjeux identitaires liés au groupe francophone minoritaire? Enfin, comment les parcours identitaires des enseignantes et des enseignants viennent-ils influencer leur propre rapport à la langue et à la culture, de même que leur travail d'agent de reproduction?

> *Il semble que, face à ce rôle d'agent de reproduction linguistique et culturelle, le personnel enseignant se sente parfois dépourvu de moyens.*

Afin d'illustrer la complexité de la réalité scolaire francophone minoritaire, les résultats de deux études ethnographiques récemment complétées serviront ici à mon analyse. La première concerne le rapport à l'identité d'un groupe de jeunes fréquentant l'école secondaire de langue française en Ontario, alors que la deuxième porte sur l'identité enseignante et s'intéresse particulièrement à la façon dont les enseignantes et les enseignants des écoles de langue française en Ontario perçoivent leur travail auprès de la clientèle scolaire, à partir de leur propre parcours identitaire.

L'ÉTUDE *LA REPRÉSENTATION IDENTITAIRE CHEZ LES JEUNES FRANCOPHONES VIVANT EN MILIEU MINORITAIRE*

Cette étude visait à mieux comprendre, d'une part, la façon dont s'articule le processus d'identification au groupe ethnique chez les adolescentes et les adolescents qui vivent en milieu francophone minoritaire et, d'autre part, la façon dont ces jeunes perçoivent ce processus d'identification (Gérin-Lajoie, 2003). Le discours tenu par les jeunes sur la question de la construction et de la représentation identitaires a constitué la pierre angulaire de la présente étude. Précisons encore une fois que ce discours fut examiné dans le contexte de l'école secondaire minoritaire de langue française en Ontario. L'étude s'est déroulée dans deux écoles appartenant à deux conseils scolaires de langue française en Ontario.

LA MÉTHODOLOGIE

Le volet quantitatif

Un sondage, portant sur les habitudes linguistiques, fut effectué pendant la première année du projet auprès de 459 élèves de 10ᵉ et 11ᵉ années des deux écoles sélectionnées. Les questions étaient, pour la plupart, fermées et portaient sur le lieu de naissance des élèves, les langues parlées par les élèves, les activités auxquelles ces élèves participent — à l'école et à l'extérieur de l'école — ainsi que la langue dans laquelle se font ces activités. Le sondage examinait également le profil de la famille, les pratiques langagières et les activités à la maison, les ressources accessibles en français à l'école, à la maison et dans la communauté, la vie sociale à l'école et à l'extérieur de l'école ainsi que le milieu du travail pour ceux et celles qui occupaient des emplois à temps partiel.

La proposition de ce questionnaire poursuivait trois objectifs : 1) tout d'abord, il s'agissait d'obtenir de l'information factuelle sur les habitudes linguistiques des élèves dans leurs activités quotidiennes; 2) d'obtenir de l'information biographique sur les élèves afin de dresser un profil de la population à l'étude et 3) de sélectionner un échantillon de dix élèves, pour participer au volet qualitatif du projet de recherche.

Le volet qualitatif de type ethnographique

L'ethnographie a constitué la partie la plus importante de l'étude empirique. L'analyse des données recueillies a permis de tracer les portraits identitaires des adolescentes et des adolescents sélectionnés, c'est-à-dire qu'elle a été en mesure de fournir une description des pratiques sociales et langagières de ces jeunes dans diverses sphères de leur vie, de même que d'examiner leur discours sur la question identitaire et sur leur appartenance à la francophonie. Les critères de sélection des jeunes qui ont participé au volet qualitatif ont été les suivants. Premièrement, les élèves devaient venir de familles où au moins un des parents était de langue maternelle française. Deuxièmement, une distinction s'imposait entre les familles dont les parents étaient originaires de l'Ontario et celles dont les parents étaient originaires de l'extérieur de la province. L'étude a tenu compte de ce critère en assurant une représentation des deux types. Troisièmement, l'échantillon devait comprendre des élèves qui, dans la majorité des cas, n'étaient pas des enfants uniques.

Entre septembre 1997 et avril 2000, l'équipe de recherche a effectué six séjours d'une semaine chacun dans les écoles sélectionnées, à raison de deux chercheurs par école, où nous avons fait des observations et des entrevues semi-dirigées, ainsi qu'une analyse des documents pertinents à la problématique de recherche. De plus, en octobre 2000, les élèves se sont rencontrés à Toronto lors d'une séance de travail d'une fin de semaine.

Les élèves sélectionnés ont été observés dans leur milieu scolaire, pour un total de 110 journées. Des entrevues semi-dirigées ont été effectuées avec chacun des jeunes, les membres de leur famille, leurs amies et amis et le personnel enseignant et de direction des écoles, pour un total de 115 entrevues. Enfin, l'équipe de recherche a également examiné les documents qui pouvaient être utiles dans le contexte du projet de recherche. Cette analyse a porté surtout sur l'information écrite décrivant les trois écoles qui ont participé à l'étude.

LES RÉSULTATS DE LA PREMIÈRE ÉTUDE

Les adolescentes et les adolescents qui ont participé à l'étude ont, tout compte fait, beaucoup en commun, et ce, peu importe la région de la province où ils habitent. Ce qui m'a étonnée d'ailleurs. Je m'attendais à beaucoup plus de différences régionales que ne l'ont montré les résultats de l'étude.

On aurait pu penser, en effet, que dans la région d'Ottawa par exemple, les jeunes auraient vécu davantage comme francophones, comparativement à ceux qui habitent une région où le français est aussi minoritaire qu'à Toronto. Que ces mêmes jeunes auraient tenu un discours qu'on pourrait qualifier de « majoritaire », où l'identité s'inscrit à l'intérieur de paramètres bien définis et où l'influence anglo-dominante se trouve mise en échec jusqu'à un certain point.

On aurait pu penser également que les jeunes de la région de Toronto auraient eu davantage tendance à s'identifier à la majorité anglophone sans se questionner sur leur appartenance de groupe. Or, il s'avère que la conception que se font ces deux groupes de jeunes de leur rapport à l'identité et de leur prise de position à l'égard de la langue et à la culture françaises est très semblable.

L'analyse des résultats a mené à trois constats : premièrement, toutes et tous, à l'exception d'un élève (Mathieu), disent posséder une identité bilingue. Mais contrairement à ce qu'on pourrait penser, le discours tenu par les jeunes indique que cette notion est beaucoup plus complexe qu'elle ne le laisse paraître. Elle est, en effet, interprétée de plusieurs façons par les jeunes qui ont participé à l'étude et elle n'est pas, non plus, nécessairement synonyme d'assimilation. Leur discours indique, en effet, un rapport à la langue et à la culture françaises qui varie selon les individus, allant d'un sens profond d'appartenance à un rejet à peu près complet de la francophonie. Prenons par exemple deux des élèves : Annie et Pierre. Même si tous les deux disent posséder une identité bilingue, ils ne conçoivent pas leur rapport à la langue et à la culture françaises de la même façon. Ils sont à proprement parler, aux antipodes. Dans son propos, Annie montre très clairement ses convictions profondes au sujet de la francophonie, alors qu'au contraire, Pierre favorise une alliance avec le groupe majoritaire et un rejet en quelque sorte du groupe minoritaire.

Les résultats de la présente étude montrent également que le rapport à l'identité n'est pas statique. Par exemple, Phillias, un élève de la région de Toronto, a fait une réflexion personnelle tout au long de l'étude qui l'a amené à changer son attitude dans sa façon de concevoir son rapport à la langue et à la culture françaises. Mathieu, de son côté, a réalisé que pour les francophones en milieu minoritaire, les enjeux sont grands et qu'il est nécessaire de prendre davantage position en faveur de la langue et de la culture françaises.

Cette prise de position des individus à l'égard de leur appartenance identitaire va donc dépendre des rapports de force dans lesquels ils évoluent sur le plan structurel. Les pratiques langagières se trouvent fortement influencées par la réalité ambiante qui, de son côté, est fondée sur des rapports inégalitaires entre majoritaires et minoritaires, où l'anglais demeure la langue dominante, la langue du pouvoir. Sur le plan individuel, cette attitude a deux incidences principales : d'abord, sur son propre parcours identitaire et, en même temps, sur la formation de l'identité collective du groupe francophone minoritaire.

Ce rapport à la langue et à la culture représente, de plus, un phénomène qui se trouve en perpétuelle mouvance parce qu'il est influencé par plusieurs facteurs sociaux, dans des contextes particuliers. Dans la présente étude, c'est par l'entremise de deux instances spécifiques, soit le milieu familial et le groupe d'amies et amis que cette influence s'est fait le plus sentir. En ce qui concerne le milieu familial, c'est le premier lieu social où le processus de reproduction linguistique et culturelle se manifeste. C'est donc un lieu de haute influence quant à la façon dont le rapport à la langue et à la culture des enfants va évoluer.

En ce qui concerne le groupe d'amies et amis, il ne faut pas se surprendre de son influence, puisque c'est souvent à travers cette instance que les jeunes remettent en question les valeurs véhiculées au sein de la famille. En parlant spécifiquement de leurs pratiques langagières, les jeunes participantes et participants se sont entendus pour dire que l'usage de la langue dépend en grande partie de la situation dans laquelle on se trouve. Par exemple, ils ont souvent mentionné que le choix de la langue est déterminé par la personne qui amorce la conversation; ou encore, qu'en public, ils utilisent plutôt la langue majoritaire, parce qu'ils ne veut pas se faire remarquer.

Le deuxième constat auquel je suis arrivée dans mon analyse est le suivant : tous les jeunes sont fortement influencés par les valeurs véhiculées par la majorité anglophone. Par conséquent, ces adolescentes et adolescents se retrouvent ainsi au cœur même de rapports sociaux dialectiques complexes avec lesquels il est parfois difficile de composer. Par exemple, lorsque les élèves arrivent à l'école de langue française, ils doivent se comporter en francophones lorsqu'ils en franchissent les portes, alors que cinq minutes auparavant, ils interagissaient peut-être en anglais en marchant à l'école, en parlant d'un film qui vient de sortir ou du dernier disque d'un groupe américain connu.

Enfin, le troisième constat porte sur la notion de valeur marchande du français, notion qui se trouve souvent liée au discours que tiennent les jeunes sur l'importance de parler français. La langue possède, dans ce contexte, une valeur utilitaire importante pour eux. Valeur qui se trouve d'ailleurs elle-même renforcée dans le discours officiel du milieu scolaire minoritaire de langue française, où l'on insiste sur les retombées positives de l'apprentissage du français dans le contexte de la nouvelle économie mondiale.

En résumé, on constate que les parcours identitaires de ces jeunes ne sont donc ni statiques, ni linéaires. Ils sont plutôt dynamiques, complexes et ils varient d'un individu à l'autre — en d'autres mots, ils se trouvent en perpétuelle mouvance.

Il n'y a cependant pas que les élèves qui sont appelés à vivre à la frontière de deux langues et de deux cultures (et parfois même trois). Plusieurs membres du personnel enseignant des écoles de langue française se retrouvent dans cette même situation, spécialement chez les enseignantes et les enseignants qui ont eux-mêmes grandi en milieu francophone minoritaire. Leur propre parcours identitaire aura une incidence sur la façon dont ils percevront leur travail auprès des élèves. Ce qui m'amène à parler de la deuxième étude.

L'ÉTUDE INTITULÉE *PARCOURS IDENTITAIRES ET PRATIQUES SOCIALES DANS LES ÉCOLES MINORITAIRES DE LANGUE FRANÇAISE : LE PERSONNEL ENSEIGNANT AU QUOTIDIEN*

L'étude se donnait deux objectifs. Le premier consistait à examiner en profondeur les parcours identitaires, tant sur le plan personnel que sur le plan professionnel, des enseignantes qui participaient à l'étude. Le deuxième objectif, qui découlait du premier, consistait, pour sa part, à examiner de quelle façon ces parcours identitaires venaient influencer l'attitude des enseignantes et des enseignants en ce qui a trait à leur rôle d'agent de reproduction linguistique et culturelle auprès de la clientèle scolaire en contexte francophone minoritaire. En d'autres mots, quels sont les effets de ces parcours identitaires, tant personnel que professionnel, sur le degré de sensibilisation du personnel enseignant à la question minoritaire et comment ces effets se traduisent-ils dans les pratiques quotidiennes des enseignantes à l'école?

L'étude a pris comme point de départ que l'école située en milieu minoritaire joue un certain rôle dans le processus de construction identitaire des élèves, puisqu'elle tente d'assurer la reproduction de la langue et de la culture françaises. C'est, en effet, à l'école, en continuité avec la famille, et même dans certains cas, à la place de la famille, que revient la responsabilité non seulement d'instruire, mais de transmettre la langue et la culture françaises. Mais ce rôle de reproduction s'avère des plus complexes, voire même contradictoires, étant donné le caractère de plus en plus hétérogène de l'école minoritaire de langue française, où un nombre grandissant d'élèves sont d'origines diverses, tant sur le plan de la langue que de la culture (Gérin-Lajoie, 2002).

Les enseignantes et les enseignants se retrouvent ainsi au cœur même de ce processus de reproduction, étant donné que ce sont eux qui travaillent de près avec les élèves (Gérin-Lajoie, 2002). L'étude a examiné la façon dont le personnel enseignant vit son expérience de travail au quotidien, à travers sa propre trajectoire identitaire, tant personnelle que professionnelle. En partant du point de vue que le « personnel » influence le « professionnel », j'ai tenté de jeter un regard critique sur la façon dont s'articule la rencontre de ces deux dimensions chez le personnel enseignant et sur la façon dont cette même rencontre se traduit sur le plan des pratiques sociales auxquelles prennent part les enseignantes et les enseignants à l'école, c'est-à-dire les pratiques entre enseignantes et enseignants, entre enseignantes et enseignants et membres de l'administration et enfin, entre enseignantes et enseignants et élèves. L'examen de ces diverses pratiques sociales s'est fait en tenant compte du contexte politique et des contraintes qui influencent le travail enseignant.

La méthodologie

Les techniques de recherche utilisées ont été les mêmes que dans la première étude, soit l'observation, l'entrevue semi-structurée et l'analyse documentaire. Dix enseignantes et enseignants avaient été sélectionnés — neuf enseignantes ont participé à l'étude jusqu'à la fin. La sélection a tenté de tenir compte des critères suivants, bien que sans succès dans certains cas : 1) le sexe : un nombre égal de femmes et d'hommes; 2) le lieu de naissance : une représentation d'enseignantes et d'enseignants qui sont d'origine canadienne-française, mais originaires de diverses régions,

> *C'est, en effet, à l'école, en continuité avec la famille, et même dans certains cas, à la place de la famille, que revient la responsabilité non seulement d'instruire, mais de transmettre la langue et la culture françaises.*

comme l'Ontario, le Québec et l'Acadie; 3) l'origine ethnique : une représentation d'enseignantes et d'enseignants, d'origine autre que canadienne, de minorités visibles; 4) le parcours de carrière : une représentation d'enseignantes et d'enseignants qui a) débutent leur carrière; b) ont de 5 à 15 ans d'expérience; c) ont plus de 15 ans d'expérience et d) le domaine de spécialisation : une représentation de divers champs de spécialisation, surtout au niveau secondaire. La cueillette de données s'est déroulée pendant toute la durée du programme de recherche, soit trois ans. Le produit final, tout comme dans le cas de l'étude avec les jeunes, consistera en une série de portraits identitaires des enseignantes et des enseignants.

Les entrevues, réparties sur une période de trois ans, montrent la façon dont le rapport à l'enseignement, à la langue et à la culture évolue au fil des ans. Un total de 50 entrevues semi-dirigées ont été effectuées. Des observations en salle de classe ont également été effectuées pendant les trois années afin d'être mieux en mesure de comprendre le travail enseignant en milieu francophone minoritaire, ainsi que la complexité des pratiques sociales qui y prennent place. Les observations ont été faites à l'occasion de cinq séjours d'une semaine chacun dans les écoles avec deux membres de l'équipe de recherche. Cent quinze journées complètes d'observation ont eu lieu pendant la durée du programme de recherche. Enfin, l'analyse documentaire a aussi été utilisée. Les documents, pour la plupart émis par les deux conseils scolaires, avaient pour objet de nous aider à mieux comprendre le contexte des écoles participantes.

LES RÉSULTATS DE LA DEUXIÈME ÉTUDE

Premièrement, les enseignantes et les enseignants qui ont participé à l'étude voient leur rôle d'enseignant comme étant celui de transmettre des connaissances déterminées, bien qu'ils insistent sur l'importance pour les élèves de bien comprendre la langue française, du moins, à l'écrit.

Deuxièmement, il semble que le niveau de sensibilisation au rôle politique de l'école en milieu francophone minoritaire n'est pas très élevé chez les enseignantes et les enseignants, en particulier en ce qui concerne le rôle du personnel enseignant comme agent de reproduction de la langue et de la culture minoritaires, dans un contexte social où l'anglais domine à tous les niveaux.

Troisièmement, ce manque de sensibilisation indique un besoin de développer des stratégies pour venir en aide au personnel enseignant dans le but de l'amener à mieux comprendre son rôle d'agent de reproduction linguistique et culturelle. Un dernier résultat, fort intéressant d'ailleurs, semble indiquer que les enseignantes et les enseignants qui ont participé à l'étude interprètent la notion de culture comme étant plutôt folklorique. Dans ce contexte, le discours des participantes et des participants est fort semblable à celui du discours « multiculturel », où la notion de culture est présentée dans une perspective statique, plutôt que présentée dans son sens dynamique où elle est le reflet des pratiques sociales quotidiennes, ancrées dans des rapports de force qui viennent façonner la manière de se définir comme membres d'une collectivité.

CONCLUSION

L'école de langue française en Ontario doit être repensée, car celle-ci ne peut pas continuer à agir comme si elle travaillait uniquement avec une clientèle francophone. Les élèves ne possèdent pas toutes et tous le même rapport à l'identité. De plus, l'institution scolaire ne peut plus agir comme si elle se trouvait en milieu francophone majoritaire sans tenir compte de la réalité anglo-dominante qui l'entoure. Le même raisonnement s'applique en ce qui concerne les élèves qui possèdent des origines ethniques diverses. L'école doit aussi tenir compte de cette diversité ethnique des élèves, car ce phénomène est de plus en plus répandu dans le système scolaire de langue française en Ontario. Le personnel enseignant relève un défi de taille en tentant de répondre à une clientèle qui possède des besoins diversifiés et, surtout, qui vit une réalité sociale souvent différente de celle l'école. L'école, à travers son personnel enseignant, s'est longtemps définie comme un agent de reproduction linguistique et culturelle important en milieu francophone minoritaire. Mais peut-on vraiment parler d'agent de *reproduction*, puisque dans bien des cas, l'école agit à titre d'agent de *production* d'une langue et d'une culture minoritaires? L'école doit repenser sa position et réfléchir à son rôle auprès des communautés qu'elle sert. L'école d'aujourd'hui doit se faire inclusive, puisqu'elle se trouve au cœur même d'une réalité où les identités sont de plus en plus fragmentées.

RÉFÉRENCES

BARTH, F. *Ethnic Groups and Bounderies: the Social Organization of Culture Difference,* Londres, George Allen & Unwin, 1969.

BERNARD, R. *Le Canada français : entre mythe et utopie,* Ottawa, Éditions du Nordir, 1998.

BOISSONNEAULT, J. « Bilingue/francophone, Franco-Ontarien/Canadien français : choix des marques d'identification chez les étudiants francophones », *Revue du Nouvel-Ontario,* 20 (1996), p. 173-193.

BRETON, R. (1994). « Modalités d'appartenance aux francophonies minoritaires. Essai de typologie », *Sociologie et sociétés,* vol. 26, n° 1(1994).

BRETON, R. « The Production and Allocation of Symbolic Resources: an Analysis of the Linguistic and Ethnocultural fields in Canada », *The Canadian Review of Sociology and Anthropology / La Revue canadienne de sociologie et d'anthropologie.,* vol. 21, n° 2 (1984), p. 123-144.

BRETON, R. « Institutional Completness of Ethnic Communities and the Personal Relations of Immigrants » *in.* Blishen (éd.), *Canadian Society: Sociological Perspectives,* Toronto, MacMillan du Canada, 1968.

CARDINAL, L. « Ruptures et fragmentations de l'identité francophone en milieu minoritaire : un bilan critique », *Sociologie et sociétés,* vol. 26, n° 1(1994).

CASTONGUAY, C. « Évolution démographique des Franco-Ontariens entre 1971 et 1991, suivi d'un aperçu du recensement de 1996 » *in* N. Labrie et G. Forlot (éd.), *L'enjeu de la langue en Ontario français,* Sudbury, Les Éditions Prise de Parole, 1999.

GÉRIN-LAJOIE, D. *Parcours identitaires de jeunes francophones en milieu minoritaire,* Sudbury, Les Éditions Prise de parole, 2003. Document téléaccessible à l'URL : www.acelf.ca.

GÉRIN-LAJOIE, D. « Le personnel enseignant dans les écoles minoritaires de langue française » *in* D. Mujawamariya (éd.), *L'intégration des minorités visibles et ethnoculturelles dans la profession enseignante : récits d'expérience, enjeux et perspectives,* Montréal, Les Éditions Logiques, 2002, p. 167-181.

GÉRIN-LAJOIE, D. « Les programmes d'initiation à l'enseignement en milieu francophone minoritaire », *La Revue canadienne des langues vivantes (RCLV)/ Canadian Modern Language Review (CMLR),* vol. 49, n° 4 (1993), p. 799-814. Document téléaccessible à l'URL : www.acelf.ca.

GIDDENS, A. *Modernity and Self-Identity,* Stanford, Stanford University Press, 1991.

HAMERS, J.F. et M. BLANC. *Bilingualité et bilinguisme.* Bruxelles, Pierre Mardaga, 1983.

HELLER, M. *Linguistic minorities and modernity: a Sociolinguistic Ethnography,* New York, Longman, 1999.

JUTEAU, D. *L'ethnicité et ses frontières.* Montréal, Les Presses de l'Université de Montréal, 1999.

JUTEAU, D. « Multiples francophonies minoritaires : multiple citoyennetés », *Sociologie et sociétés,* vol. 26, n° 1 (1994).

La concurrence des programmes d'immersion précoce auprès des familles linguistiquement mixtes ayant le droit d'envoyer leurs enfants à l'école française

Josée Makropoulos, Université de Toronto

RÉSUMÉ

Cet article examine la concurrence des programmes d'immersion précoce auprès des familles linguistiquement mixtes dans le contexte de l'intérêt marqué d'accroître l'attrait et la rétention des étudiants francophones au sein des écoles minoritaires de langue française au Canada à l'heure de la mondialisation. La ville d'Ottawa, capitale nationale du pays, fut sélectionnée comme site de la recherche en raison de son orientation bilingue et du grand nombre d'écoles dispensant l'enseignement du français comme langue minoritaire et seconde. Les résultats d'un sondage effectué entre 2001 et 2002 auprès d'un groupe de jeunes inscrits en 11e année (n = 145) dans une école catholique secondaire de langue anglaise, située dans une banlieue d'Ottawa, démontrent qu'environ un tiers des jeunes avaient au moins un parent francophone ayant droit et que 37 % d'entre eux avaient débuté l'immersion précoce. Les entrevues avec un échantillon de huit jeunes, qui étaient inscrits dans divers programmes et provenaient de familles linguistiquement mixtes, ont été analysées à partir d'un cadre théorique s'inspirant des traditions sociologique et sociolinguistique. L'analyse du discours révèle que la question de l'accessibilité avait été citée comme facteur principal ayant motivé les familles à opter pour le programme d'immersion précoce. Les enjeux reliés à la classe sociale et les dynamiques langagières familiales exercent également un rôle important dans le choix de l'immersion française.

L'établissement des programmes d'immersion française dans le contexte canadien a entraîné une certaine concurrence par rapport à l'accès à l'éducation en français comme langue minoritaire. Malgré le fait que le programme a été conçu pour les jeunes anglophones qui ne parlent pas le français à la maison, certains parents francophones des régions du Canada ont dû avoir recours à l'immersion précoce quand il n'y avait pas de programmes de français langue maternelle (Heffernan, 1979; Makropoulos, 1998). Ces conditions se sont toutefois améliorées à partir de 1982, avec l'adoption de l'article 23 de la *Charte canadienne des droits et libertés*, qui a reconnu le droit à l'instruction dans la langue de la minorité. En effet, cette disposition confère aux citoyens canadiens l'accès à l'instruction française comme langue minoritaire s'ils répondent à l'un des trois critères suivants : 1) le français est la langue première et encore comprise du parent; 2) le parent a déjà fréquenté une école primaire de langue française au Canada; 3) le parent a un autre enfant ayant déjà été inscrit dans une école primaire ou secondaire de langue française au Canada. Depuis les 20 dernières années, l'application de l'article 23 a grandement bénéficié aux francophones en raison de l'approche proactive adoptée par les tribunaux dans son interprétation (Martel, 2001).

Durant la période allant de 1986 à 2001, le pourcentage de familles qui se prévalaient du droit d'inscrire leurs enfants dans une école offrant l'enseignement du français comme langue minoritaire est passé de 56 % à 68 % (Gouvernement du Canada, 2003). La problématique posée par la participation des francophones dans le système scolaire anglophone a amené le milieu associatif francophone et le gouvernement fédéral à manifester un intérêt marqué pour accroître l'attrait et le désir des francophones de demeurer au sein des écoles françaises à partir de la fin des années 1990 (Réseau circum., 1999; Landry, 2003). Peu d'études ont, cependant, examiné pourquoi les parents francophones choisissent les programmes d'immersion précoce depuis l'instauration en œuvre de l'article 23. Néanmoins, deux thèses de maîtrise menées vers le début des années 1990 révèlent que les programmes d'immersion précoce hors Québec bénéficient à une importante population scolaire issue d'unions linguistiquement mixtes (Lapalme, 1993; Dolbec, 1994).

Dans cette optique, la présente étude examine le phénomène de l'attrait des programmes d'immersion précoce auprès des familles ayants droit comprenant au moins un parent francophone parlant encore le français. Cependant, le point de vue privilégié dans cette recherche est la perspective des jeunes inscrits en 11e année au sein d'une école anglaise catholique à Ottawa ayant déjà participé à un programme d'immersion française précoce. En plus de dresser le profil démographique des jeunes, les résultats de cette étude démontre deux points principaux. D'une part, le type d'union mixte des familles concernées joue un rôle important dans les raisons symboliques qui les amènent à choisir l'immersion précoce plutôt qu'une école de langue française. D'autre part, le discours des jeunes sur le choix immersif révèle que les réalités et les préoccupations de leurs familles linguistiquement mixtes diffèrent grandement selon la classe sociale.

CADRE THÉORIQUE

Le cadre théorique sur lequel repose cette recherche s'inspire des traditions sociologique et sociolinguistique de l'éducation. Tout d'abord, il importe de mentionner que l'étude se situe dans le contexte de la mondialisation qui se caractérise par un mouvement vers l'idéologie des marchés scolaires, la richesse et les désirs des parents (Brown, 1990). Dans cette optique, les parents sont devenus des clients qui ont le pouvoir de circuler librement d'un système scolaire à un autre alors que les écoles se doivent d'attirer et de retenir les clientèles désirées. Une des conséquences de ce phénomène est l'idée que le choix scolaire renforce les inégalités existant entre les parents issus de différentes classes sociales, car ces derniers n'abordent pas le milieu scolaire avec le même capital social (Lauder, 1991). Par ailleurs, la recherche de Ball et coll. (1995) révèle que les parents de classe moyenne sont enclins à adopter une perspective à long terme lors du choix d'un système scolaire, ils désirent ainsi réinvestir leur capital culturel pour obtenir un dividende dans le capital éducationnel de leurs enfants. Par contraste, les parents de classe ouvrière sont enclins à adopter une perspective à court terme dans leur choix d'école, car leurs priorités sont centrées sur le désir d'articuler la vie des enfants autour des contraintes de leurs réalités quotidiennes.

Comme le mentionne Bourdieu (1977), l'école est un lieu privilégié où l'on reproduit les inégalités sociales par la valorisation et la légitimation du capital culturel appartenant aux classes moyennes et élevées. Il explique que la langue et les variétés linguistiques constituent une partie intégrale des ressources économiques et symboliques dont la valeur est inégale en fonction des locuteurs. À cet effet, la recherche ethnographique de Heller et Lévy (1994) portant sur les femmes francophones vivant en union linguistiquement mixte avec un conjoint anglophone en Ontario révèle que ces dernières adoptent une variété de pratiques et de points de vue qui sont reliés à la valeur sociale et économique du français. Malgré le fait que ce groupe de femmes envoyait leurs enfants dans une école primaire de langue française (ce qui n'empêche pas certains jeunes de changer pour l'immersion aux niveaux intermédiaire et secondaire), elles partagent l'expérience commune de vivre sur une frontière linguistique qui les incite à valoriser le bilinguisme tout en attachant une valeur symbolique au français.

CONTEXTE DE L'ÉTUDE ET MÉTHODOLOGIE

Dans le but d'examiner la concurrence des programmes d'immersion française auprès des familles linguistiquement mixtes, j'ai choisi la ville d'Ottawa comme contexte de l'étude. Ce choix se justifie par l'orientation bilingue de la ville qui se reflète dans son statut de capitale nationale du Canada, où se trouve la fonction publique fédérale, ainsi que par la représentation démographique des deux groupes linguistiques officiels. En plus de sa longue tradition d'enseignement du français à titre de langue minoritaire, la ville d'Ottawa dispose d'un grand nombre de programmes d'immersion précoce, et ce, depuis le début des années 1970. Dans cette optique, l'école secondaire catholique anglaise — où j'ai mené l'étude — offre, dans une banlieue d'Ottawa, l'immersion française depuis sa création en 1974. J'ai conduit ma recherche de terrain dans cette école entre 2001 et 2002 et effectué des suivis périodiques au cours des deux années suivantes.

Les résultats du sondage que j'ai fait passer à un échantillon de 145 jeunes inscrits en 11e année révèlent que 34 % d'entre eux ont au moins un parent francophone qui correspondait aux critères d'admissibilité aux écoles de langue française tel que le stipule l'article 23. Environ 37 % des enfants ayant un parent francophone ayant droit ont débuté un programme d'immersion française dès leur entrée à l'école primaire. Ils représentaient 12 % de la population des élèves inscrits en 11e année de l'école secondaire où j'ai mené l'étude.

En plus du sondage, j'ai réalisé des entrevues auprès des membres de la direction de l'école et du personnel enseignant. J'ai également effectué des entrevues avec 36 jeunes de 11e année inscrits dans les multiples programmes offerts à l'école secondaire. Cet échantillon comprenait huit jeunes qui ont commencé un programme d'immersion précoce malgré le fait qu'ils avaient un parent francophone ayant le droit de les envoyer à l'école française. Il existait un nombre égal de jeunes provenant d'une famille de cols bleus occupant un métier et de jeunes provenant d'une famille de classe moyenne formée de parents professionnels ou entrepreneurs. Au moment où ils participaient à l'entrevue, trois de ces jeunes prenaient des cours de français à l'école tandis que les cinq autres élèves étudiaient uniquement en anglais. Il y avait un garçon de classe moyenne en immersion (Sébastien), ainsi qu'une fille de classe moyenne (Fiona) et une fille de col bleu (Kathy) qui étaient inscrites dans le programme de français intensif. Alors qu'une fille de classe moyenne prenait tous ses cours dans le programme d'anglais de niveau universitaire (Mireille), les quatre autres jeunes étaient inscrits dans les programmes d'anglais de niveau collégial ou axés vers l'emploi. Dans ce dernier groupe, il y avait une fille de classe moyenne (Anne) ainsi que deux garçons (Gabriel et Marc) et une fille (Ginette) venant de familles de cols bleus.

À partir des informations recueillies par le sondage et dans les propos recueillis lors des entrevues faites avec ces huit jeunes, j'ai cherché à cerner les caractéristiques discursives du groupe, ainsi que les prises de position des jeunes concernant les raisons ayant motivé leurs parents à opter pour un programme d'immersion précoce plutôt qu'une école de langue française. Durant le déroulement de l'entrevue, j'ai expliqué en français aux jeunes qu'ils pouvaient s'exprimer dans la langue de leur choix; ils ont tous opté pour l'anglais. J'ai traduit le contenu des extraits d'entrevues de l'anglais au français pour cet article.

L'ACCESSIBILITÉ À L'IMMERSION PRÉCOCE

L'analyse des données révèle que les huit jeunes s'identifient comme des catholiques blancs issus de familles linguistiquement mixtes, dont les parents avaient opté pour un programme d'immersion française, car celui-ci leur semblait plus accessible que les écoles françaises d'Ottawa. Chaque famille comprend un parent francophone ayant droit, parlant encore le français comme langue première et ayant déjà fréquenté une école primaire de langue française au Canada, son pays de naissance. Les autres parents forment, quant à eux, un groupe plus diversifié sur le plan de leur bagage ethnoculturel et linguistique, ils sont intégrés dans la majorité anglaise et ne répondent pas aux critères d'admissibilité de l'article 23 pour pouvoir envoyer leurs enfants à l'école franco-ontarienne. Ces circonstances font en sorte que les huit jeunes parlaient plus l'anglais à la maison, mais qu'ils avaient tous utilisé différents niveaux de français comme langue au foyer durant la petite enfance.

Parmi les huit jeunes sélectionnés aux fins de la présente étude, Mireille, Sébastien et Kathy ont évoqué la question de l'insécurité par rapport à l'école de langue française comme principale raison ayant motivé leurs parents à opter pour un programme d'immersion précoce. En plus d'avoir un parent francophone ayant droit, ces trois jeunes avaient un parent ayant déjà su s'exprimer en français au foyer ou qui possédait une assez bonne base en français comme troisième langue. En raison du rôle accru de l'anglais dans leur quotidien, ces trois familles voyaient l'immersion précoce comme une solution de rechange bilingue qui ne mettrait pas en danger la réussite scolaire de leurs enfants.

Mireille provient d'une famille militaire de classe moyenne, composée d'une mère québécoise francophone et d'un père immigrant d'origine allemande. Elle a développé un problème d'insécurité vis-à-vis de l'école française en raison de nombreux déménagements. Plus particulièrement, les parents trouvaient que leur fils aîné avait besoin d'une école anglaise en raison de ses faiblesses en français :

« Ahm, mon frère était plus faible en français, et ils voulaient que [...] il est plus vieux, le plus vieux, mais ahh, il a toujours été plus faible en français, et il n'a jamais appris autant que moi, (uhum), alors mes parents voulaient nous envoyer à la même école » (Mireille, [*traduction*]).

Quant à Sébastien et Kathy, l'insécurité de leurs parents était reliée à la croyance que les enfants avaient besoin de français à la maison pour réussir à l'école franco-ontarienne. Les parents francophones des deux jeunes en question sont originaires de l'Ontario, mais vivaient des réalités sociales différentes. En ce qui a trait à Sébastien, sa famille de classe moyenne est composée d'une mère franco-ontarienne et d'un père argentin qui craignaient ne pas l'avoir suffisamment préparé pour l'école française :

« Comme, comme je ne savais pas vraiment le français quand j'ai commencé, que je sache, j'en savais un peu [...], je parlais le français à la maison, mais ils ne pensaient pas que j'étais prêt pour l'école française [...], c'était une décision mutuelle, ils ne pensaient pas que j'étais vraiment prêt » (Sébastien, [*traduction*]).

Par contre, les parents cols bleus de Kathy ne voulaient pas l'envoyer dans une école française, car ils craignaient ne pas pouvoir surmonter les exigences reliées à l'appui familial en ce qui a trait à l'aide aux devoirs. Malgré le fait que la mère de Kathy soit de descendance anglaise et française, elle se sentait plus à l'aise à l'égard du système scolaire anglophone, car elle avait perdu l'habileté de communiquer en français. Le père franco-ontarien de Kathy avait conservé ses aptitudes orales en français, mais il ne se voyait pas envoyer sa fille dans une école française, car il avait des difficultés et une certaine aversion à lire le français. Les deux parents ont alors perçu le programme d'immersion précoce comme un compromis bilingue intéressant :

« Comme, mon père, quand il parle français, il ahh, il hait comme le lire, tu sais? [...], il hait le lire alors ahh, ils ne voulaient pas m'envoyer dans une école française, parce que ahh, comme, il est comme, il est comme tu sais, il, il n'aime pas, il ne serait pas vraiment capable de m'aider tant que ça, (uhum), comme tu sais? Comme en français, comme il ne comprend pas vraiment, il ne peut pas supporter la lecture en français [...], ils voulaient quand même que j'ai mon français, comme, ahh, ils ne voulaient pas que j'aille dans une école française [...], et comme nous étions supposés avoir la moitié des journées en français et la moitié en anglais, alors... » (Kathy, [*traduction*])

Les cinq autres jeunes, soit Fiona, Anne, Gabriel, Ginette et Marc, ont suggéré que l'immersion précoce était un programme accessible pour leurs familles, car il tenait compte des intérêts linguistiques des deux parents. En plus d'être installées dans la province de l'Ontario, les familles de ces cinq jeunes sont composées d'un parent francophone et d'un parent anglophone. Différentes raisons reliées à la classe sociale et aux habiletés linguistiques du parent anglophone ont amené les cinq jeunes à dire que l'école française n'avait pas fait l'objet d'un consensus familial.

Selon Fiona et Anne, l'immersion française précoce offrait un moyen pour concilier les intérêts divergents de leurs parents appartenant à la classe moyenne. Dans le cas des deux filles, le parent anglophone possédait une connaissance limitée du français et ne voulait pas opter pour le système scolaire français. Toutefois, le parent francophone des deux filles tenait à leur offrir une formation en français au niveau primaire. Malgré ces éléments communs, les histoires racontées par Fiona et Anne révèlent des nuances en raison des rôles traditionnels basés sur le sexe des parents.

Fiona a suggéré que sa mère anglophone a pris la décision de l'envoyer dans une école anglaise, car elle avait la garde des enfants à la suite du divorce. Cette situation semblait idéale pour Fiona, car elle avait appris à se sentir plus à l'aise dans un environnement anglophone. De plus, Fiona estimait que son père francophone était satisfait, car elle apprenait le français dans le programme d'immersion :

« Josée : Et pourquoi est-ce que tes parents t'ont envoyé à une école anglaise?

Fiona : J'imagine, que c'est parce que j'ai déménagé avec ma mère [...], je crois, ahh, c'est juste, car elle voulait que j'aille dans une école de langue anglaise [...]

Josée : Et ton père?

Fiona : Je, je crois que cela ne le dérange pas vraiment, tant que je prends l'immersion, je crois qu'il est heureux avec ça (uhum) mais, je crois, c'est juste que je me sens plus à l'aise en anglais (uhum). » [*traduction*]

La situation d'Anne est très différente, car sa mère francophone aurait préféré l'envoyer dans une école primaire de langue française afin qu'elle puisse approfondir ses connaissances en français apprises au sein de sa famille francophone et puisse devenir plus bilingue. Toutefois, sa mère a accepté le compromis immersif pour mettre fin à la situation conflictuelle qui l'opposait à son mari anglophone :

> « Mon père voulait que j'aille à une école anglaise plus qu'une française, et ma mère voulait que j'aille en français, alors mon père était comme, ahh, non, elle devrait aller à une école anglaise [...], mais ma mère voulait que, que j'essaie une école française, pour que je sache plus de français, pour que je puisse être plus bilingue que ahh, les autres personnes [...], parce que je passe beaucoup de temps avec le côté francophone de ma famille. » (Anne, [*traduction*])

Les trois jeunes provenant de familles dont les parents sont des cols bleus, soit Gabriel, Ginette et Marc, ont évoqué des arguments d'ordre pratique qui s'imposaient dans une perspective immédiate pour expliquer pourquoi ils avaient opté pour le programme d'immersion précoce au lieu d'une école de langue française. Dans le cas de Gabriel, sa mère francophone avait décidé de l'envoyer dans une école anglaise offrant un programme d'immersion afin d'accommoder son père anglais qui ne parlait pas le français. À cet effet, Gabriel a dit que sa mère avait graduellement arrêté de parler en français à la maison, car elle trouvait que cela n'en valait pas la peine puisque son mari ne comprenait pas la langue :

> « Josée : Et pourquoi as-tu débuté l'immersion française?
>
> Gabriel : Comme, quand j'étais plus jeune, comme, je ne pouvais pas prendre mes propres décisions, ma mère faisait ça pour moi, ahh [...], ma mère avait l'habitude de me parler en français, beaucoup (ouais) comme j'avais comme, quand j'étais autour de 4 ou 5 ans, mais ahm, étant donné que mon père ne le comprenait pas, (uhum), elle a raisonné que cela ne valait pas vraiment la peine. » [*traduction*]

Dans le cas de Ginette et de Marc, dont le parent anglophone possédait une assez bonne connaissance du français oral de type vernaculaire, la décision d'opter pour le programme d'immersion fut prise par les deux membres du couple. En effet, le père francophone et la mère anglophone de Ginette auraient pu l'envoyer à l'école française, mais ont trouvé le programme d'immersion plus pratique, car il était offert dans une école anglaise située à proximité de la maison :

> « Je, j'ai toujours vécu près d'une école anglaise, et dans [...], près de ma maison, et ahh, et je crois, ahh, et [...], mon école intermédiaire, c'était comme juste ahh, au bas du chemin. » (Ginette, [*traduction*])

Selon Marc, sa mère francophone et son père anglophone ont opté pour une école anglaise, puisque le programme d'immersion était fondé sur l'idée d'une représentation égale du temps alloué à l'enseignement du français et de l'anglais. Leur décision fut envisagée dans une perspective à court terme :

> « Comme, ahh, dans une école anglaise il y a l'immersion, alors j'aurais toujours une demi-journée en anglais et une demi-journée en français, et chaque année je prendrais des cours différents en français, pour voir comment ça irait. » (Marc, [*traduction*])

En somme, l'accessibilité à l'immersion au primaire fut citée comme un facteur-clé dans la sélection d'un programme scolaire au sein des familles linguistiquement mixtes qui trouvaient que l'école de langue française ne correspondait pas à leur réalité familiale ou à leurs préoccupations sociales.

CONCLUSION

Les résultats de cette étude offrent un exemple clair de la façon dont les expériences et les conditions de vie d'un groupe de familles linguistiquement mixtes de l'Ontario les ont incitées, pour des raisons symboliques, à opter pour l'immersion précoce plutôt que pour une école de langue française pour leurs enfants. Tout comme les femmes francophones ayant un conjoint anglophone et qui ont été interviewées par Heller et Lévy (1994), les huit jeunes faisant l'objet de cette étude démontrent que leurs familles vivent sur une frontière linguistique et adoptent une variété de pratiques et points de vue liés à leurs réalités linguistiques et socioéconomiques. Les résultats de cette recherche démontrent que la décision d'opter pour le programme d'immersion précoce plutôt que pour une école de langue française touche un nombre comparable de mères francophones et de pères francophones vivant en union mixte. En même temps, ces huit jeunes révèlent que leurs parents voient l'immersion précoce comme étant un moyen accessible pour apprendre le français à l'école et devenir bilingue, compte tenu de l'écart existant entre les écoles de langue française et le capital familial (Bourdieu, 1977).

> **Leurs parents voient l'immersion précoce comme étant un moyen accessible pour apprendre le français à l'école et devenir bilingue.**

Malgré le fait que le programme d'immersion précoce a été sélectionné par un nombre égal de parents de classe moyenne et de classe ouvrière, les résultats de cette recherche confirment l'idée que les familles de différentes classes sociales n'abordent pas le milieu scolaire avec les mêmes intérêts ou priorités (Lauder, 1991; Ball et coll., 1995). Par ailleurs, les familles linguistiquement mixtes de classe ouvrière trouvent que l'immersion précoce offre un bon programme de français dans un système scolaire qui répond à leurs besoins immédiats. Pour les parents de classe moyenne vivant en union linguistiquement mixte, le fait de choisir le programme d'immersion précoce leur apparaît généralement comme étant un moyen d'assurer la reproduction de leurs intérêts linguistiques en permettant à leurs enfants de rester attachés aux valeurs familiales, dans un environnement rassurant où ils pourront acquérir le bilinguisme à l'école. De plus, les données discursives révèlent que les dynamiques langagières au sein des familles linguistiquement mixtes influencent également l'orientation des parents par rapport au choix d'un système scolaire. Plus particulièrement, les familles composées d'un parent anglophone et d'un parent francophone ont tendance à voir l'immersion comme une façon de concilier les intérêts bilingues du couple, tandis que les familles qui optent pour l'immersion en raison de leur insécurité à l'égard de l'école française sont généralement composées d'un parent francophone et d'un parent immigrant ou d'ascendance mixte. De plus, les couples ontariens sont habituellement plus portés à considérer l'école de langue française lorsque le parent non ayant droit possède une certaine base orale en français.

Enfin, il est nécessaire d'effectuer plus de recherches afin de comprendre les multiples enjeux reliés à l'idéologie des marchés scolaires et aux intérêts des parents (Brown, 1990) dans le contexte actuel, où prévaut une concurrence accrue entre les écoles canadiennes de langue anglaise et française sur le plan de la prestation de programmes offrant une formation bilingue, et ce, à l'heure de la mondialisation.

REMERCIEMENTS

Je tiens à remercier les deux évaluateurs anonymes pour leurs commentaires et suggestions. Étant donné que cet article est basé sur une partie de ma thèse doctorale, je tiens à remercier Monica Heller pour sa direction et les nombreux commentaires qu'elle m'a fournis. Je veux également remercier Normand Labrie pour ses précieux conseils et suggestions ainsi qu'André Tremblay qui m'a apporté une aide importante relativement au volet quantitatif de l'étude. De plus, je suis reconnaissante envers Frédérick Dufresne pour son encouragement et ses commentaires tout au long de la rédaction de l'article.

RÉFÉRENCES

BALL, S. et coll. « Circuits of Schooling: A Sociologicial Exploration of Parental Choice of School in Social-Class Contexts », *The Sociological Review,* 43 (1995), p. 52-78.

BOURDIEU, P. « The Economics of linguistic exchanges », *Social Science Information,* 16 (1997), p. 645-668.

BROWN, P. « The "Third Wave": Education and the Ideology of Parentocracy », *British Journal of Sociology of Education,* 11 (1990), p. 65-85.

DOLBEC, L. *Les parents francophones de Calgary : leur choix de langue d'enseignement de leurs enfants, thèse de maîtrise inédite,* Département de Curriculum, Université d'Alberta, 1994.

GOUVERNEMENT DU CANADA. *Le prochain acte : un nouvel élan pour la dualité linguistique canadienne, Le plan d'action pour les langues officielles,* Conseil privé, Affaires intergouvernementales, 2003.

HEFFERNAN, P. « French Immersion : méthode possible pour la refrancisation de francophones assimilés? », *La Revue canadienne des langues vivantes,* vol. 36, n° 1 (1979), p. 24-27.

HELLER, M. et LÉVY, L. « Les contradictions des mariages linguistiquement mixtes : stratégies des femmes franco-ontariennes », *Langage et société,* 67 (1994), p. 53-88.

LAPALME, L. *Des implications socioculturelles et sociolinguistiques des programmes d'immersion française pour leur clientèle francophone, anglophone et francogène,* thèse de maîtrise inédite, Université de Toronto, 1993.

LAUDER, H. « Education, Democracy, and the Economy », *British Journal of Sociology of Education,* 12 (1991), p. 417-431.

MAKROPOULOS, J. *A Sociopolitical Analysis of French Immersion Developments in Canada: 1960-1995,* thèse de maîtrise inédite, Université de Toronto, 1998.

MARTEL, A. *Droits, écoles et communautés en milieu minoritaire : 1986-2002. Analyse pour un aménagement du français par l'éducation,* Ottawa, Commissariat aux langues officielles, 2001.

LANDRY, R. *Libérer le potentiel caché de l'exogamie : profil démolinguistique des enfants des ayants droit francophones selon la structure familiale,* étude réalisée pour le compte de la Commission nationale des parents francophones, 2003.

RÉSEAU CIRCUM. *Étude spéciale : motivations en ce qui a trait aux choix scolaires chez les parents ayants droit hors Québec,* rapport préparé pour le Commissariat aux langues officielles, Gouvernment du Canada, 1999.

Rôle de l'école et de la famille dans la sauvegarde d'une langue minoritaire en milieu alloglotte : le cas du Val d'Aoste

Marisa Cavalli, Institut régional de recherche éducative pour le Val d'Aoste

RÉSUMÉ

Ce texte se propose d'illustrer le poids et le rôle respectifs de l'école et de la famille dans la sauvegarde d'une langue minoritaire à travers la description du cas du Val d'Aoste, région italienne, qu'un statut spécial d'autonomie, accordé par l'État dans le cadre de sa Constitution, reconnaît en tant que minorité linguistique. L'analyse porte sur la sauvegarde de deux langues minoritaires aux statuts diversifiés : le francoprovençal et le français. Un bref aperçu géohistorique retrace l'évolution sociohistorique et sociolinguistique du Val d'Aoste et donne lieu à une description des caractéristiques de son aménagement linguistique. Les attitudes et les opinions des gens par rapport aux langues et au rôle de l'école et de la famille dans leur maintien en milieu alloglotte sont illustrés au moyen des résultats de deux recherches : l'une qualitative sur les représentations sociales, réalisée par l'Institut régional de recherche éducative pour le Val d'Aoste (IRRE-VDA), et l'autre quantitative — un sondage linguistique — réalisée par une autre institution, la Fondation Chanoux.

Quelques éléments théoriques, adoptés comme grille de lecture par rapport à la situation du Val d'Aoste, permettront de saisir la différence sur le plan des résultats entre un aménagement linguistique s'appuyant uniquement sur l'école et le maintien d'une langue minoritaire par la transmission intergénérationnelle au sein de la famille.

Le Val d'Aoste (désormais VDA), pays de montagne situé entre la France à l'ouest, la Suisse au nord et le Piémont à l'est et au sud, est la plus petite des vingt régions italiennes avec ses 119 356 habitants (0,2 % de la population de l'État) sur un territoire qui mesure à peine 3262 km² (1 % du territoire national).

Depuis le XIXᵉ siècle, il fit partie du duché de Savoie, auquel le lièrent dix siècles de fidélité. Linguistiquement, le VDA appartient à l'aire du francoprovençal, parler gallo-roman, qui s'étend au-delà des Alpes aussi bien du côté de la Suisse que de la France. Ce parler, qui n'a jamais correspondu à une entité politique et administrative définie, n'a jamais atteint l'état de *koinè* : de nos jours, il se décline dans d'innombrables variétés et, bien qu'il existe plus d'un système de transcription et qu'il soit employé dans certains genres littéraires, comme la poésie et le théâtre populaire, il est essentiellement utilisé comme langue orale dans des situations de communication informelle.

Le français fut, dans un premier temps, utilisé comme langue de culture par la cour de Savoie et, à son imitation, par la noblesse. Un édit du duc Emmanuel Philibert l'adopta, en remplacement du latin, comme langue pour les actes officiels en 1561, 22 ans après l'ordonnance de Villers-Cotterêts par laquelle, de façon analogue, François Iᵉʳ avait consacré l'usage du français pour la France.

Francoprovençal et français se partagèrent ainsi les domaines d'usage sur un mode diglossique pendant des siècles.

Les grands bouleversements survinrent au XIXᵉ siècle : en 1860, le VDA fut séparé de la Savoie, annexée à la France, et en 1861, année de l'unité de l'Italie, il passa à l'État nouvellement créé dont les ducs de Savoie devinrent les souverains. Basculant d'un environnement francophone homoglotte (Dabène, 1994) à un environnement alloglotte, le VDA subit, à partir de ce moment, un lent processus d'italianisation qui aboutit aux mesures répressives de politique linguistique du régime fasciste.

Après le second conflit mondial, l'État italien accorda au VDA un statut d'autonomie, qui, reconnaissant son bilinguisme (et non pas, comme au Sud-Tyrol, l'existence de deux communautés distinctes), consacrait l'italien et le français comme langues officielles de la région. Les mesures de sauvegarde du français prévues concernaient la rédaction des actes publics dans les deux langues (sauf pour ceux de l'autorité judiciaire), l'enseignement paritaire (en nombre d'heures) de l'italien et du français, la possibilité d'adapter les programmes scolaires nationaux aux exigences de la réalité socioculturelle valdôtaine et celle d'enseigner certaines disciplines en français.

Si la disposition du statut spécial concernant l'enseignement paritaire de l'italien et du français a trouvé une application immédiate dans l'après-guerre, il fallut attendre plusieurs décennies pour que celle prévoyant la possibilité d'enseigner les disciplines en français soit appliquée : l'innovation bilingue n'a débuté que dans les années 1980 et reste un processus non complètement abouti, car il n'a touché que l'école de base. Concernant les lycées, c'est, en effet, l'enseignement *du* français qui est prévu de façon générale et non pas encore l'enseignement *en* français, sauf quelques expérimentations que les établissements scolaires sont en train de réaliser.

Du point de vue de l'enseignement supérieur, une loi de l'État accorde également au Val d'Aoste la faculté de nommer — dans la mesure maximale de 50 % — comme professeurs ou comme chercheurs de son Université libre, nouvellement instituée en 2000, des scientifiques occupant des postes analogues dans des universités étrangères.

En 1993, les mesures de sauvegarde linguistique ont été étendues à une autre langue minoritaire du Val d'Aoste, le *walser*, parler germanique utilisé dans trois villages de la Vallée du Lys (pour un total de 1491 habitants au 31 décembre 2002) par un article supplémentaire du statut d'autonomie.

LANGUES EN PRÉSENCE ET AMÉNAGEMENT LINGUISTIQUE AU VAL D'AOSTE

Le VDA est donc actuellement considéré comme une région bilingue. En réalité, son répertoire langagier se compose d'un nombre important de langues : au-delà de l'italien et du français (et dans le cas de la Vallée du Lys, du *walser* et de l'allemand) officiellement reconnus, il y a le francoprovençal (langue, en quelque sorte, « du terroir »), le piémontais (langue voisine géographiquement et très utilisée dans la partie sud-est de la région), d'autres dialectes italiens (langues importées par des vagues successives de migration interne à l'Italie) et, plus récemment, des langues étrangères et extracommunautaires et leurs variétés (langues de l'immigration depuis les pays de l'Est et du Maghreb).

Or, au VDA, le plus grand effort déployé dans l'aménagement linguistique concerne essentiellement la langue française (et, dans une moindre mesure, l'allemand dans la Vallée du Lys).

Pour des raisons de contraintes éditoriales, nous ne prendrons en considération, dans notre analyse, que la situation de deux des langues minoritaires du VDA — le francoprovençal et le français — par rapport à la langue majoritaire — l'italien — ayant parfaitement conscience qu'en extrapolant, de la sorte, ces langues de leur « niche écologique » (Calvet, 1999), nous nous adonnons à une opération, certes, artificielle, mais qui nous simplifie grandement la tâche.

Les mesures d'aménagement linguistique en vue de la sauvegarde du français se concentrent essentiellement sur l'école par l'éducation bilingue, sur les actes publics, sur l'affichage bilingue et sur les subventions attribuées aux médias de masse pour l'emploi du français. Aucune mesure explicite (incitative, entre autres) ne touche au rôle de la famille et de la communauté dans sa sauvegarde. Le francoprovençal fait l'objet d'une attention plus mitigée et d'initiatives diverses (constitution d'un Bureau régional d'ethnologie et de linguistique, cours du soir de francoprovençal, subventions pour le théâtre en cette langue, un concours annuel destiné aux écoles, etc.). Ce n'est que tout dernièrement que l'administration régionale a manifesté son intention de l'introduire également à l'école.

LES CARACTÉRISTIQUES DE L'ÉCOLE BILINGUE AU VAL D'AOSTE

D'après le statut d'autonomie reconnaissant le bilinguisme du VDA, l'école valdôtaine est une école bilingue qui ne s'aligne pas sur certains principes qui ont cours dans d'autres situations minoritaires, comme la constitution d'écoles distinctes selon la langue utilisée ou encore l'enseignement de certaines disciplines en une langue et des autres dans une autre langue. Du même coup, sont également rejetés deux principes classiques souvent évoqués dans la littérature scientifique « une discipline = une langue » et « une langue = une personne ». Les lois scolaires prévoient donc un « enseignement bilingue alterné dans les deux langues » (Coste, 2000) dans toutes les disciplines, dans toutes les activités didactiques et par tous les enseignants. L'école bilingue se fonde donc au VDA sur le principe de l'alternance des langues, suivant en cela une conception scientifique du bilinguisme et de la personne bilingue (Grosjean, 1982) dont une des caractéristiques est justement son « parler bilingue » (Lüdi et Py, 2002). Cet emploi alterné du français est conçu à l'école comme un moyen supplémentaire, aux côtés de l'italien, des autres langages et des outils conceptuels de représentation, pour la reformulation linguistique des concepts disciplinaires au service d'une meilleure acquisition.

L'italien et le français sont également enseignés en tant que matières. Enfin, ce cadre bilingue s'ouvre au plurilinguisme avec l'enseignement d'une langue étrangère (l'anglais), à partir de l'école primaire et, de façon optionnelle, à partir de l'école de l'enfance.

LES LANGUES DU VAL D'AOSTE D'APRÈS UNE RECHERCHE QUALITATIVE SUR LES REPRÉSENTATIONS SOCIALES

Élaborée en collaboration avec l'Université de Neuchâtel et sous la coordination scientifique de Bernard Py, cette recherche (Cavalli, Coletta, Gajo, Matthey et Serra, 2003), qui s'inspire de la psychologie sociale (Abric, 1989; Jodelet, 1989; Guimelli, 1994; Moscovici, 1976; Moscovici et Vignault, 1994), mais qui s'appuie sur l'analyse conversationnelle (Moore (éd.), 2001; Py (éd.), 2000), avait pour but de dresser un inventaire des représentations sociales (désormais RS) autour des questions linguistiques pour repérer celles qui favorisent et celles qui entravent le projet d'aménagement linguistique par l'école. Les interviewés faisaient partie du monde scolaire (des enseignants essentiellement, des chefs d'établissement et des élèves) ou gravitaient autour de l'école (des parents d'élèves, des syndicalistes de l'école, des élus, des faiseurs d'opinions, etc.).

Ce qui ressort en fin de compte de cette recherche concernant les langues du VDA, c'est que la représentation binaire induite par la coofficialité statutaire de l'italien et du français empêche une correcte conceptualisation de la complexe et riche « niche écologique » des langues en présence : le VDA, comme on vient de le dire, n'est pas que bilingue, il est plurilingue au départ, et ce, avant même que l'école n'intervienne.

Dans le corpus de recherche, l'italien est très peu thématisé : les locuteurs semblent donner comme un fait accompli qu'il représente la langue maternelle de la majorité des Valdôtains, la langue la plus répandue, la langue incontournable au VDA. L'anglais est souvent évoqué en opposition au français, comme une sorte de contre-argument dévalorisant par rapport à ce dernier.

Les deux langues sur lesquelles les argumentations des interviewés se sont le plus souvent arrêtées sont le français et le francoprovençal. Concernant le français, son passé historique est très rarement évoqué ainsi que sa parenté avec le francoprovençal ou ses liens avec les racines identitaires des gens.

Les interviewés ont du mal à définir le français : les dénominations habituelles n'étant pas suffisantes à elles seules pour nommer cette langue, il faut les modaliser à l'aide d'adjectifs, de certains déterminants. Ainsi, le français peut être « une langue étrangère privilégiée », « la langue seconde la plus naturelle », « une langue étrangère en plus », « *une* langue seconde, parmi d'autres ». Certes, il est évoqué aussi comme langue des échanges internationaux, mais, dans ce domaine, il est ressenti comme fortement concurrencé par l'anglais. Autour du français, règne, d'après les interviewés, l'insécurité linguistique. Et les phénomènes d'hypercorrection se manifestent dans le corpus même.

Les fréquentes évocations du francoprovençal servent de contre-arguments par rapport au français, ainsi se dessinent des paires antithétiques de traits : le premier — en général valorisant — se référant au francoprovençal; le deuxième — plus dépréciatif ou problématique — renvoyant au français : langue du cœur et de l'intimité vs langue imposée; langue identitaire (pour des microcommunautés) vs langue culturelle (mais d'une culture autre, éloignée dans le temps ou dans l'espace); langue vernaculaire (de la famille et du village) vs langue officielle et de la politique; langue proche vs langue distante; langue parlée dans la vie quotidienne vs langue de l'école; langue réelle vs langue « virtuelle » (ne s'activant qu'en la présence de francophones de l'extérieur); langue dans laquelle on se sent sécurisé vs langue dans laquelle on vit dans l'insécurité; langue populaire vs langue élitiste; non-langue vs langue « difficile ».

Bien que ressenties souvent comme antithétiques, les deux langues peuvent devenir, l'une et l'autre, instruments d'inclusion ou d'exclusion dans certaines microcommunautés valdôtaines.

Dans le corpus de l'IRRE-VDA, le français ressort, en somme, comme une langue « à problème » malgré les (et souvent à cause des) efforts déployés en vue de sa défense. Le discours dominant semblerait pouvoir être résumé lapidairement par la formule :

« Le français oui, *mais*... », les arguments les plus nombreux étant, effectivement, construits autour de ce « *mais* ». Nous assistons, par contre, à une survalorisation du francoprovençal en opposition presque systématique au français. D'un point de vue sociolinguistique, les personnes interviewées se représentent, donc, le francoprovençal comme une langue en excellente santé, alors que le français est perçu comme une langue en difficulté, maintenue en vie de façon « artificielle », une langue diversement aimée, souvent haïe aussi, car vécue comme une imposition. Les représentations sociales des enseignants, acteurs principalement préposés à la transmission de cette langue à travers l'enseignement bilingue, sont donc, sauf exceptions, souvent en porte-à-faux par rapport à la tâche qui leur est confiée. Ce qui ne peut que poser problème.

LA SITUATION SOCIOLINGUISTIQUE ACTUELLE D'APRÈS UNE ENQUÊTE QUANTITATIVE

Aucune enquête sociolinguistique et systématique n'est prévue ni en Italie ni au VDA pour connaître le nombre exact des locuteurs des diverses langues en présence. Aucune question sur les langues parlées n'apparaît dans le recensement décennal de la population (sauf pour la province autonome de Bolzano au Sud-Tyrol où il est requis de déclarer son appartenance au groupe italien ou au groupe allemand). Des recherches partielles, des estimations approximatives ou des données intuitives fournissaient, jusqu'ici, la base pour la description de la situation sociolinguistique du VDA.

Un sondage sociolinguistique récent, réalisé en 2001 par la Fondation Chanoux sur un échantillon représentatif de 7200 personnes, nous permet maintenant d'affirmer, d'après les réponses des interviewés à un questionnaire écrit, que la langue déclarée comme la plus couramment parlée et utilisée dans les différentes situations de la vie quotidienne est la langue italienne : 72,98 % des interviewés l'indiquent comme leur langue maternelle et 67,37 % comme la langue dans laquelle ils s'expriment avec le plus de facilité.

D'après le sondage, le francoprovençal semble jouir d'une assez bonne santé : en effet, il est indiqué comme la langue apprise en premier (seul ou avec d'autres langues ou dialectes) par environ 40 % (39,48 %) des interviewés, comme langue maternelle par 17,43 % et comme langue encore parlée par un pourcentage de la population se situant autour de 40 %. Données tout à fait remarquables si on les compare à celles des régions francophones appartenant à l'aire francoprovençale où ce parler a quasiment disparu (par exemple, pour la France, voir Clanché, 2002; Héran, Filhon et Deprez, 2002a, 2002b).

Outre le francoprovençal, le piémontais aussi est utilisé dans quelques communes de la partie sud-orientale de la région, souvent avec une fonction de *lingua franca* dans les activités commerciales : 1,02 % des interviewés déclarent la considérer comme leur langue maternelle, 6,25 % l'utilisent avec d'autres langues ou dialectes avec leur mère et 1,79 % avec leurs enfants.

Le sondage atteste la présence d'autres dialectes italiens (langues d'origine des travailleurs de la migration interne) et d'autres langues encore (celles des travailleurs immigrés en provenance de pays étrangers).

Le sondage met donc en lumière une situation di, tri, voire même polyglossique suivant les contextes, entre la langue italienne, variété « haute » pour les situations formelles, et les dialectes remplissant le rôle de langue vernaculaire. C'est un trait partagé par le Val d'Aoste avec les autres régions d'Italie, pays relativement jeune dont l'unité politique n'a pas encore donné lieu à une unité linguistique tout à fait aboutie, sauvegardant ainsi la vitalité et la richesse des parlers régionaux et des dialectes.

Pour ce qui est du français, seulement 1,18 % de la population le désigne (seul ou avec l'italien) comme langue maternelle. Mais 3,16 % le parle avec leur mère et 3,61 % avec leurs enfants. Cette donnée indique clairement que le français ne fait plus l'objet d'une transmission intergénérationnelle généralisée, à la différence du francoprovençal.

Toutefois, 56,03 % des interviewés considèrent que « pour être Valdôtain » connaître la langue française est « important » ou « fondamental » (plus 25,50 % des interviewés jugent cette connaissance « assez importante »). Des raisons historiques, culturelles et identitaires peuvent avoir dicté cette réponse, mais le français peut assumer des statuts autres que celui de langue uniquement minoritaire : langue de proximité, grande langue internationale et, de ce fait, outil de communication utilisé dans certains domaines économiques cruciaux pour le Val d'Aoste (tourisme, commerce, etc.) et instrument d'ouverture vers l'Europe et, globalement, vers la francophonie.

Ainsi, les résultats du sondage de la Fondation Chanoux confirment — sur le plan quantitatif — la richesse et la complexité de la situation sociolinguistique du Val d'Aoste, définie par Berruto (2003) [excepté pour ce qui est de la Vallée du Lys] comme un « bilinguisme social endocommunautaire avec dilalie multiple » où le rapport dilalique italien-francoprovençal est enrichi par la présence marginale du français (dans les situations communicatives plus formelles, notamment à l'écrit) et du piémontais (dans les situations communicatives plus informelles).

D'autres données du sondage illustrent bien notre propos (Cavalli, 2003) : une question demandait aux interviewés de définir les domaines (famille, administration publique, école et médias) dans lesquels une langue devrait être utilisée pour qu'elle puisse « vivre ». Les pourcentages (résultant de la somme des réponses « très important » et « assez important ») sont dans l'ordre : 90,82 %, la famille; 83,27 %, l'école; 70,62 %, les médias et 67,82 %, l'administration publique. Les interviewés reconnaissent donc l'importance prioritaire du rôle de la famille dans le maintien d'une langue, et, seulement en deuxième lieu, de l'école.

Une autre question devait permettre aux interviewés d'exprimer leur opinion par rapport à l'aménagement linguistique tel qu'il est pratiqué par les pouvoirs politiques face aux différentes langues.

Pour l'italien, les réponses sont assez positives dans les quatre domaines repérés : famille, 67,56 % de réponses « on fait assez » + 6,8 % de réponses « on fait trop »; administration publique, 64,44 % + 7,24 %; école, 68,19 % + 7,86 % et médias, 60,65 % + 9,09 %.

> **« Bilinguisme social endocommunautaire avec dilalie multiple » enrichi par la présence marginale du français et du piémontais (Berruto, 2003).**

Pour le français, les réponses positives changent radicalement et surtout se diversifient selon les domaines : famille, 29,25 % de réponses « on fait assez » + 4,92 % de réponses « on fait trop »; administration publique, 41,54 % + 16,97 %; école, 58,03 % + 12,71 % et médias, 37,25 % + 8,95 %. Le domaine considéré comme le plus actif est donc l'école et le domaine le moins actif, la famille.

Enfin, les données pour le francoprovençal indiquent, pour la famille, 39,86 % de réponses « on fait assez » + 6,64 % de réponses « on fait trop »; pour l'administration publique, 19,13 % + 5,75 %; pour l'école, 13,12 % + 4,14 % et pour les médias, 15,19 % + 4,63 %. Le domaine le plus actif est donc la famille et le moins actif, l'école.

GRILLE DE LECTURE THÉORIQUE

Comment donc expliquer ces données valdôtaines qui peuvent paraître tout à fait paradoxales? En effet, la langue française, défendue par une politique d'aménagement linguistique plutôt affichée (et coûteuse), se fondant pour l'essentiel sur l'école, n'est déclarée comme langue maternelle que par un pourcentage infime de la population. Alors que le francoprovençal, pour lequel ne sont prévues que quelques mesures d'appoint, semble lui vivre d'une assez bonne santé, surtout si l'on compare sa situation avec celle du français au VDA et du francoprovençal ailleurs.

Pour tenter d'expliquer la situation sociolinguistique du VDA, son aménagement linguistique et certains de ses paradoxes, nous utiliserons l'échelle graduée du bouleversement intergénérationnel (*Graded Intergenerationnal Disruption Scale* ou GIDS) de Fishman (1991 et 2001). Cet instrument de mesure (du style de l'échelle Richter pour les tremblements de terre) permet d'établir le degré de bouleversement intergénérationnel d'une langue menacée. Dans la phase de diagnostic, elle permet de décrire le degré de menace qui pèse sur une langue donnée, et dans la phase de programmation, de définir de façon précise et ciblée les buts à atteindre et les priorités à respecter dans la mise en œuvre d'actions d'aménagement linguistique. La perspective adoptée par Fishman est d'autant plus pertinente qu'elle est moins étatique et majoritaire que communautaire, individuelle et, surtout, minoritaire.

Élaborée en 1991 et revue, dix ans plus tard, en 2001, par Fishman, cette échelle graduée fut conçue pour les situations de renversement de l'assimilation linguistique (*Reversing Language Shift*), c'est-à-dire les situations où des individus ou des groupes sont engagés dans une lutte pour la survie d'une langue menacée de disparition. D'après Fishman (2001), les membres de ces groupes sont destinés à être « toujours bi ou trilingues, chacune de leurs langues — même la plus puissante d'entre elles — n'accomplissant que des fonctions spécifiques et complémentaires ».

Fishman (2001, p. 466) repère huit stades allant de la situation la plus défavorable (stade 8) à la situation la plus favorable (stade 1) pour une langue minoritaire. Ainsi :

- au stade 1, la langue minoritaire peut être utilisée dans l'enseignement supérieur, dans le travail, dans le gouvernement central et dans les médias nationaux;
- au stade de 2, les services administratifs de base et les moyens de communication sont disponibles dans la langue minoritaire;
- au stade 3, la langue minoritaire est utilisée dans certains domaines du travail moins spécialisés et à l'extérieur de la communauté;
- au stade 4, la minorité dispose de cours ou d'écoles en langue minoritaire qui sont sous son contrôle;
- au stade 5, l'écrit (littératie) en langue minoritaire est utilisé à la maison, à l'école, dans la communauté;
- au stade 6, la langue de la minorité est transmise d'une génération à une autre et est parlée dans une communauté démographiquement concentrée;
- au stade 7, la langue minoritaire n'est plus utilisée que par la génération la plus ancienne;
- au stade 8, la langue minoritaire n'est parlée que par de rares locuteurs âgés et socialement isolés.

ÉCOLE ET FAMILLE

Ainsi, les réflexions de Fishman nous permettent-elles de comprendre le paradoxe valdôtain : le français semble se situer au stade 1 au niveau régional et le francoprovençal au stade 6, presque aux deux pôles extrêmes de son échelle graduée. Mais Fishman (2001) précise qu'une ligne de démarcation nette se situe entre les stades 8 à 5 et les autres (4 à 1) : les premiers requièrent, en effet, de la part des membres de la communauté minoritaire, une adhésion active, dynamique et émotionnelle ainsi qu'une volonté de s'engager personnellement dans la lutte (et payer) pour la sauvegarde de la langue minoritaire. Les seconds apparaissent comme des mesures plus avancées, plus susceptibles de déclencher des changements importants et durables pour la langue menacée dans des fonctions et des domaines prestigieux, mais ils dépendent d'une aide extérieure — celle de l'État — ce qui fait qu'ils pourraient ne pas avoir l'efficacité attendue si les stades 8 à 5 n'ont pas été atteints ni solidement assurés. Ces derniers constitueraient, en quelque sorte, la *condition sine qua non* d'une politique efficace de sauvegarde d'une langue menacée, la base sur laquelle il est possible d'asseoir efficacement et solidement les stades ultérieurs. En particulier le stade 6, celui qui prévoit la transmission intergénérationnelle des langues au sein de la famille, est désigné comme déterminant. En effet, « ce qui n'a pas été transmis ne peut être sauvegardé » (*ibid.*, p. 113).

L'engagement de la famille dans la transmission intergénérationnelle d'une langue, conjuguée à l'aide de la communauté, est donc la mesure la plus importante d'aménagement linguistique en vue de la sauvegarde et du maintien d'une langue minoritaire. Ce qui nous fait dire que le français au VDA pourrait être une langue en danger, car, sans l'école il disparaîtrait en l'absence d'autres mesures impliquant directement la famille et la communauté, les individus et les groupes actifs et engagés.

Bien que l'école soit une mesure puissante de sauvegarde de la langue minoritaire, comme on vient juste de le démontrer dans le cas du français au VDA, elle ne peut représenter à elle seule la condition suffisante pour sa survie. Le cas du francoprovençal au VDA le démontre : là où la famille est active et opère en accord avec la communauté, la langue se perpétue. L'école peut se limiter à donner des compétences langagières d'un assez bon niveau (tous les Valdôtains scolarisés au VDA parlent couramment le français), mais elle ne peut pas garantir que ces compétences seront utilisées en dehors de ses murs. Là n'est pas son devoir.

Quant aux synergies souhaitables, nécessaires, voire indispensables entre famille (et communauté) et école pour sauvegarder une langue minoritaire, c'est là le sujet d'un autre chapitre.

RÉFÉRENCES

ABRIC, C. « L'étude expérimentale des représentations sociales » in D. Jodelet (éd.), *Les représentations sociales*, Paris, PUF, 1989, p. 205-223.

BERRUTO, G. « Una Valle d'Aosta, tante Valli d'Aosta? Considerazioni sulle dimensioni del plurilinguismo in una comunità regionale » in Fondation Chanoux, *Une Vallée d'Aoste bilingue dans une Europe plurilingue / Una Valle d'Aosta bilingue in un'Europa plurilingue*, Aoste, publié par l'auteur, 2003, p. 44-53.

CALVET, L.-J. *Pour une écologie des langues du mond*, Paris, Plon, 1999.

CAVALLI, M. « Bilinguisme et plurilinguisme au Val d'Aoste : le rôle de l'école : Premières réflexions à partir des résultats du sondage linguistique » in Fondation Chanoux, *Une Vallée d'Aoste bilingue dans une Europe plurilingue / Una Valle d'Aosta bilingue in un'Europa plurilingue*, Aoste, publié par l'auteur, 2003, p. 18-25.

CAVALLI, M. et D. COLETTA, *Langues, bilinguisme et représentations sociales au Val d'Aoste : Rapport de diffusion*, Aoste, IRRE-VDA, 2002.

CAVALLI, M., D. COLETTA, L. GAJO, M. MATTHEY et C. SERRA. *Langues, bilinguisme et représentations sociales au Val d'Aoste : Rapport de recherche*, introduction de B. Py, Aoste, IRRE-VDA, 2003.

CLANCHÉ, F. « Langues régionales, langues étrangères : de l'héritage à la pratique » in INSEE *Première*, n° 830, INSEE, 2002.

COSTE, D. « Immersion, enseignement bilingue et construction des connaissances » in J. Duverger (éd.), *Actualité de l'enseignement bilingue, Paris, Hachette*, 2000, p. 86-94.

DABÈNE, L. *Repères sociolinguistiques pour l'enseignement des langues*, Paris, Hachette, 1994.

FISHMAN, J. *Reversing language shift*. Clevedon, Multilingual Matters, 1997.

FISHMAN, J. (éd.) *Can threatened languages be saved?*, Clevedon, Multilingual Matters, 2001.

FONDATION CHANOUX. *Sondage linguistique*, 2001. Document téléaccessible à l'URL : <www.fondchanoux.org/site/pages/sondage.asp>.

GROSJEAN, F. *Life with Two Languages: An Introduction to Bilingualism,* Cambridge, Massachusetts, Harvard University Press, 1982.

GUIMELLI, Ch. « Introduction. » *in* Ch. Guimelli (éd.), *Structures et transformations des représentations sociales,* Lausanne, Delachaux et Niestlé, 1994, p. 11-19.

HÉRAN, F., A. FILHON et Ch. DEPREZ. « La Dynamique des langues en France au fil du XXe siècle », *Population et sociétés,* 376 (2002a), INED.

HÉRAN, F., A. FILHON et Ch. DEPREZ. « La transmission familiale des langues en France au XXe siècle », *Éducation et sociétés plurilingues,* 12 (2002b), p. 13-18.

JODELET, D. « Représentations sociales : un domaine en expansion » *in* D. Jodelet (éd.), *Les représentations sociales,* Paris, PUF, 1989, p. 47-78.

LÜDI, G. et B. PY. *Être bilingue,* Berne, Peter Lang (Ire édition 1986), 2002.

MOORE, D. (éd.). *Les représentations des langues et de leur apprentissage : références, modèles, données et méthodes,* Paris, Didier, 2001.

MOSCOVICI, S. *La psychanalyse, son image et son public.* Paris, PUF, 1976.

MOSCOVICI, S. et G. VIGNAULT. « Le concept de Thêmata » *in* Ch. Guimelli (éd.), *Structures et transformations des représentations sociales,* Lausanne, Delachaux et Niestlé, 1994, p. 25-61.

PY, B. (éd.).« Analyse conversationnelle et représentations sociales : unité et diversité de l'image du bilinguisme » in *Travaux neuchâtelois de linguistique,* 32 (2002), Institut de linguistique, Université de Neuchâtel, 2000.

Situation de la langue française dans une Suisse aux quatre langues : paradoxes entre son statut, ses représentations et son enseignement

Aline Gohard-Radenkovic, Université de Fribourg

RÉSUMÉ

La Constitution helvétique stipule la reconnaissance officielle de quatre langues nationales. Diverses lois fédérales sur les langues ont encouragé l'intercompréhension linguistique entre les différentes communautés linguistiques, afin d'assurer la cohésion sociale du pays, notamment par des mesures éducatives. Malgré ces recommandations, nous assistons, dans différents cantons, à une désaffection envers le français qui remet en question son statut de langue partenaire, jusqu'ici enseigné comme première langue seconde au primaire. Après avoir présenté les tensions identitaires traduites par la volonté politique d'établir des passerelles, afin de contrecarrer le « fantasme de la scission », nous prendrons le canton bilingue de Fribourg comme lieu représentatif des conflits entre le principe de territorialité assurant la protection des minorités linguistiques et la promotion d'une politique bilingue dans les milieux de l'éducation. Nous montrerons comment se forment des représentations paradoxales et des processus de résistance chez la minorité francophone, pourtant renforcée par une immigration constante, qui se sent menacée par une « germanisation rampante ». Enfin, nous envisagerons les conditions de développement d'une *polyphonie linguistique individuelle* qui pourrait déconstruire la perception d'un bilinguisme rigide et réconcilier les apprenants avec la langue de l'autre. Mais ces propositions éducatives sont-elles suffisantes devant les logiques économiques et sociales actuelles?

Tout le monde en Suisse connaît la fameuse boutade de Franz Schultheis (1995) : la Suisse est plurilingue, mais les Suisses ne le sont pas! Il faut prendre au sérieux les plaisanteries, car elles traduisent des relations identitaires complexes à l'égard de la langue de l'autre. Nous percevons cette complexité selon différents plans : entre une conception constitutionnelle d'une « nation plurilingue imaginée », pour reprendre le titre de Benedict Anderson (2001), les choix linguistiques et les mesures éducatives que ces choix impliquent au niveau cantonal, les prises de position des électeurs au moment des votes référendaires selon le principe de la démocratie directe, les communautés linguistiques qui se désignent comme minoritaires et leurs raisons, ainsi que les représentations communément répendues sur la « langue partenaire ». Ces comportements collectifs et individuels peuvent être en contradiction avec les principes fédéraux et obéissent à des enjeux locaux et des rapports de force intergroupaux. Nous tâcherons de cerner ces différents niveaux d'appréhension du plurilinguisme et les implications sur l'enseignement de la langue française et autres langues nationales, à travers leur statut variable selon les régions, notamment dans le canton bilingue de Fribourg.

CONCEPTION UNITAIRE D'UNE SUISSE PLURILINGUE ET FANTASME DE LA SCISSION

Une conception unitaire d'un pays aux quatre langues et le principe du *Sprachenschutz* (protection des langues)

La Suisse est un pays plurilingue où existe, depuis 1848, une égalité de droit entre les trois langues administratives sur le plan national (allemand, français, italien). En 1939, le rhétoromanche, langue minoritaire alors en voie de disparition, a acquis le statut de langue nationale (mais pas administrative, sauf dans sa région). Dans le contexte européen actuel, il est important de rappeler que, pour la Suisse, le terme de nation ne fait référence ni à une langue, ni à un pays, ni à un peuple (Schlöpfer, 1985).

Pour la définition de communautés linguistiques, nous nous référons à la Constitution fédérale : c'est une population ou un groupe d'individus partageant de fait une même langue, ensemble de locuteurs regroupés de façon majoritaire sur un territoire donné, auquel la Constitution octroie un certain nombre de droits selon le « principe de territorialité ». Si le terme de communautés est lié à la notion de communautés linguistiques, en revanche, celui de communautés culturelles est attribué aux populations étrangères.

Quelques chiffres pour donner un aperçu des rapports démographiques entre les quatre groupes linguistiques : presque deux millions de locuteurs francophones contre plus de cinq millions de locuteurs germanophones, environ 300 000 italophones et 35 000 romanchophones. En pourcentage, cela signifie que l'allemand est parlé par 63,6 %, le français par 19,2 %, l'italien par 7, 6 % et le rhétoromanche par 0,45 % des locuteurs. Ce que nous pouvons constater, c'est que dans toute la Suisse (un peu plus de sept millions d'habitants en tout), le rapport est d'un tiers de francophones pour deux tiers de germanophones, ce qui constitue une disproportion démographique entre les deux communautés. Dans ce face à face franco-allemand, les Tessinois, communauté italophone, ne pèsent pas lourd. Quant aux Romanches, ils n'ont pas vraiment voix au chapitre. La plupart d'entre eux se sont d'ailleurs germanisés en raison de leur situation géographique enclavée dans l'aire germanophone.

Et pourtant, nous avons en Suisse des frontières linguistiques stables depuis des siècles. Dans le passé, une des raisons de leur stabilité fut la faible mobilité des personnes, ce qui n'est plus le cas de nos jours, car nous avons une plus grande immigration interne et une forte immigration externe. Aujourd'hui, cette paix des langues se fonde sur le « principe de protection des langues » que Franz Schultheis (*op. cit.*) définit comme suit : « La règle fondamentale du *Sprachenschutz* est celle de la territorialisation des langues en présence, prenant acte de l'enracinement géographique des langues respectives, leur accordant par une sorte de consensus tacite une légitimité prioritaire par rapport aux autres langues. »

Si chaque personne a le droit de s'exprimer dans sa langue maternelle dans la vie privée (principe de liberté individuelle de langue), en revanche, dans les relations avec les autorités communales et cantonales, cette liberté est limitée par le principe de territorialité selon lequel chaque commune ou chaque région est définie par *une* langue — à l'exception des communes bilingues qui devront chacune gérer leur diversité linguistique (Windisch, 1992). Selon ce principe, les francophones, les italophones et les romanochophones se considèrent, à juste titre, comme des minorités sur le territoire helvétique, mais nous verrons que les contextes bilingues peuvent renverser ces catégorisations officielles.

Un rapport différent à sa langue selon les appartenances linguistiques

Comme l'indique Jean Widmer dans *Langues nationales et identités collectives. L'exemple de la Suisse* (2004) :

> « Ce ne sont pas les différences "internes" entre les langues qui sont pertinentes, mais les différences dans les rapports que chaque collectivité entretient avec ses langues, ce que j'appellerai leur architecture linguistique [...] La Suisse présente de ce point de vue deux situations clairement distinctes. La Suisse romande a un rapport à la langue française analogue à celui de Français. Bien parler le français suppose ne pas laisser d'indices concernant l'origine sociale ou régionale du locuteur. [...] En Suisse allemande règne une forme de diglossie. L'allemand standard est pour l'essentiel à l'écrit tandis que les échanges oraux, même à la radio, recourent généralement à un parler. Un parler connote immédiatement une origine, une ville, un canton, une région, il renvoie à une collectivité historique tandis que l'usage d'une langue standardisée comme la langue française renvoie la parole à une norme — la langue française — posée comme une norme et un objet en surplomb du social » (p. 11-12).

Pour mieux comprendre les tensions latentes entre communautés francophones et germanophones, il est nécessaire de préciser que ces dernières parlent des dialectes, regroupés sous le terme de *Schwyzertütsch*. L'allemand standard (ou *Hochdeutsch*), appelé le « bon allemand » en Suisse, est appris dès les premières années du primaire : il est essentiellement utilisé à l'écrit et est désigné par le terme *Schriftsdeutsch* pour bien se démarquer de l'appellation du grand voisin allemand.

De tels représentations et usages de la langue auront des conséquences sur des formes distinctes de légitimité, de socialisation et de conception de l'appartenance politique (Widmer, *op. cit.*). Mais comme nous allons le voir, d'autres raisons expliquent le « fantasme de la scission » (Gohard-Radenkovic, à paraître).

Les dispositifs politico-juridiques mis en place pour maintenir la cohésion sociale

Ces tensions entre une conception linguistique unitaire et le fantasme d'une pluralité, source de scissions, sont dues notamment à un rapport différent des locuteurs à leur langue et souvent alimentées par des comportements électoraux lors de référendums. Un événement emblématique fut celui du 6 décembre 1992, alors que la population suisse devait se prononcer sur l'adhésion du pays à l'Espace économique européen (EEE), qui fut refusée à la double majorité des citoyens et des cantons. La perception collective immédiate de ce vote fut celle d'une fracture politico-linguistique du pays entre une Suisse francophone proeuropéenne face à son « grand frère » alémanique, antieuropéen, qui reste le maître des grandes décisions de politique intérieure et extérieure et qui domine le champ économique (*cf. Le clivage linguistique*, OFS, 1996). Cette interprétation n'est pas une lecture correcte : l'analyse des résultats montre, en fait, qu'il s'agit davantage d'une fracture politique et sociale que d'une fracture linguistique ou culturelle. En effet, de grandes villes comme Zürich et Bâle ont voté pour l'adhésion à l'EEE tandis que sa campagne plus conservatrice, dont le poids démographique fut décisif, a voté contre.

Mais l'interprétation populaire des comportements électoraux de la majorité germanophone qualifiée de *Neinsager* (ceux qui disent non) a renforcé les crispations identitaires des minorités, notamment celles de la minorité francophone. Georges Lüdi dit à ce sujet (1997) :

> « Au vu des résultats des votations fédérales de ces derniers temps et surtout de leur analyse et commentaire dans la presse, il semble que la Suisse romande se définisse de plus en plus comme un territoire politico-culturel autonome, dont le trait d'identité majeur est la langue française. Une telle perception de l'identité signifierait l'abandon d'un principe ancien et constant de la politique suisse, selon lequel les frontières politiques ne correspondent pas aux frontières linguistiques, en faveur d'un fédéralisme axé sur les différentes régions linguistiques du pays » (p. 167).

Ce vote fut vécu comme un choc sur tous les plans de la vie publique et entraînera la création de diverses commissions, signal politique de l'urgence de trouver des remèdes juridiques et éducatifs, pour guérir une Suisse qui « a mal à ses langues ».

Ainsi, dans la dernière Constitution fédérale (avril 1999), l'article 70 de la nouvelle loi pour les langues souhaite renforcer « l'intercompréhension des langues », en promouvant les échanges entre les régions linguistiques. Cet article est là pour institutionnaliser la position de la Confédération et la mettre en œuvre à travers des mesures juridiques et financières, notamment en soutenant les cantons qui s'engagent à favoriser cette intercompréhension par des dispositifs éducatifs appropriés. Mais la Constitution fédérale ne suffit pas comme base légale, puisque le canton demeure souverain en matière de politique linguistique et d'éducation. Dans des contextes aussi divers, la notion de minorités variera : il y aura donc des écarts entre leur reconnaissance officielle de minorités sur le plan helvétique et leur position effective sur le territoire cantonal, notamment dans les zones bilingues.

Les dispositifs pédagogiques pour renforcer l'intercompréhension linguistique

L'évolution de l'enseignement obligé de la langue partenaire

Jusqu'à aujourd'hui, le principe de l'enseignement de la langue partenaire était appliqué par tous les cantons. Ce qui veut dire que de la fin du primaire jusqu'à la fin du secondaire inférieur et supérieur, le français était enseigné comme première langue seconde dans les régions germanophones et l'allemand dans les régions francophones. Le Tessin et les Grisons avaient opté pour l'apprentissage du français première langue seconde, puis de l'allemand comme deuxième langue seconde. Cela avait pour conséquence que tous les élèves étaient obligés d'apprendre la langue du voisin (même s'ils n'en avaient pas envie) et les enseignants de langue devenaient obligatoirement spécialistes de leur langue maternelle et de la deuxième langue nationale (même s'ils ne se sentaient aucune vocation pour cette langue) : on peut parler ici d'un bilinguisme rigide dans le système scolaire, qui explique, en partie, les résistances observées à l'apprentissage de la langue partenaire, surtout du côté romand par rapport à l'allemand, tiraillé entre langue standard et parler dialectal.

Nous parlons au passé, car cette réciprocité idéale est remise en question. En effet, un nouveau sujet de discorde entre les communautés linguistiques a surgi au cours des cinq dernières années avec l'arrivée au conseil fédéral d'une droite néolibérale issue de la Suisse économiquement dominante.

Ainsi, plusieurs cantons de Suisse alémanique, notamment la ville de Zürich, des cantons de Suisse primitive (Suisse fondatrice) et celui des Grisons (communautés romanches), remettent en cause l'apprentissage du français comme première langue seconde, en prônant l'enseignement de l'anglais dès l'école primaire. Cette tendance obligerait à retarder l'enseignement du français qui deviendrait alors une deuxième langue étrangère ou même, dans certains cantons, une troisième langue étrangère reléguée au secondaire. Des articles de la presse romande agitent le spectre de l'anglais, langue concurrente, menaçant l'effort de cohésion nationale du pays, et dénoncent la « traîtrise » des Suisses alémaniques. Car, du côté romand, on apprend toujours la langue du voisin comme première langue seconde au primaire.

De tels revirements politico-linguistiques mettent en péril, à plus ou moins long terme, l'enseignement du français comme langue seconde dans le système scolaire de la Suisse alémanique et des autres cantons cités. Les élèves italophones sont les seuls qui continuent à apprendre les deux autres langues nationales, dont le français dès le primaire, quoiqu'il y ait également, en ce moment, des débats à ce sujet au Tessin.

Une pédagogie des échanges pour créer des ponts

À l'intérieur du pays constitué de 26 cantons autonomes, la souveraineté cantonale a longtemps bloqué le développement d'une pédagogie des échanges ou le principe de la mobilité intercantonale dans le système scolaire. Pourquoi? La non-validation, par certains cantons, des diplômes et brevets obtenus dans un autre lieu constitue un sévère handicap à la libre circulation du personnel enseignant (Ehrhard, 1994, p. 30).

Cela est aussi vrai des apprenants puisque les systèmes scolaires ne sont pas obligatoirement harmonisés entre les cantons. Le nombre d'années d'école primaire pouvait, par exemple, varier d'un canton à l'autre et mettre en difficulté des enfants qui changeaient de canton. Ce n'est que dans les années 1980 que les institutions ont pris conscience du problème, parce qu'elles avaient à faire face aux problèmes rencontrés par les familles touchées par les périodes de récession économique et obligées à la mobilité professionnelle pour trouver du travail dans un autre canton.

La pédagogie des échanges s'installe difficilement dans la conscience populaire, car les obstacles sont d'ordre à la fois numérique et linguistique : deux tiers de Suisses allemands pour un tiers de Suisses romands qui ne peuvent parfaire leur connaissance de l'allemand à cause du phénomène de diglossie déjà évoqué. Or, cette mobilité professionnelle se fait le plus souvent dans un seul sens : des cantons francophones vers les cantons germanophones.

Toutefois, ce dispositif d'échanges pédagogiques fait maintenant partie intégrante du système éducatif à tous les niveaux, du primaire jusqu'au supérieur, et touche tous les secteurs de la formation des enseignants de langues (formation scolaire et préprofessionnelle ainsi que formation initiale et continue), mais avec des implications et des applications différentes selon les cantons.

> *De tels revirements politico-linguistiques mettent en péril, à plus ou moins long terme, l'enseignement du français comme langue seconde.*

Le concept général de l'enseignement des langues

Le concept général de l'enseignement des langues, proposé par une équipe de chercheurs mandatée par la Conférence des directions à l'instruction publique (ministères de l'Éducation cantonaux), apporte une certaine flexibilité dans l'apprentissage des langues afin de décrisper le rapport à la langue du voisin et de réaménager l'enseignement des langues en regard de nouvelles données. Ce concept prône le développement d'un plurilinguisme individuel dépassant le triquadrilinguisme officiel de la Suisse, intégrant donc d'autres plurilinguismes existants (*cf. Rapport au CDIP/EDK*, 1998).

La raison de cette intégration d'un biplurilinguisme « sauvage » (qui échappe au guidage du système scolaire) tient au fait que le taux d'alloglottes (locuteurs d'autres langues que la langue du territoire) est assez élevé : il est plus grand dans les zones francophone (22,9 %), italophone (16,9 %) et romanchophone (26,7 %) que dans la zone germanophone. À l'opposé, les alloglottes maintiennent mieux la langue d'origine et intègrent moins la langue d'accueil dans leur répertoire dans les régions alémaniques que dans les régions française et italienne. Ainsi, de nouvelles minorités linguistiques déterritorialisées et diffuses sont apparues : espagnol 1,7 %, langues slaves du Sud 1,6 %, portugais 1,4 %, langues turques 0,9 %. Par conséquent, d'autres types de plurilinguisme se sont développés dans les quatre régions linguistiques.

Selon Georges Lüdi (2003), ce nouveau concept global de langues a pour objectif de « produire » des élèves :

1. qui auraient envie de communiquer et de continuer en apprendre;
2. qui auraient acquis des aptitudes communicatives suffisantes pour entamer une interaction exolingue en fonction de leurs besoins sur un marché de l'emploi plurilingue;
3. qui disposeraient des moyens heuristiques pour élargir à bon escient leur répertoire verbal en profitant du potentiel acquisitionnel de toute communication exolingue.

TENSIONS ENTRE PRINCIPES CONSTITUTIONNELS, MESURES ÉDUCATIVES ET COMPORTEMENTS IDENTITAIRES DES MINORITÉS

La situation particulière des régions bilingues : le cas de Fribourg

Nous illustrerons ces tensions par le cas du canton et de la ville de Fribourg, car leur composition frontalière entre deux zones linguistiques représente un observatoire géopolitique où s'affrontent et se négocient les rapports entre les communautés linguistiques.

La ville de *Freiburg im Uechtland* fut fondée au XIIe siècle, au carrefour de deux grandes civilisations : le monde latin et le monde germanique. Le bilinguisme de la ville et celui du canton n'ont pas toujours cohabité de manière pacifique. La majorité a varié selon les époques, mais la ville a hébergé, dès sa fondation, les deux communautés linguistiques. La planification de l'Université, créée en 1889, comprenait donc un bilinguisme de fait.

L'Université de Fribourg est maintenant située dans une ville à majorité francophone, mais dans un canton bilingue dont la configuration varie selon la majorité linguistique en présence et selon que l'on se trouve en deçà ou au-delà de la Sarine (Windisch, 1992). Cette rivière, située au fond d'un canyon, représente une ligne de démarcation autant symbolique que géographique entre la zone germanophone et la zone francophone au cœur de Fribourg. Cette frontière naturelle est, en effet, perçue par les Suisses comme une frontière linguistique et surtout culturelle, exprimée par le fameux *Röstigraben* (traduit en français par fossé linguistique ou rideau du *rösti*), manière de préparer un plat de pommes de terre chez les Alémaniques. De nombreux articles traitent du *Röstigraben* et paraissent à intervalles réguliers dans la presse romande, alimentant ainsi les polémiques, préjugés et caricatures (*cf. Carte humoristique*, 1998; Brohy, 2005).

Le bilinguisme officiel de l'État de Fribourg ou bilinguisme *de droit*, depuis plus de quinze ans, touche tous les documents réglementaires de la vie civique et publique de l'État du canton, reposant sur le principe que tout administré fribourgeois peut avoir accès à l'information dans sa langue maternelle ou dans la langue de communication première pour les étrangers.

Le bilinguisme pratiqué au sein de l'Université part de l'idée que l'on *doit* comprendre la langue de l'autre, mais que l'on *peut* s'exprimer dans sa langue (le français ou l'allemand). C'est la raison pour laquelle toute personne recrutée par l'Université et par l'État de Fribourg doit maîtriser (même passivement) la langue de l'autre. Toutefois, malgré les filières et diplômes bilingues proposés, on a pu observer des applications très variables de cette politique bilingue d'une faculté à une autre, une situation liée à des enjeux propres aux disciplines et futures professions des publics à former.

La situation est tout autre dans le système scolaire fribourgeois : s'il existe deux collèges d'élite (secondaire supérieur) préparant à une maturité bilingue (ou baccalauréat) avec une partie des matières à passer dans l'autre langue, en revanche les écoles du primaire et du secondaire ne sont pas bilingues. Elles sont francophones ou germanophones et les élèves se regroupent entre germanophones minoritaires d'un côté et francophones majoritaires de l'autre, le plus souvent dans des écoles distinctes.

Le bilinguisme de l'État de Fribourg en conflit avec le principe de territorialité

La constitution linguistique de la ville de Fribourg est, en fait, inversée avec sa minorité germanophone et n'est pas du tout représentative du statut minoritaire des Romands en Suisse. Contrairement à la composition majoritairement francophone de la ville, nous retrouvons cette situation de disproportion démographique à l'Université de Fribourg : un tiers de francophones pour deux tiers de germanophones.

Mais ce qui explique les conflits latents entre minorité et majorité qui remontent régulièrement à la surface, c'est le principe de territorialité auquel les Romands de Fribourg se réfèrent quand ils se sentent menacés dans leurs droits de minorité linguistique. En effet, le bilinguisme officiel de l'État de Fribourg se heurte à ce principe qui est un principe-clé de la Constitution helvétique.

Un exemple illustre ces conflits : l'échec du référendum de septembre 2000. Cette votation référendaire portait sur l'introduction de l'allemand langue seconde en immersion, selon le concept importé du Québec (Gajo, 2001), dans les écoles du primaire, non plus à titre expérimental, mais de manière généralisée dans les écoles de Fribourg et de ses banlieues.

Au nom du « principe de territorialité », et contre la menace « d'une germanisation rampante », les Romands ont rejeté à la majorité cette proposition. L'autre argument décisif, en défaveur de cette loi scolaire pour le bilinguisme, était fondé sur le phénomène de diglossie déjà évoqué : de quelle langue partenaire s'agit-il ? Les élèves apprendront-ils l'allemand standard ou le *Schwyzertütsch* ? De nombreuses réactions négatives des lecteurs se manifestent fréquemment à ce sujet dans la presse locale.

> *Ce qui explique les conflits latents entre minorité et majorité qui remontent régulièrement à la surface, c'est le « principe de territorialité ».*

Nous sommes bien dans le registre des représentations et des fantasmes collectifs durables qui, de plus, sont entretenus par les médias et la classe politique défavorable au bilinguisme. Or, l'étude de Georges Lüdi (1997) montre que, à la suite d'une forte immigration dans les années 1970, la langue rivale du français n'est pas forcément l'allemand, contrairement à l'idée communément répandue, car les populations immigrées (par ordre d'importance : italienne, ex-yougoslave, espagnole, portugaise, turco-kurde) ont choisi le français comme langue pour s'intégrer. Dans ces relations interlinguales, il se révèle que la part des germanophones dans la population suisse de Romandie régresse depuis 1980. Le français reste donc en position de force à Fribourg et en Suisse romande, ce qui s'explique par le fait que les francophones quittent peu leur région, sauf s'ils y sont vraiment contraints pour des raisons économiques.

Les dispositions juridiques prises par rapport à la nouvelle loi sur les langues

Une récente constitution vient d'être acceptée, par référendum cantonal, le 16 mai 2004. Conforme aux recommandations de la Confédération, l'enjeu fondamental de la politique de Fribourg reste la cohésion sociale, fondée sur l'officialisation de deux langues nationales, cette fois-ci pour tout le canton. Mais comment gérer cette diversité au sein même du canton? Quels critères permettent de définir une minorité comme minorité avec la reconnaissance des droits qui lui sont attachés? Ambros Lüthi (2002) proposa le principe suivant qui fut adopté : la communauté minoritaire linguistique concernée doit prouver qu'elle a eu pendant les dix dernières années une population d'une moyenne de 15 % par rapport à la population de la commune où elle réside. Ce qui entraîne automatiquement la représentation de sa langue dans tous les documents de la vie publique et son enseignement comme langue première dans le système scolaire. Nous avons conséquemment dans le canton de Fribourg une mosaïque de situations : minorité francophone — majorité germanophone, minorité germanophone — majorité francophone.

Mesures éducatives prises dans le cadre de la nouvelle Constitution cantonale

Cette position d'entre-deux de Fribourg, entre deux zones de cohabitation qui, nous l'avons vu, peut être aussi des zones de conflits, définit les enjeux linguistiques non seulement d'un point de vue politique, mais aussi d'un point de vue économique en préparant les élèves du primaire jusqu'au supérieur au marché du travail national. Les compétences linguistiques, dans les deux langues nationales plus l'anglais, sont en effet une plus-value professionnelle attestée sur le marché de l'emploi cantonal et plus largement suisse (Grin, 1999).

Le réaménagement du dispositif scolaire dans le canton de Fribourg s'appuie sur de nouvelles mesures : la création en 2003 d'une Haute école pédagogique qui forme des enseignants bilingues pour le primaire, capables d'enseigner des matières dans la langue partenaire, et la création en 2004 et en 2005, à l'Université, de nouvelles filières (Bachelor et une maîtrise en didactique des langues étrangères) avec pour objectif de former de futurs enseignants et spécialistes du biplurilinguisme au niveau helvétique.

Les nouveaux Bachelors *Deutsch als Fremdsprache* et *Français langue étrangère* que notre centre vient de mettre en place, à la faveur de la restructuration des cursus sur le modèle de l'Union européenne, a pour principal objectif de dépasser ce bilinguisme rigide (que nous avons évoqué) pratiqué dans les cursus précédents et d'offrir une véritable liberté dans le choix des trois langues nationales plus l'anglais (Gohard-Radenkovic et Schneider, 2004).

En effet, nous avons eu l'occasion d'analyser ces comportements de résistance des étudiants, futurs enseignants de la langue partenaire, lors d'une microenquête menée en 2000 auprès d'un groupe germanophone et d'un groupe francophone. Comportements de résistance d'autant plus paradoxaux que ces étudiants, venant traditionnellement de différents cantons, avaient *choisi* l'université de Fribourg pour ses filières bilingues uniques en Suisse (Gohard-Radenkovic, 2001). Ces dernières années, la défection des étudiants à l'égard de ce dispositif contraint (beaucoup demandaient des dérogations pour remplacer la langue du voisin par l'anglais) fut un signal d'alerte suffisant pour réagir.

Les étudiants, futurs enseignants (bi ou tridisciplinaires) peuvent maintenant choisir entre les domaines du français langue étrangère, de l'allemand langue étrangère, de l'italien langue étrangère et de l'anglais langue étrangère ou une autre discipline (histoire, géographie, maths, sport, etc.) sans être obligés de devenir enseignant de sa propre langue et de la langue partenaire. De plus, le programme prévoit, selon une approche réflexive, l'apprentissage d'une autre langue étrangère qui peut être celle d'une communauté immigrée ou toute autre langue proposée par les départements de langues de l'Université (ex. : russe, polonais, espagnol, grec moderne). Le pari est gagné : les comportements de fuite ou de résistance ont disparu; ce sont des comportements non plus bilingues, mais plurilingues (quasi boulimiques) qui se manifestent. Le bilinguisme institutionnalisé avait contrarié, pendant des années, des comportements plurilingues qui sont plus proches de la réalité plurielle linguistique suisse et du profil des apprenants qui possèdent d'autres langues que les langues officielles.

CONCLUSION

Que nous apprennent ces paradoxes? Ils s'inscrivent dans une tension permanente entre des logiques identitaires politico-institutionnelles et des logiques identitaires individuelles ou groupales, entre la volonté politique de passerelles et d'échanges entre les communautés linguistiques et le fantasme de la scission ou celui de l'implosion du pays. Les offres « curriculaires » et les pratiques pédagogiques sont là pour créer des ponts en proposant des *espaces d'existence* aux différents plurilinguismes. Contrairement à Franz Schultheis (*op. cit.*, 1995), nous dirons que les Suisses sont potentiellement plurilingues si on leur en donne les moyens structurels, si l'on reconnaît et insère dans les programmes leurs propres capitaux plurilingues, en leur proposant une ouverture vers l'acquisition modulaire d'autres langues, en concevant une transférabilité des compétences d'une langue à l'autre et en développant une *polyphonie linguistique individuelle*. Et avec Georges Lüdi (*op. cit.*, 2003), nous nous posons la question : cet objectif est-il utopique? Peut-il réconcilier les minorités et les individus et les groupes avec la langue de l'autre? La bonne volonté éducative est-elle suffisante?

Nous l'avons vu, la notion de minorité s'inscrit dans un processus très complexe : il existe des minorités et des majorités instituées, mais dont les configurations peuvent varier sur le terrain; il existe des minorités linguistiques légitimes et des minorités linguistiques illégitimes. Le poids social et économique de ces minorités illégitimes liées à l'immigration externe, devenues majoritaires en nombre, peut modérer les rapports de force interlinguistiques. Mais jusqu'à quel point ces langues pourraient-elles jouer le rôle de langues passerelles, de langues *médiatrices* entre les langues nationales, notamment dans le face à face franco-allemand, tant que le pouvoir politique et économique reste concentré entre les mains des Suisses alémaniques? Serons-nous, dans ce sens, aussi pessimistes que Jean Widmer et son équipe (2003) quand ils font, dans leur conclusion, le pronostic suivant?

« Dans l'ensemble, nous voyons dans les discours sur l'anglais et ceux d'une importance toujours plus croissante accordée au modèle ultralibéral, la démonstration d'une politique de la Confédération uniquement concentrée sur une conception politique des langues, celle de l'hégémonie de la majorité alémanique, du renforcement d'un attachement aux langues régionales, la mise de côté des italophones et la non-pertinence (économique) des Romanches ainsi que de celle de toutes les autres langues parlées en Suisse. Le fait de considérer comme une évidence nationale de prendre en compte la diversité linguistique en Suisse semble disparaître derrière la nécessité d'acquérir des connaissances de l'anglais au service du marché. Que quelques cantons veulent enseigner l'anglais comme première langue dans le primaire au service de l'économie et non au service de la politique fédérale, va impliquer à l'avenir encore quelque bon nombre de débats conflictuels » (p. 470).

RÉFÉRENCES

ANDERSON, B. *L'imaginaire national : réflexions sur l'origine et l'essor du nationalisme*, Paris, La Découverte, 2001 (titre original : *Imagined Communities*, Verso, London, 1983).

BROHY, C. « Die Schweiz und ihre Vielsprachigkeit: Wie spiegeln sich Wertvorstellungen und Wertekonflikte in Karikaturen? » in C. Giordano et J.-L. Patry, *Freiburger Sozialanthropologische Studien/Fribourg Studies in Social Anthropology*, Münster, LIT Verlag, 2005.

Carte humoristique « Le Röstigraben » in *Die Schweizer Pauschal*, Frankfurt am Main, Fischer Taschenbuch Verlag, 1998.

ERHARD, P.A. « Les échanges éducatifs dans un pays plurilingue » in C. Alix et G. Bertrand, *Le Français dans le monde : Recherches et applications*, Paris, Hachette, 1994.

GAJO, L. *Immersion, bilinguisme et interaction en classe*, Paris, Didier, 2001.

GOHARD-RADENKOVIC, A. « Eine gedachte mehrsprachige Nation: zwischen "realen" und "symbolischen" Grenzräumen » in H-G. Grüning et A. Gorgona, *Heteroglossia*, Ancona, Nuove Richerche Casa Editrice, (à paraître).

GOHARD-RADENKOVIC, A. « Le "Röstigraben" existe-t-il? : Analyse des représentations réciproques entre communautés germanophones et francophones de la Suisse » in G. Zarate, *Actes, rapports et dossiers du CNDP*, Caen, CRDP de Basse-Normandie, 2001.

GOHARD-RADENKOVIC, A. et G. SCHNEIDER. « *De nouveaux Bachelors en Français langue étrangère et en Deutsch als Fremdsprache* » in Babylonia n° 3, Comano, Fondation Langues et Cultures, 2004.

GRIN, F. *Compétences et récompenses : la valeur des langues en Suisse*, Fribourg, Presses universitaires de Fribourg, Suisse, 1999.

LÜDI, G. *Sprachenkonzept Schweiz. Objectif : plurilinguisme individuel pour la Suisse du troisième millénaire*, 2003. Document téléaccessible à l'URL : www.romsem.unibas.ch/sprachenkonzept/Annexe_20.html>.

LÜDI, G. *Le paysage linguistique de la Suisse*, Berne, Office fédéral de la statistique, 1997.

LÜTHI, A. *Die Sprachenfolge in der neuen Verfassung des Kantons Freiburg*, Freiburg, LEGES, 2004.

OFFICE FÉDÉRAL DE LA STATISTIQUE. *Le clivage linguistique : problèmes de compréhension entre les communautés linguistiques de Suisse*, Berne, 1996.

Rapport d'un groupe d'experts mandaté par la Commission formation générale pour élaborer un concept général pour l'enseignement des langues. *Quelles langues apprendre en Suisse pendant la scolarité obligatoire*, Berne, CDIP/EDK, 1998.

SCHLÖPFER, R. (coord. par). *La Suisse aux quatre langues*. Genève, Zoé, 1985 (titre original : *Die viersprachige Schweiz*, Benziger Verlag, Zürich, 1982.)

SCHULTHEIS, F. « La Suisse est plurilingue, mais les Suisses ne le sont pas » in Liber, *Actes de la recherche en sciences sociales*, n° 23, Paris, Seuil, 1995.

WIDMER, J. *Langues nationales et identités collectives : l'exemple de la Suisse*, Paris, L'Harmattan, 2004.

WIDMER, J., R. CORAY, D. ACKLIN MUJI et E. GODEL (1re éd., 2003; 2e éd., 2004). *Die Schweizer Sprachenvielfalt im öffentlichen Diskurs / La diversité des langues en Suisse dans le débat public*, Berne, Peter Lang.

WINDISCH, U. *Les relations quotidiennes entre Romands et Suisses allemands : les cantons bilingues de Fribourg et du Valais*, Lausanne, Payot, 1992.

DEUXIÈME PARTIE

Littératie

INTRODUCTION

Cette section est composée de quatre chapitres qui gravitent tous autour du thème de la littératie. Le premier texte, écrit par Anne-Marie Dionne et Diana Masny, est, en fait, un survol de la recherche récente dans le domaine et a pour objectif d'établir les concepts-clés liés à la littératie. Le deuxième texte, de Claire Maltais, présente les résultats d'une recherche longitudinale visant à évaluer les effets d'un programme de maternelle 4 ans à temps plein sur les élèves, plus particulièrement les effets de la participation à un tel programme sur la conscience de l'écrit et sur les aptitudes en lecture. Diana Masny aborde, dans le texte suivant, le sujet des littératies multiples qui s'inscrit dans le contexte de pluralisme socioculturel et linguistique de la société hétérogène actuelle. Le dernier chapitre est une étude, présentée par Catherine Turcotte, des différents modes d'intervention en lecture et des pratiques pédagogiques exemplaires à adopter dans le but d'optimiser la réussite scolaire des élèves en difficulté.

Survol de la recherche en littératie

Anne-Marie Dionne et Diana Masny, Université d'Ottawa

INTRODUCTION

À une époque où la communication occupe de plus en plus de place dans les activités quotidiennes des gens, il fait nul doute que la littératie est nécessaire au développement de l'individu et de la société. Des compétences élevées dans ce domaine permettent, par exemple, d'intégrer plus facilement le monde du travail, de participer activement à la vie en société et de vaquer de façon autonome à ses activités personnelles (Thomas, 1998). La technologie, présente dans la plupart des sphères de l'activité humaine, accentue davantage l'exigence de posséder un niveau de littératie relativement élevé. Selon l'Organisation de coopération et de développement économique (OCDE), près de la moitié des nouveaux emplois qui sont actuellement créés dans les sociétés industrialisées requièrent seize années de scolarisation ou plus. Par ailleurs, les instances gouvernementales des pays industrialisés reconnaissent un lien étroit entre le succès dans l'économie mondiale et le niveau de littératie de la main-d'œuvre (Statistique Canada, 1996; 1997). Il semble donc évident que des compétences élevées en littératie sont maintenant nécessaires pour mener de façon autonome une vie productive et satisfaisante.

Mais avant d'aller plus loin, précisons ce que nous entendons par le terme *littératie*. La littératie, ce néologisme qui s'intègre graduellement dans le langage de l'éducation, vise à rendre compte du caractère englobant de la langue et de la culture. Malgré son aspect innovateur, la conception de la littératie a déjà connu des transformations importantes, comme en témoignent les définitions retrouvées dans les documents de l'OCDE. En 1990, l'OCDE définissait la littératie comme étant « l'aptitude à comprendre et à utiliser les formes écrites de la langue qui sont requises par la société et/ou valorisées par l'individu ». Quelques années plus tard, en 1994, cette définition apparaissait comme étant « l'usage de l'information imprimée et écrite pour fonctionner dans la société, pour atteindre ses objectifs et pour développer ses connaissances et son potentiel ». Enfin, dans un document de l'OCDE publié en 2003, on définit la littératie comme suit : « Comprendre l'écrit, c'est non seulement comprendre et utiliser des textes écrits, mais aussi réfléchir à leurs propos. Cette capacité devrait permettre à chacun de réaliser ses objectifs, de développer ses connaissances et son potentiel et de prendre une part active dans la société » (Broi, Moreau, Soussi et Wirthner, 2003). Par rapport aux définitions de 1990 et de 1994, cette dernière définition de l'OCDE laisse entrevoir une vision plus étendue de la littératie puisqu'on y intègre une dimension de réflexion. Toutefois, il faut reconnaître que malgré l'évolution que l'on observe dans les définitions de la littératie de l'OCDE, le texte écrit demeure l'élément central de la littératie. D'autres instances optent pour une vision encore plus englobante de ce concept. C'est le cas du ministère de l'Éducation de l'Ontario (MEO) et de la Fédération canadienne pour l'alphabétisation en français (FCAF).

Selon le MEO, la littératie se définie comme l'« ensemble des savoirs communiquer oralement, écrire, lire, rechercher l'information, maîtriser les technologies de l'interaction et exercer une pensée critique » (Ministère de l'Éducation de l'Ontario, 2003). D'autre part, la FCAF conçoit la littératie comme suit : « Le type et le niveau de littératie d'un individu se définissent par sa capacité à maîtriser l'écrit pour penser, communiquer, acquérir des connaissances, résoudre des problèmes, réfléchir sur son existence, partager sa culture et se divertir. L'individu lettré ne peut donc se définir sans l'écrit. En ce qui concerne la société, le concept de littératie est lié au concept de culture » (FCAF, 2004).

Quelle que soit la définition considérée, il est clair que la littératie dépasse largement l'acquisition des habiletés de lecture, d'écriture et de communication orale. À notre avis, la définition adoptée par la FCAF permet de tenir compte de toutes les activités qui mènent vers le développement de la culture de l'individu, y compris celles qui prennent place en dehors du cadre scolaire. Par ailleurs, cette définition permet également de tenir compte des enjeux linguistiques, psychologiques, historiques, sociaux, politiques et idéologiques en considération de l'évolution de la littératie de l'individu.

La portée du bilinguisme et du multilinguisme.

Plusieurs élèves qui arrivent à l'école parlent au moins une langue autre que le français. Ils et elles arrivent parlant le français avec aisance, peu ou pas du tout. Il y a d'importants défis quand deux langues et deux littératies se côtoient en milieu minoritaire (Hernandez, 2001; Hornberger, 2003; Soto, 2002).

Le débat : la conceptualisation de littératie au singulier

La conceptualisation de littératie au singulier (Legendre, 1988), le modèle que Street (1984) qualifie d'autonome, se réfère à l'apprentissage et l'acquisition du code écrit, c'est-à-dire, la lecture et l'écriture. Le modèle autonome de la littératie fait abstraction du contexte social et met l'accent sur l'effort et la motivation de l'apprenant dans l'acquisition de l'ensemble des habiletés linguistiques et conceptuelles, ce qui signifie, entre autres, les éléments de décodage, de conscience de la langue (syntaxique, sémantique) et de construction de sens. En contrepartie, d'autres chercheurs mettent l'accent sur la pluralité des formes de la littératie étant donné qu'elle est ancrée dans des pratiques sociales, située dans des contextes sociohistoriques et imbriquée dans des relations de pouvoir (Cope et Kalantzis, 2000; Gee, 1996; Barton, Hamilton et Ivanic 2000; Street, 2003).

> *Il est clair que la littératie dépasse largement l'acquisition des habiletés de lecture, d'écriture et de communication orale.*

Des recherches portant sur la littératie

Plusieurs domaines de la littératie font l'objet d'études. Des connaissances dans chacun de ces domaines sont nécessaires pour comprendre les enjeux essentiels qui tracent son évolution. Loin d'épuiser tous les aspects ayant de l'influence sur la littératie de l'individu, certains aspects semblent avoir davantage retenu l'intérêt des chercheurs. On retrouve donc bon nombre d'études portant sur la littératie dans les domaines suivants : l'émergence de la littératie, la littératie familiale, la littératie scolaire, la littératie personnelle, la littératie critique et la littératie communautaire. Dans la partie suivante, nous offrons un bref aperçu de chacun de ces domaines.

L'émergence de la littératie

L'émergence de la littératie est une expression introduite par Clay (1966) et reprise plus tard par Teale et Sulby (1986). Elle décrit l'ensemble des acquisitions à l'écrit que l'enfant acquiert progressivement, sans enseignement formel, pendant la période qui précède le début de la scolarisation. Il s'agit donc des habiletés, des connaissances et des attitudes à l'écrit qu'il acquiert avant même de savoir lire et écrire. Plusieurs concepts sont reliés à l'émergence de la littératie. La conscience phonémique, les fonctions de l'écrit, l'orientation de l'écrit, la connaissance des lettres de l'alphabet, la compréhension du langage décontextualisé et le vocabulaire sont des exemples de notions liées à l'émergence de la littératie qui s'enrichissent progressivement pendant la période préscolaire. On retrouve des études traitant de questions particulières liées à l'émergence de la littératie, par exemple, l'influence du milieu préscolaire sur l'émergence de la littératie (Maltais, 2001; Weigel, Martin et Bennett, 2005) ou, encore, les éléments favorisant davantage l'émergence de la littératie chez l'enfant (Saracho, 1999).

La littératie familiale

Morrow (1995) décrit la littératie familiale comme les façons dont les parents, les enfants et les autres membres de la famille utilisent la littératie à la maison et dans la communauté pour vaquer à leurs activités quotidiennes. Généralement, ces activités mettent à contribution plus d'une génération et plus d'un membre de la famille. La littératie familiale peut être initiée dans un but déterminé ou elle peut se produire de façon spontanée. Les activités de littératie familiale sont le reflet de l'héritage ethnique, racial et culturel des familles concernées. Plusieurs activités illustrent la littératie familiale : lire une recette, lire des instructions, discuter de ses lectures, aller à la bibliothèque, lire pour soi-même, faire la lecture à l'enfant, consulter l'annuaire téléphonique, prendre des notes, écrire un message, chanter des chansons, réciter des comptines et raconter des histoires ne sont que quelques activités quotidiennes qui servent d'exemples pouvant décrire la littératie familiale. La littératie familiale est un domaine qui est étudié sous plusieurs angles, dont voici quelques exemples : les facteurs que l'on retrouve dans un environnement de littératie familiale de qualité (Dionne, Saint-Laurent et Giasson, 2004; Whitehurst et Lonigan, 1998), les différences observées entre les différents milieux socioéconomiques (Purcell-Gates, 1996; Taylor, 1983), les interactions entre le parent et l'enfant lors de la lecture (Bergin, 2001; Dionne, Saint-Laurent et Giasson, à paraître; Sénéchal et LeFevre, 2001).

La littératie scolaire

Selon Masny (2001), la littératie scolaire représente l'apprentissage des processus d'interprétation et de communication nécessaires à l'adaptation sociale en milieu scolaire et à d'autres milieux. Cette forme de littératie englobe d'autres formes de littératie si l'on considère la littératie scientifique, la littératie mathématique, les sciences sociales, les sciences de la santé, le multimédia, les arts, etc. La littératie scolaire est ancrée tant dans les formes de communication orales que dans les formes de communication écrite. Des exemples d'études dans le domaine de la littératie scolaire sont : la construction de sens lors de la lecture (Cooper, 2000; Smagorinsky, Cook et Reed, 2005), le recours à la littérature jeunesse pour l'enseignement de la lecture (Galda, Rayburn et Stanzi, 2000; Menon et Hiebert, 2005), le développement de la pensée critique à l'égard des textes lus (Epstein, 1993; O'Brien, 1994), l'apport de la technologie dans l'enseignement (Kuhn et Morrow, 2003; Sénéchal et Lefever-Davis et Pearman, 2005).

La littératie personnelle

La littératie personnelle permet à l'individu de passer de l'acte de lire un texte à lire le monde et à *se lire*. Le sens attribué aux mots *lire* et *texte* va au-delà du sens habituel du terme. Il s'élargit pour englober la compréhension du texte visuel, oral, écrit et médiatique (Monkman, 2003).

La littératie critique

La littératie critique constitue l'apprentissage d'une réflexion critique portant sur les savoirs valorisés par l'école et la société (Hall, 2001; Shannon, 2002).

La littératie communautaire

La littératie communautaire vise l'appréciation, la compréhension et l'usage de textes qui font partie de la vie quotidienne d'une communauté : ce sont ses pratiques « littératiées » qui sont valorisées sur le plan local (Burnett et Myers, 2002).

À la lumière de ces recherches, on convient du caractère culturel et social de la littératie. Malgré le rôle évident de l'école dans l'acquisition de la littératie, celle-ci ne saurait, à elle seule, être tributaire de la totalité de son évolution tant en ce qui concerne l'individu qu'en ce qui concerne la transformation de la société. Pour se définir et se réaliser, la littératie doit être considérée dans toute sa globalité. Les littératies dont il a été question dans la partie précédente s'imbriquent les unes dans les autres. C'est pourquoi il nous semble approprié de parler de la littératie au pluriel, en adoptant la perspective des littératies multiples. En effet, les littératies multiples offrent un cadre conceptuel des plus pertinents pour étudier les problématiques propres au milieu francophone minoritaire.

> *Il nous semble approprié de parler de la littératie au pluriel, en adoptant la perspective des littératies multiples.*

Les littératies multiples

Les littératies multiples représentent un construit social comportant des valeurs qui sont imbriquées dans des dimensions relevant de la religion, du sexe, de la race, de la culture, des idéologies et du pouvoir. Quand on parle, écrit ou lit, on construit le sens en s'appuyant sur un contexte particulier dans le temps et l'espace. Plus exactement, ces actes de construction de sens, les littératies au pluriel, sont intégrés à la culture et aux dimensions sociopolitiques et sociohistoriques d'une société et de ses institutions. Le sens de littératie s'opérationnalise ou s'actualise à partir d'un contexte particulier dans le temps et dans l'espace où il se trouve et il opère (Masny, 2003, p. 158).

Le concept des littératies multiples tient compte des façons différentes de lire, d'écrire, de parler et de valoriser les réalités de la vie qui font partie de la littératie communautaire, de la littératie personnelle, de la littératie scolaire et de la littératie critique; bref, lire le monde, lire les mots et *se lire* pour former et transformer un individu et sa communauté.

RÉFÉRENCES

BARTON, D., M. HAMILTON et R. IVANIC (dirs.). *Situated literacies-Reading and writing in context*. London: Routledge, 2000.

BERGIN, C. « The parent-child relationship during beginning reading » *Journal of Literacy Research*, vol. 33, n° 4 (2001), p. 681-706.

BURNETT, C. et J. MYERS. « Beyond the frame: Exploring children's literacy practices », *Literacy*, vol. 36, n° 2 (2002), p. 56-62.

BROI, A.-M., J. MOREAU, A. SOUSSI et M. WIRTHNER. *Les compétences en littératie. Monitorage de l'éducation en Suisse*, Neuchâtel, OFS, CDIP, 2003.

CLAY, M. *Emergent reading behaviour*, thèse de doctorat non publiée, University of Auckland, New Zealand, 1966.

COOPER, J.D. *Literacy: Helping children construct meaning*, Boston, Houghton Mifflin, 2000.

COPE, B. et M. KALANTZIS. *Multiliteracies : literacy learning and the design of social futures*. New York: Routledge, 2000.

DARLING, S. « Strategies for engaging parents in home support of reading acquisition », *The Reading Teacher*, vol. 58, n° 5 (2005), p. 476-479.

DIONNE, A.-M., L. SAINT-LAURENT et J. GIASSON. « Caractéristiques et perception de la littératie chez les parents ayant de faibles compétences en lecture et en écriture », *Revue de l'Université de Moncton*, vol. 35, n° 2 (2004), p. 131-154.

DIONNE, A.-M., L. SAINT-LAURENT et J. GIASSON. « Analyse des interactions entre le parent faiblement scolarisé et son enfant lors de la lecture », *Revue de psychoéducation*, vol. 34, n° 2 (2005), (accepté).

EPSTEIN, D. *Changing classroom culture: Anti-racism, politics and schools*, Stoke-on-Trent, UK, Trentham Books, 1993.

FÉDÉRATION CANADIENNE POUR L'ALPHABÉTISATION EN FRANÇAIS. *Le poids des mots : définir l'éveil à l'écrit, 2004*. Document téléaccessible à l'URL : http://fcaf.net/cote_alphafamiliale/alph_fam_poids_des_mots.htm>.

GALDA, L., S. RAYBURN et L.C. STANZI. *Looking through the faraway end: Creating a literature-based reading curriculum with second grader*, Newark, DE, International Reading Association, 2000.

GEE, J.P. *Social linguistics and literacies: Ideology in discourses*. Bristol, PA.: Taylor & Francis, 1996.

HALL, K. « Pour une littératie critique dès les premières années d'école » in D. Masny (éd.), *La culture de l'écrit : Les défis à l'école et au foyer*, Laval, Éditions Logiques, 2001, p. 179-200.

HERNANDEZ, A.C. « The expected and unexpected literacy outcomes of bilingual students. *Bilingual Research Journal* », vol. 25, n° 3 (2001). Document téléaccessible à l'URL : http://brj.asu.edu/content/vol25_no3/pdf/ar4.pdf>

HORNBERGER, N.H. (éd.). *Continua of Biliteracy: An Ecological Framework for Educational Policy: Research, and Practice in Multilingual Settings*, Clevedon, Multilingual Matters, 2003.

KUHN, M.R. et L.M. MORROW. « Taking Computers Out of the Corner: Making Technology Work for Struggling Intermediate-Grade Readers » in R.L. McCormack et J.R. Paratore (éd.), *After Early Intervention, Then What?*, Newark, DE, International Reading Association, 2003.

LEFEVER-DAVIS, S. et C. PEARMAN. « Early readers and electronic texts: CD-ROM storybook features that influence reading behaviours », *The Reading Teacher*, vol. 58, n° 5 (2005), p. 446-454.

LEGENDRE, R. *Dictionnaire actuel de l'éducation*. Paris; Montréal; Larousse, 1988.

MALTAIS, C. « Les classes du préscolaire : une étape importante dans la construction des littératies multiples chez le jeune enfant » *in* D. Masny (éd.), *La culture de l'écrit : les défis à l'école et au foyer*, Laval, Éditions Logiques, 2001, p. 49-79.

MASNY, D. « Pour une pédagogie axée sur les littératies » *in* D. Masny (éd.), *La culture de l'écrit : les défis à l'école et au foyer*, Laval, Éditions Logiques, 2001, p. 15-26.

MASNY, D. « Les littératies : un tournant dans la pensée et une façon d'être » *in Actes du colloque pancanadien sur la recherche en éducation en milieu francophone minoritaire : Bilan et prospective*, Moncton, Centre de recherche et de développement en éducation, 2003, p. 157-165. Document téléaccessible à l'URL : <www.acelf.ca/liens/crde/articles/14-masny.html>.

MENON, S. et E.H. HIEBERT. « A comparison of first graders' reading with little books or literature-based basal anthologies », *Reading Research Quarterly*, vol. 40, n° 1 (2005), p. 12-28.

MONKMAN, K. « Literacy on three planes: Infusing social justice and culture in the classroom », *Bilingual Research Journal*, vol. 27, n° 2 (2003)., p. 245-248.

MORROW, L.M. (éd.). *Family Literacy: Connections in Schools and Communities*, New Brunswick, NJ, International Reading Association Inc, 1995.

MINISTÈRE DE L'ÉDUCATION DE L'ONTARIO. *La littératie en tête — Rapport du Groupe d'experts sur les élèves à risque*, Imprimeur de la Reine pour l'Ontario, 2003.

O'BRIEN, J. « Show Mum you love her: taking a new look at junk mai », *Reading*, vol. 28, n° 1 (1994), p. 43-46.

PURCELL-GATES, V. « Stories, coupons, and the TV Guide: Relationships between home literacy experiences and emergent literacy knowledge », Reading Research Quarterly, 31 (1996), p. 406-428.

SARACHO, O. « Families' Involvement in their Children's Literacy Development », Early Child Development and Care, 153 (1999), p. 121-126.

SÉNÉCHAL, M. et LEFEVRE. « Storybook Reading and Parent Teaching: Links to Language and Literacy Development » *in* P.R. Britto, P.R., et J. Brooks-Gunn (éd.), *The Role of Family Literacy Environments in Promoting Young Children's Emerging Literacy Skill*, New York, Jossey-Bass, 2001, p. 39-52.

SHANNON, P. « Critical literacy in everyday life ». Language Arts, vol. 75, n° 5 (2002), p. 415-424.

SMAGORINSKY, P., L.S. COOK et P.M. REED. « The construction of meaning and identity in the composition and reading of an architectural text », *Reading Research Quarterly*, vol. 40, n° 1 (2005), p. 70-88.

SOTO, L.D. « Young bilingual chidlren's peeception of bilingualism and biliteracy: Altruistic possibilities », *Bilingual Research Journal*, vol. 26, n° 3 (2002). Document téléaccessible à l'URL : <brj.asu.edu/content/vol26_no3/pdf/art7.pdf>

STATISTIQUE CANADA. Lire l'avenir : un portrait de l'alphabétisme au Canada, produit n° 89-551-XPF au catalogue de Statistique Canada, Ottawa, Ministre de l'Industrie, 1996.

STATISTIQUE CANADA. *Les capacités de lecture des jeunes Canadiens*, produit n° 89-552-MIF1997001 au catalogue de Statistique Canada, Ottawa, Ministre de l'Industrie , 1997.

STREET, B. « What's "new" in New Literacy Studies? Critical approaches to literacy in theory and practice. » *Current Issues in Comparative Education*, 1-13, 5(2), (2003).

TAYLOR, D. *Family literacy: Young children learning to read and write*, Portsmouth, NH, Heinemann, 1983.

TEALE, W.H. et E. SULBY. « Introduction: Emergent literacy as a perspective for examining how young children become writers and readers » *in* W.H. Teale et E. Sulzby (éd.), *Emergent literacy: Writing and reading*, Norwook, NJ, Ablex Publishing Corporation, 1986, p. vii-xxv.

THOMAS, A. *Family Literacy in Canada: Profiles of effective Practices*, Editions Soleil Publishing inc, Welland, Ont., 1998.

WEIGEL, D.J., S.S. MARTIN et K.K. BENNETT. « Ecological influences of the home and the child-care center on preschool-age children's literacy development », *Reading Research Quarterly*, vol. 40, n° 2 (2005), p. 204-233.

WHITEHURST, G.J. et C.J. LONIGAN. « Child development and emergent literacy », *Child Development*, vol. 69, n° 3 (1998), p. 842-872.

Effets sur la conscience de l'écrit d'un programme préscolaire universel offert à temps plein à des enfants de 4 ans au sein d'une communauté francophone minoritaire de l'Ontario

Claire Maltais, Université d'Ottawa

RÉSUMÉ

La recherche présentée dans ce chapitre poursuit deux buts : 1) vérifier l'effet d'un programme à temps plein à 4 ans sur la conscience de l'écrit de jeunes enfants et 2) vérifier si ces effets se maintiennent à moyen terme. Une recherche longitudinale menée dans des écoles de langue française de l'Ontario démontre que les enfants ayant fréquenté la maternelle 4 ans à temps plein obtiennent des résultats en conscience de l'écrit significativement plus élevés que ceux l'ayant fréquentée à mi-temps et que cette différence significative se maintient jusqu'en 2e année. Les résultats des évaluations en lecture confirment que les élèves de 2e année ayant fréquenté le programme à temps plein à 4 ans, lisent et comprennent mieux que ceux qui ont fréquenté le programme à mi-temps. En conclusion, ces résultats tendent à démontrer qu'en contexte minoritaire de langue française, la fréquentation d'un programme à temps plein à 4 ans favorise l'apprentissage de la communication orale et écrite en français et influence les résultats en conscience de l'écrit à court terme et ceux en lecture à plus long terme.

La littératie revêt un aspect important dans la réussite scolaire. À l'école, elle est généralement associée à la lecture et à l'écriture. Depuis quelques années, les écoles de langue française de l'Ontario ont déployé beaucoup d'énergie à accroître la littératie pour améliorer le rendement de leurs élèves. Un des moyens pour y arriver est la mise sur pied d'un programme à temps plein à 4 ans. Une évaluation de ce programme par un conseil scolaire de la région d'Ottawa a permis de déterminer les effets de ce programme sur la conscience de l'écrit des élèves à court et à plus long terme.

La conscience de l'écrit comprend toutes les acquisitions en lecture et en écriture qu'un jeune enfant réalise avant d'apprendre à lire de façon conventionnelle (avant la 1re année) [Giasson, 2005]. Elle comprend les aspects fonctionnel et formel de l'écrit. L'aspect fonctionnel comprend les diverses utilisations de l'écrit (il transmet un message et sert à exprimer ses sentiments, à renseigner, à expliquer, etc.) et l'aspect formel, les règles qui le régissent (l'orientation de la lecture de gauche à droite et de haut en bas, le concept de lettre, de mot, de phrase, etc.).

Ce texte présente les résultats d'une étude longitudinale portant sur les effets d'un programme préscolaire universel à temps plein à 4 ans sur la conscience de l'écrit des enfants qui fréquentaient les écoles d'un conseil scolaire de langue française de l'Ontario. Dans un premier temps, la conscience de l'écrit d'un groupe d'enfants (n = 403) ayant fréquenté le programme à mi-temps en 1999-2000 à celui d'un groupe d'enfants (n = 418) ayant bénéficié de ce programme en 2000-2001. Dans un deuxième temps, nous avons vérifié si les effets obtenus à la fin du programme se maintenaient à la fin de la 2e année.

L'étude présente une revue des études antérieures portant sur les effets des programmes préscolaires sur la réussite scolaire des enfants. Elle décrit ensuite la méthodologie utilisée pour les deux phases de l'évaluation et les résultats de chacune d'elles. Finalement, elle inclut la discussion des résultats.

LA REVUE DES ÉTUDES ANTÉRIEURES

Selon la recension effectuée par Palacio-Quintin et Coderre (1999), les services de garde ont une influence sur les apprentissages scolaires (lecture, écriture), mais des variables telles que la qualité de la garderie, le niveau socioéconomique de la famille ainsi que la durée de la fréquentation influencent les résultats de façon très importante. Quelques études ne révèlent pas de différence significative entre les enfants qui n'ont pas fréquenté de services de garde et ceux qui les ont fréquentés (Medcalf-Davenport, 1995) tandis que d'autres études en ont relevé en faveur des enfants qui avaient fréquenté des garderies (Andersson, 1989; Bekman, 1996; Broberg, Wessels, Lamb et Hwang, 1997; Maltais, Herry et Levesque, 2001; O'Brien Caughy, DiPietro et Scrobino, 1994; Wessels, Lamb et Hwang, 1996).

Parmi ces études, certaines ont observé des résultats à court terme. Thornburg, Pearl, Crompton et Ispa (1990) ont comparé le développement de 835 enfants américains de 5 ans aux plans des habiletés visuelles, auditives et de certaines activités papier-crayon. Ils n'ont trouvé aucune différence entre les résultats des enfants de race blanche, qu'ils aient ou non fréquenté un programme préscolaire. Cependant, chez les enfants de race noire, ceux qui ont fréquenté les services de garde ont des résultats significativement plus élevés que ceux qui sont restés à la maison.

D'autres recherches n'ont pas trouvé de résultats à court terme, mais plutôt à moyen ou long terme. C'est le cas de l'étude longitudinale de Jeantheau et Murat (1998). Ces auteurs ont évalué 10 000 élèves français ayant été scolarisés à 2 et 3 ans. Leurs résultats indiquent des bénéfices pour les enfants de toutes les catégories sociales, mais ce sont surtout ceux des catégories sociales défavorisées (ouvriers, chômeurs, inactifs) qui bénéficient davantage de la scolarisation précoce (la connaissance du vocabulaire, de la compréhension orale et de l'écriture). Jarousse, Mingat et Richard (1992), ont suivi 1900 enfants français qui avaient été scolarisés entre 2 et 4 ans jusqu'à leur entrée en 2e année. Ils rapportent que ceux qui ont été scolarisés plus tôt, réussissent mieux en français, mais seulement à partir de la 2e année du primaire. Ils n'ont pas remarqué de différence significative lors de la 1re année. Cependant, ils relèvent que les résultats des enfants de classe sociale moyenne sont moins importants ou nuls chez les enfants de classe sociale supérieure. O'Brien Caughy et coll. (1994) ont étudié un groupe de 867 enfants américains de 5 et 6 ans, faisant partie d'une étude longitudinale « National Longitudinal Survey of Youth ». Les résultats indiquent que les enfants des milieux défavorisés ont de meilleures résultats en lecture que les enfants défavorisés qui n'ont pas d'expérience de garde. Wessels et coll. (1996) et Broberg et coll. (1997), qui ont analysé les résultats du projet longitudinal suédois Göteberg, soulignent que les enfants de 8 ans qui ont fréquenté une garderie obtiennent des résultats significativement plus élevés en lecture que ceux qui ont fréquenté un milieu de garde ou qui sont restés à la maison. De telles différences n'avaient pas été relevées lors des évaluations antérieures (40 et 80 mois). Les résultats d'évaluation de programmes qui ont suivi, pendant de nombreuses années, des enfants provenant de milieux défavorisés, tels le *Carolina Abecedarian Project* (Wasik et Karweit, 1994), le *High Scope* (Schweinhart et Weikart, 1993), le *Head Start* (Currie et Thomas, 1994) et le *Success for All* (Slavin, Madden, Karweit, Dolan et Wasik, 1994), révèlent une amélioration des apprentissages scolaires en lecture chez ces enfants.

La recension des écrits permet donc de conclure qu'il existe une relation entre la fréquentation d'un programme préscolaire et les apprentissages des enfants. En général, ceux qui ont commencé tôt à fréquenter une garderie de qualité obtiennent des résultats supérieurs en lecture à ceux qui sont restés à la maison ou qui ont commencé à fréquenter une garderie lorsqu'ils étaient plus âgés. De plus, ces effets apparaissent à plus long terme et sont plus significatifs chez les enfants de milieu défavorisé ou qui proviennent des minorités raciales. La présente recherche veut tenter de déterminer si l'on peut appliquer ces résultats à une population d'enfants qui fréquentent un programme préscolaire pour les enfants de 4 ans à temps plein intégré au milieu scolaire minoritaire de langue française.

IMPORTANCE ET ORIGINALITÉ DE L'ÉTUDE

Cette étude est originale sous plusieurs aspects : 1) c'est une étude canadienne menée auprès d'un grand nombre de sujets; 2) elle s'intéresse à un programme à temps plein à 4 ans intégré au milieu scolaire et non aux services de garde; 3) elle cible un programme universel offert à tous les enfants de 4 ans et non seulement à ceux qui proviennent de milieux défavorisés et 4) finalement, elle évalue les effets du programme sur la conscience de l'écrit des élèves en milieu minoritaire de langue française en Ontario.

De plus, cette évaluation de programme revêt un aspect important pour la communauté éducative de langue française en Ontario. Depuis plusieurs années, les élèves des conseils scolaires de langue française obtenaient des résultats scolaires inférieurs aux autres élèves, sur les plans provincial et national. L'instauration de ce programme visait à procurer un environnement de qualité en langue française afin de franciser et de favoriser la communication orale chez les enfants dès le jeune âge et, du même coup, à améliorer leur réussite scolaire, plus particulièrement, en lecture.

LA MÉTHODOLOGIE

La méthodologie présente les participants (les élèves, les parents et les enseignantes), les instruments de mesure et le plan d'analyse des données.

Les participants

Au cours de la première phase de l'étude, le groupe témoin incluait 403 élèves (programme à mi-temps à 4 ans) et le groupe cible, 418 élèves (programme à plein temps à 4 ans) provenant de treize des 39 écoles du Conseil scolaire catholique de l'est de l'Ontario. Le choix des écoles reposait sur leur répartition géographique et tenait compte de la proportion de francophones habitant chaque région du conseil scolaire.

Pour la seconde phase, l'évaluation de 273 élèves du groupe témoin et de 315 élèves du groupe cible a eu lieu alors que ceux-ci terminaient leur 2e année. L'âge moyen des élèves était de 59, 2 mois à la fin du programme et de 95,2 à la fin de la 2e année.

Toutes les enseignantes de maternelle et celles de 2e année ont rempli un questionnaire pour chacun des élèves ainsi que 90 % des parents des élèves des deux cohortes.

Les instruments de mesure

L'évaluation des apprentissages scolaires, durant la première phase, a porté sur la conscience de l'écrit (lecture et écriture). Cette évaluation fut effectuée à l'aide des échelles de l'Instrument de mesure du développement de la petite enfance (IMPE) [Centre canadien d'études sur les enfants à risque, 1999] remplies par les enseignantes. Cet instrument permettait d'évaluer les aspects fonctionnels et formels de l'écrit. L'échelle d'évaluation des aspects fonctionnels incluait six énoncés et visait à vérifier par exemple, si l'enfant comprenait l'utilité de la lecture et de l'écriture et s'il différenciait les illustrations du texte. L'évaluation des aspects formels incluait neuf énoncés portant sur la capacité de lire et d'écrire des lettres, des mots et des phrases.

Au cours de la seconde phase, les instruments pour évaluer la lecture étaient le test de compréhension de la lecture *Le lion* (Conseil des écoles catholiques du cente-est de l'Ontario, 2001) et le test de fluidité en lecture (Conseil des écoles catholiques de l'est de l'Ontario, 2001). De plus, les enseignantes devaient remplir des questionnaires pour l'évaluation de l'attitude en lecture (Peters et coll., 2000), des apprentissages en lecture et celle en écriture (inspirés des grilles d'évaluation de l'OQRE).

Le plan d'analyse des données

La collecte des données a eu lieu pendant les deux dernières semaines de mai de chaque année. Des étudiants en éducation et en orthophonie qui avaient reçu une formation étaient responsables de l'évaluation des élèves.

LES ANALYSES STATISTIQUES

L'évaluation de programme a pour but de déterminer : 1) les effets du programme 4 ans à temps plein sur la conscience de l'écrit des élèves et 2) de vérifier si ces effets se maintiennent à la fin de la 2e année. Les moyennes obtenues par les élèves du groupe témoin (programme à mi-temps à 4 ans) ont été comparées à celles obtenues par les élèves du groupe cible (programme à temps plein à 4 ans). Les différences entre les moyennes des deux groupes ont été soumises à des analyses statistiques de type ANCOVA. Le seuil de confiance a été établi à $p < 0,01$.

Les analyses statistiques ont tenu compte des variables suivantes : le nombre d'élèves par classe, le sexe des élèves, l'âge des élèves, l'appartenance à une minorité ethnique ou raciale, la langue parlée à la maison, la structure familiale (biparentale ou monoparentale), le niveau de scolarité des parents et le statut socioéconomique de la famille (basé sur le type d'emploi).

LES RÉSULTATS

Les résultats de la première phase

Les résultats soulignent que les élèves ayant fréquenté le programme à temps plein à 4 ans obtiennent des résultats plus élevés pour la conscience de l'écrit (lecture et écriture) que ceux qui avaient fréquenté le programme à mi-temps. La conscience de l'écrit se divise en deux grands domaines : les aspects fonctionnels et les aspects formels. Les aspects fonctionnels de l'écrit touchent la compréhension des fonctions et de l'organisation de l'écrit (lecture et écriture). Les résultats indiquent une amélioration significative de la compréhension des aspects fonctionnels de l'écrit chez les enfants ayant fréquenté le programme à temps plein.

Les aspects formels de l'écrit touchent principalement la capacité de lire et d'écrire des lettres, des mots et des phrases. Les résultats obtenus indiquent une différence significative pour la compréhension des aspects formels de l'écrit en faveur des enfants ayant fréquenté le programme à temps plein.

Les résultats de la deuxième phase

Les résultats indiquent une différence significative pour la fluidité et la compréhension en lecture en faveur des élèves de 2e année ayant fréquenté le programme à temps plein à 4 ans. Cependant, pour la vitesse de lecture, même si celle-ci correspondait au niveau de performance fixé pour les élèves de 2e année (80 mots par minute), les élèves ayant fréquenté le programme à temps plein lisaient moins vite à l'oral que ceux qui l'ayant fréquenté à mi-temps (88 mots par minute). Le programme a eu peu d'effet sur l'écriture.

LA DISCUSSION DES RÉSULTATS

Les résultats obtenus nous permettent de répondre à la question de départ : les résultats des études antérieures peuvent-ils s'appliquer à une population d'enfants qui ont fréquenté un programme préscolaire à temps plein à 4 ans intégré au milieu scolaire minoritaire de langue française?

D'après les résultats obtenus, la fréquentation d'un programme à temps plein à 4 ans a eu des effets intéressants à court et à plus long terme. À court terme, les élèves ayant fréquenté le programme à temps plein obtiennent des résultats supérieurs en conscience de l'écrit, et ce, tant pour les aspects fonctionnels que formels. À plus long terme, ces avantages se maintiennent jusqu'en 2e année chez ceux qui avaient fréquenté le programme à temps plein. Ils obtiennent des résultats supérieurs en ce qui a trait à la qualité de la lecture orale et de la compréhension de la lecture.

Dans la recension des écrits, certains auteurs avaient observé des résultats à court terme différents pour les apprentissages scolaires entre les enfants ayant fréquenté des programmes préscolaires et les autres. Notre recherche appuie donc les résultats obtenus par les auteurs qui avaient trouvé de telles différences (Andersson, 1989; Maltais, Herry, Levesque, 2001; O'Brien Caughy et coll., 1994). De plus, elle associe certaines variables telles le niveau socioéconomique, l'appartenance à une minorité raciale ou visible et le sexe, qui influencent les apprentissages scolaires en lecture des élèves. En contexte minoritaire, ces résultats sont aussi influencés par la langue parlée à la maison qui serait une variable importante dans l'apprentissage de la communication orale et de la lecture. De plus, les pratiques de littératie scolaire utilisées par les enseignantes auprès des jeunes enfants à la maternelle 4 ans, contribueraient probablement aussi à améliorer leur conscience de l'écrit. En effet, les expériences langagières de toutes sortes (causerie, comptines, chansons, calendrier, etc.) et les activités liées à l'écrit (utilisation de l'écrit pour étiqueter les prénoms des enfants, les centres d'apprentissage ou pour illustrer une recette ainsi que l'heure du conte, etc.) amènent les enfants à acquérir plusieurs aspects de la langue orale et écrite (Maltais, 2001). Cependant, des recherches ultérieures sur les stratégies en littératie utilisées dans le programme à temps plein par le personnel seraient nécessaires pour confirmer l'effet de cette variable.

En plus des effets à court terme, les résultats de notre recherche révèlent aussi des avantages à plus long terme. En 2e année, les élèves ayant fréquenté le programme à temps plein obtiennent de meilleurs résultats pour la qualité de leur lecture orale et de leur compréhension de la lecture que ceux l'ayant fréquenté à mi-temps. Ces résultats sont en partie semblables à ceux de plusieurs recherches (Broberg et coll., 1997; Currie et Thomas, 1994; Jeantheau et Murat, 1998; Jarousse et coll., 1992; O'Brien Caughy et coll., 1994; Schweinhart et Weikart, 1993; Slavin et coll. 1994; Wasik et Karweit, 1994; Wessels et coll., 1996). En contexte minoritaire, il semble donc que la fréquentation d'un programme à temps plein à 4 ans dans un environnement francophone favorise l'acquisition précoce de l'apprentissage d'une meilleure communication orale en français et permet aux élèves de vivre des activités de littératie, ce qui aurait comme effet d'améliorer les résultats en lecture.

CONCLUSION

Cette étude avait pour but d'identifier les effets d'un programme à temps plein à 4 ans en contexte minoritaire en comparant les résultats obtenus par les deux groupes (témoin et cible) à la fin du programme à 4 ans et à la fin de la 2e année. Il ressort que les acquis en lecture à la fin du programme à temps plein à 4 ans se maintiennent jusqu'en 2e année. Pour les conseils scolaires de langue française en contexte minoritaire, ces résultats sont très encourageants. En francisant très tôt leurs élèves, en leur permettant de vivre toute la journée des activités axées sur la littératie adaptée à leur âge, ceux-ci obtiennent de meilleurs résultats en lecture que les élèves ayant suivi le programme à mi-temps.

RÉFÉRENCES

ANDERSSON, B.-E. « Effects of public day-care: A longitudinal study », *Child Development*, 60 (1989), p. 857-866.

BEKMAN, S. *Do day care experiences and their aims matter?*, essai présenté à l'ISSBD Congress, Québec, Canada, 1996.

BROBERG, A.G., H. WESSELS, M.E. LAMB et C.P. HWANG. « The effects of day care on the development of cognitive abilities in eight-year-old: a longitudinal study », *Developmental Psychology*, 33, n° 1 (1997), p. 62-69.

CENTRE CANADIEN D'ÉTUDES SUR LES ENFANTS À RISQUE. *Instrument de mesure du développement de la petite enfance.*, Hamilton, Ontario, Université McMaster, Hamilton Sciences Corporation, 1999.

CONSEIL DES ÉCOLES CATHOLIQUES DU CENTE-EST DE L'ONTARIO. *Test de compréhension de la lecture "Le lion"*, document non publié, 2001.

CONSEIL DES ÉCOLES CATHOLIQUES DE L'EST DE L'ONTARIO. *Test de fluidité en lecture*, document non publié, 2001.

CURRIE, J. et D. THOMAS. *Does Head Start make a difference?* Labor and population Program Working, Paper Series, Research Report, Santa Monica, University of California, 1994.

GIASSON, J. *La lecture : de la théorie à la pratique*, Montréal, Gaëtan Morin Éditeur ltée (2e édition), 2005.

JEANTHEAU, J.-P. et F. MURAT (DPD D1). *Observation à l'entrée au CP des élèves du "panel 1997"*, note d'information du ministère de l'Éducation nationale, de la Recherche et de la Technologie, 1998, p. 98-40.

JAROUSSE, J.-P., A. MINGAT et M. RICHARD. « La scolarisation à 2 ans : effets pédagogiques et sociaux », *Éducation et formation*, 31 (1992), MEN-Direction de l'Évaluation et de la Prospective, p. 3-9.

MALTAIS, C. « Les classes du préscolaire : une étape importante dans la construction des littératies multiples chez le jeune enfant » *in* Diana Masny (dir.), *La culture de l'écrit : les défis à l'école et au foyer*, Montréal, Éditions logiques, 2001, p. 49-77.

MALTAIS, C., Y. HERRY et D. LEVESQUE. *Un programme 4 ans à temps plein : ça compte! Évaluation du programme à temps plein destiné aux enfants de 4 ans*, Conseil des écoles catholiques de langue française du Centre-Est, Ottawa, 2001.

MEDCALF-DAVENPORT, N.A. « A comparative study of the general world knowledge and language development of pre-kindergarten children from either day car or in-home care », *Early Child Development and Care*, 95 (1995), p. 1-14.

O'BRIEN CAUGHY, M., J.A. DIPIETRO et M. SCROBINO. « Day-care participation as a projective dactor in the cognitive development of low-income children », *Child Development*, 65 (1994), p. 457-471.

PALACIO-QUINTIN, E. et R. CODERRE. *Les services de garde à l'enfance : influence des différents types de garde sur le développement de l'enfant,* rapport présenté au Conseil québécois de la recherche sociale, 1999.

PETERS, R. De V. *Developing Capacity and Competence in the Better Beginnings Futures Communities: Short time Findings Report,* Kingston, Ontario, Better Beginnings, Better Futures Research Coordination Unit Technical Report, 2000.

SCHWEINHART, L.J. et D.P. WEIKART. « Success by empowerment: The High/Scope Perry Preschool study through age 27 », Young Children, 49 (1993), p. 54-58.

SLAVIN, R.E., N.A. MADDEN, N.L. KARWEIT, L.J. DOLAN, L. J et B.A. WASIK. « Success for All: A Comprehensive Approach to Prevention ans Early Intervention » *in* R.S. Slavin, N.L. Karweit et B.A. Basik (éd.), *Preventing Early School Failure,* Boston, Allyn and Bacon, 1994, p. 175-205.

THORNBURG, K.R., P. PEARL, D. CROMPTON et J.M. ISPA. « Development of kindergarten children based on child care arrangements », *Early Childhood Research Quaterly,* 5 (1990), p. 27-42.

WASIK, B.A. et N.L. KARWEIT. « Off to a good start: Effects of birth to three interventions on early school success » *in* R.S. Slavin, N.L. Karweit, et B.A. Basik (éd.), *Preventing Early School Failure,* Boston, Allyn and Bacon, 1994, p. 13-57.

WESSELS, H., M. LAMB et C-P. HWANG. « Cause and causality in daycare research: An investigation of group differences in swedish child care », *European Journal of Psychology of Education,* vol. 11, n° 2 (1996), p. 231-245.

Les littératies multiples
en milieu
minoritaire

Diana Masny, Université d'Ottawa

RÉSUMÉ

L'article 23 de la *Charte canadienne des droits et libertés*, conçue pour réparer l'érosion des groupes minoritaires, a mis en évidence l'importance d'un traitement différencié au système scolaire afin d'obtenir une éducation de qualité. Dans cette recherche, un programme différencié a été traduit par les littératies multiples. Elles permettent de lire le monde dans un milieu francophone minoritaire. Ce texte présente les idées principales de la théorie des littératies multiples élaborée selon Masny. Elle se situe dans un constructivisme pragmatique et postmoderne. Elle fait appel aux notions de différence et de devenir, des mots clés pour une communauté minoritaire en mouvance. Les littératies multiples servent de toile de fond à l'élaboration d'un projet social et éducatif.

Les communautés francophones en milieu minoritaire de l'Ontario connaissent des transformations constantes. De communautés homogènes catholiques, elles sont devenues hétérogènes et pluralistes sur les plans socioculturel et linguistique. Ces communautés sont maintenant formées de familles interculturelles qui s'ouvrent sur le bilinguisme et le multilinguisme et sont soumises à la mondialisation grandissante de notre société (Labrie et Lamoureux, 2003). La mondialisation reconfigure les communautés dont l'éducation se réalise dans un contexte spécifique. Selon Dufresne (2001), l'éducation dans le contexte de la mondialisation met l'accent sur les processus de l'apprentissage et des savoirs et non pas sur le produit, c'est-à-dire, le savoir. De plus, les communautés doivent composer avec les tensions créées entre les valeurs locales, traditionnelles et plus globales. Selon Masny (2001), cette situation brouille, d'une part, les frontières entre les groupes minoritaires et, d'autre part, entre les groupes minoritaires et majoritaires. D'ailleurs, elle décentre les notions de construction identitaire d'une communauté et de ses membres en s'ouvrant plutôt sur un pluralisme identitaire et elle donne une mouvance constante aux communautés.

Au XXIe siècle, l'individu construit constamment une pluralité d'identités dans un univers issu d'un contexte minoritaire et d'un contexte de mondialisation. Les frontières identitaires ne sont plus fixes, mais fragmentées. La façon de « devenir dans le monde » d'un individu se transforme constamment, par l'effet de lire, de lire le monde et de se lire, ce qui correspond aux littératies élaborées selon Masny (2001, 2005). Dans le milieu francophone minoritaire d'aujourd'hui, il devient prioritaire de faciliter la réalisation des littératies comme façon de devenir, puisqu'elles permettent d'innover et de créer. Les littératies multiples servent de toile de fond à l'élaboration d'un projet social et éducatif particulier en milieu francophone minoritaire. Elles s'ouvrent également sur le création de propositions concrètes qui réunissent le réseau école-foyer-communauté.

Ce texte comprend trois volets. Le premier volet présente l'épistémologie sous-jacente à la conceptualisation des littératies multiples, inspirée du poststructuralisme. Le deuxième volet aborde la conceptualisation des littératies multiples et le troisième volet traite des littératies multiples en milieu minoritaire.

PARADIGME CONCEPTUEL : LE POSTSTRUCTURALISME

Comme ce texte s'inscrit dans le poststructuralisme, il importe de clarifier certains termes utilisés. Même si ces termes et ces concepts semblent familiers, chaque terme et chaque concept qui lui est associé appartiennent à un paradigme. Par exemple, le concept d'une littératie inscrite dans une épistémologie postpositiviste est différent de celui d'une littératie appartenant au poststructuralisme. Dans le postpositivisme, la littératie peut désigner tout aspect linguistique et psychologique (et culturel) servant, par exemple à l'apprentissage d'un lecteur débutant, ce qui veut dire, entre autres, des éléments de décodage, de conscience métalinguistique (syntaxique, sémantique) et de construction de sens. Le sens qui se dégage du terme littératie est basé surtout sur des prémisses de la psychologie ou de la psycholinguistique. Le poststructuralisme s'ouvre davantage sur la multiplicité de significations du concept de littératie. Cette signification n'est pas fixe. Voici ce qui pourrait constituer une signification de littératie. Selon Masny (2002) et Dufresne et Masny (2005), les littératies sont un construit social qui comprennent les mots, les gestes, les attitudes, les identités sociales ou, plus exactement, les façons de parler, de lire, d'écrire et de valoriser les réalités de la vie — bref, une façon de devenir dans le monde. Les littératies comportent des valeurs. Elles sont souvent imbriquées dans des dimensions relevant de la religion, du sexe, de la race, de la culture, de l'identité, des idéologies et du pouvoir. Quand on parle, écrit ou lit, on construit le sens en s'appuyant sur un contexte particulier. Plus exactement, cet acte de construction de sens qu'on qualifie de littératies est intégré à la culture et aux dimensions sociopolitiques et sociohistoriques d'une société et de ses institutions. Le sens de littératies s'opérationnalise ou s'actualise à partir d'un contexte particulier dans le temps et dans l'espace où il se trouve et opère.

Les littératies sont la conséquence de l'expérience, une façon d'aborder le monde et de devenir « autre que ».

La conceptualisation des littératies multiples s'inspire des travaux de Deleuze (1968) et Deleuze et Guattari (1980, 1991). L'intérêt de leurs travaux en relation avec les littératies multiples repose sur leurs concepts de créativité, d'invention et de subjectivité. Ces concepts sont expliqués dans les paragraphes qui suivent. De plus, les concepts de différence et de devenir sont mis en évidence. Ces deux concepts importants associent les littératies multiples et la condition du minoritaire. Les littératies multiples sont l'effet des expériences de vie, une manière d'aborder l'univers différemment qui permet, chaque fois, de dépasser l'état de l'être en soi pour passer à celui de l'être possible et, par conséquent, d'approfondir, de transformer et de créer différentes façons de devenir. Elles donnent le pouvoir de devenir, par la différence.

Subjectivité

Une grande partie de la recherche sur l'éducation et sur l'apprentissage du langage se situe dans la modernité à partir de l'hypothèse d'un sujet doté d'une pensée autonome. L'ancrage du langage, de la pensée et de la représentation est produit par un être humain rationnel, un sujet centré, dans un univers pouvant être subjectivement construit.

Deleuze (1969) s'éloigne de cette prémisse du sujet qui pense et qui représente, c'est-à-dire le sujet doté d'une pensée autonome en qui réside l'origine de la pensée, du langage et de la représentation. Le sujet n'est pas en position de sujet en train d'exercer un contrôle actif. Cela se reflète aussi dans la structure des phrases de ce chapitre. Le sujet n'est pas en position sujet-verbe. Le sujet ne doit pas, non plus, être conçu en rapport avec l'objet. Il s'agit là d'une distinction binaire (sujet-objet) qui appartient à un autre paradigme. Selon Deleuze et Guattari (1991), le sujet devient l'effet d'événements et d'expériences de la vie. L'esprit, qui correspond à l'un des modes du devenir, est le lieu où les liens s'établissent et l'individu se transforme, devenant « autre que ». Lire le monde, les mots et se lire transforment la personne.

Devenir

Le processus du devenir est la conséquence de l'expérience qui relie différents niveaux ou plateaux et les traverse; ces niveaux se croisent, se ramifient et se superposent dans le temps et l'espace, selon l'image du rhizome (Deleuze et Guattari, 1980). Un rhizome n'a ni centre ni racine. Ses ramifications poussent et se croisent. Sans début ou fin, il n'a que des points d'entrée et de sortie qui permettent la création constante d'un nombre grandissant de ramifications dans le temps et l'espace. Cette image est essentielle à la conceptualisation des littératies multiples. Elle permet de tenir compte des différentes littératies se croisant en un réseau de liens complexes et non linéaires dans le temps et l'espace.

Différence

Deleuze et Guattari (1991) soutiennent que le devenir est un processus qui prend place en interaction virtuelle-réelle. La différence est l'effet de l'interaction virtuelle-réelle. Durant l'interaction, le devenir se situe dans le virtuel. Il s'actualise lorsqu'on lui assigne une présence dans le temps et l'espace. Pendant cette actualisation, le devenir incorpore aussi la virtualité. La différence résulte de l'interaction constante entre le virtuel et le réel (Dufresne, 2002). Le virtuel ne s'actualise que pour redevenir virtuel. Ce qu'il était auparavant n'existe plus. Il a changé; il est devenu « autre que », différent. C'est la différence qui permet à la création et à l'invention de se produire en permanence. Il y a des expériences de la vie qui s'actualiseront (nous interpelleront) plus que d'autres. Ces expériences liées au fait de lire le monde, de lire les mots et de se lire, de lire les littératies multiples, produiront des transformations chez l'individu.

Les concepts avancés dans la conceptualisation des littératies multiples appartiennent à un paradigme spécifique, le poststructuralisme. Prenons pour exemple le concept des littératies. Pour Deleuze et Guattari (1991), un concept n'est pas tout simplement un nouveau mot; c'est la création d'une manière de penser. Le concept de littératies multiples nous invite à penser différemment au sujet des littératies. Les littératies sont la conséquence de l'expérience, une façon d'aborder le monde et de devenir « autre que ».

LES LITTÉRATIES MULTIPLES : UNE CONCEPTUALISATION

Le concept des littératies multiples renvoie à un construit social (Masny, 2001). Les littératies se composent de mots, de gestes, d'attitudes, de manières de parler, d'écrire et de valoriser les réalités de la vie, bref, des façons de devenir dans le monde. Elles portent sur des textes à significations plurielles qui relèvent du visuel, de l'oral, de l'écrit et du tactile. Ces textes au sens très large (par exemple, sous forme musicale ou artistique, ou appartenant à la physique ou aux mathématiques) s'entrecroisent avec les religions, le sexe, les races, les cultures et les pouvoirs et produisent des lecteurs de textes. En somme, les littératies permettent de lire les mots, le monde et de se lire soi-même en tant que textes.

De plus, les littératies s'inscrivent dans des contextes précis et sont opératoires selon le contexte particulier dans le temps et l'espace, notamment au foyer, à l'école et dans la communauté. En conséquence, les littératies sont rattachées à des éléments culturels précis, leur nature étant différente d'un groupe à l'autre. Dérivées d'une culture, les productions sociopolitiques et sociohistoriques et les institutions d'une société en particulier donnent forme à ce qui a qualité de littératie. Lire a un sens plus large pour refléter les implications sociales, culturelles et politiques de lire.

Au pluriel, les littératies évoquent plusieurs notions. La littératie personnelle, selon Masny (2001), permet à l'individu de passer de l'acte de lire un texte à lire le monde et à *se lire*. Le sens attribué au verbe lire s'élargit pour englober la compréhension du texte visuel, oral, écrit et multimédiatique (Monkman, 2003). La littératie scolaire désigne l'apprentissage des processus d'interprétation et de communication nécessaires à l'adaptation sociale en milieu scolaire et à d'autres milieux. La littératie critique constitue l'apprentissage d'une réflexion critique portant sur les savoirs valorisés par l'école et la société (Hall, 2001; Masny, 1996). La littératie communautaire vise l'appréciation, la compréhension et l'usage de textes appartenant à la vie quotidienne d'une communauté. C'est aussi apprendre à lire une communauté (Burnett et Myers, 2002).

Lire le monde et les mots

L'expression « lire le monde et les mots » appartient au paradigme de Freire (Freire et Macedo, 1987). Dans le texte de Masny, cette expression appelle un concept appartenant au paradigme poststructuraliste. Les conditions sociales, politiques et historiques influencent et orientent la lecture du monde, des mots, et de soi. Lorsque le doute et le questionnement surgissent durant la lecture du monde, des mots et de soi ou en sont la conséquence, cela constitue un événement. Le doute et le questionnement indiquent que des ruptures et des interruptions se produisent et, de ce fait, créent de nouvelles trajectoires, de nouvelles formes de créativité. Contrairement à la théorie de Freire, qui donne une finalité au fait de lire le monde et les mots et encourage la transformation et l'émancipation, le présent cadre théorique, qui tient également compte de la lecture du monde et des mots, reconnaît que les transformations prennent place. Il reste à voir comment ces transformations se vivent (Masny, 2005).

> *C'est à partir de son investissement en lecture qu'un lecteur se forme.*

Lire

Selon Deleuze (1969), lire consiste à demander comment un texte fonctionne, ce qu'il fait ou produit, et non pas ce qu'il signifie. L'acte de lire est intensif et immanent. Lire de manière intensive consiste à lire avec des perturbations (conséquences). Lire de manière immanente crée l'idée de lire, et c'est à partir de son investissement en lecture qu'un lecteur se forme.

Lire consiste à évoquer, à différents niveaux (lecture immanente), les événements découlant d'expériences, avec des conséquences (lecture intensive) et de diverses manières intéressantes (en mettant au premier plan, durant la lecture, certaines pensées et expériences visant à perturber). L'acte de lire de manière intensive et immanente augmente le pouvoir de lire et de penser différemment, d'aller au-delà de ce qui est pour ce qui pourrait être en interaction virtuelle-réelle, à savoir, la différence et le devenir.

La lecture porte sur le sens. Le sens ne relève pas de l'interprétation; le sens est un événement qui émerge. Virtuel, il est activé lorsque les mots, les notes et les textes hypermédiatiques sont actualisés *in situ* et de façon pertinente. Prenons pour exemple une bicyclette et un être humain. En plaçant l'être humain sur la bicyclette, divers sens virtuels émergent : participation à un marathon de cyclisme, composition photographique d'une personne sur une bicyclette, etc. En d'autres termes, le sens n'exprime pas ce qui est, mais un pouvoir en devenir.

LES LITTÉRATIES EN MILIEU MINORITAIRE

Les littératies multiples servent à sensibiliser et à conscientiser le milieu aux formes de savoirs de la communauté minoritaire en devenir qui confronte les tensions et les ambiguïtés. Cette situation suscite la réflexion et le questionnement. Pour y arriver, les concepts de « lire le monde et les mots » et de « lire » précités nous invitent à penser différemment à propos de ces concepts.

La recherche joue un rôle. Il existe peu d'études sur les littératies personnelle, communautaire et critique en milieu minoritaire. Il existe quelques études quantitatives sur le développement de la littératie scolaire chez les jeunes enfants en milieu minoritaire francophone. Elles établissent un lien entre la réussite scolaire des enfants et la vie familiale (Landry et Allard, 1997; 2000). Elles suggèrent aussi un rôle accru d'espace francophone pour les écoles et les centres communautaires, car, si les occasions de parler français sont importantes pour l'évolution de la langue et des littératies multiples, le français est de moins en moins la langue parlée majoritairement au foyer (Wagner et coll., 2002).

D'autres recherches créant des liens entre l'usage de la langue au foyer, à l'école et dans la communauté mettent en évidence le fait que la compétence en français est au centre de la communication, des apprentissages et de l'affirmation de soi. On fait valoir que la langue orale et écrite « de tous les jours » de l'environnement immédiat rejoint le socio-affectif face à la langue et la culture (Thorkildsen, 2002), ce qui est à la base de l'affirmation de soi. La langue vernaculaire « de tous les jours » rejoint la littératie personnelle et la littératie communautaire du cadre des littératies multiples. La maîtrise de la littératie scolaire normalisée a des incidences sur la réussite scolaire tout au long de la scolarisation (Snow, 2000).

Enfin, la littératie familiale aide les parents, comme les enfants, à développer la langue et l'aspect socioaffectif qui sont associés à la culture et à l'appartenance communautaire (FCAF, 2004). Cette littératie mise sur la démarche de l'adulte important dans la vie de l'enfant par rapport au développement des littératies multiples. Celles-ci aident l'adulte à mieux comprendre sa vie de francophone en milieu minoritaire. Elles prévoient des occasions de réflexion pour que les parents examinent leurs propres expériences et perceptions envers les différentes littératies ainsi que les effets de celles-ci sur les diverses façons d'intervenir auprès de leur(s) enfant(s) dans le quotidien.

La littératie familiale est aussi un outil de développement communautaire visant à accroître la compréhension du concept des communautés et à aider les familles à comprendre la leur (FCAF, 2004). Par exemple, le programme d'intervention en littératie familiale élaboré par la Route du savoir de Kingston vise des champs d'intervention sociale sur le plan de la vie communautaire. On y retrouve des thèmes qui donnent aux parents la possibilité de développer la littératie communautaire.

UNE COMMUNAUTÉ EN MOUVANCE

Les tensions d'une communauté minoritaire en rapport avec une majorité deviennent un moment de création pour une communauté, lui permettant de faire un retour sur soi et de voir de quelle façon ce territoire peut transformer ses bornes. Quand un objet, par exemple, est vu non pas pour l'objet qu'il est, mais pour ce qu'il devient lorsqu'il crée des liens avec d'autres objets, cela constitue un moment de devenir. Par exemple, un panneau d'affichage, selon ses dimensions et son aspect physique, crée divers sens : repère géographique (au coin d'une rue) ou annonce (en relation avec une galerie d'art).

Créer un sens ne nous renvoie pas à l'objet réel, mais au pouvoir de l'objet à devenir autre en rapport avec un autre objet. Créer un sens a le pouvoir de devenir. C'est possible quand un événement ou un geste se détache de son territoire, crée de nouveaux liens et ainsi devient « autre que ». L'exemple du panneau illustre le pouvoir de devenir d'un objet selon son rapport avec un autre objet. Une communauté organise son territoire au moyen du langage et c'est de son rapport avec d'autres communautés ou d'autres langues qu'elle crée son devenir. Comme ces rapports changent, la communauté n'est plus fixe. Elle est en instance de devenir. C'est en créant un sens par ces transformations que de nouvelles histoires d'une communauté deviennent possibles, par la différence. Créer un sens produit une communauté en mouvance, « défixe » un territoire et ses bornes (Colebrook, 2002). Comme il n'est pas contraint par une norme, le mot *minoritaire* désigne un groupe en devenir, en processus de création constante dans la différence.

LES LITTÉRATIES MULTIPLES EN MILIEU MINORITAIRE : RÉFLEXIONS

La conceptualisation des littératies multiples s'inscrit dans un processus de changement, de dépassement, de prolongement, de transformation et de création des perspectives mêmes qui la constituent, tout en formant des individus engagés dans une culture de différences en devenir constant. Dans ce processus créatif, les individus sont le produit d'un investissement constant en matière de littératies. Le devenir qui émane des littératies devient un événement créatif de réaction à des expériences. C'est à partir de ces expériences et événements que l'individu « littératié » est formé, dans un contexte particulier. Cette interaction constitue la formation de l'identité et le sens d'appartenance à la communauté.

Les liens existant entre une communauté minoritaire et les littératies multiples pourraient relever de la situation particulière de cette communauté et de l'attribution de significations lourdes de valeurs aux littératies qui y existent (Masny et Dufresne, 2007). Les communautés minoritaires sont souvent construites par rapport aux communautés majoritaires. Les communautés minoritaires peuvent lire de manière critique l'étendue de ce qu'impose la majorité à leur manière de devenir. Une minorité se définit par la différence. L'univers planétaire postmoderne se caractérisant par la complexité, et la non-linéarité signifie que les communautés minoritaires peuvent créer et transformer. Dans le contexte de la globalisation, les multiplicités et la différence deviennent visibles (par exemple, le déclin de l'Union soviétique a donné lieu à la multiplicité de peuples en devenir). Par conséquent, affirmer la nature multiple des littératies crée une ouverture qui établit des liens avec le questionnement, la différence et les réflexions sur qui nous sommes possiblement, mais d'abord et avant tout, sur ce que nous avons encore à devenir.

Ce texte s'insère dans un monde caractérisé par la complexité et les savoirs non linéaires (Dufresne et Masny, 2001). Les littératies multiples issues du poststructuralisme permettent d'exposer l'instabilité des structures créées par la modernité. Le questionnement entraîne le doute, lequel crée une rupture des structures, des catégories, des classifications et des taxonomies. Une rupture donne lieu à une ouverture, à des transformations, à des instances de créations, de devenir *autres que* celles imposées par les structures. Pour une communauté minoritaire, la tension et le questionnement deviennent des moments ou événements pour lire, lire le monde et se lire autrement et non pas devenir le produit d'une structure imposée. Une communauté, selon Colebrook (2002), accroît son pouvoir non pas en affirmant son être réel, mais en étendant sa perception aux pouvoirs virtuels dont elle se dote pour se créer en tant que communauté en devenir. Elle devient une culture de différences qui produit constamment une culture de devenir.

RÉFÉRENCES

BURNETT, C. et J. MYERS. *Beyond the frame: Exploring children's literacy practices,* Literacy, vol. 36, n° 2 (2002), p. 56-62.

COLEBROOK, C. *Deleuze*. New York, Routledge, 2002.

DELEUZE, G. *Différence et répétition*. Paris, Les Presses universitaires de France, 1968.

DELEUZE, G. *La Logique du sens*. Paris, Les Éditions du Minuit, 1969.

DELEUZE, G. et F. GUATTERI. *Mille plateaux : capitalisme et schizophrénie,* Paris, Éditions de Minuit, 1980.

DELEUZE, G. et F. GUATTARI. *Qu'est-ce que la philosophie?* Paris, Les Éditions du Minuit, 1991.

DUFRESNE, T. « Le poststructuralisme : un défi à la mondialisation des savoirs » *in* L. Corriveau et W. Tulasiewicz (éd.), *Mondialisation, politiques et pratiques de recherche,* Sherbrooke, les Éditions du CRP, 2001, p. 53-68.

DUFRESNE, T. *Through a lens of difference OR when worlds collide: A poststructural study on error correction and focus-on-form in language and second language learning,* thèse de doctorat en éducation non publiée, Université d'Ottawa, Ottawa, 2002.

DUFRESNE, T. et D. MASNY. *The makings of minority education: The Québec educational curriculum reforms.* Troisième congrès des humanités et des sciences sociales, Québec, Université Laval, 2001.

DUFRESNE, T. et D. MASNY. « Different and differing views on conceptualizing writing system research and education » *in* V. Cook et B. Bassetti (éd.), *Second Language Writing Systems,* Clevedon, R-U, Multilingual Matters, 2005, p. 375-397.

FCAF. *Fondements de l'alphabétisation familiale dans un contexte minoritaire francophone.* Ottawa, Fédération canadienne pour l'alphabétisation en français, 2004.

FREIRE, P. et D. MACEDO. *Literacy: Reading the world and the words,* Westport, Conn., Bergin et Garvey, 1987.

HALL, K. « Pour une littératie critique dès les premières années d'école » *in* D. Masny (éd.). *La culture de l'écrit : les défis à l'école et au foyer,* Laval, Éditions Logiques, 2001, p. 179-200.

LABRIE, N. et S.A. LAMOUREUX. « À la recherche de... l'éducation en langue française en Ontario » *in* N. Labrie et S.A. Lamoureux (éd.), *L'éducation de langue française en Ontario : enjeux et processus sociaux,* Sudbury, Prise de Parole, 2003, p. 11-30.

LANDRY, R. et R. ALLARD. « L'exogamie et le maintien de deux langues de de deux cultures : le rôle de la francité familioscolaire », *Revue des sciences de l'éducation*, 23 (1997), p. 561-592.

LANDRY, R. et R. ALLARD. *Langue de scolarisation et développement bilingue : le cas de la Nouvelle-Écosse*, n° 5, 2000. Document téléaccessible à l'URL : <www.teluq.uquebec.ca/diverscite/entree.htm>.

MASNY, D. « Meta-knowledge, critical literacy and minority language education. Language », *Culture and Curriculum*, vol. 9, n° 3 (1996), p. 260-278.

MASNY, D. « Les littératies et la mondialisation des savoirs » *in* L. Corriveau et W. Tulaskiwicz (éd.) *Mondialisation, politiques et pratiques de recherche*, Sherbrooke, les Éditions du CRP, 2001, p. 69-78.

MASNY, D. « Les littératies : un tournant dans la pensée et une façon d'être » *in* R. Allard (dir.), *Actes du colloque pancanadien sur la recherche en éducation en milieu francophone minoritaire : bilan et perspectives*, 2002. Document téléaccessible à l'URL : <www.acelf.ca/publi/crde/articles/14-masny.html>.

MASNY, D. « Multiple literacies: An alternative OR beyond Friere » *in* J. Anderson, T. Rogers, M. Kendrick and S. Smythe (éd.), *Portraits of literacy across families, communities, and schools: Intersections and tensions,* Mahwah, N.J., Lawrence Erlbaum Associates, 2005, p. 171-184.

MASNY, D. et T. DUFRESNE. « Apprendre à lire au XXIe siècle » *in* A.M. Dionne et M.J. Berger (éd.), *Les Littératies : perspectives familiale, linguistique et culturelle*, Ottawa, Les Presses de l'Université d'Ottawa, 2007.

MONKMAN, K. « Literacy on three planes: Infusing social justice and culture in the classroom », *Bilingual Research Journal*, vol. 27, n° 2 (2003), p. 245-248.

ROUTE DU SAVOIR. *Programme d'intervention en littératie familiale,* 2004. Documents téléaccessibles aux URL : <www.coindelafamille.ca/outils/download/441/01.htm> et <www.coindelafamille.ca/outils/download/441/05.htm>.

SNOW, C.E. *Predicting Literacy Outcomes: The role of preschool and primary school skills,* 2000. Document téléaccessible à l'URL : <www.cal.org/front/events/csnow-talk_files/frame.htm#slide0001.htm>.

THORKILDSEN, T. *Motivation and the struggle to learn,* Boston, Mass., Allyn et Bacon, 2002.

WAGNER, S., J.-P. CORBEIL, P. DORAY et É. FORTIN. *Alphabétisme et alphabétisation des francophones au Canada,* Ottawa, Statistiques Canada et Département des ressources humaines Canada, 2002.

Interventions enseignantes en lecture et réussite des élèves éprouvant des difficultés : état des lieux

Catherine Turcotte, Université d'Ottawa

RÉSUMÉ

Les difficultés d'apprentissage et l'échec scolaire sont souvent directement reliés à des difficultés en lecture. Plusieurs facteurs peuvent expliquer ces difficultés chez les lectrices et lecteurs débutants et plus âgés du primaire. Entre autres, l'enseignante ou l'enseignant et ses pratiques pédagogiques sont des éléments qui détiennent une influence majeure sur la réussite en lecture des élèves. Ce texte se base sur des recherches récentes dans le domaine de l'enseignement et de l'apprentissage de la lecture au primaire et fait état des pratiques pédagogiques exemplaires à adopter auprès des élèves débutants et ceux plus âgés qui éprouvent tout particulièrement des difficultés en lecture.

Les liens entre les difficultés en lecture et l'échec scolaire et le décrochage ne sont plus à démontrer (Barwick et Siegel 1996; Horowitz 2000). Puisque la population francophone minoritaire de l'Ontario est jugée comme étant à risque d'éprouver des difficultés d'apprentissage et de décrocher (Berger et Simon, 1996), il est justifié, voire essentiel de se pencher sur la question de l'enseignement de la lecture auprès des élèves en difficulté pour faire émerger des pistes d'intervention pédagogique, de formation et de recherche. À cet égard, les milieux de la recherche et de la pratique se concentrent depuis plus d'un siècle sur l'amélioration de l'enseignement de la lecture (Allington et McGill-Franzen, 2000) afin de prévenir et de contrer l'échec scolaire. De nombreuses études ont examiné les facteurs individuels (Purcell-Gates, 2001; Rayner, Foorman, Perfetti, Pesetsky et Seidenberg, 2001; Vellutino, 2003) et les facteurs relevant de la famille et de la communauté (Neuman et Celano, 2001; Scarborough, 1991; Sénéchal, 2000) associés à l'échec et au succès scolaire de l'élève. Or, il appert que les caractéristiques de l'enseignant et ses pratiques pédagogiques sont des facteurs des plus importants à considérer en ce qui a trait à la réussite en lecture des élèves, et ce, surtout auprès de ceux éprouvant un retard ou des difficultés (Block, 2001; Darling-Hammond, 2000; Snow, Burns et Griffin, 1998). Ce chapitre traite des pratiques pédagogiques en lecture auprès des lectrices et lecteurs débutants et plus âgés. Il s'inspire d'études récentes dans le domaine pour faire ressortir les pratiques considérées comme étant exemplaires.

L'ENSEIGNEMENT DE LA LECTURE AUPRÈS DU LECTEUR DÉBUTANT EN DIFFICULTÉ

Selon Snow, Burns et Griffin (1998), un enseignement de qualité en lecture dès les premières années de fréquentation à l'école constitue la meilleure arme contre l'échec scolaire. Toutefois, le modèle d'enseignement à privilégier n'a pas toujours fait l'objet d'un consensus. Cette partie traite des différentes approches en enseignement de la lecture auprès du lecteur apprenant.

Le grand débat

Durant de longues décennies, l'enseignement de la lecture a provoqué un débat au sujet de la meilleure méthode à employer. Deux visions distinctes de la lecture ont donné naissance à deux modèles, le modèle ascendant et le modèle descendant. Le premier modèle propose que la compréhension en lecture provient du décodage et de la compréhension orale (Pearson et Raphael, 1999). Les tenants de ce modèle préfèrent l'enseignement systématique du décodage, ce qui leur attire des critiques faisant état de l'ennui suscité par cette méthode et le risque que les élèves n'associent la lecture qu'au monde scolaire (PIREF, 2003; Rayner et coll., 2001). Le modèle descendant, pour sa part, stipule que la lecture est un processus de construction de sens (Goodman, 1989). L'expérience de la lecture à l'aide de textes signifants sans enseignement explicite est favorisée. Or, plusieurs chercheurs arguent que l'absence de l'enseignement systématique des habiletés de décodage propre à ce modèle mène plusieurs élèves à l'échec (Pierre, 2004; Stanovich, 1994). Puisqu'aucun de ces deux modèles ne semble générer un enseignement de qualité, l'enseignement exemplaire se trouverait-il dans l'amalgame des deux?

L'approche équilibrée et différenciée

Il semble qu'une réponse universelle sur ce que doit faire l'enseignant en lecture n'existe pas (Giasson, 2003). S'il veut favoriser la réussite, l'enseignant doit acquérir une excellente connaissance de l'ensemble des méthodes et de chacun des élèves de la classe afin de mettre en place une approche efficace en lecture (IRA, 1999). Ainsi, des études récentes (Juel et Minden-Cupp, 2000; Morrow, Tracey, Woo et Pressley, 1999; Pressley et coll., 1998; Taylor, Pearson, Clark et Walpole, 2000; Turcotte, Giasson et Saint-Laurent, 2004; Wharton-McDonald, Pressley et Hampton, 1998) démontrent de plus en plus l'intérêt d'une approche qui combine des modes diversifiés d'intervention. Selon ces dernières études, cette approche conjugue un enseignement systématique de l'identification des mots et l'aspect fonctionnel de la lecture en proposant des tâches qui sont authentiques et signifiantes. On qualifie cette approche d'équilibrée (Fitzgerald, 1999).

De plus, puisque aucune méthode n'obtient du succès auprès de tous les élèves, différencier l'enseignement s'impose afin de tenir compte des forces, des faiblesses et des besoins de chacun en lecture. Selon Perrenoud, la différenciation est vue comme l'action d'« investir non pas les mêmes moyens pour tous, mais des moyens proportionnés aux obstacles. Non pas en temps de scolarité, mais en attention, en intelligence, en inventivité, en qualité et en durée de la prise en charge personnalisée » (2003, p. 7). Des recherches démontrent à cet égard que ce qui importe au début de l'apprentissage de la lecture, c'est que tous les élèves réalisent des activités à leur niveau et que l'enseignant puisse ajuster son intervention tout au long de son accompagnement (Juel et Minden-Cupp, 2000; Morrow et coll., 1999).

L'enseignement de la lecture auprès des lecteurs débutants n'est donc pas une tâche aisée. D'ailleurs, l'une des principales conclusions de l'étude de Pressley et son équipe (1998) est que l'enseignement exemplaire de la lecture est formé d'une interaction complexe de plusieurs éléments. Par exemple, plus l'élève vieillit, plus l'enseignant doit tenir compte des enjeux motivationnels accompagnant les difficultés en lecture. Dans la prochaine partie, il sera ainsi question de l'apprentissage et de l'enseignement de la lecture auprès du lecteur plus âgé.

L'ENSEIGNEMENT DE LA LECTURE AUPRÈS DU LECTEUR PLUS ÂGÉ

La persistance des difficultés en lecture

Les difficultés en lecture présentes au tout début de la scolarité indiquent un départ scolaire inquiétant puisque 90 % des enfants qui terminent leur 1re année avec de faibles habiletés en lecture resteront des lecteurs à risque tout au long du primaire (McGill-Franzen et Allington, 1991). De plus, comme le rapporte Giasson, « vers la 3e et la 4e années, les textes à lire en classe commencent à être plus denses et plus abstraits » (1994a, p. 76). Parvenu à ce niveau de scolarité, un lecteur qui éprouve des difficultés se voit confronté à des textes scolaires qui augmentent en difficulté et ne lui permettent pas de consolider ses habiletés. À la fin du primaire, de nombreux élèves se démarquent donc en ne lisant toujours pas ou en lisant sans comprendre (Bintz, 1997). Ce moment est d'autant plus critique puisque au moment d'entrer au secondaire, la pratique, les attitudes et l'intérêt des élèves en lecture commencent à décliner sérieusement (Gervais, 1997; Lebrun, 2004; McKenna et Kear, 1995; MEQ, 1994; OQRE, 2003). Non seulement les difficultés de lecture persistent avec les années, mais, de surcroît, plusieurs élèves ne s'exercent plus à lire puisqu'ils en ont perdu le goût, et ce, malgré le fait que cela les aiderait grandement.

La différenciation de l'enseignement mise en place auprès de l'apprenti doit conséquemment se poursuivre auprès des élèves plus âgés, puisque des lecteurs de profils variés éprouveront différentes formes de difficultés relatives aux habiletés et à l'investissement dans la lecture.

L'engagement personnel et cognitif des élèves

Pour répondre à ces différentes formes de difficultés, les pistes d'intervention en matière de lecture sont nombreuses : acquisition du code, utilisation du contexte pour comprendre, gestion de la compréhension et établissement de stratégies (Van Grunderbeeck, 1994). Dans la même veine, des études (Knapp et coll., 1995; Taylor, Pearson, Peterson, et Rodriguez, 2003) révèlent que les pratiques enseignantes favorisant l'acquisition des habiletés de compréhension de haut niveau en lecture (inférences, prédictions, analyses) à partir de la 2e année jusqu'à la fin du primaire stimulent davantage, et ce, de façon significative, l'engagement cognitif et le progrès des élèves les plus à risque. Ainsi, l'enseignement des diverses habiletés et stratégies de lecture de mots et de compréhension demeure pertinent auprès d'élèves plus âgés. Or, comme le rapportent Pressley et ses collaborateurs (Pressley et coll., 2001) ainsi que Taylor, Peterson, Pearson, et Rodriguez (2002), plus les élèves lisent eux-mêmes, plus ils sont engagés activement dans leur apprentissage de la lecture et plus ils ont la possibilité de progresser. Les enfants qui aiment lire et qui passent beaucoup de temps à lire sont de meilleurs lecteurs (Morrow, 1992).

Du tout début du primaire jusqu'à la fin de ce cycle, les élèves bénéficient donc réellement d'un enseignement équilibré et différencié. En effet, l'enseignement formel, intensif, systématique et explicite des habiletés et stratégies peut aider à former des lecteurs compétents et engagés cognitivement. Toutefois, c'est principalement à l'aide de textes variés, authentiques et répondant aux besoins et intérêts des élèves qu'il sera possible de les engager à acquérir de bonnes attitudes et habitudes liées à la lecture (Cole, 2003; Giasson, 2000; IRA, 2000; Neuman, 1999). Il sera particulièrement question de cet aspect dans la prochaine partie.

DES PISTES PÉDAGOGIQUES À PRIVILÉGIER

Cette section traite de différentes interventions à privilégier en salle de classe pour favoriser l'engagement et la réussite en lecture.

L'environnement, les expériences et l'enseignant : trois facteurs jouant un rôle fondamental

En premier lieu, un environnement littéraire riche proposant du matériel de lecture varié et d'un niveau de difficulté approprié à différents types de lecteurs possède une grande influence sur les pratiques et les apprentissages en lecture (Gambrell, 1996; Giasson, 1994b; Neuman et Celano, 2001). Également, selon les recherches de Baribeau (2004), Ivey et Broaddus (2001), Worthy (2002) et Worthy et McKool (1996), les expériences en lecture proposées aux élèves ont également un effet sur leur engagement à lire. Les résultats de ces études révèlent : 1) que les élèves aiment avoir du temps pour lire librement sans être interrogés; 2) qu'ils apprécient fortement qu'on leur fasse la lecture, et ce, même jusqu'en 8e année et 3) que la promotion de livres par l'enseignant et les discussions en groupe sur les lectures se révèlent comme étant des activités motivantes. Les recherches indiquent à ce sujet que les discussions ouvertes sur les récits ont un effet positif sur la compréhension (Almasi, 1995, Almasi, McKeown et Beck, 1996; Jewell et Pratt, 1999).

D'emblée, la responsabilité d'offrir un tel environnement ainsi que des expériences de lecture stimulantes répondant aux besoins des élèves revient à l'enseignant. De plus, ses comportements et ses attitudes à l'égard de la lecture jouent un rôle déterminant sur le plan de l'engagement des élèves. En effet, pour créer de bons lecteurs, il faut des enseignants eux-mêmes véritablement engagés envers la lecture (Applegate et Applegate, 2004; Gambrell, 1996). Selon Dreher (2003), les enseignants lecteurs transmettent leur amour pour la lecture aux élèves, ce qui fournit un modèle en classe. D'ailleurs, lorsqu'il s'agit de convaincre les élèves que les livres détiennent une grande valeur, rien dans toute l'école n'a une plus grande incidence que les habitudes de lecture de l'enseignant (Perez, 1986).

Selon l'étude de Morrison, Jacobs et Swinyard (1999), les enseignants lecteurs se révèlent également plus compétents dans leur utilisation de pratiques pédagogiques recommandées en lecture. Bref, des interventions pédagogiques exemplaires combinées à des attitudes et habitudes engagées envers la lecture représentent les caractéristiques exemplaires d'un enseignant de la lecture au primaire.

CONCLUSION

Assurer la réussite en lecture de tous les élèves nécessite une bonne compréhension des différentes méthodes d'enseignement existantes, de l'expérience dans la gestion de ces méthodes, une connaissance des différents lecteurs et lectrices de la classe, la conviction que tous les élèves peuvent s'améliorer s'ils ont la chance de réaliser des activités à leur niveau, le désir de s'améliorer professionnellement, et surtout, un engagement sincère, transparent et inspirant à l'égard de la lecture. Afin de permettre à une majorité de praticiens d'accéder à ce profil, il serait intéressant de connaître quels processus, expériences et événements ont amené des enseignants exemplaires à développer leur modèle pédagogique. Davantage d'études sur l'identité professionnelle des enseignants exemplaires et sur les origines de leurs pratiques sont ainsi nécessaires pour arriver à acquérir une meilleure connaissance de ces modèles et contribuer à la formation initiale et continue des enseignants.

RÉFÉRENCES

ALLINGTON, R.L. et A. MCGILL-FRANZEN. « Looking back, looking forward: A conversation about teaching reading in the 21th century », *Reading Research Quarterly*, 35 (2000), p. 136-153.

ALMASI, J.F. « The nature of fourth graders' sociocognitive conflicts in peer-led and teacher led discussions of literature », *Reading Research Quarterly*, 30 (1995), p. 314-351.

ALMASI, J.F., M.G. MCKEOWN et I.L. BECK. « The nature of engaged reading in classroom discussions of literature », *Journal of Literacy Research*, 1 (1996), p. 107-146.

APPLEGATE, A.J. et M.D. APPLEGATE. « The Peter Effect: Reading habits and attitudes of preservice teachers », *The Reading Teacher*, 57 (2004), p. 554-563.

BARIBEAU, C. « Les profils d'adolescents lecteurs » *in* M. Lebrun (éd.), *Les pratiques de lecture des adolescents québécois*. Sainte-Foy, Québec, MultiMondes, 2004.

BARWICK, M.A. et L.S. SIEGEL. « Learning Difficulties in Adolescent Clients of a Shelter for Runaway and Homeless Street Youths », *Journal of Research on Adolescence*, 6 (1996), p. 649-70.

BERGER, M.J. et M. SIMON. *Projet interprovincial en lecture et en écriture*, rapport final soumis au Ministère de l'Éducation de l'Ontario, 1996.

BINTZ, W.P. « Exploring Reading Nightmares of Middle and Secondary School Teachers », *Journal of Adolescent & Adult Literacy*, 4 (2001), p. 12-24.

BLOCK, C.C. « The case for exemplary instruction especially for students who begin school without the precursors for literacy success ». *National Reading Conference Yearbook*, 49 (2001), p. 421-440.

COLE, J.E. « What Motivates Students To Read? Four Literacy Personalities », *The Reading Teacher*, 56 (2003), p. 326-36.

DARLING-HAMMOND, L. « Teacher quality and student achievement: A review of state policy and evidence », *Education Policy Analysis Archives*, 8 (2000). Document téléacessible à l'URL : <http://epaa.asu.edu/epaa/v8n1/> (19 mai 2004).

DREHER, M.J. « Motivating Teachers To Read », *The Reading Teacher*, 56 (2003), p. 338-40.

FITZGERALD, J. « What is this thing called ""balance"? », *The Reading Teacher*, 53 (1999), p. 100-107.

GAMBRELL, L.B. « Creating classroom cultures that foster reading motivation », *The Reading Teacher*, 50 (1996), p. 14-25.

GERVAIS, F. *École et habitudes de lecture*, Montréal, De la Chenelière/McGraw-Hill, 1997.

GIASSON, J. « Lecture et élèves à risque » *in* L. Saint-Laurent, J. Giasson, C. Simard, J.J. Dionne, E. Royer, et coll. (éd.), *Programme d'intervention auprès des élèves à risque : une nouvelle option éducative*, Boucherville, Québec, Gaëtan Morin Éditeur, 1994a, p. 73-80.

GIASSON, J. (1994b). « Lire avant tout » *in* L. Saint-Laurent, J. Giasson, C. Simard, J.J. Dionne, E. Royer, et coll., *Programme d'intervention auprès des élèves à risque : une nouvelle option éducative*, Boucherville, Québec, Gaëtan Morin Éditeur, 1994b, p. 81-91.

GIASSON, J. *Les textes littéraires à l'école*, Boucherville, Québec, Gaëtan Morin Éditeur, 2000.

GIASSON, J. *La lecture : de la théorie à la pratique* (2e édition), Boucherville, Québec, Gaëtan Morin Éditeur, 2003.

GOODMAN, Y. « Roots of the whole-language movement », *Elementary School Journal*, 90 (1989), p. 113-127.

HOROWITZ, J. « Teaching Older Nonreaders How To Read », *The Reading Teacher*, 54 (2000), p. 24-26.

INTERNATIONAL READING ASSOCIATION (IRA). *Using multiple methods of beginning reading instruction: A position statement of the international reading association*, Newark, DEL, International Reading Association, 1999.

INTERNATIONAL READING ASSOCIATION (IRA). *Excellent reading teacher. A position statement of the international reading association*, Newark, DEL, International Reading Association, 2000.

IVEY G. et K. BROADDUS. « "Just plain reading": A survey of what makes student want to read in middle school classrooms », *Reading Research Quarterly*, 36 (2001), p. 350-377.

JEWELL, T.A. et D. PRATT. « Literature discussions in the primary grades: Children's thoughtful discourse about books and what teachers can do to make it happen », *The Reading Teacher*, 52 (1999), p. 842-850.

JUEL, C. et C. MINDEN-CUPP. « Learning to read words: Linguistic units and instructional strategies », *Reading Research Quarterly*, 35 (2000), p. 458-492.

KNAPP, M.S., ADELMAN, N.E., MARDER, C., MCCOLLUM, H., NEEDELS, M.C., PADILLA, C., SHIELDS, P.M., TURNBULL, B.J. et ZUCKER, A.A. *Teaching for meaning in high-poverty classrooms*. New York, NY, Teachers College Press, 1995.

LEBRUN, M. *Les pratiques de lecture des adolescents québécois*. Québec, Éditions Multimondes, 2004.

MCGILL-FRANZEN, A. et R.L. ALLINGTON. « The Gridlock of Low Reading Achievement: Perspectives on Practice and Policy », *Remedial & Special Education (Rase)*, 12 (1991), p. 20-30.

MCKENNA, M.C., D.J. KEAR et R.A. ELLSWORTH. « Children's Attitudes toward Reading: A National Survey », *Reading Research Quarterly*, 30 (1995), p. 934-935.

MINISTÈRE DE L'ÉDUCATION DU QUÉBEC (MEQ). *Compétence et pratiques de lecture des élèves québécois et français. Une comparaison Québec-France*. Gouvernement du Québec, 1994.

MORRISON, T.G., JACOBS, J.S. et SWINYARD, W. « Do Teachers Who Read Personally Use Recommended Literacy Practices in Their Classrooms? », *Reading Research & Instruction*, 38 (1999), p. 81-100.

MORROW, L.M. « The Impact of a Literature-Based Program on Literacy Achievement, Use of Literature, and Attitudes of Children from Minority Backgrounds », *Reading Research Quarterly*, 27 (1992), p. 250-275.

MORROW, L.M., D.H. TRACEY, D. WOO et M. PRESSLEY. « Characteristics of exemplary first-grade literacy instruction » *The Reading Teacher*, 52 (1999), p. 462-476.

NEUMAN, S.B. Books make a difference: A study of access to literacy. *Reading Research Quarterly*, 34 (1999), p. 286-311.

NEUMAN, S.B. et CELANO, D. « Access to print in low-income and middle-income communities », *Reading Research Quarterly*, 36 (2001), p. 8-26.

OFFICE DE LA QUALITÉ ET DU RENDEMENT (OQRE). *Tests en lecture, écriture et mathématiques, 3e année et 6e année*. Rapport sur les résultats provinciaux, Ontario, 2003.

PEARSON, D.P. et T.E. RAPHAEL. « Toward an ecologically balanced literacy curriculum *in* L.B. Gambrell, L.M. Morrow, S.B. Neuman et M. Pressley (éd.), *Best practices in literacy instruction*, New York, NY, The Guilford Press, 1999, p. 22-33.

PEREZ, S.A. « Children see, children do: teachers as reading model », *The reading teacher*, 40 (1986), p. 8-11.

PERRENOUD, P. "À chacun son rythme". *Une idée fausse sur les cycles, mais qui a la vie dure!* », Bulletin du GAPP (Groupement cantonal genevois des associations de parents d'élèves des écoles primaires et enfantines), 94 (2003), p. 7-8. <http://www.unige.ch/fapse/SSE/teachers/perrenoud/php_main/php_2003/2003_20.html" \t "newwindow">

PIERRE, R. « Décoder pour comprendre : le modèle québécois en question », *Revue des sciences de l'éducation*, 21 (2004), p. 101-136.

PIREF. *Conférence de consensus : l'enseignement de la lecture à l'école primaire. Des premiers apprentissages au lecteur compétent*. Ministère jeunesse, éducation, recherche, Paris, décembre, 2003.

PRESSLEY, M., R. ALLINGTON, K. BAKER, G. BROOKS, C.C. BLOCK, J. CRONIN, L. MORROW, E. NELSON, D. TRACEY, R. WHARTON-MCDONALD et D. WOO. *The nature of effective first grade literacy instruction*. University at Albany, CELA (rapport n° 11007), 1998.

PRESSLEY, M., R. WHARTON-MCDONALD, R. ALLINGTON, C.C. BLOCK, L. MORROW, D. TRACEY, K. BAKER, G. BROOKS, J. CRONIN, E. NELSON et D. WOO. « A study of effective first-grade literacy instruction », *Scientific Studies of Reading*, 5 (2001), p. 35-58.

PURCELL-GATES, V. « What we know about readers who struggle » *in* R.F. Flippo (éd.), *Reading researchers in search of common ground*, Newark, DE, International Reading Association, 2001, p. 118-128.

RAYNER, K., B.R. FOORMAN, C.A. PERFETTI, D. PESETSKY et M.S. SEIDENBERG. « How Psychological Science Informs the Teaching of Reading », *American Psychology Society*, 2 (2001), p. 31-74.

SCARBOROUGH, H.S. « Antecedents to reading disability: preschool language development and literacy experiences of children from dyslexic families » *Reading and Writing: An Interdisciplinary Journal*, 3 (1991), p. 219-233.

SÉNÉCHAL, M. « Examen du lien entre la lecture de livres et le développement du vocabulaire chez l'enfant préscolaire », *Enfance*, 52 (2000), p. 169-186.

SNOW, C., S. BURNS et P. GRIFFIN. *Preventing reading difficulties in young children*, Washington, DC, National Academy Press, 1998.

STANOVICH, K.E. « Constructivism in reading education », *The Journal of Special Education*, 28 (1994), p. 259-274.

TAYLOR, B.M., D.P. PEARSON, K.F. CLARK et S. WALPOLE. « Effective schools and accomplished teachers: Lessons about primary-Grade reading instruction in low income schools », *The Elementary School Journal*, 101 (2000), p. 121-165.

TAYLOR, B.M., D.P. PETERSON, P.D. PEARSON et M.C. RODRIGUEZ. « Looking inside classrooms: Reflecting on the "how" as well as the "what" in effective reading instruction », *The Reading Teacher*, 56 (2002), p. 270-279.

TAYLOR, B.M., D.P. PETERSON, P.D PEARSON et M.C. RODRIGUEZ. « Reading growth in high-poverty classrooms: the influence of teacher practices that encourage cognitive engagement in literacy learning », *The Elementary School Journal*, 104 (2003), p. 3-27.

TURCOTTE, C., J. GIASSON et L. SAINT-LAURENT. « La relation entre le style d'intervention de l'enseignante en lecture et le progrès des élèves à risque en première année du primaire », *McGill Journal of Education*, 39 (2004), p. 183-199.

VAN GRUNDERBEECK, N. *Les difficultés en lecture : diagnostic et pistes d'intervention*, Boucherville, Québec, Gaétan Morin, 1994.

VELLUTINO, F.R. « Individual differences as sources of variability in reading comprehension in elementary school children » *in* A.P. Sweet et C. Snow (Éds), *Rethinking reading comprehension*, New York, The Guilford Press, 2003.

WHARTON-MCDONALD, R., M. PRESSLEY et M.J. HAMPTON. « Literacy instruction in nine first-grade classrooms: Teachers characteristics and student achievement », *The Elementary School Journal*, 99 (1998), p. 101-128.

WORTHY, J. et S.S. MCKOOL. « Students who say they hate to read: The importance of opportunity, choice, and access », *National Reading Conference Yearbook*, 45 (1996), p. 245-256.

WORTHY, J. « What makes intermediate-grade students want to read? », *The Reading Teacher*, 55 (2002), p. 568-569.

TROISIÈME PARTIE

Arts et culture

INTRODUCTION

La présente section est composée de deux recherches portant sur le domaine de l'éducation artistique. Le premier texte, de Lise Robichaud, expose la relation entre l'éducation et le développement des arts visuels ainsi que les paradigmes influençant les pratiques pédagogiques des enseignants de l'Acadie du Nouveau-Brunswick. Le texte suivant, de Josée Benoît, étudie les motivations poussant les adolescents à suivre un programme de formation musicale. De ces deux textes, il ressort que l'éducation artistique peut constituer un véhicule culturel particulièrement influent, surtout dans un contexte minoritaire.

La contribution de l'éducation au développement des arts visuels de l'Acadie du Nouveau-Brunswick

Lise Robichaud, Université de Moncton

RÉSUMÉ

Cette recherche qualitative présente un portrait de l'art et de l'éducation artistique qui se font dans l'un des milieux minoritaires de langue française au Canada. Le contexte est celui de l'Acadie du Nouveau-Brunswick. Par une méthodologie empruntant à la recherche historique, l'étude révèle les différents paradigmes présents dans les arts visuels et dans les stratégies d'enseignement des arts visuels chez les francophones du Nouveau-Brunswick. La conclusion rappelle que les découvertes faites par les artistes dans leurs praxis viennent enrichir l'enseignement des arts visuels, d'où l'importance pour le milieu de l'éducation de se tenir au courant des nouvelles tendances artistiques.

Le texte qui suit présente les résultats d'une recherche qualitative ayant pour but de déterminer l'apport de l'éducation au développement des arts visuels en milieu culturel acadien au Nouveau-Brunswick. Par une recherche historique et une analyse de documents, on a procédé au recensement des différents paradigmes qui soutiennent les pratiques artistiques et pédagogiques de l'Acadie du Nouveau-Brunswick. Un paradigme étant un regroupement de suppositions qui influencent les recherches scientifiques ainsi que la formation de théories et de modèles de pensée (Kuhn, 1970). Il existe plusieurs paradigmes et dans ceux-ci s'inscrivent autant les œuvres d'art que les théories en enseignement des arts visuels.

RECHERCHE HISTORIQUE

La recherche historique est utilisée dans la discipline de l'éducation artistique pour découvrir l'histoire de l'enseignement des arts visuels. Cela a permis, entre autres, de parler du type d'enseignement de l'art qui s'est fait aux États-Unis dès le XIXe siècle (Stankiewicz, 1997). Il existe plusieurs études portant sur l'histoire de l'enseignement des arts visuels au Canada. Dans l'est du Canada par exemple, on retrouve des écrits sur l'histoire de l'enseignement des arts visuels au Québec francophone (Couture et Lemerise, 1980; Lussier, 1980) et anglophone (Sherman, 1997). Au Nouveau-Brunswick Don Soucy, un auteur de méthodologie en histoire de l'enseignement des arts visuels (Soucy, 1990), a écrit sur l'histoire de l'enseignement des arts visuels du côté anglophone.

En ce qui concerne les francophones du Nouveau-Brunswick, le volet « histoire de l'enseignement des arts visuels » fut peu étudié. On a seulement écrit quelques textes sur le sujet (ex. : Robichaud, 1990; Robichaud, 1994). Il reste encore des études à faire sur ce terrain.

En ce qui a trait à la méthodologie, c'est le modèle de Stankiewicz (1997) qui a été adopté ici. Sa vision de l'histoire de l'enseignement des arts visuels intègre d'autres formes d'histoire, en particulier l'histoire de l'éducation et l'histoire de l'art. Elle propose un processus de recherche historique en trois étapes.

La première étape du processus de recherche historique concerne le choix du sujet. Cette étape, selon Stankiewicz (1997), requiert l'établissement des lacunes et anomalies dans les écrits historiques en enseignement des arts visuels. Par la suite, il s'agit de choisir un sujet qui nous tient à cœur tout en étant significatif pour le champ d'études.

La deuxième étape concerne la compilation de données de sources primaires et secondaires. À ce sujet, Stankiewicz (1997) prescript de lire les écrits, d'écouter les témoignages, de regarder les photographies et les objets d'art tout en s'assurant de l'authenticité et de la crédibilité des sources d'information. Après, on prépare les chronologies afin de montrer ce qui a eu lieu et quand.

Quant à la troisième étape, elle consiste à interpréter les données sous forme d'histoire racontée tout en gardant l'intérêt du lecteur. Finalement, ce sont donc ces trois étapes, proposées par Stankiewicz (1997), qui ont guidé le processus de cette recherche historique visant à identifier la contribution de l'éducation au développement des arts visuels de l'Acadie du Nouveau-Brunswick.

LE CHOIX DU SUJET

La contribution de l'éducation au développement des arts visuels du Nouveau-Brunswick est ancrée dans mon contexte de vie. L'histoire de l'Acadie, l'histoire de l'art, ainsi que l'enseignement et la création en arts visuels me passionnent. Ayant une double spécialisation : professeure d'éducation artistique (expérience : enseignement de la maternelle à la 12e année au postsecondaire) j'ai aussi une praxis en art actuel qui m'amène à réaliser des installations dans la francophonie canadienne et internationale

(<www.umoncton.ca/gaum/>). Ces expériences viennent façonner qui je suis comme chercheure en éducation artistique. Je travaille donc comme sujet participant dans les recherches qualitatives que je mène en milieu culturel acadien au Nouveau-Brunswick.

Le terrain de l'enseignement des arts visuels en Acadie étant peu défriché (Robichaud, 2003), il y a matière à recherche pour les personnes intéressées. Des anomalies dans les écrits sur l'histoire de l'enseignement des arts visuels au Canada existent. L'une d'entre elles est qu'on retrouve peu d'information et des omissions en ce qui concerne les groupes minoritaires. Pourtant, les recherches en histoire de l'enseignement en milieu francophone minoritaire peuvent contribuer à faire avancer nos domaines respectifs et à faire sortir les minorités des courants cachés que les historiens appellent en anglais le « hiddenstream ». (Collins et Sandell, 1984). J'y vois, par le fait même, un moyen pour nous, les francophones du Nouveau-Brunswick, d'affirmer, entre autres, une présence de notre identité de peuple acadien au sein du Canada.

Ces diverses raisons me motivent à faire de la recherche historique en enseignement des arts visuels et à poser la question suivante : Quelle est la contribution de l'éducation au développement des arts visuels en éducation de langue française chez les Acadiens du Nouveau-Brunswick? Cette question est d'ordre général, mais elle vise à apporter un éclairage sur le rôle que l'éducation pourrait jouer dans le domaine des arts visuels, et vice versa.

Trouver des réponses à cette question prend un sens particulier pour la culture acadienne et pour le domaine de l'enseignement des arts visuels au Canada. On pense que c'est là le champ de contribution des résultats de cette étude et, d'un point de vue méthodologique, cela s'ancre dans la première étape du processus de recherche historique tel que présenté par Stankiewicz (1997, p. 59).

CUEILLETTE ET ANALYSE DES DONNÉES

La deuxième étape du processus de recherche concerne les données. Cette cueillette, amorcée en 2003 (Robichaud, 2003), a d'abord pris la forme de ressources documentaires en matière d'éducation artistique. Quant aux données reliées au monde de l'art (volet création), elles regroupent des expositions en montre dans les galeries d'art et musées de la province du Nouveau-Brunswick. De plus, des documents sur Internet, des catalogues d'expositions, des articles de revues spécialisées ainsi que des livres portant sur des artistes acadiens et acadiennes ont servi de données aux fins d'analyse de contenu.

Il devient donc important pour toutes les personnes enseignantes de se tenir au courant des nouvelles praxis artistiques et de l'évolution de l'enseignement des arts visuels.

Quant à la grille d'analyse de contenu, elle fut développée en intégrant les trois paradigmes en éducation artistique selon Efland, Freedman et Stuhr (1996). À ces paradigmes prémodernes (beauté de la nature), modernes (l'art pour l'art) et postmodernes (focus sur le processus), j'ai ajouté les paradigmes écologiques et technologiques, car ils sont les plus récents.

En tout, cinq paradigmes furent utilisés pour classer les données sur l'art de l'Acadie du Nouveau-Brunswick et sur les théories en enseignement des arts visuels issues du contexte culturel acadien. En éducation artistique, il s'agit des paradigmes prémodernes, par exemple l'approche pédagogique de Léger (Léger, 2004); des paradigmes modernes, telle l'approche pédagogique de Boudreau et Roussel (Robichaud, 1994); des paradigmes postmodernes, comme la formation au postsecondaire (Robichaud, 1998); des paradigmes écologiques, tels la formation et le milieu de vie (Robichaud, 1996); des paradigmes nouvelles technologies, comme les arts médiatiques et éducation (Robichaud, 2004).

Ces cinq paradigmes se retrouvent aussi dans le volet création en arts visuels en milieu francophone du Nouveau-Brunswick. En voici la liste accompagnée d'exemples de noms d'artistes ayant une praxis artistique présentant des caractéristiques de ces paradigmes : paradigme prémoderne (avant les années 1960), Jeanne Léger; paradigme moderne, Claude Roussel, Marie-Hélène Allain; Roméo Savoie; Claude Gauvin (et présence du prémoderne après les années 1960); paradigme postmoderne, Paul Édouard Bourque (et présence du prémoderne et du moderne dans les années 1980); paradigme écologique, Guy Duguay (1993), Symposium d'art nature de l'Acadie 2004 (2004), Julie Forges (notion du paysage par la photographie, 2005); paradigme des nouvelles technologies (2005), Luc Charrette, Daniel Dugas, Valérie Leblanc.

INTERPRÉTATION DES DONNÉES

En ce qui a trait à la troisième étape de la recherche historique, Stankiewicz (1997) propose d'interpréter les données sous forme d'histoire racontée. Voici donc cette vignette :

Sur le plan de l'éducation artistique, ce sont les paradigmes un (prémoderne) et deux (moderne) qui dominent dans les cours privés. En effet, plusieurs de ces cours privés mettent de l'emphase à représenter la beauté de la nature et vise quelquefois l'abstraction par les formes et les couleurs. Toujours en éducation artistique, mais en milieu scolaire et universitaire, on retrouve des pratiques issues des paradigmes prémoderne, moderne et postmoderne.

Ainsi, à l'Université de Moncton, depuis la fondation du Département d'arts visuels en 1963, l'art acadien connaît un essor remarquable. De l'art visant à représenter la beauté de la nature (ex. : l'art pour décorer les églises) les arts visuels en Acadie entraient dans le paradigme moderne avec l'enseignement de Claude Roussel qui revenait de l'École des beaux-arts de Montréal. Aujourd'hui, la formation en arts visuels au postsecondaire présente des caractéristiques de l'art contemporain comme en témoignent plusieurs œuvres de l'exposition 2005 des finissantes et finissants en arts visuels dont les créations artistiques ont été en montre à la Galerie d'art de l'Université de Moncton.

Les paradigmes technologiques et environnementaux sont moins présents dans les pratiques pédagogiques. Toutefois, ils sont observables dans le champ des arts visuels sur le plan de la création artistique. En effet, dans le monde des arts visuels de l'Acadie du Nouveau-Brunswick, les cinq paradigmes sont présents. Les créations artistiques que réalisent les artistes professionnelles et professionnels présentent des caractéristiques des différents paradigmes.

Il faut avouer que beaucoup d'œuvres contiennent des caractéristiques des paradigmes prémoderne et moderne, alors qu'il y en a un peu moins qui s'insèrent dans le paradigme postmoderne. Toutefois, ce sont dans les pratiques artistiques reliées aux paradigmes écologiques (art nature) et technologiques (arts médiatiques) que se fait actuellement l'innovation dans l'art acadien du Nouveau-Brunswick. Les arts médiatiques représentent un courant présent dans le milieu de l'art et ils s'intègrent lentement au domaine de l'enseignement des arts visuels, et ce, autant dans le milieu scolaire (Robichaud 2004) qu'universitaire francophone du Nouveau-Brunswick.

Ainsi se trace un portrait de l'apport de l'éducation au domaine des arts visuels qui met en lumière un des rôles que peut jouer l'éducation en 2005 sur le plan de l'éducation artistique.

CONCLUSION

Pour conclure, on peut affirmer que la contribution de l'éducation au développement des arts visuels de l'Acadie du Nouveau-Brunswick rappelle qu'en milieu culturel acadien, comme ailleurs, l'éducation contribue à l'avancement des connaissances et de la recherche en arts visuels. Les résultats de cette étude qualitative, qui emprunte sa méthodologie à la recherche historique, révèlent que c'est le milieu de l'art, par ses découvertes, qui fait avancer l'enseignement des arts visuels et non l'inverse. Il en découle une prise de conscience par rapport à l'importance de suivre de près l'actualité en arts visuels. Il devient donc important pour toutes les personnes enseignantes de se tenir au courant des nouvelles praxis artistiques et de l'évolution de l'enseignement des arts visuels.

Se tenir au courant des développements qui se font dans le domaine de l'art actuel, voilà une stratégie pouvant être suivie dans le but de faire évoluer le champ de l'enseignement des arts visuels. Avec des artistes comme Eulalie Boudreau, Claude Roussel et d'autres avant eux, les praxis artistiques en Acadie ont ouvert le chemin à l'enseignement des arts visuels. Aujourd'hui, des praxis en arts médiatiques comme celles de Luc Charrette et de Valérie Leblanc ainsi que celles d'autres artistes en art actuel viennent enrichir l'enseignement des arts visuels.

Le phénomène de la formation en arts visuels dans les environnements éducatifs en milieu scolaire et privé mérite d'être étudiés davantage afin de rendre intelligible le phénomène de la formation formelle et informelle en arts visuels. Des études de ce genre, menées sur le terrain des francophones du Nouveau-Brunswick, verraient des résultats transférables à d'autres langues et cultures. Un tel modèle serait une bonne base pour esquisser une théorie en éducation artistique. Voilà une piste de recherche à suivre.

RÉFÉRENCES

COLLINS, G. et R. SANDELL. *Women, art and education*, Reston: National Art Education Association, 1984.

COUTURE, F. et S. LEMERISE. « Insertion sociale de l'école des beaux-arts de Montréal : 1923-1969 » *in* F. Couture, B. Joyal, L. Landry, S. Lemerise, C. Lussier et A. Wallo. *L'enseignement des arts au Québec*, Montréal, Université du Québec à Montréal, 1980, p. 1-70.

DUGUAY, G. *Œuvre de la couverture*, Éloizes, 19 (1993), p. 4.

EFLAND, A, K. FREEDMAN et P. STUHR. *Postmodern Art Education: An approach to curriculum*, Reston, National Art Education Association, 1996.

KUHN, T.S. *The structure of scientific revolutions* (2e éd., augmentée), Chicago, University of Chicago Press, 1970.

LÉGER, J.P. *Techniques du portrait, de la perspective et du dessin : Plaisir de peindre avec J.-P. Léger.* Chicoutimi, Les éditions JCL, 2004.

LUSSIER, C. « L'évolution de l'enseignement des arts plastiques dans le système public », *L'enseignement des arts au Québec*, Montréal, Université du Québec à Montréal, 1980, p. 70-114.

ROBICHAUD, L. *Voir l'art. Des artistes acadiens en milieu scolaire francophone au Nouveau-Brunswick,* Moncton, Michel Henry éditeur, 1990.

ROBICHAUD, L. « Apport de deux pionniers en éducation par l'art dans le milieu culturel acadien au Nouveau-Brunswick au cours des années 1960 », *Canadian Review of Art Education,* vol. 21, n° 2 (1994), p. 107-117.

ROBICHAUD, L. « Analyse des concepts de culture et d'art contemporain pour une approche de reconstruction », *Canadian Review of Art Education*, vol. 23, n° 1 (1996), p. 50-67.

ROBICHAUD, L. (1998). « Enseignement des arts visuels en contexte régional acadien » *in* M. Richard, M et S. Lemerise (éd.), *Les arts plastiques à l'école*, Montréal, Éditions Logiques, 1998, p. 307-322.

ROBICHAUD, L. « Répertoire de la recherche en enseignement des arts visuels en milieu francophone minoritaire au Canada » *in* R. Allard (éd.), *Actes du colloque pancanadien sur la recherche en éducation en milieu francophone minoritaire : Bilan et prospectives*, Moncton, Centre de recherche et de développement en éducation de l'Université de Moncton, 2003, p. 186-193.

ROBICHAUD, L. « Création en arts médiatiques et transferts en éducation artistique/New media, children and visual art education » *in* A. Cohen et C. Moghrabi (éd.), *Proceedings international Conference on New Media Research Networks*, UPEI, Charlottown, 2004, p. 27-32.

SHERMAN, L. « The Anne Savage collection of adolescent art works » *in* S. Lemerise (dir.), *En pièces détachées : petites histoires de l'enseignement du dessin au Québec*, Montréal, Université du Québec à Montréal, 1997.

SOUCY, D. *Art education historial methodology: An insider's guide to doing and using*, Pasadena, CA: Seminar for Research in Art Education/Open Door Publishers, 1990.

STANKIEWICZ, M. « Historical Research Methods in Art Education » *in* S.D. LaPierre et E. Zimmerman (éd.), *Research methods and methodologies for Art Education*, Reston, The National Art Education Association, 1997, p. 57-73.

Les motifs d'élèves de 9ᵉ année à s'inscrire à un programme spécialisé en musique

Josée Benoît

RÉSUMÉ

L'abolition d'une année de scolarité au secondaire et la récente réforme scolaire en Ontario font en sorte que les élèves ont peu de place pour suivre des cours optionnels, entre autres, en arts. Par conséquent, certaines écoles font de grands efforts pour inciter les élèves à recevoir une formation artistique en développant des programmes spécialisés. Pour mieux comprendre ce qui motive des élèves à s'inscrire à un programme spécialisé en musique, cette étude fut réalisée auprès d'élèves de 9ᵉ année inscrits dans un tel programme dans une école secondaire de langue française de l'Ontario. Cette recherche s'appuie sur la théorie de l'autodétermination (Deci et Ryan, 1985) qui reconnaît la prédominance des besoins d'autonomie, de compétence et d'appartenance pour favoriser la motivation et le bien-être.

Les adolescents accordent beaucoup de valeur à la musique dans leur vie de tous les jours, plus particulièrement à la musique populaire (Lamont, Hargreaves, Marshall et Tarrant, 2003; North, Hargreaves et O'Neill, 2000; Thompson, 1991). Comme le font remarquer North et ses collègues (2000), les jeunes de 13 et 14 ans sont suffisamment motivés pour passer une grande partie de leur temps libre à participer à des activités musicales, que ce soit écouter de la musique ou jouer un instrument. En effet, la musique leur sert même de moyen pour définir leur identité personnelle et sociale (North et coll., 2000; Tarrant, North et Hargreaves, 2002).

Cependant, plusieurs recherches observent que l'importance accordée à la musique dans la vie des adolescents se développe la plupart du temps à l'extérieur de l'école (North et coll., 2000; Rutkowsky, 1994). Les adolescents auraient tendance à dévaloriser la formation musicale de l'école, s'intéressant plutôt aux activités musicales qu'ils organisent eux-mêmes. C'est pourquoi certains élèves du secondaire manifestent peu de motivation à suivre des cours de musique offerts dans le cadre scolaire (Austin et Vispoel, 1998; Lamont, 2002; North et coll., 2000; Ross, 1995; Rutkowsky, 1994).

Pourtant, certains adolescents sont suffisamment motivés dans leur formation musicale au point de s'y investir et de développer leurs compétences au maximum de leur potentiel (Csikszentmihalyi, Rathunde et Whalen, 1993). Ces chercheurs constatent que le comportement et les choix des adolescents dépendent beaucoup de leur motivation et des expériences qu'ils retirent en s'engageant dans une activité. En ce sens, la motivation des adolescents peut dépendre de l'intensité avec laquelle ces derniers vivent une expérience donnée. Selon Csikszentmihalyi et ses collègues, il peut arriver qu'une personne soit tellement concentrée et absorbée par ce qu'elle vit qu'elle en perd le sens du temps et de l'espace. C'est ce que ces chercheurs qualifient d'expérience optimale ou de *flow*. Le fait de vivre de telles expériences motive les adolescents à développer leurs compétences et à persévérer dans leur domaine d'intérêt. Cependant, les adolescents ont besoin d'un environnement d'apprentissage stimulant et encourageant, tant au sein du foyer qu'en milieu scolaire, afin de se sentir motivé à apprendre et à persévérer dans leur apprentissage (Csikszentmihalyi et coll., 1993; Davidson, Howe, Moore et Sloboda, 1996).

Certaines recherches démontrent qu'il est aussi important de tenir compte du contexte socioculturel de l'élève (Lamont et coll., 2003; Tarrant et coll., 2002). Par ailleurs, peu d'études ont eu lieu dans un contexte d'éducation musicale au Canada, plus spécifiquement en milieu minoritaire francophone canadien (Lowe, 2003). La présente recherche est ainsi réalisée dans un contexte franco-ontarien. Puisque l'élève en milieu minoritaire est souvent exposé à deux langues et à deux cultures, les attentes du milieu scolaire et du milieu de vie de l'élève ne coïncident pas toujours (Bernard, 1997). Il peut donc devenir difficile pour l'élève de s'identifier simultanément à deux milieux distincts.

À ce premier obstacle, s'en ajoute un second. La récente réforme dans les écoles secondaires de l'Ontario apporte des changements majeurs qui risquent de nuire à l'éducation artistique. D'abord, l'abolition d'une année de scolarité au secondaire fait en sorte que l'horaire de cours des élèves est chargé, ce qui leur laisse peu de temps pour suivre des cours optionnels, entre autres en arts. Puisque moins d'élèves s'inscrivent à ces cours, le nombre de cours d'arts offerts à l'école secondaire a également diminué (King, 2004).

En conséquence, pour contrer la baisse d'inscriptions et inciter les élèves à recevoir une formation en arts, des écoles secondaires de l'Ontario mettent sur pied des programmes spécialisés en arts qui visent à développer le potentiel artistique de l'élève. En général, l'élève au secondaire en Ontario est tenu de suivre un seul cours obligatoire en éducation artistique et ce cours peut être suivi soit en musique, en arts visuels, en art dramatique ou en danse. Par contre, les élèves qui choisissent de s'inscrire à un programme spécialisé en arts ont l'occasion de perfectionner leurs compétences artistiques en suivant des cours d'arts spécialisés tout au long de leurs études secondaires. Ainsi, plutôt que de suivre un cours de musique régulier simplement pour remplir les exigences du programme en suivant le cours obligatoire en éducation artistique, des élèves choisissent de s'investir davantage dans leur formation musicale en s'inscrivant à un programme spécialisé.

C'est en ce sens que la présente recherche s'intéresse à la motivation d'élèves de 9e année à s'inscrire à un programme spécialisé en musique dans une école secondaire de langue française de l'Ontario. Elle propose de répondre à la question suivante : Quels sont les motifs qui incitent des élèves de 9e année à s'inscrire à un programme spécialisé en musique? La première section de ce texte présente la théorie de l'autodétermination comme cadre d'interprétation à la recherche. Ensuite, la deuxième section discute de la méthodologie utilisée et une troisième section fait part de résultats de la recherche. Enfin, une dernière et quatrième section propose une discussion sur la dynamique motivationnelle des participants dans leur apprentissage de la musique.

LA THÉORIE DE L'AUTODÉTERMINATION

Le projet de recherche se base essentiellement sur la théorie de l'autodétermination (Deci et Ryan, 1985; Ryan et Deci, 2000a). Cette théorie reconnaît l'importance de trois besoins psychologiques fondamentaux à la croissance humaine et au bien-être, à savoir le besoin d'agir de manière volontaire et de se sentir autonome, le besoin de se sentir compétent dans ses actions et le besoin de développer des liens signifiants avec les autres et d'éprouver un sentiment d'appartenance. Le niveau de satisfaction de ces besoins psychologiques a donc une incidence directe sur la motivation de l'élève. Par ailleurs, les relations interpersonnelles et les contextes sociaux peuvent favoriser ou entraver la satisfaction des besoins d'autonomie, de compétence et d'appartenance, et agir sur la motivation de l'élève.

La théorie de l'autodétermination considère également l'importance de tenir compte de différents types de motivation qui se distinguent par les différentes raisons ou les différents buts du comportement. La motivation intrinsèque se réfère au fait de s'adonner à une activité pour le simple plaisir et la satisfaction qu'elle procure. De nombreuses recherches en milieu scolaire soutiennent que la motivation intrinsèque est associée à des conséquences positives en éducation (Deci, Vallerand, Pelletier et Ryan, 1991; Deci et Ryan, 1994; Vallerand et Thill, 1993).

> *Le niveau de satisfaction de ces besoins psychologiques a donc une incidence directe sur la motivation de l'élève.*

Des conditions favorables à la motivation intrinsèque semblent mener vers un meilleur apprentissage et à une meilleure performance scolaire (Benware et Deci, 1984; Grolnick et Ryan, 1987; Deci, Schwartz, Scheinman et Ryan, 1981). Amabile (1983) constate également que la motivation intrinsèque favorise la créativité. De plus, les élèves motivés de façon intrinsèque et autodéterminée ont plus tendance à persévérer dans leurs études (Vallerand et Bissonnette, 1992; Vallerand, Fortier et Guay, 1997; Vallerand et Sénécal, 1992).

Par contre, en salle de classe, il n'est pas toujours nécessaire ou même possible que l'élève ressente un plaisir intense dans son apprentissage, mais le fait de le trouver important influence sa motivation (Koestner et Losier, 2002). Par exemple, répéter une même pièce de musique jusqu'à sa maîtrise n'est généralement pas une activité très motivante en elle-même. La personne recourt alors à une forme de motivation extrinsèque. La motivation extrinsèque fait référence à des comportements adoptés pour des raisons autres que l'intérêt pour l'activité, c'est-à-dire pour des raisons instrumentales. Une personne motivée de façon extrinsèque ne fait pas l'activité pour le plaisir qu'elle en retire, mais plutôt pour ce qu'elle lui permet d'obtenir ou d'éviter. Deci et Ryan (1985; Ryan et Deci, 2000a; 2000b) proposent différents types de motivation extrinsèque, dont certains sont autodéterminés.

D'abord, *la motivation extrinsèque par régulation externe* correspond à la motivation extrinsèque la plus faiblement autodéterminée. Le comportement est motivé par des sources de contrôle extérieures à la personne, comme des récompenses matérielles ou l'imposition de contraintes. Dans le cas de la *régulation introjectée*, l'individu agit surtout pour éviter de ressentir de la culpabilité ou l'anxiété ou pour éprouver un sentiment de fierté. À mesure que l'individu valorise le comportement en question, qu'il lui accorde une certaine importance et qu'il perçoit ce comportement comme étant librement choisi, le processus d'intériorisation des motifs externes devient *régularisé par identification*. Même si l'activité est réalisée pour des fins instrumentales, l'individu se sent autodéterminé. Enfin, la régulation est dite *intégrée* lorsque l'individu se sent autodéterminé et lorsque cette autorégulation est cohérente avec d'autres schèmes de sa personne. La théorie de l'autodétermination convient bien au milieu scolaire parce qu'elle tient compte de différents besoins de la personne et prévoit la possibilité d'une progression éventuelle des comportements motivés extrinsèquement vers des niveaux de motivation autodéterminée.

La prochaine section discute alors de la démarche choisie pour répondre aux questions de recherche et décrit le contexte de la collecte de données.

MÉTHODOLOGIE

Une approche qualitative interprétative fut privilégiée pour répondre aux questions de recherche. Des entrevues individuelles semi-structurées ainsi qu'un groupe de discussion ont été menés auprès de sept élèves de 9e année inscrits à un programme spécialisé en musique dans une école secondaire de langue française de l'est de l'Ontario. Cette école offre des cours réguliers et des cours spécialisés en arts, soit en arts visuels, musique et art dramatique/théâtre. Des raisons particulières justifient le choix d'élèves de la 9e année. En 9e année, l'élève doit effectuer un choix. Alors que le cours de musique est obligatoire jusqu'en 8e année, en 9e année, il ne l'est pas. D'ailleurs, l'élève au secondaire en Ontario est tenu de suivre un seul cours obligatoire en éducation artistique et ce cours peut être suivi soit en musique, en arts visuels, en art dramatique ou en danse. Il est donc possible qu'un élève ne suive plus aucun cours de musique après sa 8e année s'il choisit, par exemple, une autre discipline artistique. De plus, plutôt que de suivre un cours de musique régulier pour obtenir leur crédit obligatoire en éducation artistique, les élèves participants à notre recherche ont choisi de s'investir davantage dans leur formation musicale en s'inscrivant à un programme spécialisé. L'étude des motifs que ces élèves identifient avoir pour s'investir à ce point dans leur apprentissage musical nous permet de mieux comprendre les besoins des adolescents et le sens de leur motivation. Ces données pourront ensuite servir dans d'autres contextes, comme celui des cours de musique réguliers.

Les entrevues individuelles ont permis un premier contact avec les élèves. Les questions abordées dans les entrevues concernaient le choix de l'instrument, la formation musicale et les éléments qui ont motivé les élèves à s'inscrire au programme spécialisé en musique à cette école. Par la suite, le groupe de discussion a permis une meilleure compréhension de la diversité des comportements et des opinions des élèves. Les entrevues et le groupe de discussion ont été enregistrés et transcrits aux fins de l'analyse de contenu.

La prochaine section présente des motifs que les participants ont identifiés avoir pour s'inscrire au programme spécialisé en musique.

RÉSULTATS DE L'ANALYSE

Les données de la recherche sont examinées sous l'angle des trois besoins psychologiques de la théorie de l'autodétermination et des conditions de l'environnement qui peuvent satisfaire ces besoins et assurer une progression de la motivation non autodéterminée à la motivation autodéterminée. Cette analyse préliminaire permet de mieux comprendre les motifs que des élèves de 9e année identifient avoir pour s'inscrire au programme spécialisé en musique et de voir comment les adolescents parlent de leur motivation dans leur formation musicale.

Les besoins psychologiques fondamentaux

Comme mentionné dans la théorie de l'autodétermination, les élèves qui se sentent autonomes, qui se sentent confiants dans ce qu'ils entreprennent et qui développent des relations significatives avec les autres valorisent davantage leur apprentissage et développent un sentiment de bien-être à l'école. Dans le contexte de cette étude, les élèves discutent de certains aspects du programme qui favorisent leurs besoins d'autonomie, de compétence et d'appartenance.

Le besoin d'autonomie

Dans notre étude, les participants ont mentionné divers motifs qui se rapportent à leur besoin d'autonomie. Par exemple, puisque le programme spécialisé en musique est optionnel, les élèves ont pu décider par eux-mêmes de s'y inscrire. Le choix de s'inscrire au programme était alors un choix personnel pour les élèves. Comme en témoigne la citation suivante, c'est d'abord pour se plaire à eux-mêmes qu'ils ont fait ce choix : « Je fais pas ça pour quelqu'un d'autre, là, je fais ça pour moi » (A7). Le besoin d'autonomie est également identifié par l'importance de choisir un instrument de musique. Pour ces élèves, la possibilité de choisir un instrument a vraiment déclenché leur intérêt pour la musique :

« C'est à cause que j'ai vraiment commencé à découvrir la musique quand que j'ai choisi mon instrument » (A2).

« Si t'avais pas choisi un instrument, tu sais... si tu joues un instrument que t'aimes pas, t'arrêterais » (A4).

La possibilité d'apprendre à jouer d'un instrument de leur choix les motive davantage et leur donne le goût d'approfondir leur apprentissage de cet instrument. Un des participants a même mentionné lors des entrevues qu'il avait l'intention de travailler afin d'économiser et de pouvoir s'acheter un tuba, son instrument préféré. Les élèves ont donc volontairement choisi de s'inscrire au programme spécialisé en musique parce qu'ils aiment la musique et parce qu'ils veulent que cela fasse partie de leur horaire quotidien dans leur formation.

Le besoin de compétence

Les élèves inscrits au programme spécialisé en musique ont l'occasion de perfectionner leurs compétences musicales en suivant des cours de musique tous les jours. De plus, ils ont l'occasion de se joindre à l'harmonie de leur niveau et de présenter des concerts au sein de l'école, de la communauté ou lors de festivals. Les élèves en concluent que cela leur donne la chance de faire de la musique plus souvent et, qu'ainsi, ils se perfectionnent davantage en étant inscrits au programme spécialisé :

« Ben, c'est juste le fait que je pouvais avoir musique à chaque jour pis ça t'enrichit plus en musique à cause... je trouvais les autres années, dans les classes régulières, c'est pas tout le monde qui aime jouer leur instrument, c'est obligatoire. [...] Mais là maintenant, puisque je suis dans le PSA [programme spécialisé en arts], tout le monde veut être là. Pis, ça avance plus vite, pis c'est comme si t'es au bon niveau » (A5).

Le fait d'être dans la même classe que d'autres élèves qui démontrent les mêmes intérêts et qui partagent la même passion pour la musique les motive à faire partie d'un tel programme. Ils apprennent à se discipliner, à se concentrer en pratiquant régulièrement leur instrument et à travailler en équipe en étant membre de l'harmonie. Ces expériences favorisent leur sentiment de compétence.

Le besoin d'appartenance

Le sentiment d'appartenance a émergé comme un élément marquant de l'étude alors que les élèves ont mentionné l'importance des relations qu'ils établissent grâce à la musique. Leur participation au programme spécialisé en musique leur permet de se faire des amis et de ressentir une appartenance à un groupe. Les élèves vont jusqu'à dire que l'harmonie est comme une famille pour eux. Faire partie d'un groupe et ressentir une appartenance comparable à celle éprouvée envers une famille leur donnent le goût de persévérer et leur permet de vivre des expériences positives à l'intérieur du cadre scolaire.

Des conditions qui favorisent la satisfaction des besoins fondamentaux

Les relations interpersonnelles et les conditions de l'environnement jouent également un rôle important dans la motivation de l'élève, car elles peuvent favoriser ou entraver la satisfaction des besoins d'autonomie, de compétence et d'appartenance. Les participants à cette étude discutent de divers facteurs dans leur environnement qui influencent la satisfaction de leurs besoins et leur motivation à s'inscrire dans le programme spécialisé en musique.

La présence d'amis

La présence d'amis est un motif important dans le choix de certains élèves de s'inscrire au programme spécialisé. Un élève nous a même avoué qu'il s'est d'abord inscrit au programme parce que ses amis s'y retrouvaient. Ce n'est que par la suite qu'il a développé un goût personnel pour la musique, si bien qu'il continuerait même si ses amis décidaient de quitter le programme. Si la motivation de cet élève était *a priori* plutôt extrinsèque, la situation a changé à mesure qu'il recevait une formation. Il en résulta que sa motivation devint autodéterminée, voire même intrinsèque. Parallèlement, les élèves valorisent l'occasion de se faire de nouveaux amis et de rencontrer d'autres jeunes musiciens en participant au programme. Autrement dit, la présence d'amis dans le programme est un facteur qui peut satisfaire leur sentiment d'appartenance dans le milieu scolaire.

L'environnement d'apprentissage

Le milieu familial et le milieu scolaire ont également une grande influence sur la satisfaction des besoins des adolescents et leur motivation à s'inscrire au programme spécialisé en musique. Par exemple, des élèves ont fait mention de la présence de musique à la maison et de musiciens dans la famille. Le fait d'avoir été entourés de musique depuis un jeune âge et d'avoir vu d'autres membres de la famille faire de la musique peut avoir aidé à cultiver l'intérêt de ces adolescents pour cet art et les avoir motivés à participer au programme spécialisé à l'école. L'appui et l'encouragement des parents sont également des motifs importants pour les élèves. Les participants se sentent appuyés dans leur choix de faire de la musique et de s'inscrire au programme spécialisé, ce qui les encourage à poursuivre leur formation musicale. L'appui des parents peut, en ce sens, favoriser le sentiment d'autonomie et de compétence de l'élève.

Les conditions du milieu scolaire sont également des facteurs ayant une grande incidence sur la motivation des élèves. Par exemple, les participants disent qu'ils se sentent fiers et motivés de persévérer et de relever des défis lorsqu'ils reçoivent des rétroactions positives. Ces commentaires favorisent leur sentiment de compétence et les motivent à poursuivre leur formation dans le programme. De plus, un aspect important du programme spécialisé en musique est l'occasion offerte aux élèves de participer à diverses activités musicales, comme des concerts et des camps, à l'extérieur du cadre scolaire habituel. Lors des entrevues, les élèves parlent de festivals et de camps musicaux auxquels ils ont participé comme étant des événements marquants dans leur formation. D'une part, ces activités sont des occasions de socialiser et de rencontrer d'autres musiciens. D'autre part, la participation à de tels événements leur permet d'améliorer leur technique instrumentale et d'apprendre de nouvelles choses. Ce sont des activités qui favorisent leur sens d'appartenance au milieu musical et leur sentiment de compétence en tant que musiciens.

La motivation intrinsèque

L'analyse préliminaire du contenu des entrevues permet de constater que les motifs des élèves sont surtout de nature intrinsèque. Dans leurs discours, les élèves emploient souvent des expressions comme « c'est du plaisir », « c'est le fun », « j'aime ça » et « c'est ma passion ». C'est ainsi qu'ils font valoir leur intérêt pour la musique et leur satisfaction à participer au programme spécialisé. Apprendre à jouer d'un instrument, relever des défis, s'exprimer par la musique et faire partie d'un groupe leur procurent beaucoup de plaisir et contribuent à leur motivation. Leur participation au programme spécialisé en musique leur fait vivre des expériences qui sortent du cadre scolaire habituel et c'est ce qui les motive à s'y inscrire et à poursuivre leur formation.

DISCUSSION

Cette recherche nous a permis d'examiner des motifs d'élèves de 9e année à s'inscrire à un programme spécialisé en musique. D'abord, nous avons observé que les besoins psychologiques fondamentaux d'autonomie, de compétence et d'appartenance sont en lien direct avec la motivation des élèves. Les élèves ont librement choisi de s'inscrire et de s'investir dans le programme parce qu'ils aiment faire de la musique. Ils mentionnent également que le programme leur permet d'approfondir leurs connaissances et d'apprendre plus rapidement que dans un cours de musique régulier. De plus, le sens d'appartenance qu'ils acquièrent et les relations qu'ils établissent sont des motifs importants à leur sentiment de bien-être et à leur motivation de poursuivre leur formation dans le programme.

> *Le sens d'appartenance qu'ils acquièrent et les relations qu'ils établissent sont des motifs importants à leur sentiment de bien-être et à leur motivation.*

Par ailleurs, même si les élèves ont librement choisi de s'inscrire au programme spécialisé en musique, diverses conditions extérieures constituent une influence et un point de départ dans leur décision et servent à nourrir leur motivation intrinsèque et leur intérêt pour la musique. Par exemple, la présence d'amis et l'occasion de se faire de nouveaux amis peut influencer les élèves dans leur choix de s'inscrire au programme. Dans le milieu familial, la place accordée à la musique ainsi que l'appui et l'encouragement des parents fournissent à l'adolescent un encadrement favorable à son apprentissage et l'incitent à s'investir pleinement dans ce qu'il aime faire. En contexte scolaire, d'autres facteurs, comme recevoir des conseils et des commentaires positifs de la part de l'enseignant, satisfont le besoin de compétence de l'élève et le motivent à persévérer et à relever des défis. L'occasion de participer à des événements marquants, comme des concerts et des camps musicaux, permet également aux élèves de vivres des expériences enrichissantes favorisant leur motivation à faire partie du programme spécialisé en musique. Bref, d'après cette analyse, les élèves peuvent satisfaire leurs besoins dans le programme et se concentrer sur leurs motivations plus intrinsèques comme le plaisir qu'ils ont à faire de la musique.

Il importe cependant de reconnaître les limites de la présente recherche. Le contexte de cette étude de cas est très spécifique. Il traite de la motivation d'adolescents qui ont la chance de s'inscrire à un programme spécialisé en musique, alors que de tels programmes ne sont pas en vigueur dans toutes les écoles secondaires. De plus, cette étude est réalisée dans une communauté linguistique minoritaire et elle est donc très spécifique. Par ailleurs, ces limites ne diminuent en rien la valeur de cette recherche, puisqu'il importe de documenter le travail que font ces écoles pour encourager la formation des élèves en arts et pour assurer une relève en éducation artistique dans le milieu francophone de l'Ontario. C'est pourquoi il pourrait être pertinent de poursuivre la recherche dans d'autres contextes et d'examiner la motivation d'élèves inscrits dans un programme de musique régulier.

RÉFÉRENCES

AMABILE, T.M, *The Social Psychology of Creativity*, New York, Springer-Verlag, 1983.

AUSTIN, J.R. et W.P. VISPOEL. « How American adolescents interpret success and failure in classroom music: Relationships among attributional beliefs, self-concept and achievement », *Psychology of Music*, vol. 26, n° 1 (1998), p. 26-45.

BENWARE, C.A. et E.L. DECI. « Quality of learning with an active versus passive motivational set », *American Educational Research Journal*, vol. 21, n° 4 (1984), p. 755-765.

BERNARD, R. « Les contradictions fondamentales de l'école minoritaire », *Revue des sciences de l'éducation*, vol. 23, n° 3 (1997), p. 509-526.

CSIKSZENTMIHALYI, M., K. RATHUNDE et S. WHALEN. *Talented teenagers: The roots of success and failure*. Cambridge, Cambridge University Press, 1993.

DAVIDSON, J.W., M.J.A HOWE, D.G. MOORE et J.A. SLOBODA. « The role of parental influences in the development of musical performance », *British Journal of Developmental Psychology*, 14 (1996), p. 399-412.

DECI, E.L. et R.M. RYAN. *Intrinsic motivation and self-determination in human behavior*. New York, Plenum Press, 1985.

DECI, E.L. et R.M. RYAN. « Promoting self-determined education », *Scandinavian Journal of Educational Research*, 38 (1994), p. 3-14.

DECI, E.L., SCHWARTZ, A.J., SHEINMAN, L. et R.M. RYAN. « An instrument to assess adults' orientations toward control versus autonomy with children: Reflections on intrinsic motivation and perceived competence », *Journal of Educational Psychology*, vol. 73, n° 5 (1981), p. 642-650.

DECI, E.L., R.J. VALLERAND, L.G. PELLETIER et R.M. RYAN. « Motivation and education: The self-determination perspective », *Educational Psychologist*, vol. 26, n°s 3-4 (1991), p. 325-346.

GROLNICK, W.S. et R.M. RYAN. « Autonomy in children's learning: An experimental and individual difference investigation », *Journal of Personality and Social Psychology*, vol. 52, n° 5 (1987), p. 890-898.

KING, A. *Double Cohort Study, Phase 3 Report*, Ministère de l'Éducation de l'Ontario, Queen's University, octobre 2003, révisé janvier 2004. Document accessible (janvier 2005) à l'URL : <http://www.edu.gov.on.ca/eng/document/reports/phase3/report3.pdf>.

KOESTNER, R. et G.F. LOSIER. « Distinguishing three ways of being internally motivated: A closer look at introjection, identification, and intrinsic motivation » *in* E.L. Deci et R.M. Ryan (éd.), *Handbook of self-determination research*, Rochester, NY, The University of Rochester Press, 2002, p. 101-121.

LAMONT, A. « Musical identities and the school environment » *in* R. Macdonald, D. Hargreaves et D. Miell. (éd.), *Musical Identities*, Oxford, Oxford University Press, 2002, p. 41-59.

LAMONT, A., D.J. HARGREAVES, N.A. MARSHALL. et M. TARRANT. « Young people's music in and out of school », *British Journal of Music Education*, vol. 20, n° 3 (2003), p. 229-241.

LOWE, A. « Recherche dans le domaine de l'éducation musicale en milieu francophone minoritaire au Canada : aperçu et prospectives pour l'avenir » *in* R. Allard (éd.), *Actes du colloque pancanadien sur la recherche en éducation en milieu francophone minoritaire : Bilan et prospectives,* Moncton, Centre de recherche et de développement en éducation, 2003, p. 194-202.

NORTH, A.C., D.J. HARGREAVES et S.A. O'NEILL. « The importance of music to adolescents », *British Journal of Educational Psychology*, 70 (2000), p. 255-272.

ROSS, M. « What's wrong with school music? », *British Journal of Music Education,* 12 (1995), p. 185-201.

RUTKOWSKI, J. « A comparison of adolescents' in-school and out-of-school music experiences and involvement », *Update: Applications of Research in Music Education*, vol. 13, n° 1 (1994), p. 17-22.

RYAN, R.M. et E.L. DECI. « Self-determination theory and the facilitation of intrinsic motivation, social development, and well-being », *American Psychologist,* vol 55, n° 1 (2000a), p. 68-78.

RYAN, R.M. et E.L. DECI. « Intrinsic and extrinsic motivations: Classic Definitions and New Directions », *Contemporary Educational Psychology,* 25 (2000b), p. 54-67.

TARRANT, M., A.C. NORTH, et D.J. HARGREAVES. « Youth identity and music » *in* R. Macdonald, D. Hargreaves et D. Miell. (éd.), *Musical Identities*, Oxford, Oxford University Press, 2002, p. 134-150.

THOMPSON, K. « An examination of the consistency of junior high students' preferences for general music activities », *Update: Applications of Research in Music Education*, vol. 9, n° 2 (1991), p. 11-22.

VALLERAND, R.J. et R. BISSONNETTE « Intrinsic, extrinsic, and amotivational styles of predictors of behavior: A prospective study », *Journal of Personality*, vol. 60, n° 3 (1992), p. 599-620.

VALLERAND, R.J., M.S. FORTIER et F. GUAY. « Self-determination and persistence in a real-life setting: Toward a motivational model of high school dropout », *Journal of Personality and Social Psychology,* vol. 72, n° 5 (1997), p. 1161-1176.

VALLERAND, R.J. et C.B. SENÉCAL. « Une analyse motivationnelle de l'abandon des études », *Apprentissage et Socialisation,* vol. 15, n° 1 (1992), p. 49-62.

VALLERAND, R.J. et E.E. THILL. *Introduction à la psychologie de la motivation,* Laval, Québec, Éditions Études vivantes, 1993.

QUATRIÈME PARTIE

Profession enseignante

INTRODUCTION

Cette section, ayant pour thème central la profession enseignante, est composée de cinq chapitres. Tout d'abord, on y trouve un texte de Diane Lataille-Démoré, Annie Malo et Nora Havelaar faisant état des développements récents de la recherche portant sur la profession enseignante. Le deuxième texte, de Manon Gauthier, aborde, quant à lui, la motivation professionnelle des enseignants du secondaire.

Les trois textes suivants abordent des sujets qui gravitent autour de la profession enseignante, soit l'éducation à la carrière, les communautés d'apprentissage et les modes d'apprentissage des étudiants universitaires éprouvant des difficultés d'apprentissage. Ainsi, le chapitre d'André Samson et Nicola Gazzola étudie de façon critique le programme d'orientation et de formation au cheminement de la carrière de l'Ontario. Le texte de Liliane Dionne, quant à lui, traite des exigences à satisfaire pour l'élaboration et l'accompagnement des communautés d'apprentissage spécialisées dans le domaine des sciences pour les enseignants. Finalement, le dernier chapitre de cette section, de Silas Leno, Raymond Leblanc, Jacques Chevrier, Gilles Fortin, Judith Malette et Martine Peters, résulte d'un projet d'étude sur le processus de prise de décision en lien avec l'apprentissage en milieu universitaire chez les élèves éprouvant des difficultés d'apprentissage.

Survol de la recherche sur la profession enseignante en contexte minoritaire francophone de l'Ontario

Diane Lataille-Démoré, Université Laurentienne,
Annie Malo et Nora Havelaar, Université d'Ottawa

RÉSUMÉ

Le thème de la profession enseignante en contexte minoritaire franco-ontarien partage des préoccupations avec les thèmes précédemment traités. Dans le cadre de cette présentation, nous avons choisi de tenter de circonscrire ce qui se faisait à ce sujet par les chercheurs en Ontario ou au Canada francophone en contexte minoritaire.

L'enseignement et les enseignants existent depuis longtemps; cependant, concevoir cette pratique comme une profession est, somme toute, assez récent. Autrefois, on concevait l'enseignement comme une vocation, à dominante religieuse; puis, au début du XXe siècle, l'enseignement est passé à un métier, c'est-à-dire une occupation salariée dans laquelle il était possible de faire carrière. Ce n'est que depuis les années 1980 qu'on parle de l'enseignement comme d'une profession (Martineau, 1999).

D'abord, comment se définit la profession enseignante? La sociologie des professions a fourni plusieurs définitions. Ainsi, on reconnaît habituellement trois caractéristiques à une profession (Martineau, 1999) :
- une profession possède un savoir spécialisé que seuls les professionnels de ce champ de pratique détiennent;
- une profession relève d'une formation de haut niveau, habituellement universitaire;
- une profession poursuit un idéal de service qui appelle généralement la mise en place d'un code de déontologie et un contrôle par les pairs.

La recherche sur la profession enseignante se décline actuellement sur le plan international en plusieurs thèmes (Tardif et Lessard, 2004). Nous en avons relevé neuf : pratique, insertion, formation initiale, savoir professionnel, évaluation de la pratique, formation continue, identité professionnelle, rapports recherche-pratique et professionnalisation.

Pour des considérations de temps, nous avons choisi de développer de façon plus approfondie trois de ces thèmes, et ce, pour deux raisons : 1) ces thèmes semblent davantage documentés en fonction du contexte franco-ontarien; 2) ils semblent faire actuellement l'objet de débats au sein de la profession et dans l'ensemble de la société.

Le thème de la professionnalisation

Ainsi, si on porte un regard plus attentif sur le premier thème retenu, soit la professionnalisation, que savons-nous réellement? Comme il a été mentionné en introduction, l'enseignement comme profession relève d'une conception très récente dans certains pays occidentaux (États-Unis, Canada, France, Angleterre). C'est un thème en émergence, en effervescence.

S'intéresser à la professionnalisation de l'enseignement comporte deux dimensions : l'accès à un statut professionnel légal et la recherche d'une meilleure reconnaissance symbolique du public. La création d'un ordre professionnel a fait et fait l'objet de polémiques, ici et ailleurs : au Québec, entre autres, où on n'a pas encore opté en faveur de la création d'un ordre professionnel, contrairement à la Colombie-Britannique et l'Ontario. Cependant, même après la création d'un ordre, son existence continue souvent à faire l'objet de questionnements sous certains plans.

En Ontario, l'Ordre des enseignantes et enseignants de l'Ontario s'est donné quatre mandats : 1) statuer sur l'admission à la profession; 2) régir la qualité de la formation initiale et continue; 3) assurer le maintien de la compétence de ses membres et 4) régir leur comportement.

Pour l'instant, il semble que la recherche sur le thème du mouvement de professionnalisation en Ontario soit documentée « de l'intérieur », c'est-à-dire par l'Ordre lui-même. À cet effet, la revue professionnelle de l'Ordre des enseignantes et des enseignants de l'Ontario, *Pour parler profession*, comprend des descriptions sommaires des recherches effectuées par l'Ordre, mais ces dernières sont rarement accompagnées de références bibliographiques. Autrement dit, il semble y avoir encore peu de recherches universitaires sur cette question. Quels sont les axes de recherche à explorer sur ce thème dans les années à venir?

Un premier axe de recherche concerne l'incidence de la création d'un ordre sur l'autonomie et le professionnalisme des enseignants dans le cadre de la pratique, lesquels devraient s'accroître. En ce sens, on peut se demander quelle est la contribution de l'identification et de l'implantation de normes au professionnalisme des enseignants vécu sur les plans individuel et collectif. Par ailleurs, une autre question à se poser concerne l'accroissement de l'autonomie des enseignants au sein de l'Ordre. À ce sujet, on peut se demander qui sont les membres de l'Ordre et qui détient le pouvoir? Sans encore disposer d'études précises, on peut toutefois comprendre qu'il existe quelques difficultés en cette matière, puisque dans son discours annuel au conseil de l'Ordre en juin 2004, le ministre de l'Éducation, M. Kennedy, a parlé de la nécessité de dépolitiser l'Ordre, c'est-à-dire de nommer au conseil des gens, et ce sont ses paroles, « pour qui l'éducation compte » plutôt que des partisans politiques (revue *Pour parler profession*, juin 2004).

Il semble donc que le public ait une image assez positive de la profession enseignante.

Un deuxième axe de recherche concerne la question du rehaussement de la reconnaissance publique par la création d'un ordre professionnel. Qu'en est-il au sujet de l'enseignement depuis 1996? Dans un sondage effectué par l'Ordre en juillet 2004, il ressort que le public croit que les élèves d'aujourd'hui sont mieux préparés que ceux des générations précédentes, surtout en informatique et en technologie. Il semble donc que le public ait une image assez positive de la profession enseignante, mais, sans données comparatives et compréhensives, on ne peut savoir s'il s'agit d'une image ayant été rehaussée par la création de l'Ordre (*Ibid.*, septembre 2004).

Finalement, un troisième axe de recherche relevant du thème de la professionnalisation concerne plus spécifiquement les enseignants des écoles de langue française en Ontario. On peut se demander à ce sujet comment l'Ordre prend en considération la réalité de la minorité francophone. Il faut souligner le fait que les francophones sont très peu représentés au sein de la direction de l'Ordre et que, sur ce plan, ce dernier ne semble pas s'être doté d'une politique de représentativité francophone. Il serait intéressant de connaître les démarches qu'ont entreprises, depuis sa conception, les différents organismes francophones en vue d'une plus grande considération de la part de l'Ordre. Par contre, on remarque une sensibilisation grandissante de l'Ordre à la réalité de la minorité francophone et aux particularités de son contexte de pratique, sensibilisation qui se manifeste, dans la revue *Pour parler profession*, par des articles écrits spécifiquement pour les francophones ou par l'ajout, à des articles traduits de l'anglais, de données d'intérêt pour les éducateurs francophones, et ce, depuis 2001.

La pratique professionnelle

Si on passe maintenant au deuxième thème retenu pour cette présentation, soit la pratique professionnelle, il s'agit probablement du thème le plus documenté par des chercheurs de l'Ontario ou du Canada francophone en contexte minoritaire. Quelques constats peuvent être dégagés, lesquels méritent d'être approfondis dans les années à venir.

Le premier constat, faisant l'objet d'un relatif consensus chez les chercheurs qui se sont intéressés à la question, concerne le fait qu'en Ontario, comme dans les autres provinces majoritairement anglophones, l'école de langue française a des « responsabilités accrues et plus complexes » (Gilbert et coll., 2004, p. 9). Ceci, notamment parce que l'enseignant en milieu minoritaire francophone est un « agent de reproduction linguistique et culturelle » (Gérin-Lajoie, 2001, p. 1), qu'il « se voit confier la tâche de franciser, voire de refranciser ses élèves, de développer chez eux un sentiment d'identité culturelle » (Laplante, 2001, p. 128) et que cette tâche se complexifie également vu la diversité de la clientèle scolaire, laquelle est passée, en quelques décennies, de relativement homogène à pluriethnique et multiculturelle.

Découlant de ce constat, quelques chercheurs se sont penchés sur la question des besoins spécifiques en matière d'appui aux enseignants en contexte de pratique. Parmi ces besoins, on identifie une formation initiale et continue portant sur les approches pédagogiques appropriées en milieu minoritaire, des réseaux d'appui entre enseignants et des ressources adaptées.

Des chercheurs ont soumis l'idée de développer une pédagogie propre à ce contexte. Par exemple, Duquette (1998) propose une pédagogie « de la parole », qui soit valorisante plutôt que normative, alors que Landry a développé un modèle de pédagogie « actualisante » et « communautarisante » (2000) laquelle se prolonge au-delà de la salle de classe grâce à l'animation culturelle et l'engagement communautaire. Cependant, ces différentes propositions reposent actuellement sur une réflexion théorique et n'ont pas fait l'objet d'expérimentations empiriques sur le plan de la recherche.

Le thème de l'évaluation de la pratique professionnelle

Finalement, nous en arrivons au troisième thème retenu, soit l'évaluation de la pratique, thème on ne peut plus d'actualité et qui fait l'objet de réflexion actuellement, mais que nous n'étudierons que très sommairement. Deux axes concernant la question de l'évaluation se dessinent, soit l'évaluation pour l'obtention de la carte de compétence et l'évaluation pour le renouvellement de la carte de compétence. En ce qui concerne le premier axe, on constate que, depuis la création de l'Ordre, on est passé d'une évaluation reposant sur un test d'entrée à la profession à une remise en question de ce mode. Une nouvelle épreuve d'évaluation est en cours de définition. En ce qui concerne le deuxième axe, on constate que depuis la création de l'Ordre, on est passé de la mise en œuvre d'un programme de perfectionnement obligatoire pour les enseignants en exercice à l'abolition de celui-ci par la suite. Où en est-on par rapport à cette question?

En ce qui concerne ces deux axes, on peut se demander ce qui fonde les décisions sur l'évaluation de la pratique des enseignants et quels sont leurs effets sur la pratique concrète et complexe de l'enseignement. Par ailleurs, on peut se questionner sur la cohérence de ces modes d'évaluation avec une vision professionnelle de la pratique enseignante et avec la reconnaissance du professionnalisme de ses membres.

CONCLUSION

Comme vous pouvez le constater, compte tenu de la relative nouveauté de ce thème de recherche, notre contribution aujourd'hui aura été de soumettre davantage de questions que de présenter des réponses fournies par la recherche. Cependant, cette contribution permet de dégager des axes de recherche pertinents et prometteurs pour les années à venir et participant à la valorisation de la profession enseignante en Ontario francophone.

RÉFÉRENCES

DUQUETTE, G. « La valorisation des Ontariens de souche canadienne-française en milieu minoritaire » *in* G. Duquette et P. Riopel (dir.), *L'éducation en milieu minoritaire et la formation des maîtres en Acadie et dans les communautés francophones du Canada*, Sudbury, Presses de l'Université Laurentienne, 1998, p. 105-125.

GÉRIN-LAJOIE, D. « Les défis de l'enseignement en milieu francophone minoritaire : le cas de l'Ontario », *Éducation et Francophonie*, vol. 29, n° 1 (2001). Document téléaccessible à l'URL : <http://www.acelf.ca/c/revue/XXIX-1/articles/02-Gerin-Lajoie.html>.

GILBERT, S., S. LETOUZÉ, J.Y. THÉRIAULT et R. LANDRY. *Le personnel enseignant face aux défis de l'enseignement en milieu minoritaire francophone*, Institut canadien de recherche sur les minorités linguistiques et CIRCEM, Université d'Ottawa, 2004. Document téléaccessible à l'URL : <http://www.ctf-fce.ca/fr/>.

LANDRY, R. « Pour une pédagogie actualisante et communautarisante en milieu minoritaire francophone », *Actes du colloque pancanadien sur la recherche en éducation en milieu minoritaire francophone*. Moncton, CRDE, Université de Moncton, 2000.

LAPLANTE, B., « Enseigner en milieu minoritaire : histoires d'enseignantes œuvrant dans les écoles fransaskoises », *Revue des sciences de l'éducation*, 27 (2001), p. 127-150.

MARTINEAU, S. « Un champ particulier de la sociologie : les professions » *in* M. Tardif et C. Gauthier (dir.), *Pour ou contre un ordre professionnel des enseignantes et des enseignants au Québec?*, Québec, Presses de l'Université Laval, 1999, p. 7-20.

TARDIF, M. et C. LESSARD (dir.). *La profession d'enseignant aujourd'hui : évolutions, perspectives et enjeux internationaux*, Québec, Presses de l'Université Laval, 2004.

La motivation chez les enseignantes et enseignants du secondaire : une étude de cas

Manon M. Gauthier, Université d'Ottawa

RÉSUMÉ

Entre 1997 et 2005, une pénurie d'enseignants s'est fait sentir en Ontario (Compas, 2004; McIntyre, 2003, 2005; RREO, 2005; Startcast Solutions Inc., 2003). Bien que cette pénurie semble quasi révolue, les conseils scolaires éprouvent toujours de la difficulté à recruter des enseignants qualifiés dans les domaines du français langue maternelle et langue seconde, de la technologie, de la physique, de la chimie et des mathématiques (McIntyre, 2005). Ces faits portent à réfléchir sur la motivation chez les enseignants, plus précisément chez les francophones œuvrant en milieu minoritaire de langue française qui affrontent des défis bien particuliers (Labrie et Lamoureux, 2003; Rozanski, 2002).

Cette recherche sera réalisée selon la méthode de l'étude de cas et s'effectuera selon l'approche qualitative. L'échantillon sera composé de quatre enseignants d'une école secondaire francophone du nord de l'Ontario. Les stratégies de collecte de données seront l'entrevue semi-dirigée et l'entrevue de groupe. L'intérêt de cette étude est, entre autres, de mieux comprendre comment attirer et retenir des enseignants compétents et hautement motivés.

Le phénomène de la motivation au travail constitue l'une des thématiques de recherche les plus populaires en psychologie du travail et des organisations (Crandall et Wallace, 2003; Dolan, Gosselin, Carrière et Lamoureux, 2002; Schermerhorn, Hunt et Osborn, 2002). Toutefois, il appert qu'en dépit du grand nombre de recherches sur la motivation au travail, ce domaine d'intérêt demeure plus ou moins compris, ce qui justifie la poursuite des recherches (Dolan et coll., 2002). Pourquoi certaines personnes sont-elles motivées à travailler alors que d'autres ne le sont pas? Que manque-t-il à une personne, dans l'accomplissement de ses tâches et dans le contexte où elle œuvre, pour qu'elle soit motivée à travailler?

De 1998 à 2003, les conseils scolaires de l'Ontario ont dû embaucher en moyenne 6 000 enseignants par année (McIntyre, 2005). Les deux principales causes de cette embauche massive sont le départ à la retraite d'un grand nombre d'enseignants au cours de cette période (McIntyre, 2005) et le fait que 20 à 30 % des enseignants débutants quittent leur emploi avant la troisième année d'expérience (McIntyre, 2003; RREO, 2005). Ces faits portent à réfléchir sur la motivation chez les enseignants, plus précisément chez les enseignants francophones œuvrant en milieu minoritaire de langue française qui font face à des défis de taille (Labrie et Lamoureux, 2003; Rozanski, 2002) et demeurent dans la profession pendant plusieurs années ainsi que chez les enseignants francophones en début de carrière.

L'objectif de cette recherche est d'expliquer la motivation qui anime les enseignants, plus précisément chez les enseignants francophones œuvrant en milieu minoritaire de langue française et qui demeurent dans la profession pendant plusieurs années ainsi que chez les enseignants francophones en début de carrière.

Les données recueillies permettront d'identifier les forces motivationnelles des enseignants, d'examiner leur degré de satisfaction ainsi que d'illustrer l'incidence du climat de travail à l'école sur cette satisfaction. Une des contributions possibles de cette recherche serait de permettre d'identifier les facteurs susceptibles d'attirer et de retenir des enseignants compétents et motivés. Il faut souligner que ce texte, qui est au stade de la proposition de recherche, n'inclut pas de résultats de recherche.

CADRE CONCEPTUEL

Les théories des deux facteurs (Herzberg, 1971) et de l'autodétermination (Deci et Ryan, 1985) sont privilégiées comme cadre conceptuel à la base de cette recherche, surtout en raison de leur applicabilité aux concepts-clés de cette recherche que sont la motivation, les forces motivationnelles, le comportement organisationnel, le climat de travail et la satisfaction au travail. Il faudra toutefois se servir de ces théories avec souplesse puisque leur application dépendra du contenu des données qui émergeront de la collecte des données.

La théorie des deux facteurs (Herzberg, 1971)

La théorie des deux facteurs de Herzberg (1971) comprend deux concepts principaux, soit les facteurs motivateurs et les facteurs d'hygiène ainsi qu'un concept secondaire, soit la non-satisfaction. Selon cette théorie de la motivation, les facteurs motivateurs sont des déclencheurs de satisfaction liés au contenu de la tâche ou des caractéristiques intrinsèques (ex. : le plaisir de travailler avec les jeunes, enseigner les matières qu'on aime, etc.) tandis que les facteurs d'hygiène sont des déclencheurs d'insatisfaction liés au contexte dans lequel s'accomplit la tâche ou caractéristiques extrinsèques (ex. : l'absence de soutien administratif, communautaire, étudiant et parental, ou encore le manque de possibilité de participer au processus décisionnel, etc.). Les facteurs motivateurs contribuent à la satisfaction de la personne tandis que les facteurs d'hygiène entraînent son insatisfaction dans le cas où ses besoins ne sont pas comblés. Soulignons que des facteurs d'hygiène adéquats peuvent ne pas entraîner l'insatisfaction sans pour autant mener nécessairement à la satisfaction.

Ce point neutre, Herzberg (1971) le nomme la non-satisfaction. Une personne peut être motivée à travailler sans ressentir de la satisfaction ou de l'insatisfaction.

La théorie de l'autodétermination (Deci et Ryan, 1985)

La théorie de l'autodétermination de Deci et Ryan (1985), également retenue dans le cadre de cette recherche, traite de la motivation en présentant trois composantes : la motivation intrinsèque, la motivation extrinsèque et l'amotivation. La motivation intrinsèque se divise en trois types : 1) la motivation intrinsèque à la connaissance; 2) la motivation intrinsèque à l'accomplissement et 3) la motivation intrinsèque à la stimulation. D'une part, la personne mue par motivation intrinsèque à la connaissance agit en fonction de l'atteinte d'un sentiment de connaissance. La personne mue par motivation intrinsèque à l'accomplissement, quant à elle, agit en visant l'atteinte d'un sentiment d'accomplissement. Enfin, la personne mue par motivation intrinsèque à la stimulation agit pour l'atteinte des sensations spéciales que lui procure le comportement qu'elle adopte. Bref, une certaine forme de satisfaction résulte de ces trois types de motivation intrinsèque.

Quant à la motivation extrinsèque, les auteurs la divisent en trois types : 1) la motivation extrinsèque à régularisation externe; 2) la motivation extrinsèque à régularisation introjectée et 3) la motivation intrinsèque à régularisation identifiée. D'une part, la personne mue par motivation extrinsèque à régularisation externe agit pour atteindre des conséquences agréables et pour éviter des conséquences désagréables. D'autre part, la personne mue par motivation extrinsèque à régularisation introjectée agit sous l'effet d'une pression auto-exercée. La personne mue par motivation extrinsèque à régularisation identifiée, quant à elle, agit par choix. Toutes les conséquences de la motivation extrinsèque aboutissent à une forme de satisfaction. La motivation extrinsèque à régularisation identifiée s'avère celle qui contribue le plus à la satisfaction d'une personne. La motivation extrinsèque à régularisation externe et la motivation extrinsèque introjectée contribuent le moins à la satisfaction d'une personne. Deci et Ryan (1985) appellent amotivation un comportement adopté ne menant pas nécessairement aux résultats voulus. Cette inconstance constatée entre le comportement et les résultats voulus entraîne un sentiment de perte de contrôle ou d'aliénation.

La présente recherche répondra aux questions de recherche suivantes :

1. Quelles sont les forces motivationnelles qui incitent un enseignant à travailler? L'amènent-elles à adopter un comportement plutôt qu'un autre dans l'accomplissement de ses tâches à l'école?
2. Quels comportements organisationnels font vivre de la satisfaction à l'enseignant?
3. Quelle importance l'enseignant accorde-t-il au climat de travail?

RECENSION DES ÉCRITS

La motivation chez les enseignants

Les recherches qui portent sur la motivation chez les enseignants présentent des résultats variés. Le concept de la motivation est traité de façon idéaliste par la plupart des participantes et participants. Chez plusieurs, c'est la qualité de l'altruisme qui les motive à opter pour l'enseignement (Huberman et Grounauer, 1993; McIntyre, 2003; Scott, Cox et Dinham, 1998). D'autres auteurs découvrent que les enseignants sont plus motivés par un climat de travail favorable, par la nature de la tâche à accomplir, notamment, s'ils exercent un certain contrôle sur cette dernière (Brunet, Dupont et Lambotte, 1991; Brunet et Savoie, 1999; La Guardia et Ryan, 2000; Vallerand et Thill, 1993).

La satisfaction chez les enseignants

Les résultats des recherches qui portent sur la satisfaction chez les enseignants révèlent, d'une part, que les facteurs intrinsèques à la tâche, tels que travailler avec les jeunes et enseigner des matières qui les intéressent, contribuent le plus à leur satisfaction (Brunet et coll., 1991; Brunet et Savoie, 1999; Durecki-Elkins, 1996; Frataccia et Hennington, 1982; Fruth, 1982; Harper, 1996; Huberman et Grounauer, 1993; Kuhlen, 1959; Maddox, 1997; McIntyre, 2003; Neuman, 1997; Compas Inc., 2004; Scott et coll., 1998; Vallerand et Thill, 1993). D'autre part, ces résultats montrent que, pour la majorité des enseignants, ce sont les facteurs extrinsèques, tels que le manque de soutien administratif, communautaire, étudiant et parental ainsi que l'impossibilité de participer au processus de décision, qui causent le plus d'insatisfaction (Maddox, 1997; McIntyre, 2003; Ndoye, 2000; Compas Inc., 2004; Scott et coll., 1998). Les résultats montrent aussi que le climat de travail occupe une place importante sur le plan de la satisfaction (Brunet et coll., 1991; Brunet et Savoie, 1999; Harper, 1996; Kuhlen, 1959; Maddox, 1997; Ndoye, 2000; Compas Inc., 2004; Vallerand et Thill, 1993).

Le climat de travail à l'école

Les recherches qui portent sur le climat de travail à l'école révèlent que le climat de travail compte parmi les facteurs motivationnels les plus importants pour les enseignants (Brunet et coll., 1999; Brunet et Savoie, 1991; Vallerand et Thill, 1993). Il appert que le soutien administratif, parental et étudiant s'avère primordial dans la motivation des enseignants (Harper, 1996; Maddox, 1997) et que les relations interactionnelles sont beaucoup plus significatives sur le plan de la motivation et de la satisfaction que ne l'est l'environnement physique (Brunet et coll., 1999; Brunet et Savoie, 1991; Harper, 1996; Huberman, 1989; Kuhlen, 1959; Maddox, 1997; Vallerand et Thill, 1993). Tel que précédemment mentionné, les écrits sur ce sujet sont peu nombreux, vraisemblablement parce que plusieurs auteures et auteurs jugent plus à propos de discuter de la culture organisationnelle des écoles, un concept plus vaste qui englobe le climat de travail.

MÉTHODOLOGIE

L'étude de cas

Dans cette recherche, quatre cas serviront à illustrer la motivation chez les enseignants. Deux de ces cas présenteront des enseignants débutants tandis que les deux autres mettront en vedette des enseignants comptant plusieurs années d'enseignement. En plus de contribuer à expliquer le phénomène de la motivation chez les enseignants, cette sélection de cas apportera des points de réflexion sur la pénurie d'enseignants œuvrant en Ontario dans les domaines du français langue maternelle et langue seconde, de la technologie, de la physique, de la chimie et des mathématiques. Pour des raisons conceptuelles et pratiques, l'étude de cas s'avère la méthode la plus indiquée pour cette recherche (Creswell, 1998; Merriam, 1988; Stake, 1995).

Les techniques de collecte de données

L'entrevue semi-dirigée permet les ajustements imposés par l'analyse en cours de collecte (Karsenti et Savoie-Zajc, 2000; Rubin et Rubin, 2005). Elle permet d'approfondir certains aspects de l'expérience de la participante et du participant et favorise son expression ouverte. Elle donne sa perception du phénomène à l'étude, la signification qu'il ou elle donne à ses composantes et à la dynamique de sa réalité. Elle encourage la liberté d'expression, ce qui facilite son engagement, et produit un discours plus approfondi, ce qui permet à la participante ou au participant de repérer les renseignements qui faciliteront des interprétations poussées. Grâce à sa nature flexible, l'entrevue semi-dirigée offre à la chercheuse la possibilité d'approfondir une réponse en questionnant davantage (Lincoln et Guba, 1985; Rubin et Rubin, 2005). Il s'agira d'explorer le phénomène en question à l'aide d'un schéma d'entrevue visant à favoriser une communication ouverte avec les participants. L'entrevue comporte des questions ouvertes élaborées en fonction de la question ainsi que de l'objectif de la recherche. Celles-ci sont présentées dans un certain ordre, partant de questions plus générales, de type descriptif, suivies de questions de clarification posées en prolongement aux questions de description du phénomène. Les questions plus intimes sont posées vers le milieu de l'entrevue, au moment où s'est établi un climat de confiance entre la chercheuse et la participante ou le participant (Merriam, 1988; Stake, 1995).

L'entrevue de groupe se veut une démarche de collaboration qui permet la mise en commun et la clarification des compréhensions respectives de la chercheuse et des participants par rapport au phénomène étudié (Merriam, 1988; Rubin et Rubin, 2005).

La planification de l'étude de cas

Les enseignants francophones œuvrant en milieu minoritaire de langue française doivent relever des défis bien précis tels que le manque d'appui communautaire, parental et étudiant ainsi que l'isolement, l'assimilation et l'immersion (Labrie et Lamoureux, 2003; Rozanski, 2002). Pour cette raison, la chercheuse sélectionnera des participants francophones et mènera sa recherche dans une ville du nord de l'Ontario où les francophones sont minoritaires. Comme il existe d'importantes différences entre les enseignants du primaire et ceux du secondaire (Huberman, 1993), l'échantillon se limitera au niveau secondaire. La chercheuse sélectionnera un enseignant de français, un de technologie, un de sciences et un de mathématiques, étant donné la grande demande pour des enseignants de ces matières en Ontario (McIntyre, 2005). Pour assurer la plus grande variété possible de l'échantillon, la chercheuse sélectionnera un nombre égal d'hommes et de femmes. Elle choisira ses participants en fonction du stade de leur carrière d'après ceux identifiés par Huberman (1993), soit l'adaptation, d'une à trois années d'expérience, soit la sérénité ou le désengagement, de seize années d'expérience ou plus. Ceci permettra d'examiner les stades de carrière qui se prêtent le mieux à cette recherche.

L'étude comprendra donc deux femmes et deux hommes francophones d'âges variés qui enseignent soit le français, la technologie, les sciences ou les mathématiques. De ce nombre, une femme et un homme auront d'une à trois années d'expérience, ce qui permettra à la chercheuse de mieux comprendre l'expérience de la motivation au travail de ce groupe dont 20 à 30 % quittent l'enseignement avant la troisième année d'expérience. Une femme et un homme comptant plus de seize ans d'enseignement seront également sélectionnés pour que la chercheuse puisse mieux comprendre leur expérience de la motivation au travail, surtout en raison de leur engagement prolongé dans la profession. Les participants retenus doivent évidemment être disposés à explorer la motivation au travail. Ils doivent aussi être intéressés à l'explorer dans leur vécu par deux moyens : 1) par le biais de trois entrevues semi-dirigées réalisées lors de trois mois consécutifs et 2) en se prêtant à une entrevue de groupe. Bien sûr, les participants sélectionnés devront satisfaire tous les critères de sélection.

La gestion de la collecte des données

Les entrevues semi-dirigées fournissent des données brutes transcrites verbatim pour respecter la pensée et la syntaxe des participants. Chaque transcription d'entrevue sera soumise au participant pour son approbation. Les entrevues, d'environ 60 minutes chacune, traiteront de l'expérience de la motivation de chaque participant. À la fin de la première entrevue, la chercheuse demandera à chaque participant de réfléchir, au cours du mois qui suivra, à son expérience de la motivation. Les deux autres entrevues, dont devraient émerger de nouvelles données suite à la réflexion, se dérouleront selon la même démarche. La chercheuse sera ainsi en mesure d'identifier d'autres forces motivationnelles et d'autres comportements, de même que d'obtenir des précisions sur l'importance accordée au climat de travail à l'école ainsi qu'à la satisfaction.

Une quatrième entrevue aura lieu, cette fois en compagnie de tous les participants à la recherche. Cette entrevue de groupe se veut un bilan collectif qui permettra au groupe de valider les données recueillies et, au besoin, de faire des mises au point. L'étape de la collecte des données prendra fin au moment de l'épuisement des sources, de la saturation des catégories et de l'émergence de dédoublements de données (Huberman et Miles, 1991).

L'interprétation et l'analyse des données

Dans un premier temps, la chercheuse décrira de façon détaillée des aspects contextuels propres au cas par la mise en relief des participants, des événements ainsi que du lieu (Merriam, 1988; Stake, 1995). Dans un deuxième temps, s'inspirant des données, la chercheuse développera des catégories qui en permettront l'interprétation. Cette interprétation directe se fera par l'examen des données liées au cas pour en dégager le sens, puis par l'assemblage de celles-ci de façon plus compréhensible. L'objectif de la recherche, l'orientation choisie par la chercheuse, ses connaissances antérieures ainsi que les concepts traités par les participants faciliteront cette tâche. Dans un troisième temps, la chercheuse établira des *patterns* en cherchant une correspondance entre deux catégories ou plus. Cette correspondance prendra la forme d'un tableau illustrant le lien entre les catégories. Dans un quatrième temps, la chercheuse présentera des affirmations revues par les participants (Karsenti et Savoie-Zajc, 2000; Stake, 1995).

Les sources de validité

Le critère de rigueur scientifique respecté dans cette étude de cas est celui de la validité. Celle-ci sera assurée par plusieurs sources propres à l'étude de cas : les descriptions fournies par les participants; la triangulation de la chercheuse; la triangulation des théories; la triangulation de la méthodologie; la révision par les participants de la recherche (Huberman et Miles, 1991, 1994; Stake, 1995); la révision des résultats par les pairs (Lincoln et Guba, 1985; Stake, 1995); ainsi que l'échantillonnage adéquat (Karsenti et Savoie-Zajc, 2000; Stake, 1995).

LIMITES ET CONTRIBUTIONS DE LA RECHERCHE

Étant donné les prémisses du paradigme qualitatif, les résultats ne sont pas généralisables à la population entière des enseignants du secondaire. Toutefois, il est possible qu'une autre chercheuse ou qu'un autre chercheur obtienne des résultats différents à partir des mêmes participants. En effet, la désirabilité sociale du participant peut fausser ses réponses aux questions d'entrevue s'il cherche à se faire bien voir socialement (Boutin, 1997).

Cette étude viendra enrichir autant la liste incomplète des recherches qualitatives dans le domaine de la motivation chez les enseignants que la liste des recherches dans ce domaine écrites en français. Elle énumérera les causes actuelles de la motivation et de la satisfaction des enseignants d'écoles secondaires en général, et plus précisément des enseignants francophones œuvrant en milieu minoritaire de langue française. Elle établira les points de convergence et de divergence entre la motivation, la satisfaction et le climat de travail. Elle permettra aux enseignants de réfléchir à leur carrière et à leur avenir, ce que plusieurs ont rarement l'occasion de faire (Huberman, 1993). Elle dévoilera comment les enseignants vivent la motivation, ce qu'ils ressentent face à celle-ci et la signification qu'ils lui attribuent, ce qui pourrait contribuer à réduire le taux d'absentéisme et de roulement du personnel enseignant ainsi qu'à attirer et à retenir des enseignants compétents et motivés.

RÉFÉRENCES

BOUTIN, G. *L'entretien de recherche qualitatif*, Sainte-Foy, Presses de l'Université du Québec, 1997.

BRUNET, L. et A. SAVOIE. *Le climat de travail*, Outremont, Les Éditions Logiques inc., 1999.

BRUNET, L., P. DUPONT et X. LAMBOTTE. *Satisfaction des enseignants?* Laval, Éditions Agence d'Arc inc., 1991.

COMPAS INC. *Sondage annuel sur l'état de l'éducation en 2004 mené pour l'Ordre des enseignantes et des enseignants de l'Ontario, 2004*. Document téléaccessible (18 octobre 2004) à l'URL : <www.oct.ca/fr/CollegePublications/PDF/survey04_f.pdf>.

CRANDALL, N.F. et M.J. WALLACE. *The headcount solution: How to cut compensation costs and keep your best people*, NY, McGraw Hill, 2003.

CRESWELL, J.W. *Qualitative inquiry and research design. Choosing among five traditions.* Thousand Oaks, CA, Sage Publications, 1998.

DECI, E.L. et R.M. RYAN. « Self-determination theory and the facilitation of intrinsic motivation, social development, and well-being », *American Psychologist*, vol. 55, n° 1 (2000), p. 68-78.

DECI, E.L. et R.M. RYAN. *Intrinsic motivation and self-determination in human behavior*, Rochester, NY, Plenum Press, 1985.

DOLAN, S.L., E. GOSSELIN, J. CARRIERE et G. LAMOUREUX. *Psychologie du travail et comportement organisationnel* (2e édition), Montréal, Gaëtan Morin Éditeur, 2002.

DURECKI-ELKINS, C. The relationship between teachers' perceptions of performance appraisal and job satisfaction, thèse de doctorat, Wayne State University, Detroit, 1996.

FRATACCIA, E.V. et I. HENNINGTON. *Satisfaction of hygiene and motivation needs of teachers who resigned from teaching*, essai présenté à l'Annual meeting of the Southwest Educational Research Association, Austin, TX, février 1982.

FRUTH, M.J. *Commitment to teaching: Teachers' response to organizational incentives* (rapport n° BBB200214), Madison, WI, Wisconsin Center for Educational Research (ERIC Document Reproduction Service No. ED 223 557), février 1982.

GUBA, E.G. et Y.S. LINCOLN. « Competing paradigms in qualitative research » *in* N.K. Denzin et Y. Lincoln, *Handbook of qualitative research*, Thousand Oaks, CA, Sage Publications, 1994, p. 105-117.

HARPER, F.G. Job satisfaction and organizational factors: A model of teacher job satisfaction for different environmental contexts and career stages, thèse de doctorat, The University of Wisconsin, Milwaukee, Wisconsin, 1996.

HERZBERG, F. Le travail et la nature de l'homme (traduction de Charles Voraz), Paris, Entreprise moderne d'édition (l'ouvrage original a été publié en 1966), 1971.

HOY, W.K. et C.G. MISKEL. *Educational administration: Theory, research and practice* (4e édition), New York, McGraw-Hill Inc., 1991.

HUBERMAN, M. *The lives of teachers*, New York, Teachers College Press, 1993.

HUBERMAN, M. et M. GROUNAUER. « Teachers' motivations and satisfactions » *in* M. Huberman, *The lives of teachers, New York*, NY, Teachers College Press, 1993, p. 109-137.

HUBERMAN, M. et M.B. MILES. *Analyse des données qualitatives : Recueil de nouvelles méthodes*, Bruxelles, De Boeck, 1994.

KARSENTI, T. et L. SAVOIE-ZAJC. *Introduction à la recherche en éducation*, Sherbrooke, Éditions du CRP, 2000.

KUHLEN, R.G. *Career development in public school teaching profession with special reference to changing motivations, pressures, satisfactions, and dissatisfactions* (rapport n° QPX85200), Syracuse, NY, Syracuse University Research Institution (ERIC Document Reproduction Service No. ED 002 754), 1959.

LABRIE, N. et S.A. LAMOUREUX. *L'éducation de langue française en Ontario : enjeux et processus sociaux*, Sudbury, Ontario, Prise de parole inc., 2003.

LA GUARDIA, J.G. et R.M. RYAN. « Buts personnels, besoins psychologiques fondamentaux et bien-être : Théorie de l'autodétermination et applications », *Revue québécoise de psychologie*, vol. 21, n° 2 (2000), p. 280-303.

LINCOLN, Y.S. et E.G. GUBA. *Naturalistic inquiry*, Beverly Hills, CA, Sage Publications, 1985.

MADDOX, G.G. *Factors affecting teacher turnover and retention*, thèse de doctorat, University of Colorado at Denver Graduate School of Public Affairs, Denver, Colorado, 1997.

MCINTYRE, F. *Transition à l'enseignement, Rapport des nouveaux enseignants de 2001-2002 sur leurs deux premières années d'enseignement en Ontario, 2003*. Document téléaccessible (12 octobre 2004) à l'URL : <www.oct.ca/fr/CollegePublications/PDF/transitions_f./pdf>.

MCINTYRE, F. *La pénurie d'enseignants est révolue, 2005.* Document téléaccessible (12 octobre 2004) à l'URL : <www.oct.ca/publications/pour_parler_profession/juin_2005/default.asp>.

MERRIAM, S.B. *Case study research in education: A qualitative approach,* San Francisco, CA, Jossey-Bass Inc, 1988.

NDOYE, A.K. « L'(in)satisfaction au travail des professeurs du second degré du Sénégal », *Revue des sciences de l'éducation,* vol. 26, n° 2 (2000), p. 439-462.

NEUMAN, K.L. *Teacher satisfaction,* thèse de doctorat, Cleveland State University, Cleveland, Ohio, 1997.

ROZANSKI, M. *Investir dans l'éducation publique : Favoriser l'amélioration continue de l'apprentissage et du rendement des élèves,* Rapport du groupe d'étude sur l'égalité en matière d'éducation, 2002. Document téléaccessible (30 août 2005) à l'URL : <www.edu.gov.on.ca/fre/document/reports/task02f/>.

RUBIN, H.J. et I.S. RUBIN. *Qualitative interviewing: The art of hearing data,* Thousand Oaks, CA, Sage Publications, 1995.

SCHERMERHORN, J.R., J.G. HUNT et R.N. OSBORN. *Comportement humain et organisation,* Saint-Laurent, Éditions du Renouveau pédagogique inc., 2002.

SCOTT, C., S. COX et S. DINHAM. *An English study of teacher satisfaction, motivation, and health,* essai présenté à l'Annual meeting of the American Educational Research Association, San Diego, CA, avril 1998.

STAKE, R.E. *The art of case study research,* Thousand Oaks, CA, Sage Publications, 1995.

STARTCAST SOLUTIONS INC. *Les écoles élémentaires et secondaires de l'Ontario ont besoin d'enseignants, 2003.* Document téléaccessible (12 octobre 2004) à l'URL : <www.oct.ca/fr/default_f.asp>.

VALLERAND, R.J. et E.E. THILL, *Introduction à la psychologie de la motivation,* Montréal, Québec, Les Éditions de la Chenelière inc., 1993.

L'éducation à la carrière : une évaluation critique du programme-cadre de l'Ontario

André Samson et Nicola Gazzola, Université d'Ottawa

RÉSUMÉ

Un nouveau programme-cadre d'orientation et formation au cheminement de carrière est en vigueur en Ontario depuis 1999. Cet article procède à une évaluation critique du cours GLC2O, c'est-à-dire le seul cours obligatoire de tout le programme-cadre du secondaire. Plus particulièrement, les auteurs visent à déterminer si les contenus d'apprentissage proposés dans ce cours correspondent au stade de développement vocationnel d'un élève de 10e année.

La grande majorité des systèmes scolaires des pays industrialisés offre un programme d'éducation à la carrière (OCDE, 2004). La province de l'Ontario n'échappe pas à cette tendance. En 1999, son ministère de l'Éducation publiait un nouveau programme-cadre intitulé *Orientation et formation au cheminement de carrière* (ministère de l'Éducation et de la Formation, 1999). Ce programme-cadre est en vigueur depuis sa date de parution et il remplace celui qui avait été introduit en 1984.

L'objet de cet article est de procéder à une évaluation critique de ce nouveau programme-cadre. Plus particulièrement, notre attention se porte sur le cours GLC2O intitulé *Exploration des choix de carrière, 10e année* (ministère de l'Éducation et de la Formation, 1999). La motivation de notre choix s'appuie sur le fait que ce cours est le seul cours obligatoire de tout le programme-cadre d'éducation à la carrière. Les autres cours sont optionnels et ne sont que très rarement offerts par les conseils scolaires francophones de l'Ontario. À notre avis, il est préférable d'accorder toute notre attention à l'unique (ou presque) cours qui présente aux élèves francophones de l'Ontario la réalité du marché du travail et favorise le choix d'une carrière.

L'évaluation critique proposée vise à répondre à la question suivante : Est-ce que les contenus d'apprentissage de ce cours sont adaptés au développement vocationnel d'un élève de 10e année? Cette question est fondamentale, car il s'agit de vérifier si les contenus d'apprentissage de ce cours répondent aux besoins spécifiques de cette clientèle particulière et s'ils sont de nature à soutenir leur processus de cheminement vocationnel.

Afin de répondre à la question de recherche, nous procéderons de la manière suivante. D'abord, nous décrirons notre grille d'évaluation, puis dans un second temps nous procéderons à l'évaluation du cours GLC2O.

LA GRILLE D'ANALYSE DU COURS GLC2O

Nous croyons que notre question de recherche est fondamentale, car les contenus d'apprentissage doivent être pertinents et de nature à favoriser l'orientation scolaire et professionnelle de l'élève. Et surtout, ils doivent tenir compte des différents stades de son développement vocationel.

Or, le programme-cadre de l'Ontario n'indique pas s'il est structuré en fonction d'un modèle développemental. En Amérique du Nord, plus de 50 % des programmes-cadres ne seraient pas élaborés en fonction d'une logique interne clairement définie qui articulerait tout le déroulement de l'éducation à la carrière durant les études secondaires (MacDonald et Sink, 1999).

À l'inverse, le programme-cadre du Québec est construit en fonction d'une approche théorique de nature développementale. Il s'agit de la séquence de développement vocationnel. Cette séquence se divise en quatre tâches qui sont : l'exploration, la cristallisation, la spécification et la réalisation. Tout le programme-cadre d'éducation à la carrière fut élaboré en tenant compte de ces différentes tâches associées au choix et au développement vocationnel (Leclerc, 2001; Pelletier et Bujold, 1984).

Compte tenu de l'absence d'une logique développementale clairement nommée et décrite, il est impossible d'évaluer le cours GLC2O en fonction de son propre modèle théorique. Ce modèle aurait ordonné la présentation des contenus d'apprentissage d'après les stades de développement vocationnel de l'élève.

Mais, notre question demeure et, pour y répondre, il faut utiliser une approche théorique ayant été retenue par une autre juridiction. Notre choix s'arrête justement sur le modèle adopté par le programme-cadre d'éducation à la carrière du Québec.

Plusieurs raisons motivent cette décision. D'abord, cette approche de la séquence de développement vocationnel est utilisée depuis plus de 20 ans dans les écoles du Québec. Ce modèle a été élaboré par des chercheurs de la Faculté des sciences de l'éducation de l'Université Laval (Leclerc, 2001; Pelletier et Bujold, 1984) et il s'appuie, en partie, sur les travaux de Super (1980). Il s'agit donc d'un modèle nord-américain, mais élaboré dans un contexte francophone.

Notre démarche permettra d'évaluer le cours GLC2O en fonction d'un modèle théorique ayant fait ses preuves. Nous serons ainsi en mesure de déterminer si les contenus d'apprentissage respectent les exigences du processus de développement vocationnel d'un jeune de 10ᵉ année.

LA SÉQUENCE DE DÉVELOPPEMENT VOCATIONNEL

Exploration

Au début des études secondaires, le programme-cadre québécois accorde la priorité à l'*exploration* (Pelletier et Bujold, 1984). Durant ces deux premières années, le jeune explore les différents domaines d'activités. À cet âge, c'est l'époque des possibilités, de l'imaginaire et de l'identification à des modèles. Ainsi, le jeune peut s'imaginer dans différents rôles ou situations. Il s'agit d'une époque où le jeune est encore plus ou moins réaliste, impressionnable et instable. Graduellement, il commence à se percevoir comme un acteur de sa vie : quelqu'un qui peut influencer la direction de son existence.

Cristallisation

En troisième année du secondaire, le programme-cadre d'éducation à la carrière du Québec met l'accent sur l'accomplissement de la tâche de la *cristallisation* (Pelletier et Bujold, 1984). À ce stade de son développement, le jeune tend à opter pour une orientation générale qui fait écho à son identité. Il est aussi en mesure de prendre une certaine distance par rapport à lui-même, c'est-à-dire qu'il remet en question les choix et les valeurs qui l'inspirent. Il commence à établir des liens entre les réalités du marché du travail et ses propres orientations. Toutefois, cette réflexion est large et elle ne se limite pas à quelques professions bien déterminées.

Cette tâche de la *cristallisation* est liée à l'image de soi que le jeune développe graduellement. Ainsi, le jeune construit, précise les contours de son image personnelle. Par conséquent, il est plus en mesure de déterminer ce qui lui plaît et ce qu'il aimerait faire. Encore ici cependant, il importe de souligner que son choix se limite généralement à de grands domaines d'activités.

Spécification

En onzième année du secondaire, le programme-cadre d'éducation à la carrière du Québec favorise l'accomplissement de la tâche de la *spécification* (Pelletier et Bujold, 1984). À ce stade de son développement vocationnel, le jeune poursuit l'approfondissement de la connaissance de soi. Il devient non seulement plus conscient de lui-même, mais aussi des réalités qui l'entourent, comme la complexité du marché du travail et ses exigences.

En d'autres termes, le jeune établit un lien entre une vision réaliste de ce qu'il est et une connaissance ajustée de la réalité sociale et économique. C'est à la jonction de ces différentes données qu'il fonde un choix précis et qu'il parvient à établir un équilibre entre ce qu'il désire et ce que la société lui offre. Au terme de cette troisième étape, le jeune devrait normalement arrêter son choix professionnel.

Réalisation

Finalement, avec la tâche de la *réalisation*, c'est-à-dire à la fin du secondaire, l'élève donne forme à son choix (Pelletier et Bujold, 1984). C'est le temps d'élaborer un projet et de l'accomplir. L'actualisation de son choix exige, par exemple, l'élaboration d'un plan afin d'atteindre ses objectifs. Le jeune utilise des habiletés de nature à mobiliser son esprit d'entreprise, de débrouillardise, de persévérance, de créativité et un certain savoir-faire bien ancré dans la réalité. À cette étape finale, l'aide des intervenants spécialisés dans le *counseling* d'orientation est souvent nécessaire. Il peut s'agir d'un soutien individuel ou en petits groupes.

En somme, le modèle de la séquence vocationnelle articule les contenus d'apprentissage du programme-cadre d'éducation à la carrière en respectant les phases de développement vocationnel de l'élève. L'accomplissement de chaque tâche s'enchaîne selon une suite logique qui favorise la maturation vocationnelle de l'élève.

> *L'élève se trouve, en quelque sorte, parachuté dans un processus de choix de carrière sans avoir reçu de formation préalable.*

ANALYSE DU COURS GLC2O À LA LUMIÈRE DE LA SÉQUENCE DE DÉVELOPPEMENT VOCATIONNELLE

Les contenus d'apprentissage du cours GLC2O ont d'abord été synthétisés afin d'en faciliter l'analyse. Puis, ils ont été regroupés selon les quatre thèmes fondamentaux du processus d'orientation (Herr, Cramer et Niles, 2004). Ces aspects sont : la connaissance de soi, la connaissance du monde scolaire, la connaissance du marché du travail et l'habileté à établir une jonction entre les différents savoirs acquis dans le cours. Nous en ajoutons un dernier, soit : la connaissance de la communauté franco-ontarienne. Finalement, dans un troisième temps, tous ces contenus d'apprentissage, regroupés en fonction des cinq thèmes, ont été classifiés selon les tâches de la séquence vocationnelle.

En premier lieu, ce qui se dégage de cette analyse est que le cours GLC20 couvre les quatre tâches de la séquence de développement vocationnel. En d'autres termes, l'élève explore son projet de carrière, il le cristallise, le spécifie et, en fin de compte, le réalise; le tout en moins de 55 heures. Est-ce réaliste comme entreprise? On peut se poser la question. Au Québec, le jeune traverse le même processus tout au long de ses études secondaires, soit en l'espace de cinq ans.

Deuxièmement, il faut souligner que, malgré l'ampleur du cours GLC2O, les contenus d'apprentissage sont surtout axés autour de l'accomplissement de la tâche de la cristallisation. En ce sens, le programme-cadre favorise l'identification des domaines d'activités qui risquent d'intéresser le jeune.

Par exemple, sur le plan de la connaissance de soi, le curriculum prévoit un temps pour l'identification des facteurs qui peuvent influencer le choix vocationnel. Sur le plan de la connaissance du monde du travail et du monde scolaire, le curriculum stipule que le jeune doit acquérir une connaissance pratique du marché du travail en ciblant des personnes qui œuvrent dans des secteurs qui l'intéressent.

Troisièmement, le cours GLC2O insiste passablement sur la tâche de l'exploration. Par exemple, sur le plan de la connaissance du marché du travail, le jeune est invité à explorer la sphère des activités professionnelles et les ressources de son environnement communautaire.

Finalement, le cours GLC2O accorde une importance relative à l'identité franco-ontarienne et à son rôle dans le processus du choix de carrière. Par exemple, le jeune doit identifier les personnalités qui ont particulièrement réussi. Le jeune doit aussi établir un lien entre sa qualité de francophone et le marché du travail.

DISCUSSION

Comme nous le savons déjà, le cours GLC2O est le seul cours obligatoire du programme-cadre d'éducation à la carrière. Ce cours se situe à une étape charnière du cursus des études secondaires en Ontario. En effet, en 10e année, l'élève doit faire des choix qui vont orienter son parcours scolaire pour les années futures. Ainsi, selon ses options, l'élève aura accès ou non aux études collégiales ou universitaires. Pour arrêter ses choix, le jeune doit déjà avoir une certaine idée de ses projets de carrière, de ses aptitudes, de ses intérêts et du marché du travail.

Les contenus d'apprentissage du cours GLC2O visent à soutenir le jeune durant tout ce processus de réflexion. La visée de ce cours explique peut-être l'ambition quelque peu démesurée de ce cours. Un survol rapide des résultats démontre bien que l'élève traverse les cinq tâches, et ce, en l'espace de 55 heures. C'est probablement là la principale faiblesse de ce cours. L'élève se trouve, en quelque sorte, parachuté dans un processus de choix de carrière sans avoir reçu de formation préalable.

En effet, notre analyse met en évidence que l'élève explore ses choix, les cristallise, les spécifie et les réalise en un laps de temps relativement court. L'exemple des contenus d'apprentissage qui se rapportent à la connaissance du monde scolaire et du marché du travail est fort éloquent. Un premier contenu d'apprentissage relié à la tâche de l'exploration invite l'élève à explorer le monde des activités professionnelles (exploration). Puis, l'élève passe immédiatement à la cristallisation en ayant à établir la liste des activités professionnelles qui l'intéressent (cristallisation). Finalement, sans avoir réellement à spécifier un choix, l'élève doit identifier les filières scolaires qui correspondent à ses choix de carrière (spécification).

Cet enchaînement des contenus d'apprentissage (exploration, cristallisation et spécification) démontre que le programme-cadre ne tient pas compte du développement vocationnel d'un élève de 10e année. À ce stade de son développement, le jeune devrait davantage cristalliser ses choix plutôt que d'explorer les avenues de carrière ou les spécifier.

De plus, il est difficile de comprendre comment un élève peut être en mesure de cristalliser ses choix, sans avoir procédé à une véritable exploration de carrière. Ainsi, le titre même du cours GLC2O ne reflète pas réellement sa substance puisque les contenus favorisent surtout la cristallisation des choix et, dans une certaine mesure, la spécification et la réalisation.

Un tel programme est-il réaliste? S'il se limitait à la tâche de la cristallisation, la réponse pourrait être oui. Il semble toutefois quelque peu ambitieux de forcer le jeune à spécifier ses choix et à entreprendre partiellement leur réalisation, et ce, presque du même souffle. Il eut été préférable que le programme-cadre se concentre sur la cristallisation et invite le jeune à déterminer un domaine général d'activités. En imposant une telle limite, le stade de développement vocationnel de l'élève aurait davantage été respecté. Cependant, il appert que les nécessités du cursus des études secondaires ont eu le pas sur les besoins véritables de l'élève.

CONCLUSION

En somme, le cours GLC2O couvre un trop grand nombre de tâches, et ce, en moins de 55 heures. Les contenus du cours sont beaucoup trop nombreux et surtout beaucoup trop variés. Il serait préférable que ce cours se limite à la cristallisation des choix de carrière. Dans un monde idéal, ce cours devrait être précédé d'un cours obligatoire axé sur l'exploration et suivi d'un autre cours obligatoire axé, quant à lui, sur la spécification et la réalisation. Il s'agit là d'un souhait qui risque de se transformer en un cri d'alarme dans les années à venir. Les conditions du marché du travail étant ce qu'elles sont, il est certain que les jeunes de l'Ontario auront besoin d'un programme-cadre d'éducation à la carrière plus étoffé et certainement mieux structuré.

RÉFÉRENCES

BUJOLD, C. et M. GINGRAS. *Choix professionnel et développement de carrière* (2ᵉ édition), Montréal, Gaëtan Morin, 2000.

CONSTANTINE, M.G., C.D. ERICKSON, R.W. BANKS et T.L. TIMBERLAKE. « Challenge to the career development of urban and ethnic minority youth: Implications for vocational intervention », *Journal of Multicultural Counselling and Development,* 26 (1998), p. 83-95.

GAZZOLA, N. et A. SAMSON. *Sustaining quality curriculum in guidance and career education in Ontario,* document non publié, 2003.

GORDON, T.R. « Comprehensive school health and comprehensive guidance and counseling programs: A call for collaboration », *Canadian Journal of Counselling,* vol. 36, n° 1 (2002), p. 49-62.

GUICHARD, J. « De l'éducation à la carrière à l'éducation à l'humanité : Quelles perspectives pour les approches éducatives au XXIᵉ siècle? », *Carriérologie,* vol. 9, n° 1 (2003), p. 2-12.

HOLLAND, J.L. *Making vocational choices: A theory of vocational personalities and work environments* (3ᵉ édition), Odessa, FL, Psychological Assessment Resources, 1997.

HERR, E.L. « Preparation for the world of work » *in* B. Hiebert et L. Beranson (éd.), *Making Waves: Career Development and Public Policy,* essai présenté à l'International Symposium of the Canadian Career Development Foundation, 1999.

HERR, E.L., S.H. CRAMER et S.G. NILES. *Career guidance and counselling through the lifespan: Systematic approaches* (6ᵉ édition), Boston, Allyn and Bacon, 2004.

LECLERC, G. « L'approche intégrée en information et orientation : quelques principes directeurs ». *in* D. Pelletier et coll. (éd.), *Pour une approche orientante de l'école québécoise,* Québec, 2001, p. 33-41.

MACDONALD, G. et C.A. SINK. « A qualitative developmental analysis of comprehensive guidance programs in United States », *British Journal of Guidance and Counselling,* vol. 27, n° 3 (1999), p. 415-430.

MINISTÈRE DE L'ÉDUCATION ET DE LA FORMATION DE L'ONTARIO. *Orientation et formation au cheminement de carrière : le curriculum de l'Ontario 9ᵉ et 10ᵉ années,* Toronto, Gouvernement de l'Ontario, 1999.

OCDE. *Orientation professionnelle et politique publique : comment combler l'écart,* Paris, Éditions de l'OCDE, 2004a.

OCDE. *L'apprentissage tout au long de la vie,* Paris, Éditions de l'OCDE, 2004b.

PELLETIER, D. et R. BUJOLD. « La séquence de développement vocationnel : exploration — cristallisation — spécification — réalisation » *in* D. Pelletier, R. Bujold et coll. (éd.), *Pour une approche éducative en orientation,* Chicoutimi, Gaëtan Morin, 1984, p. 58-75.

RIVERIN-SIMARD, D. « Le concept de chaos vocationnel : un pas théorique à l'aube du XXIᵉ siècle? », *L'orientation scolaire et professionnelle,* vol. 25, n° 4 (1996), p. 467-487.

SUPER, D.E. « A life-span, life-space approach to career development », *Journal of Vocational Behavior,* vol. 16, n° 3 (1998), p. 282-298.

La création de communautés d'apprentissage en sciences pour les enseignants : Quelles conditions et quel accompagnement?

Liliane Dionne, Université d'Ottawa

RÉSUMÉ

Dans le cadre d'un programme de recherche visant à créer des communautés d'apprentissage (CA) en sciences réunissant des enseignantes et des enseignants du primaire, ce texte propose certains éléments conceptuels et théoriques qui ont émergé à la suite de l'analyse documentaire de la littérature. L'objectif de ce texte est de guider la création et l'accompagnement de communautés d'apprentissage. La communauté d'apprentissage revêt ici une définition qui rejoint le paradigme de la recherche enseignante en se présentant comme une communauté d'investigation ou de recherche. Pour créer une communauté d'apprentissage en sciences, il s'avère nécessaire de répondre aux exigences de ses principales composantes que sont la composante cognitive ou professionnelle, la composante affective ou personnelle et la composante idéologique ou sociale. Des pistes sont proposées concernant la création et l'accompagnement des communautés d'apprentissage. En particulier, la personne qui accompagne aura tout avantage — à l'instar des enseignantes et enseignants du groupe — à adopter une posture d'apprenant ou une posture d'investigation. Pour maximiser le développement de ses collègues dans la communauté, la personne-ressource est invitée à adopter le rôle de leader démocratique et de médiateur afin de faciliter la production et la démocratisation des savoirs chez les enseignantes et les enseignants.

Ce texte aborde le thème des communautés d'apprentissage en sciences, plus précisément sous l'angle des conditions de leur création et de leur accompagnement. L'analyse conceptuelle présentée ici constitue le substrat de base pour l'élaboration d'un cadre de référence concernant une recherche en cours visant à constituer des communautés d'apprentissage en sciences. L'enrichissement conceptuel et théorique, en cours présentement, servira à baliser l'entrée et le suivi sur le terrain, de même que l'analyse des données. Essentiellement, ce texte vise à explorer certaines conditions de création et d'accompagnement des communautés d'apprentissage en milieu scolaire pour favoriser l'essor des sciences au primaire. Les écoles visées par cette recherche se trouvent en milieu francophone minoritaire. Cependant, puisque les différents éléments de ce chapitre cerneront les conditions générales d'implantation et de suivi d'une communauté d'apprentissage, c'est dans les résultats que les éléments propres aux milieux minoritaires ressortiront davantage.

Pourquoi cet intérêt marqué pour les communautés d'apprentissage en sciences? Mentionnons tout d'abord que ces communautés concernent en premier lieu le développement professionnel (DP) des enseignants, plus spécifiquement ceux du primaire. Il est à noter également qu'en Ontario, le ministère de l'Éducation encourage le développement de communautés d'apprentissage professionnelles dans les écoles pour soutenir l'apprentissage des élèves (MEO, 2005). L'intérêt dirigé vers les enseignants et leur développement professionnel repose sur un important constat : il n'est pas possible d'améliorer l'enseignement et l'apprentissage des sciences par les seuls changements au curriculum. Il faut reconnaître l'apport important des enseignants dans la façon dont les sciences sont enseignées et apprises à l'école (Hofstein, Carmeli et Shore, 2004; Loucks-Horsley et Matsumoto, 1999).

De récentes études dans le domaine du développement professionnel des enseignants en sciences démontrent le potentiel des communautés d'apprentissage pour entraîner des changements durables dans les pratiques pédagogiques des enseignants (Birman, Desimone, Porter et Garret, 2000; Hofstein et coll., 2004; Jones, Rua et Carter, 1998; Loucks-Horsley et Matsumoto, 1999). En fait, les enseignants d'aujourd'hui sont confrontés à un certain nombre de contraintes dans leur milieu de travail. On remarque également que les praticiens manifestent de plus en plus d'exigences. En raison du peu de temps dont ils disposent, les enseignants veulent avoir du pouvoir sur leur propre développement professionnel. Puisqu'ils sont les mieux placés pour identifier leurs besoins en matière de DP, il importe de leur laisser assumer leur leadership pédagogique. Cette latitude accroît le potentiel de réinvestissement positif dans la salle de classe. Lorsqu'ils ont la possibilité d'identifier des problèmes réels rencontrés dans leur pratique, les enseignants peuvent se montrer très engagés dans l'apprentissage et la transformation de leur pratique professionnelle (Dionne, 2003; Gather-Thurler, 2000; Savoie-Zajc et Dionne, 2001).

L'implication dans une communauté d'apprentissage constitue un moyen de satisfaire les besoins essentiels liés au développement professionnel des enseignants, notamment en sciences. Parmi la panoplie de modes de développement professionnel, la communauté d'apprentissage offre plusieurs possibilités de satisfaire les composantes intellectuelle, sociale et personnelle du développement professionnel en sciences chez l'enseignant (Hofstein, Carmeli et Shore, 2004). Premièrement, l'engagement dans de telles communautés assure que le développement professionnel correspond à la fois aux critères de durée et de profondeur devant mener à des changements durables dans la pratique (Birman et coll., 2000). De plus, on reconnaît l'importance du soutien social des enseignants dans leur démarche d'amélioration des pratiques pédagogiques (Dionne, 2003, 2004), soutien qui est présent dans les communautés d'apprentissage. En dernier lieu, la CA offre un cadre souple en donnant aux enseignants la possibilité de se développer dans un projet de sens, en fonction de leurs intérêts et de l'examen diagnostique de leurs besoins (Dionne, 2005b). En menant un projet de sens, les enseignants sont encouragés à jouer un rôle encore plus actif dans la communauté éducative. En apprenant sur leurs pratiques et en confrontant leurs idées avec les connaissances standardisées en sciences et en didactique des sciences, les enseignants construisent leurs savoirs et acquièrent le pouvoir de renégocier leurs places et leurs rôles dans l'univers éducatif. Ils participent concrètement à l'enrichissement de cet univers en tant que producteurs de savoirs (Cochran-Smith et Lytle, 1999a,b).

Les sections qui suivent proposent des pistes destinées aux divers intervenants qui s'intéressent aux communautés d'apprentissage en sciences, ceci en abordant de façon plus générale les conditions qui concernent la création et l'accompagnement de ces communautés. Ces conditions s'appliquent en sciences, mais peuvent servir à éclairer d'autres contextes de CA en milieu scolaire.

LES DÉFIS DE L'ENSEIGNEMENT ET DE L'APPRENTISSAGE DES SCIENCES À L'ÉCOLE

Pour faire face aux défis que présente le XXIe siècle, les jeunes qui formeront la société de demain doivent posséder de nombreuses connaissances et habiletés. Plusieurs études convergent sur la nécessité de renforcer l'enseignement et l'apprentissage des sciences à l'école ainsi que la culture scientifique afin de préparer les jeunes à jouer un rôle actif et critique dans notre société (Council of Ministers of Education in Canada, 1997; Cochran-Smith, 2005; No Child Left Behind Act, 2001). Une des voies importantes pour rehausser la culture scientifique des élèves consiste à améliorer les pratiques pédagogiques chez les enseignants. Cochran-Smyth et Lytle arrivent à la conclusion que plus les enseignants se développent professionnellement, plus ils ont de connaissances, plus la qualité de leur enseignement est susceptible de s'améliorer. Or, lorsque l'enseignant se développe professionnellement, il étend et raffine son répertoire de pratiques pédagogiques. En travaillant avec ses collègues, il se place dans une posture de recherche, d'investigation et d'apprentissage (Cochran-Smith et Lytle, 1999a,b), ce qui est susceptible d'engendrer des changements substantiels dans ses façons de faire en classe.

La création de groupes d'enseignants à l'école, motivés par un travail commun, rejoint le concept de communauté d'apprentissage. Bien que l'apparition d'études concernant les CA en sciences à l'école soit un phénomène récent, on observe une nette progression du nombre de ces recherches (Erickson, 1991; Hofstein et coll., 2004), parmi la multitude d'études se penchant sur le thème général des communautés d'apprentissage en milieu scolaire. Il en ressort la nécessité de comprendre les conditions entourant la création et l'évolution de communautés d'apprentissage dans le domaine spécifique de l'enseignement-apprentissage des sciences et de cerner les conditions menant à la création de communautés d'apprentissage durables dans les écoles. Les recherches actuelles exposent peu ces conditions liées à la création et à l'accompagnement des communautés d'apprentissage et aucune, parmi celles consultées, ne s'intéresse au milieu minoritaire francophone. L'analyse de la littérature sur les communautés d'apprentissage, présentée ci-après, fournit des éléments pertinents pour mieux comprendre et cerner ces processus. Les spécificités du milieu minoritaire seront abordées, quant à elles, dans les résultats de l'étude proposée.

LA CRÉATION DE COMMUNAUTÉS D'APPRENTISSAGE EN SCIENCES À L'ÉCOLE PRIMAIRE

Une recherche en cours vise la création de communautés d'apprentissage en sciences dans des écoles primaires francophones de la région

Ottawa-Carleton. Ces communautés s'adressent aux enseignants intéressés par l'enseignement-apprentissage des sciences. L'étude proposée se situe dans le courant de la recherche enseignante (*teacher research*). Sans entrer dans les détails concernant la position paradigmatique adoptée dans ce projet, les recherches qui se situent dans ce courant visent globalement à démocratiser le savoir lié à la pratique enseignante (Cochran-Smith et Lytle, 1999a,b), en particulier dans le contexte de l'enseignement et de l'apprentissage des sciences.

Ce projet de recherche, s'intéressant à la création et l'accompagnement de communautés d'apprentissage en sciences, se divise en trois phases. La première phase consiste en l'analyse conceptuelle de la littérature afin de dégager les conditions de création et d'accompagnement des communautés d'apprentissage (Van der Maren, 1996). La deuxième phase vise à explorer, à l'aide d'un questionnaire, le point de vue des enseignants relativement à la situation de l'enseignement-apprentissage des sciences dans des écoles primaires francophones de la région de la Capitale-Nationale. Ils peuvent y exprimer leur volonté à participer à la création d'une communauté d'apprentissage. Sur la base d'une participation volontaire, des répondants seront rencontrés pour valider les pistes suggérées par l'analyse conceptuelle concernant la création et l'accompagnement de communauté d'apprentissage. Enfin, la troisième phase de la recherche consiste à créer et à accompagner des communautés d'apprentissage en sciences. À cette étape de la recherche, l'étude de cas permettra de documenter, à la fois, la naissance et le développement de ces communautés d'apprentissage. La méthodologie générale utilisée dans les différentes phases de ce projet de recherche correspond à une multiméthodologie. L'étude empruntera ses méthodes, ses instruments et ses techniques d'analyse à la recherche quantitative, mais surtout à la recherche qualitative, et en particulier à l'étude de cas participative dans la dernière phase, afin d'atteindre les différents objectifs visés à chaque étape.

Les propos du texte correspondent à la première phase du projet et visent, dans un premier temps, à présenter l'analyse des recherches dans le domaine des communautés d'apprentissage en général et, en particulier, des CA en sciences. L'analyse présentée a pour but de répondre aux questions suivantes : 1) Quelles sont les principales caractéristiques des communautés d'apprentissage? Parmi ces caractéristiques, quelles sont celles qui s'adressent spécifiquement aux enseignants de sciences?; 2) Quelles sont les conditions pour créer des communautés d'apprentissage en sciences en milieu scolaire?; 3) Quel type d'accompagnement faut-il apporter à ces communautés pour maximiser leur viabilité?

LES CARACTÉRISTIQUES D'UNE COMMUNAUTÉ D'APPRENTISSAGE

Le concept de communauté d'apprentissage (CA) n'est pas récent. Il remonte à Dewey, qui en 1916, concluait que l'école doit être une communauté, un milieu de vie. Une littérature plus contemporaine nous livre des définitions très diverses concernant la communauté d'apprentissage. Dans cette perspective très large, les communautés d'apprentissage seraient créées pour satisfaire divers besoins, et ce, dans des contextes diversifiés. Les multiples connotations de la communauté d'apprentissage correspondent à différents univers en s'adressant, par exemple, à une classe d'élèves ou à un groupe de professeurs d'université constitués en communautés d'apprentissage. Ces études sur les communautés d'apprentissage font ressortir la caractéristique essentielle de la collaboration entre collègues, c'est-à-dire qu'il doit se produire dans la communauté un réel travail conjoint entre les membres (Little, 1990).

Parmi la multitude des définitions de la CA, on retiendra celle de Cochran-Smith et Lytle (1999a) puisqu'elle correspond à la position épistémologique adoptée dans la présente recherche qui est de donner du pouvoir aux enseignants par rapport à leur pratique professionnelle. Cette définition présente la communauté d'apprentissage comme une communauté de recherche (*community of inquiry*) formée d'enseignants. Elle se définit ainsi :

> « Une communauté d'enseignants qui produit des connaissances sur sa pratique professionnelle [*knowledge of practice*], en faisant de la classe et de l'école, un lieu de recherche. L'adoption d'une perspective critique par rapport aux recherches formelles en éducation permet de relier ce travail conjoint aux grands enjeux éducatifs contemporains » ([traduction libre] p. 278).

Sergiovanni (1994) s'est attardé à étudier les caractéristiques de la communauté d'apprentissage en milieu scolaire. Selon la dimension affective, cette communauté se caractérise par la création d'un espace de confiance et de communication ouverte. Il s'y tisse des liens d'amitié et les collègues ressentent du plaisir à collaborer. Il se manifeste aussi des liens de soutien mutuel qui font de cet espace de dialogue un lieu où chacun prend soin de l'autre (*ethic of caring*) [Noddings, 1992]. Selon la dimension cognitive, les communautés d'apprentissage en milieu scolaire répondent aux objectifs de partage de connaissances. Ce sont des lieux d'ouverture aux idées des autres, d'apprentissage par les pairs et de réciprocité. Concernant la dimension idéologique, on remarque que les enseignants s'engagent mutuellement en vue de l'atteinte d'un but commun. Les enseignants se sentent membres d'une organisation à part entière et veulent y contribuer en s'engageant réellement (Beck, 1992; Sergiovanni, 1994).

Il est intéressant de constater que ces dimensions correspondent aux composantes de développement professionnel des enseignants en sciences (Bell, 1998; Bell et Gilbert, 1994) soit les composantes professionnelle, personnelle et sociale. Pendant que la dimension cognitive rejoint la composante professionnelle, la dimension affective se rattache à la composante personnelle, alors que la dimension idéologique correspond à la dimension sociale. La dimension cognitive et professionnelle de la CA sous-entend le développement intellectuel chez l'enseignant. La dimension affective, plus personnelle, rejoint le soutien que reçoit l'enseignant de ses collègues et la nature des interactions qu'il est capable d'entretenir. La dimension idéologique et sociale de la communauté d'apprentissage correspond au sens des valeurs qui la définissent, ainsi qu'à la réciprocité sur le plan des besoins. Elle regroupe les buts et les visions qui sont partagés dans le groupe.

La création de groupes d'enseignants à l'école, motivés par un travail commun, rejoint le concept de communauté d'apprentissage.

Loucks-Horsley, Stiles et Hewson (1999) présentent six caractéristiques des communautés d'apprentissage : 1) des buts et objectifs communs dans le groupe; 2) la mise en œuvre d'une recherche commune; 3) la pratique du dialogue réflexif; 4) la manifestation d'un leadership pédagogique; 5) la présence d'un climat de confiance et de respect mutuel, et enfin 6) la priorité donnée au développement et à l'apprentissage continus des enseignants. Les auteurs rapportent que la confiance, le respect des idées et le soutien entre collègues constituent la « colle » qui unit les membres de la communauté professionnelle.

Aux fins de synthèse, on réalise que parmi ces caractéristiques, la mise en œuvre d'une recherche commune, le dialogue réflexif et le leadership pédagogique attribués au groupe rejoignent la posture d'investigation (dimension cognitive) telle que proposée par Cochran-Smith et Lytle (1999a). Il s'agit là d'une dimension essentielle pour que la communauté d'apprentissage devienne un lieu d'émancipation et de transformation personnelle et sociale. À cette posture d'investigation, on ajoute la dimension d'interdépendance (dimension sociale) qui se manifeste par la mise en commun des buts et des objectifs qui transcendent le groupe (Friend et Cook, 1996). Enfin, la troisième dimension de la communauté d'apprentissage, soit le climat de confiance et de respect (dimension affective), constitue un préalable indispensable pour conduire à la réciprocité et au réel partage entre les enseignants (Dionne, 2003; Noddings, 1992).

LES CONDITIONS POUR CRÉER UNE COMMUNAUTÉ D'APPRENTISSAGE EN SCIENCES À L'ÉCOLE

Après avoir présenté sa définition et ses caractéristiques, il convient de se pencher sur les conditions à respecter pour créer une communauté d'apprentissage durable en sciences en milieu scolaire. Ces conditions rejoignent les dimensions essentielles des CA telles que décrites précédemment.

Les conditions reliées à la dimension cognitive ou professionnelle

Selon l'analyse effectuée dans la littérature, une première condition à respecter pour créer une communauté d'apprentissage entre collègues, c'est de laisser le libre-choix aux enseignants concernant leur emploi du temps (Loucks-Horsley et coll., 1999a). Étant libres de se consacrer à un projet de sens, et en étant encouragés à adopter une posture d'investigation, les enseignants seront davantage enclins à s'investir de façon durable à la transformation de leurs pratiques en sciences. Les enseignants s'engageront dans la communauté d'apprentissage dans la mesure où ils enrichiront leur base de connaissances et pourront réinvestir celles-ci directement dans leurs classes. Dans la perspective d'écoles en milieu minoritaire francophone, cela pourrait vouloir dire miser davantage sur l'interdisciplinarité pour l'enseignement-apprentissage des sciences par exemple. En ce sens, les enseignants sont les mieux placés pour faire des choix pertinents. L'accent sera mis sur l'utilisation, mais aussi sur la production de connaissances. Pour s'assurer du bon fonctionnement de la CA, on doit recourir à des stratégies pour conserver la trace des connaissances produites dans la communauté d'apprentissage avec, notamment, l'utilisation du journal de bord. Enfin, pour créer une communauté d'apprentissage, il faut être en mesure de s'assurer du cheminement de la communauté dans le temps. L'accompagnement de la CA par une personne-ressource peut être garante de cette continuité.

Les conditions reliées à la dimension affective ou personnelle

Concernant le contexte relationnel, les études indiquent qu'il faut miser sur l'authenticité des participants dans le groupe et la valoriser. Il importe aussi d'entraîner la communauté vers une zone de confort que procure le soutien entre collègues (Noddings, 1992). Cela requiert d'instaurer un climat de confiance et d'ouverture pour permettre que s'exprime cette authenticité. Les relations entre les collègues pourront aussi se développer davantage dans le soutien mutuel que chacun s'apportera. Cela s'applique surtout lorsque des enseignants mènent conjointement un même projet de développement pédagogique (Dionne, 2003, 2005). Pour créer un véritable espace de dialogue, les enseignants devront y investir du temps. Ce temps, une denrée rare dans nos écoles actuellement, constitue une ressource incontournable. L'allocation suffisante de temps ne peut être négligée par les administrations scolaires désirant voir des résultats tangibles sur le plan du développement professionnel des enseignants (Gather-Thurler, 2000).

Les conditions reliées à la dimension sociale ou idéologique

Les études dans le domaine des communautés d'apprentissage insistent sur la nécessité de clarifier, au départ, les valeurs et les visions du groupe et de faire des mises au point lorsque le besoin s'en fait sentir. Cette clarification est un préalable au travail du groupe. Les collègues ont besoin de partager une vision et des valeurs pédagogiques communes, sinon l'engagement dans le groupe ne pourra se faire en toute authenticité et risque de demeurer vain.

Une autre condition reliée au fonctionnement du groupe réfère au partage de pouvoir, c'est-à-dire au leadership partagé entre la personne-ressource (qui accompagne la communauté) et les enseignants. Cette condition rejoint les principes d'accompagnement des CA qui seront présentés un peu plus loin. Ainsi, les enseignants doivent sentir qu'ils ont leur mot à dire concernant la gestion de la communauté d'apprentissage, d'où la nécessité d'instaurer un processus de prise de décision participatif. Il s'avère également des plus utiles de mettre en place un mécanisme de négociation des différends. Les enseignants doivent pouvoir s'exprimer en toute légitimité lorsqu'ils sont en désaccord avec une position et être assurés que les différends seront réglés avec respect.

Finalement, dans la dimension idéologique ou sociale, on retrouve la nécessité de miser sur l'hétérogénéité du groupe, c'est-à-dire de faire ressortir les forces et l'expertise de chacun. Évidemment, la présence de la personne-ressource ajoute à cette hétérogénéité en enrichissant la communauté d'apprentissage (Dionne, 2004; Fecho, 2005).

LES CONDITIONS D'ACCOMPAGNEMENT D'UNE COMMUNAUTÉ D'APPRENTISSAGE

Les communautés d'apprentissage ont plus de chance d'être viables lorsqu'elles sont accompagnées par une personne-ressource, cet accompagnement étant souvent assuré par un chercheur universitaire (Cochran-Smith et Lytle, 1999a; Fecho, 2005; Harada, 2002). On conseille que la personne accompagnant les enseignants adopte une certaine posture et différents rôles afin d'aider la communauté d'apprentissage dans son évolution.

L'adoption d'une posture d'apprenant ou d'investigation

Il appert que la personne-ressource aurait tout avantage à adopter une posture d'apprenant ou d'investigation (Dionne, 2003). Une telle posture fait en sorte que le chercheur se présente aussi comme quelqu'un qui est à la recherche de réponses concernant le fonctionnement, les processus, le développement professionnel des enseignants, la construction des savoirs, etc. dans la communauté d'apprentissage. Exprimer en toute honnêteté le potentiel d'apprentissage dans le groupe fait en sorte que les enseignants se sentent valorisés et écoutés (*ibid.*). En se montrant elle-même apprenante, la personne accompagnante encourage le groupe dans son évolution et témoigne de l'intérêt de la démarche collective. Une récente étude sur les communautés d'apprentissage dans lesquelles participent des enseignants du primaire mentionne qu'un des principaux apprentissages réalisés lors du travail entre collègues est la prise de risque (Fecho, 2005). La personne accompagnante, en témoignant de ses propres expérimentations, encourage les enseignants à la prise de risque, à expérimenter et à apprendre de leurs erreurs.

L'adoption du rôle de leader démocratique

En plus d'adopter la posture d'apprenant, la personne qui accompagne la CA est invitée à jouer le rôle de leader démocratique. Ce leadership se manifeste dans la façon dont les agendas sont négociés, dans la prise de décision consensuelle et dans le règlement authentique des différends. Dans la perspective où cela rejoint le concept d'apprentissage au travail (*in-the-job learning*), les enseignants occupent une position privilégiée pour identifier les problèmes à résoudre dans lesquels ils veulent investir temps et énergie (Seidel Horn, 2003). La personne-ressource se présente dans la communauté d'apprentissage comme un collègue qui s'assure d'établir un dialogue à l'horizontal. La personne-ressource qui figurerait dans une CA à titre d'expert risquerait d'entraver la route de la viabilité. Un dialogue ouvert et égalitaire donne accès aux différentes formes de négociation.

L'adoption du rôle de médiateur

Un autre rôle suggéré pour le chercheur qui accompagne la CA est celui de médiateur. La personne qui accompagne le groupe doit faciliter le contact avec les résultats de la recherche en éducation et leurs mises à l'épreuve. En s'ouvrant à des modèles et théories, les enseignants vont pouvoir apprendre, réinvestir et valider les résultats de la recherche dans leurs pratiques pédagogiques respectives, ce qui implique les plus récentes recherches en didactique des sciences. En plus, la personne-ressource joue le rôle de médiateur en permettant aux enseignants de produire des connaissances à partir de leurs propres pratiques et en facilitant la diffusion des résultats issus de leur production.

> **Les collègues ont besoin de partager une vision et des valeurs pédagogiques communes, sinon l'engagement dans le groupe ne pourra se faire en toute authenticité et risque de demeurer vain.**

La personne-ressource contribue à l'épanouissement cognitif des membres de la CA en fournissant des textes pertinents et des outils de référence. Elle peut inciter les membres à présenter des ressources pertinentes à leurs pairs (Wells, 1993). Évidemment, la personne qui accompagne doit être celle qui garde la trace du travail effectué lors des rencontres. Elle s'assure de valider ces comptes-rendus auprès des membres de la CA. En offrant au groupe des référents théoriques, la personne-ressource ouvre les frontières du groupe à la communauté éducative élargie. En aidant à la diffusion des connaissances produites à l'intérieur du groupe auprès de la communauté éducative, la personne qui accompagne joue à la fois le rôle de facilitateur et de médiateur.

CONCLUSION

Dans le cadre d'un projet de recherche visant la création de communautés d'apprentissage en sciences en milieu scolaire, ce texte présente les éléments conceptuels et théoriques entourant les conditions de création de communautés d'apprentissage. Il fournit des pistes concernant l'accompagnement de ces communautés par une personne-ressource. Il appert que ces communautés d'apprentissage constituent une voie de développement du champ de l'enseignement et de l'apprentissage des sciences. Elles s'insèrent dans le cadre plus englobant de la démocratisation des savoirs dans la communauté de pratique que forment les enseignants, et dans la communauté éducative en général. Les enseignants peuvent se développer professionnellement en sciences en participant à des communautés d'apprentissage dans la mesure où ces communautés satisfont aux exigences liées à certaines dimensions. Il ressort de l'analyse trois dimensions principales pour la communauté d'apprentissage : la dimension cognitive rencontrée par la posture d'investigation qu'adoptent les membres, la dimension sociale rejoignant l'interdépendance dans le groupe, ainsi que la dimension affective assurée par le climat de confiance et de respect. Pour amener la CA à satisfaire aux exigences liées à ces dimensions, la personne-ressource qui accompagne le groupe a tout avantage, elle aussi, à se placer dans une posture d'investigation. En adoptant le rôle de leader démocratique, les enseignants peuvent négocier librement leurs agendas et prendre les décisions importantes qui concernent leurs pratiques pédagogiques. Enfin, la personne accompagnante adopte un rôle de médiateur. D'une part, elle fournit aux enseignants des référents théoriques, mais elle intervient également comme agent de médiation avec le monde de l'éducation, en inscrivant la communauté d'apprentissage dans une véritable dynamique de construction des savoirs. Enfin, la CA devient, pour tous ses acteurs, une occasion d'enrichissement, et ce, tant pour la communauté de pratique que pour la communauté éducative et scientifique dans son ensemble (Cochran-Smith et Lytle, 1999a, b; Wells, 1993). Il semble aussi que les communautés d'apprentissage ont le potentiel de devenir bénéfiques pour les milieux minoritaires francophones et cette étude s'inscrit dans cette dynamique. Elle permet d'actualiser le mouvement itératif entre les mondes de pratique et universitaire pour une plus grande démocratisation de l'éducation, dans un contexte où les écoles deviennent le théâtre de prises de décisions importantes tant sur les plans social que politique, ce qui est d'autant plus vrai dans le contexte de l'enseignement-apprentissage des sciences.

RÉFÉRENCES

BECK, L.G. « Meeting the challenge of the future: the place of a caring ethic in educational administration », *American Journal of Education*, vol. 100, n° 4 (1992), p. 454-496.

BELL, B. « Teacher development in science education ». *in* B.J. Fraser et K.G. Tobin (dir.), *International handbook of science education*, Dordrecht, Pays-Bas, Kluwer Academic Publishers, 1998, p. 681-694.

BELL, B. et J. GILBERT. « Teacher development as personal, professional, and social development », *Teaching and Teacher Education,* 10 (1994), p. 483-497.

BIRMAN, B.F., L. DESIMONE, A.C. PORTER, et M.S. GARRET. « Designing professional development that works », *Educational Leadership*, 57 (2000), p. 28-32.

COCHRAN-SMITH, M. « The new teacher education: for better or for worse », *Educational Researcher*, vol. 34, n° 7 (2005), p. 3-17.

COCHRAN-SMITH, M., et S.L. LYTLE. « Relationships of knowledge and practice: teacher learning in communities », *Review of Research in Education* , 24 (1999a), p. 249-305.

COCHRAN-SMITH, M., et S.L. LYTLE. « The teacher research movement: a decade later », *Educational Researcher*, vol. 28, n° 7 (1999b), p. 15-25.

COUNCIL OF MINISTERS OF EDUCATION IN CANADA (1997). *Common frameworks of science learning outcomes*, K-12, Toronto, CMEC Secretariat, 1997.

DIONNE, L. « L'acculturation collaborative des milieux scolaires par la création d'espaces de collaboration » *in* C. Gervais et L. Portelance, *Les lieux et les modes de formalisation des savoirs professionnels en enseignement*, Sherbrooke, Éditions du CRP, 2005a, p. 350-366.

DIONNE, L. « La création de communautés d'apprentissage par l'engagement dans un projet de sens : pistes de réflexion pour le domaine de l'éducation relative à l'environnement » *in* L. Sauvé, I. Orellana et E. Van Steenberghe, *Éducation et environnement : un croisement des savoirs,* Cahiers scientifiques de *l'ACFAS,* Actes de colloques du congrès de l'ACFAS, mai 2004, 2005b.

DIONNE, L. « L'espace de médiation comme lieu de réflexion sur les rôles et la posture du chercheur » *in* L.P. Boucher et M. L'Hostie, *L'accompagnement des enseignants en exercice dans le renouvellement de leurs pratiques pédagogiques*, Ste-Foy, PUQ, 2004 p. 63-80.

DIONNE, L. *La collaboration entre collègues comme mode de développement professionnel chez l'enseignant*, thèse de doctorat non publiée, Université du Québec à Montréal, 2003.

ERICKSON, G.L. « Collaborative inquiry and the professional development of science teachers », *The Journal of Educational Thought*, vol. 25, n° 3 (1991), p. 228-245.

FECHO, B. *No deposit, no return: community, responsability, and risk in K-university critical inquiry classrooms*, communication présentée dans le cadre du Congrès annuel de l'AERA, Montréal, 9-15 avril 2005.

FRIEND, M., et L. COOK. *Interactions: collaboration skills for school professionals,* New York, Longman, 1996.

GATHER-THURLER, M. *Innover au cœur de l'établissement scolaire*, Issy-les-Moulineaux, Elsevier, 2000.

HARADA, V.H. « Taking the lead in developing learning communities », *Knowledge Quest*, vol. 31, n° 2 (2002), p. 12-16.

HOFSTEIN, A.M. CARMELI et R. SHORE. « The professional development of high school chemistry coordinators », *Journal of Science Teacher Education,* vol. 15, n° 1 (2004), p. 3-24.

JONES, M.G., M.J. RUA et G. CARTER. « Science teacher's conceptual growth within Vygotsky's zone of proximal development », Journal of Research in science teaching, 35, n° 9 (1998) p. 1-19.

LITTLE, J.W. « The persistence of privacy: autonomy and initiative in teachers' professional relations », *Teachers College Record,* vol. 81, n° 4 (1990), p. 509-536.

LOUCKS-HORSLEY, S. et C. MATSUMOTO. « Research on professionnal development for teachers of mathematics and science: the state of the scene », *School Science and Mathematics,* 99 (1999a), p. 258-271.

LOUCKS-HORSLEY, S., K.E. STILES et P.W. HEWSON. *Principles of effective professional developement for mathematics and science education: a synthesis of standards,* National Institute for Science Education (document ERIC n° ED 409 201), 1999b.

LOUCKS-HORSLEY, S., P.W. HEWSON, N. LOVE et K.E. STILES. *Designing professional development for teachers of science and mathematics,* Thousand Oaks, CA, Corwin Press, 1998.

MINISTÈRE DE L'ÉDUCATION DE L'ONTARIO, *L'éducation pour tous : rapport de la table ronde des experts pour l'enseignement en matière de littératie et de numératie pour les élèves ayant des besoins particuliers de la maternelle à la 6ᵉ année,* Toronto, MEO, 2005.

NO CHILD LEFT BEHIND ACT, Pub. L. n°. 107-110, 115 Stat. 1425, 2001.

NODDINGS, N. *The challenge to care in schools: an alternative approach to education,* New York, Teachers College Press, 1992.

SAVOIE-ZAJC, L. et L. DIONNE. « Vers la mise en place d'une culture de formation continue dans les milieux scolaires : exploration conceptuelle et illustrations » *in* L. Lafortune, C. Deaudelin, P.A. Doudin et D. Martin (dir.), *La formation continue : de la réflexion à l'action,* Sainte-Foy, Presses de l'Université du Québec, 2001, p. 139-164.

SEIDEL HORN, I. « Learning on the job: a situated account of teacher learning in high school mathematics departments », *Cognition and Instruction,* vol. 23, n° 2 (2003), p. 1-18.

SERGIOVANNI, T.J. B*uilding community in schools*, San Francisco, CA, Jossey-Bass Publishers, 1994.

VAN DER MAREN, J.M. *Méthodes de recherche pour l'éducation,* Montréal, QC, Presses de l'Université de Montréal, 1996.

WELLS, G. « Working with a teacher in the zone of proximal development: action research on the learning and teaching of science », *Journal of the Society for Accelerative Learning and Teaching,* vol. 18, n°ˢ 1-2 (1993), 127-222.

Modes d'apprentissage des étudiantes et étudiants universitaires en difficultés d'apprentissage : régulation, appropriation et performance

Silas Leno et Raymond Leblanc, Université d'Ottawa
Jacques Chevrier, Université du Québec en Outaouais
Gilles Fortin et Judith Malette, Université Saint-Paul
Martine Peters, Université du Québec à Montréal

RÉSUMÉ

Notre projet sur les modes d'apprentissage en tant que style d'apprentissage ou représentation de soi plus ou moins consciente de nos préférences d'apprentissage a deux objectifs. Nous voulons, d'une part, mieux comprendre le processus de prise de décisions dans l'apprentissage en milieu universitaire et, d'autre part, nous cherchons à améliorer le processus de prise de décisions dans ces contextes en vue de préparer les étudiantes et étudiants universitaires à apprendre et à acquérir de nouvelles compétences tout au long de leur vie.

Silas Leno, Raymond Leblanc, Jacques Chevrier, Gilles Fortin, Judith Malette et Martine Peters

L'un des problèmes majeurs des institutions universitaires se rapporte à la performance des étudiantes et étudiants en difficultés d'apprentissage (Leblanc, 1997). Ce problème devient de plus en plus perceptible en première année postsecondaire (Romainville, 1998).

Dans ce contexte, il existe une diversité de modèles d'accompagnement scolaire (Hartman, 2002). Chacun de ces modèles présente des particularités qui laissent généralement croire qu'il s'agirait des formules pédagogiques spéciales, semblables à des panacées qui permettraient de résoudre l'ensemble des problèmes d'apprentissage.

Cependant, une analyse critique de ces propositions permet de s'apercevoir qu'aucun modèle n'est suffisant en soi. Dès lors, il s'avère nécessaire de comprendre les modes d'apprentissage des apprenants, ainsi que leurs conditions internes et externes en vue de mieux assurer leur accompagnement métacognitif.

À cet égard, il convient de préciser que l'importance des modes d'apprentissage des étudiants en difficultés d'apprentissage ne se limite pas seulement au cadre de la réussite en première année du cursus universitaire (Romainville, 1993). Au contraire, elle vise aussi à développer des compétences durables pour la vie. De surcroit, ces compétences permettent à leur tour, des ajustements progressifs et adéquats au contexte d'études sans cesse changeant.

Dans cette perspective, nous décrivons la première phase d'un projet de recherche longitudinale (2004-2007) qui porte sur les : Modes d'apprentissage des étudiants universitaires en difficultés d'apprentissage : régulation, appropriation et performance.

PROBLÉMATIQUE

L'université a connu une massification galopante ces trente dernières années (Romainville, 1998). Aux États-Unis, l'arrivée massive des étudiants dans les institutions universitaires est la conséquence directe de l'ouverture de la législation fédérale à l'Éducation pour tous (ÉPT) votée en 1976 (Shapiro & Rich, 1999). Cette ouverture s'est rapidement répandue et a contribué à la scolarisation de vagues d'enfants et de jeunes qui, aujourd'hui, sont devenus des adultes et fréquentent les institutions d'éducation postsecondaire (Shapiro & Rich, 1999).

Conséquemment, elles ont ouvert les portes aux étudiants étrangers de toutes provenances, contribuant ainsi à un essor remarquable. À ce titre, le Canada a emboîté le pas. Il a connu ces dernières années une augmentation sensible du nombre d'étudiants étrangers, plus spécifiquement dans les institutions universitaires. Selon la Direction Générale des Priorités, Planification et Recherche, Citoyenneté et Immigration Canada (DGPPRCIC, 2003), à la fin de 2001, plus de 130 000 étudiants étrangers (de tous les cycles confondus) sont arrivés au Canada, comparativement à 57 000 en 1990.

Ces changements posent des problèmes de structures d'accueil ainsi que des difficultés d'adaptation pour les étudiants évoluant dans ce nouvel espace. Le passage des nouveaux étudiants entre les institutions de formation préuniversitaire et les institutions de formation universitaire est ressenti de diverses manières. Dans certains cas, ce passage engendre parfois des conséquences négatives, allant du simple découragement à l'abandon ou à l'échec scolaire.

Dans cette optique, certains chercheurs tentent d'expliquer les enjeux en cause. C'est le cas de Romainville (1998) qui conçoit l'accès à l'université sur plusieurs angles reliés au contexte de vie des nouveaux inscrits. D'abord, il conçoit que l'accès à l'université est vécu comme une transition entre l'adolescence et l'âge adulte, entre l'école et le monde du travail. De ce fait, on s'aperçoit qu'il y a une rupture de contexte et d'orientation. *Secundo*, l'accès à l'université est aussi vécu comme un changement d'approche en matière d'encadrement. Le nouvel étudiant passe d'un encadrement plus soutenu et émaillé de rétroactions régulières à un encadrement plus ouvert et informel. Il passe aussi d'une prise en charge financière effective par ses parents à une diminution progressive de cette aide.

En dépit des situations ci-dessus rapportées, l'accès à l'université est ressenti également en matière de relation pédagogique dans la mesure où les rapports avec un professeur du secondaire sont différents de ceux qu'on entretient avec un professeur d'université. D'ailleurs, il convient de préciser que les modalités d'évaluation ont une incidence majeure auprès des étudiants. Ils se disent dans un état de choc (Romainville, 1998). L'accès à l'université est aussi perçu comme un changement dans les contenus enseignés (un langage nouveau tissé de termes techniques et parfois professionnels, de nouvelles matières enseignées, un nouveau soutien pédagogique, une nouvelle démarche mentale [de la mémorisation à l'analyse critique]). Enfin, l'accès à l'université est vécu comme un changement de méthodes. Selon Romainville (1998), 71,3 % des étudiants de la première année affirment qu'il existe une rupture radicale entre le secondaire et l'université.

Dans ce parcours, la prise de notes constitue une difficulté majeure et le résumé est considéré comme l'outil idéal pour s'approprier le contenu d'un cours. Étant donné que l'apprenant est désormais responsable de ses études, la gestion du temps devrait être considérée comme un des facteurs déterminants à la réussite, d'où la nécessité d'instaurer un cadre d'accompagnement idéal et efficace.

À l'issue des multiples changements ci-dessus rapportés (conditions internes et externes des sujets-apprenants), le taux d'échec dans les premières années universitaires est très élevé (Romainville, 1998). Les coûts humain, social et économique occasionnés par ces échecs sont très importants (Bandura, 2003). Pour éviter ce genre de malaises en contexte universitaire, plusieurs pistes sont explorées. À titre d'exemple, l'Université d'Ottawa accueille chaque année une moyenne de 600 étudiants sollicitant un accompagnement dans leurs programmes d'études. De ce nombre, 250 apprenants éprouvent des difficultés d'apprentissage et bénéficient de l'aide des Services d'appui au succès scolaire (SASS).

Étant donné les effectifs sans cesse croissants et l'augmentation du nombre d'étudiants en difficultés d'apprentissage, nous estimons que les travaux de recherche devraient s'orienter vers certains aspects psychopédagogiques mal maîtrisés. Notre intérêt porte particulièrement sur les questions suivantes:

Comment peut-on mieux comprendre les modes d'apprentissage des étudiants éprouvant des difficultés d'apprentissage en période de transition universitaire?

Quels sont les moyens stratégiques susceptibles d'améliorer le processus de gestion des apprentissages en divers contextes?

Pour mener à bien ce projet, nous passerons en revue les recherches et les travaux pertinents qui ont été réalisés sur le sujet.

RECHERCHES PERTINENTES ET CADRE CONCEPTUEL

Dans les écrits portant sur l'apprentissage, on assiste à un débat sur les modes d'apprentissage privilégiés et sur la manière d'en tenir compte en situation pédagogique. À l'instar de Parmentier (1998), apprendre à l'université est conçu comme « un processus de prise de décision intentionnel vers un but personnel où l'étudiant est perçu comme un acteur libre, responsable de ses choix et de ses actes » (p. 83). Romainville (1993) propose deux conclusions se dégageant des recherches actuelles sur l'apprentissage des étudiants en contexte universitaire. Premièrement, la manière d'apprendre de l'étudiant est déterminante dans l'explication de sa performance. La qualité du traitement des informations réalisé par l'étudiant et ses choix stratégiques influencent le résultat de l'apprentissage, « davantage que le temps consacré à l'étude, le contexte, les aptitudes générales ou les ressources disponibles » (Romainville, 1993). Deuxièmement, étant donné qu'une stratégie efficace pour un étudiant ne l'est pas forcément pour un autre, l'apprenant efficace se caractériserait moins par ses stratégies que par la réflexion qu'il exerce sur sa propre manière d'apprendre et sur sa capacité d'adapter des choix stratégiques. Il est donc nécessaire de s'adapter parce que les modes privilégiés d'apprentissage, s'ils constituent des forces dans certains contextes, n'en constituent pas dans d'autres. Pour être efficace, un étudiant devrait être capable de composer avec plusieurs modes d'apprentissage (Honey et Munford, 1992).

Quant au mode d'apprentissage, il est conçu comme une dimension interactive mettant en œuvre l'approche d'apprentissage ainsi que la stratégie d'apprentissage choisies par l'étudiant en fonction du contexte d'apprentissage tel qu'il le perçoit à un moment précis. Un mode d'apprentissage devient privilégié, lorsqu'il est utilisé de manière récurrente par la même personne dans plusieurs contextes différents (d'une tâche à l'autre, d'un cours à l'autre). Le mode privilégié d'apprentissage correspond donc au profil particulier constitué de l'approche d'apprentissage et des types de stratégies d'apprentissage que l'étudiant choisit dans plusieurs contextes d'apprentissage perçus comme semblables.

La performance semble être liée aux trois variables : 1) la perception de la tâche d'apprentissage (sa nature, sa valeur, ses exigences, sa contrôlabilité et sa structure) [Entwistle et Ramsden, 1983; Tardif, 1992]; 2) les stratégies d'apprentissage choisies (l'utilisation de stratégies adaptées semble être plus efficace) [Boulet, Savoie-Zajc et Chevrier, 1996; Ramsden, 1988] et 3) l'approche d'apprentissage (de surface, en profondeur et stratégique). L'approche stratégique marque particulièrement la réussite scolaire (Romainville, 1993). En plus, il semble que les conduites d'apprentissage seraient régies à la fois par des conditions internes (la conception de l'apprentissage, le style d'apprentissage et la compétence technologique) propres à l'étudiant et des conditions externes (l'objet d'apprentissage, les formules pédagogiques et les formules d'évaluation) propres au contexte qui en conditionnent l'efficacité. L'interaction entre les deux conditions peut se faire de manière à ce que les décisions stratégiques de l'étudiant soient bien adaptées. Dans ce cas, elles produisent un rendement efficace. Dans le cas contraire, elles entraîneront alors des difficultés de fonctionnement pouvant affecter le traitement de l'information.

L'originalité de la présente recherche repose sur son caractère multidimensionnel et intégré (avec les mêmes instruments, techniques et en plusieurs contextes), sa méthodologie (utilisation d'une stratégie mixte : analyse qualitative et quantitative) et sur son approche longitudinale (trois ans) à caractère naturaliste (observation participante et médiation dans des contextes d'apprentissage motivés et naturels).

MÉTHODOLOGIE

Les différentes dimensions évoquées dans le cadre conceptuel seront mesurées en relation étroite avec les trois principaux objectifs de la recherche : le mode d'apprentissage, l'incidence de l'accompagnement métacognitif et la performance. Le mode d'apprentissage sera analysé en fonction des réponses obtenues quant au style d'apprentissage, de la perception du contexte de l'apprentissage, de l'approche d'apprentissage, des stratégies d'apprentissage et des motifs des choix stratégiques. L'impact de l'accompagnement métacognitif sera analysé en tenant compte des modifications intervenues dans l'une des composantes du mode d'apprentissage (conscience et flexibilité) ou de la performance. Toutes les données seront recueillies dans le cadre d'entrevues et de séances régulières de travail avec les participants ou les participantes. La performance comportera les résultats des formules d'évaluation dans les cours et la qualité de l'activité d'apprentissage.

PREMIÈRE PHASE

La première phase du projet s'étend sur une période de cinq mois (de novembre 2004 à mars 2005). Elle comporte la description des participantes et des participants, les instruments de mesure, les procédures d'accompagnement et les résultats partiels.

Description des participantes

La première phase a débuté avec deux participantes ayant des difficultés d'apprentissage en contexte universitaire. La première participante présente des difficultés d'apprentissage graves (DAG), tandis que la seconde présente des difficultés d'apprentissage légères (DAL).

Selon les données démographiques, aucune différence marquante ne semble distinguer les participantes. Les deux participantes, de sexe féminin, sont âgées de 18 et 23 ans et utilisent les technologies de l'information quotidiennement. Celle qui éprouve des DAL est inscrite en première année de musique, alors que celle présentant des DAG est inscrite en première année en arts.

Les instruments de mesure

Les instruments de mesure ont servi à évaluer les conditions internes et les conditions externes. Notre intérêt s'est porté sur les conditions internes suivantes : la personnalité professionnelle et la conception de l'apprentissage. Les différents types de personnalité (réaliste, investigateur, artistique, social, entreprenant, conventionnel) ont été mesurés à l'aide de l'Inventaire d'intérêt de Strong (IIS) [1994]. Le style personnel fut mesuré à l'aide des quatre échelles : les styles de travail, de leadership, d'environnement d'apprentissage et l'ouverture à prendre des risques. Le niveau d'adaptation psychologique fut mesuré à l'aide de l'échelle de satisfaction de vie (Blais, Vallerand, Pelletier et Brière, 1989; Diener, Emmons, Larsen et Griffin, 1985). La conception de l'apprentissage (accumulation, mémorisation, application), quant à elle, fut recueillie à l'aide de deux questions de Romainville (1993). Enfin, le style d'apprentissage (réfléchi, actif, théorique et pragmatique) fut mesuré à l'aide du Learning Style Questionnaire (Honey et Munford, 1992), adapté en français par Fortin et coll. (2000). La compétence technologique fut mesurée à l'aide de l'inventaire des compétences technologiques construit par Desjardins, Lacasse et Bélair (2001).

En ce qui a trait aux conditions externes, l'objet d'apprentissage (nature et type de savoir), la formule pédagogique (vingt catégories émergentes selon Chamberland, Lavoie et Maquis (1995), la formule technologique (les catégories émergentes) et la formule d'évaluation ont été recueillies au cours des entrevues à l'aide des questions conçues et formulées à cet effet.

Procédures d'accompagnement

Les procédures d'accompagnement mises en place sont celles adaptées, voire proportionnelles, aux besoins des sujets accompagnés. Dans cette dynamique, la participante qui éprouve des DAL a bénéficié de quatorze séances de travail de 60 à 90 minutes chacune, deux séances de travail de dissertation par courrier électronique (120 minutes), deux séances d'évaluation comportant les tests de l'IIS (1994), de l'approche de l'apprentissage, du style d'apprentissage (Fortin, Chevrier et Amyot, 1997), des échelles de satisfaction, de l'inventaire de compétence technologique et de deux séances d'entrevues individuelles portant sur les récits de vie.

La participante qui éprouve des DAG a bénéficié d'un accompagnement soutenu : 18 séances de travaux diversifiés d'en moyenne 100 minutes chacune, cinq séances (deux heures chacune) consacrées aux travaux de dissertation par l'entremise de courriers électroniques, deux séances d'évaluation (Strong IIS, style d'apprentissage, échelle de satisfaction, inventaire de compétence technologique), deux séances d'entrevues individuelles (sur les récits de vie) et quatre séances de tutorat par téléphone sur des thématiques diverses.

Résultats partiels

Tout en tenant compte des limites imposées à ce document, nous présentons quelques résultats qui se rapportent à la première phase du projet en cours. À l'issue de l'analyse des récits de vie et des observations soutenues effectuées au cours des entrevues, il appert que la participante présentant des DAL manifeste une estime de soi positive, évalue bien ses capacités à réussir une tâche, comprend les explications, planifie (plus) efficacement son temps, respecte ses engagements et remet ses travaux aux échéances fixées. Par exemple, elle arrive toujours à l'heure aux rendez-vous. « J'aime ben planifier mes cours », dit-elle. En cas d'empêchement, elle prend soin d'informer à l'avance. En revanche, la participante ayant des DAG manifeste une faible confiance en soi, développe une forme d'anxiété démesurée, estime que tout est compliqué : « J'vais capoter », dit-elle de manière récurrente. Elle planifie mal son temps, a constamment recours à des reports d'échéances, remet très souvent ses travaux en retard et évalue mal ses capacités. Par exemple, elle serait passée dans certaines familles d'origine africaine et leur aurait promis des cours de français gratuits, sans tenir compte de ses préoccupations étudiantes. Conséquemment, cet idéal n'a jamais été réalisé.

Par ailleurs, à la suite du questionnaire du style d'apprentissage, version française abrégée (LSQ-Fa), il s'est avéré que la participante ayant des DAL est tout à la fois de style actif et de style réfléchi, mais avec une préférence mineure pour les deux styles. Par contre, la participante qui éprouve des DAG manifeste une préférence forte pour les styles réfléchi et actif. À titre d'exemple, la participante ayant développé une préférence forte pour le style actif s'enthousiasme beaucoup pour les projets de voyage à l'étranger. Elle qualifie un tel projet de génial. Quant à la personne qui développe le style réfléchi, elle aime prendre du recul pour réfléchir aux situations afin de les examiner en fonction de plusieurs paramètres. Les réfléchis aiment étudier toutes les facettes possibles d'un problème, tenir compte de toutes les implications subséquentes afin de décider en pleine connaissance de cause (Fortin, Chevrier, LeBlanc et Théberge, 2000).

En ce qui a trait aux objectifs individuels de l'accompagnement, les participantes ont opté pour des visées différentes. La participante ayant des DAL cherche une assistance qui lui permettrait de rédiger ses travaux de fin de session et d'élaborer des stratégies d'apprentissage pour certains cours. Elle désire aussi améliorer sa capacité de concentration et avoir une assistance dans la correction des travaux et l'optimisation de ses notes. Elle vise des « A ». Quant à la participante dont les difficultés d'apprentissage sont graves, elle veut développer une meilleure maîtrise du traitement de texte en informatique, apprendre à résumer des idées et des textes, savoir prendre des notes en classe, réduire les fautes d'orthographe et être en mesure de procéder à une lecture intelligente et productive.

> *La manifestation des difficultés d'apprentissage est l'un des indicateurs qui découlent de l'existence d'un ensemble de problèmes auxquels l'apprenant est confronté.*

Aux objectifs ci-dessus évoqués se rattachent un certain nombre de difficultés particulières auxquelles les participantes se sentent confrontées. La participante ayant des DAL présente des carences en français (précisément en orthographe et en dissertation), des problèmes de mémoire en histoire et des besoins momentanés de rétroaction en vue de s'assurer de la qualité de son travail. À titre d'exemple, elle éprouvait de la difficulté à retenir les faits associés aux dates en histoire. La participante ayant des DAG a également des ennuis en français (orthographe et dissertation), des problèmes de mémoire, des besoins de rétroaction de manière constante. Ces besoins sont ancrés à des besoins faisant partie de son récit de vie : « J'ne suis plus sûre de ce que j'fais. » Par ailleurs, il convient de souligner que, si dans l'ensemble les deux présentent des difficultés similaires, il n'en est pas ainsi de la teneur. Les difficultés de la participante qui éprouve des DAG sont plus prononcées. Sachant cela, nous avons pris des mesures d'accompagnement appropriées en vue de répondre aux besoins particuliers de chaque participante.

En projetant un regard critique sur le déroulement de la première phase de l'accompagnement, nous nous apercevons que la participante dont les difficultés d'apprentissage sont graves a bénéficié de plus de soutien par rapport à sa collègue; celle-ci n'en ayant pas autant besoin. Dans la mesure où ce soutien vise à répondre aux besoins de l'apprenant en difficultés graves, cela constitue une discrimination positive qui peut engendrer des conséquences positives par rapport au rendement. Cependant, il convient de souligner que l'accompagnement ne garantit pas forcément le succès de l'apprenant accompagné, car plusieurs autres facteurs entrent en jeu, notamment les facteurs psychologiques, pédagogiques et biologiques de l'accompagné.

CONCLUSION

À l'issue de l'analyse des premières traces recueillies, il s'est avéré que la participante qui éprouve des DAL a tiré un net profit de l'accompagnement métacognitif qui lui a été dispensé. Au cours des deux sessions (automne et hiver), elle a obtenu des notes satisfaisantes dans les cours suivants : cours d'instrument de musique (clarinette, A-), solfège et dictée (A-), théorie de la musique (A-), répertoire d'orchestre (A-), harmonie (A), chorale (A+), ensemble contemporain (A-), histoire de la musique du Canada (A+), histoire du Moyen Âge (A-). En revanche, la participante qui éprouve des DAG, n'a pas voulu communiquer les notes qu'elle a obtenues au cours des deux sessions. Cela indique que ses résultats sont probablement peu encourageants, voire démotivants.

Bref, en projetant un regard rétrospectif sur les traces de la première phase, nous nous rendons compte que si l'accompagnement peut produire des effets souhaités, il convient cependant de souligner qu'il n'éradique pas toutes les difficultés. Certaines difficultés demeurent en certaines circonstances précises. Par exemple, pour la participante éprouvant des DAL, les difficultés d'orthographe demeurent au cours des examens et autres formes d'évaluation; tandis que d'autres difficultés plus prononcées telles que l'orthographe, l'anxiété démesurée causée par la peur de l'échec, le besoin d'une rétroaction incessante demeurent de manières constantes chez la participante éprouvant des DAG. Dans un cas comme dans l'autre, la persistance de ces difficultés se traduit par l'absence d'un accompagnateur et d'une rétroaction rassurante au cours des évaluations.

L'analyse de la première phase nous a également appris que la manifestation des difficultés d'apprentissage est l'un des indicateurs qui découlent de l'existence d'un ensemble de problèmes auxquels l'apprenant est confronté. En outre, l'analyse des résultats obtenus par le questionnaire de style d'apprentissage (Fortin et coll., 2000) laisse sous-entendre que les préférences fortes ou mineures n'ont aucune incidence sur le rendement scolaire de l'apprenant. Elles servent simplement de guide à l'apprenant et à l'accompagnateur dans la recherche d'une qualité de l'apprentissage. De surcroît, il s'est avéré que le succès d'un accompagnement, quel qu'il soit, dépend surtout des dispositions propres au sujet accompagné plutôt que de l'accompagnateur. Les décisions du sujet accompagné, ses motivations, sa façon de gérer son temps et ses acquis sont grandement responsables du succès de l'accompagnement.

L'analyse de la première phase, notamment celle des récits de vie, aura également permis de dégager l'influence des conditions externes et internes des apprenants en difficultés d'apprentissage. Une prise en compte efficace de ces conditions dans le processus d'accompagnement métacognitif est porteuse de résultats motivants tels que ceux présentés plus haut.

Enfin, toujours dans une perspective longitudinale, nous comptons poursuivre cette recherche en augmentant le nombre des participants au-delà de l'effectif actuel. L'automne prochain, nous désirons recruter deux autres étudiantes et trois étudiants du premier cycle universitaire en vue de faire passer l'effectif à huit participants. Cela nous permettra d'élargir l'éventail des études de cas, de mieux comprendre les modes d'apprentissage ainsi que l'incidence de l'accompagnement métacognitif.

RÉFÉRENCES

BANDURA, Albert. *Auto-efficacité : Le sentiment d'efficacité personnelle*, traduit de l'anglais par Jacques Lecomte, De Boeck, Belgique, 2003.

BLAIS, M.R., R.J. VALLERAND, R.J. PELLETIER et N.M. BRIÈRE. « L'échelle des satisfactions de vie : Validation canadienne française du "Satisfaction with life scale" », *Revue canadienne des sciences du comportement*, vol. 21, n° 2 (1989), p. 210-223.

BOULET, A., L. SAVOIE-Zacj et J. CHEVRIER. *Les stratégies d'apprentissage à l'université*, Québec, Presses de l'Université du Québec, 1996.

CHAMBERLAND, G., L. LAVOIE et D. MAQUIS, D. *Vingt formules pédagogiques*, Sainte-Foy, Presses de l'Université du Québec, 1995.

CHEVRIER, J., G. FORTIN, R. LEBLANC et M. THÉBERGE. « Le LSQ-fa, une version française de l'instrument de mesure des styles d'apprentissage de Honey et Munford », *Éducation et francophonie*, vol. 28, n° 1 (2000). Document téléaccessible à l'URL : <www.acelf.ca/revueXXVII>.

DESJARDINS, F., R. LACASSE et L. BÉLAIR. « Toward a definition of four others of competency for the use of information and communication technology (ICT) » *in Education: Proceeding of the fourth IASTED International Conférence*, ACTA Press, 2001, p. 213-217.

DIENER, E., R.A. EMMONS, R.J. LARSEN et S. GRIFFIN, « The Satisfaction With Life Scale », *Journal of Personality Assessment*, 49 (1985), p. 71-76.

DIRECTION GÉNÉRALE DES PRIORITÉS, PLANIFICATION ET RECHERCHE, CITOYENNETÉ ET IMMIGRATION CANADA, *Rapport détaillé portant sur les étudiants étrangers au Canada de 1990 à 2002*, DGPPRCIC, 2003.

ENTWISTLE, N., et P. RAMSDEN. *Understanding student learning*, New York, Nicholas, 1983.

FORTIN, G., J. CHEVRIER et E. AMYOT. « Adaptation française du " Learning Style Questionnaire" de Honey et Munford », *Mesure et évaluation en éducation*, vol. 19, n° 3 (1997), p. 95-118.

FORTIN, G., J. CHEVRIER., R. LEBLANC et M. THÉBERGE. « Le style d'apprentissage enjeux pédagogique en lien avec la personnalité », *Éducation et francophonie*, vol. 28, n° 1 (2000). Document téléaccessible à l'URL : <www.acelf.ca/revue/XXVIII>.

HARTMAN, H.J. *Metacognition in learning and instruction, theory, research and pratice*. Kluwer Academic Publishers, New York, NY, 2002.

HONEY, P. et A. MUNFORD. *The manual of learning styles*, Berkshire, Peter Honey, 1992.

LEBLANC, R. « Une difficulté d'apprentissage sous la lentille du modèle des intelligences multiples », *Éducation et Francophonie*, vol. 25, n° 1 (1997). Document téléaccessible à l'URL : <http: acelf.ca/revue/XXV>.

PARMENTIER, P. « La volonté d'apprendre » *in* Mariane Frenay, Bernadette Noël, Philippe Parmentier, M. Romainville (dir.), *L'étudiant-apprenant*, Bruxelles, De Boeck et Larcier, 1998, p. 81-94.

RAMSDEN, P. « Context and strategy » *in* R.R. Schemeck (dir.), *Learning strategies and learning styles*, New York, Plenum Press, 1988, p. 159-184.

ROMAINVILLE, M. *Savoir parler de ses méthodes, métacognition et performance à l'Université*, De Boeck Université, Belgique, 1993.

ROMAINVILLE, M. *L'étudiant apprenant : grilles de lecture pour l'enseignement universitaire*, De Boeck Université, Belgique, 1998.

SHAPIRO, J. et R. RICH. *Facing learning disabilities in the adult Years*, New York, Oxford University Press, 1999.

STRONG INTEREST INVENTORY, Palo Alto, CA, Consulting Psychologists Press, 1994.

TARDIF, M. *Pour un enseignement stratégique*, Montréal, Logique, 1992.

CINQUIÈME PARTIE

Technologies de l'information et des communications en éducation (TIC)

INTRODUCTION

Les quatre chapitres de cette section abordent un sujet qui ne cesse de prendre de l'ampleur dans le monde de l'éducation : les technologies de l'information et des communications. On constate, dans ces textes, le rôle important que ces technologies peuvent jouer afin de renforcer la communauté minoritaire francophone et de favoriser le maintien de sa culture. Le chapitre de Martine Leclerc traite des facteurs personnels et organisationnels pouvant faciliter l'intégration des technologies de l'information et des communications dans la pratique des enseignants. Le texte d'Ann-Louise Davidson porte sur l'urgence d'intégrer ces technologies dans l'apprentissage et du processus de choix des enseignants. Ensuite, le texte de François Desjardins vise à cerner les profils de compétences technologiques chez les enseignants francophones de l'Ontario. Le dernier chapitre de cette section, dont les auteurs sont Manon LeBlanc, Nicole Lirette-Pitre, Claire IsaBelle et Rodrigue Savoie, présente un projet de recherche réalisé à Moncton portant sur les « cybercarnets » et leur utilité dans le monde éducationnel. À la lumière de ces textes, il apparaît que les technologies de l'information et des communications sont aujourd'hui des outils incontournables au service du développement de la culture francophone en milieu minoritaire.

Les facteurs facilitant l'intégration des TIC selon les représentations du personnel enseignant d'une école primaire francophone de l'Ontario

Martine Leclerc, Université du Québec en Outaouais

RÉSUMÉ

Cette étude de cas examine les représentations des enseignantes et enseignants à la suite de l'intégration des technologies de l'information et de la communication dans leur école primaire francophone de l'Ontario. Le but de cette recherche est de déterminer les facteurs qui incitent le personnel enseignant à adopter une telle innovation. Les facteurs personnels favorables sont principalement les attitudes des enseignants et les avantages perçus pour l'élève. Quant aux facteurs organisationnels favorables, on note le leadership de la direction de l'école, la formation, l'appui, une structure collaborative, les pressions et les modèles. Ces facteurs varient selon les profils des enseignants. Ainsi, ce faisant, il nous a été possible de constater que, dans notre étude, les facteurs personnels favorables ont davantage influencé les enseignants qui sont déjà avancés dans le processus d'adoption de l'innovation, ici l'intégration des TIC. Ceux qui sont moins avancés semblent plutôt chercher des facteurs organisationnels pour les aider à commencer ou à poursuivre dans cette lignée.

La société évolue au rythme des changements technologiques et les instances politiques exercent une pression appréciable sur le monde scolaire pour que l'école prépare l'élève à la société du savoir. Cette pression est d'autant plus forte que les outils informatiques, qui représentent des investissements importants, sont peu utilisés (Cuban, 2000, 2001; Cuban, Kirkpatrick et Peck, 2001).

LA PROBLÉMATIQUE ET LA QUESTION PRINCIPALE

Malgré le fait que la littérature fait état des avantages à utiliser les TIC dans l'enseignement (Nixon, 2003; Ross, Yerrick et Molebash, 2003; Webber, 2003), leur intégration se fait de façon plutôt timide (Cuban, 2000, 2001; Cuban et coll., 2001; Wang et Reeves, 2003). Comment explique-t-on alors que les TIC soient si peu intégrées à l'école alors qu'elles jouissent dans la société d'un préjugé favorable et que leur utilisation semble avantageuse pour l'élève? L'une des principales raisons évoquées par certains auteurs serait le fait que cette intégration constitue un changement complexe en éducation (Carugati et Tomasetto, 2002; Webber, 2003). Baron (2001, p. 48) souligne d'ailleurs que « l'arrivée de la dernière génération de technologies (produits multimédias, Internet) dans l'enseignement suscite pour le moment plus d'interrogations que de réponses, tant sur le plan des pratiques pédagogiques que de leur intégration par les enseignants eux-mêmes ».

Même si de nombreuses recherches se sont penchées sur l'emploi des technologies à l'école, peu d'entre elles font état du changement vécu par les enseignants d'une école primaire. Le milieu franco-ontarien est encore peu étudié et constitue un milieu vulnérable en ce sens que les francophones sont dispersés sur un vaste territoire et qu'ils doivent constamment lutter contre l'envahissement constant de la culture anglophone dominante (Desjardins, 2003). De plus, l'éventail de services et d'activités d'ordre culturel en français dans les communautés en milieu minoritaire est très limité (Gilbert, LeTouzé, Thériault et Landry, 2004). D'ailleurs, le tout récent rapport de Gilbert et coll. (2004), qui met en lumière les particularités de l'enseignement en milieu minoritaire en brossant un tableau de la tâche d'enseigner, souligne, tout comme Gérin-Lajoie (2001) et Le Touzé (2004), qu'en Ontario, les enseignants des écoles francophones insistent sur leur rôle particulier dans la survie de la langue française et de la culture de même que dans le développement de la communauté. Parmi les défis que représente l'école de langue française en milieu minoritaire, on y citait, entre autres, l'insuffisance de matériel pédagogique adapté aux réalités de la communauté, l'isolement des écoles et la pauvreté du milieu culturel ainsi que le manque de perfectionnement professionnel en français en cours de carrière. L'intégration des TIC est d'autant plus importante dans le contexte des écoles franco-ontariennes qu'elles constituent une chance de renforcer la communauté francophone tout en permettant aux élèves et au personnel enseignant de communiquer avec d'autres francophones et d'échanger des ressources.

Le but de notre étude est de chercher à mieux comprendre comment les enseignants vivent le changement découlant de l'intégration des TIC, et plus spécifiquement à répondre à la question suivante : Quels sont les facteurs qui incitent les enseignants à intégrer les TIC en salle de classe?

MÉTHODOLOGIE

Pour répondre à notre question de recherche, nous avons choisi de procéder par entretiens semi-dirigés et d'effectuer une collecte de données auprès de 15 personnes œuvrant dans une école primaire francophone de la région d'Ottawa, soit 13 enseignants, la directrice de l'école et la coordonnatrice en informatique. Afin de saisir leurs représentations face à leurs propres compétences dans l'utilisation pédagogique des TIC, nous leur avons également demandé de remplir le questionnaire de Desjardins, Lacasse et Bélair (2001).

RÉSULTATS

Certains facteurs favorables à l'intégration des TIC semblent relever de l'individu lui-même, de ce qu'il pense, de ce qu'il est, donc de facteurs se rattachant à sa personnalité propre ou à ce qui le touche personnellement. Ces facteurs ont été qualifiés de *personnels*. D'autres, qui sont extérieurs à l'enseignant et associés à l'environnement où a lieu le changement, ont été qualifiés de facteurs *organisationnels*. Pour en faire une meilleure interprétation, nous avons d'abord procédé à l'établissement des profils des enseignants.

Le profil des enseignants

Le profil des enseignants a combiné trois outils : la grille d'inventaire des compétences de Desjardins (2005), la typologie des adoptants (Rogers, 1995) et, enfin, le modèle de Hall et Hord (1987).

L'utilisation de la grille d'inventaire des compétences pour l'usage des technologies de l'information et de la communication en éducation (Desjardins, 2005) a confirmé la diversité de notre échantillon en illustrant la variété des représentations des enseignants face à leurs propres compétences dans les quatre ordres : épistémologique, technique, informationnel et social. Bien que le questionnaire de Desjardins apporte une contribution importante pour mieux saisir les représentations des compétences des enseignants, il fallait en outre trouver un outil qui situerait chaque enseignant dans le processus d'adoption de l'innovation. La typologie des adoptants de Rogers (1995) semble tout indiquée, car elle nous invite à classer chacun de ces derniers dans une catégorie définie à partir des traits de leur personnalité. Pour encore mieux étayer les profils, nous avons cherché à déterminer les préoccupations des enseignants concernant l'intégration des TIC et à préciser l'utilisation pédagogique qu'ils en font. Le modèle de Hall et Hord (1987) a répondu à de telles attentes. Aussi, à partir des trois modèles, a-t-on pu arriver à dresser un profil plus global et plus complet de chaque enseignant.

Les initiateurs

Les *initiateurs*, au nombre de trois dans l'échantillon, se représentent leurs compétences de manière très positive dans l'utilisation des TIC. À l'affût de toute idée nouvelle, ils savent utiliser celles-ci en expérimentant des projets complexes, repoussant constamment les limites de leurs connaissances, innovant non seulement à l'école, mais aussi dans le système scolaire.

Les collaborateurs

Les *collaborateurs*, au nombre de deux enseignants dans notre étude, ont une représentation positive de leurs compétences, et ce, dans tous les ordres de compétences du questionnaire de Desjardins (2005). Ils mettent en valeur les idées qui leur semblent significatives par rapport à l'utilisation des TIC, ces idées étant en grande partie générées par les initiateurs. Les collaborateurs sont capables de traiter l'incertitude découlant de l'usage des TIC en faisant face à différents problèmes de façon positive et en recherchant constamment les défis. Très portés vers la collaboration, tant entre les élèves qu'entre les enseignants eux-mêmes, ils influencent leurs collègues en faisant la promotion du potentiel des TIC dans la salle de classe et en accordant à leurs pairs un solide appui dans l'élaboration de leurs projets et dans la résolution de problèmes d'ordre technique. L'intégration des TIC est pour eux chose courante, comme en fait foi la réalisation simultanée de plusieurs projets.

Les observateurs

Trois enseignants sont qualifiés d'*observateurs*. Ils offrent, comme les initiateurs et les collaborateurs, des représentations positives dans tous les ordres de compétences de l'utilisation des TIC. Toutefois, contrairement aux deux autres groupes cités plus haut, leurs représentations des compétences techniques arrivent au dernier rang, suggérant que la technologie les limite dans l'utilisation des TIC en salle de classe. Les observateurs profitent d'ailleurs de l'expertise technique des initiateurs et des collaborateurs. Ils sont plus à l'aise avec les ordres de compétences informationnel et social. Ils emploient, en salle de classe, les TIC de façon régulière et peuvent adapter ces outils à leurs besoins pédagogiques pour favoriser l'apprentissage de l'élève.

Les apprentis

Les *apprentis*, au nombre de cinq enseignants dans notre étude, ont des représentations mixtes à l'égard des TIC. Ils se jugent de façon positive dans certains ordres de compétences tandis que dans d'autres, ils ont une représentation négative. Ils ont hésité plus longtemps que les enseignants de la catégorie précédente (les observateurs) à faire usage des TIC dans leur classe. Ils sont plus craintifs que les observateurs et moins ambitieux. Ils font un usage irrégulier de ces technologies dans leur classe; celles-ci n'étant pas encore ancrées dans leur pratique pédagogique, servent parfois d'exercices complémentaires aux leçons.

Les hésitants

Les *hésitants* ont une représentation négative dans tous les ordres de compétences de l'utilisation des TIC. Ils acceptent les TIC en salle de classe davantage à cause des pressions qui sont exercées sur eux que par conviction. Ils démontrent une certaine curiosité face aux TIC, voient peu d'avantages à les utiliser, les emploient rarement et ne sont pas convaincus que ce changement est réellement positif pour les élèves. Dans notre échantillon, une seule enseignante entre dans cette catégorie.

Les réfractaires

Les *réfractaires* ont une représentation très négative dans tous les ordres de compétences en TIC et ne font aucune tentative pour combler leurs lacunes en ce sens. Ils ont une personnalité autoritaire et dogmatique étant, encore plus que les hésitants, tournés vers les traditions du passé. Ils résistent farouchement à l'intégration des TIC, qu'ils perçoivent comme étant sérieusement dommageables pour l'élève. Dans notre échantillon, une seule enseignante démontre un tel profil.

> *Certains facteurs favorables à l'intégration des TIC semblent relever de l'individu lui-même, de ce qu'il pense, de ce qu'il est, donc de facteurs se rattachant à sa personnalité propre.*

Les facteurs personnels favorables à l'intégration des TIC

On note de nombreux facteurs personnels favorables à l'intégration des TIC. Ainsi, les enseignants de tous les types de profils, sauf l'enseignante réfractaire, reconnaissent les avantages que procurent les TIC pour les élèves, principalement sur les plans de la motivation à l'apprentissage, de la valorisation de leur travail et de la réussite scolaire. Les enseignants tant des profils d'hésitants, d'apprentis, d'observateurs que de collaborateurs sont également bien conscients des retombées positives des TIC pour eux-mêmes, car ils affirment que celles-ci leur offrent des ressources incroyables pour soutenir la planification, l'enseignement et la pédagogie différenciée. Ils se sentent avantagés du fait qu'elles leur ouvrent de nouvelles possibilités de communication avec d'autres collègues ainsi qu'avec la communauté, et, en ce sens, constituent un moyen très efficace de se ressourcer.

Il semble également que tous les enseignants, sauf l'enseignante réfractaire, s'engagent dans des projets d'utilisation des TIC en salle de classe parce qu'ils font preuve d'attitudes positives. Celles-ci se reflètent surtout par une ouverture d'esprit et par une réceptivité au changement, se traduisant par leur fierté à relever un nouveau défi. Certains enseignants, principalement des apprentis, mais également les initiateurs et un observateur, démontrent un sentiment d'autoefficacité (Bandura, 2004) et semblent disposés à l'intégration des TIC parce que cette expérience représente un défi et qu'ils ont confiance en leurs capacités et en celles de leurs élèves. Le sentiment d'accomplissement associé à l'expérience de la réussite est également présent dans les propos des enseignants de tous les types de profil sauf dans les propos de l'enseignante hésitante et de l'enseignante réfractaire. Cela laisse supposer que pour avoir une telle réussite et aussi éprouver un sentiment d'autoefficacité, il faut un minimum de maîtrise technique qu'ils affirment ne pas posséder.

> **Certains enseignants semblent disposés à l'intégration des TIC parce que cette expérience représente un défi et qu'ils ont confiance en leurs capacités et en celles de leurs élèves.**

Enfin, un autre avantage, très particulier dans le contexte minoritaire, a trait à la possibilité qu'offre Internet de pouvoir communiquer avec la communauté, facilitant ainsi l'établissement de liens enrichissants. Toutefois, pour que ce type de liens puisse se concrétiser, il faut être en mesure de faire des projets qui amènent à l'extérieur des murs de l'école; ce qui explique que très peu de personnes y font allusion, soit uniquement la directrice (à cause de son rôle direct d'agent de liaison) et une enseignante du profil innovateur. Ce type de projet demande du temps, chose que le profil d'innovateur est prêt à investir.

Après avoir examiné les facteurs personnels favorables relevés par notre étude, il appert que certains facteurs sont davantage associés à certains profils d'enseignants. La personnalité est donc déterminante face à l'intégration des TIC. Cela confirme que les caractéristiques psychologiques les plus profondes et les plus persistantes jouent un rôle fondamental dans l'adoption d'une innovation (Guskin, 1979), les changements en éducation dépendant grandement de ce que pense l'enseignant, comme le soutient Fullan (2001). Voyons maintenant à quoi s'attendent les enseignants de la part de leur organisation pour les aider dans leur progression dans l'intégration des TIC.

Les facteurs organisationnels favorables à l'intégration des TIC

Le leadership de la direction de l'école est, sans contredit, le facteur central puisque tous les enseignants y font allusion sauf l'enseignante réfractaire. Ce leadership se traduit par de nombreux gestes. Certains, particulièrement appréciés des enseignants, sont d'ordres techniques et pédagogiques : offrir le temps et les ressources humaines nécessaires; répondre aux besoins de formation. D'autres font plutôt référence à une attitude, à une façon de voir la gestion du personnel de l'école : les enseignants apprécient que la direction valorise les efforts et démontre de l'intérêt face à leurs initiatives, qu'elle respecte le rythme de chacun et, sans l'imposer, encourage la participation aux projets d'intégration des TIC. Dans cet ordre d'idées, les enseignants affirment que la passion de la direction d'école face aux TIC et son enthousiasme sont contagieux au sein du personnel. Pour les apprentis, la culture de partage et d'entraide entre collègues les encourage à intégrer les TIC; selon eux, il incombe à la direction de développer au sein de l'école une telle culture et de mettre en place les structures organisationnelles adéquates pour faire de l'intégration des TIC un projet commun.

Les enseignants de tous les profils, sauf les initiateurs, disent également ressentir une certaine pression. D'ailleurs, Fullan (2001) avait déjà souligné la pression, surtout celle qui vient de la communauté, comme facteur positif dans le cas de l'implantation d'une innovation. Eaker et ses collaborateurs (Eaker et coll., 2004) voient également la pression s'exerçant sur les enseignants de façon positive, car selon eux, elle incite les enseignants à remettre en question le statu quo en provoquant, en quelque sorte, un sentiment d'urgence les invitant au changement. Les enseignants de notre étude sont très conscients que l'école doit évoluer avec la société et qu'elle doit respecter les attentes face à l'intégration des TIC, attentes provenant, entre autres du ministère de l'Éducation. Chez les initiateurs, cette absence de pression ressentie montre bien que les TIC font tout naturellement partie de leur monde et qu'ils les utilisent pour les avantages indéniables sans pour autant se sentir obligés de le faire comme c'est le cas chez les autres enseignants.

Les enseignants, surtout les apprentis, sont influencés positivement par les modèles qu'ils côtoient à l'école, tandis que ce sont surtout les observateurs et les collaborateurs qui sont influencés par les modèles rencontrés dans leur famille et leur cercle d'amis. Cela va de pair avec le fait que ce sont principalement les enseignants apprentis qui apprécient la collaboration au sein de l'école, collaboration qui leur permet de surmonter leurs difficultés avec les TIC. Ils y voient l'occasion de côtoyer des personnes qui ont elles-mêmes traversé plusieurs difficultés dans leur cheminement, soit les observateurs, les collaborateurs et même les initiateurs. Cela montre également que le milieu externe à l'école, en l'occurrence l'expertise des gens entourant les individus, joue un rôle sur l'évolution d'une innovation telle que l'utilisation des TIC et explique en partie pourquoi certains enseignants (les observateurs et les collaborateurs) ont fait plus de tentatives que d'autres (les apprentis) et se considèrent plus compétents.

La formation est valorisée surtout par les apprentis, laissant ainsi entendre qu'elle est nécessaire dans les premiers stades de l'utilisation des TIC pour en venir à se sentir à l'aise en développant un minimum de compétences. Toutefois, les collaborateurs ainsi que les initiateurs en font également mention. Cela peut s'expliquer par le fait que dans le domaine de l'éducation, et tout particulièrement des TIC, tout change très rapidement et qu'il est important de se tenir à jour si on veut progresser et s'alimenter de nouvelles idées.

Enfin, alors que les propos des initiateurs sont très présents dans les facteurs personnels favorables, ils sont quasiment absents des facteurs organisationnels favorables. Cela donne à penser que les facteurs incitant les enseignants à utiliser les TIC relèvent davantage de ce qui est interne et se rapporte à leur personnalité que des facteurs qui leur sont extérieurs. Notons également que les initiateurs n'ont fait aucune allusion aux pressions en tant qu'éléments qui pourraient les motiver à intégrer les TIC, laissant croire qu'ils sont indifférents à celles-ci.

CONCLUSION

L'analyse des données a permis de faire ressortir des profils particuliers qui tiennent compte des représentations que les enseignants de cette école se font de leur personnalité, de leurs préoccupations face à l'innovation, de leurs compétences face aux TIC et de l'utilisation qu'ils en font. L'étude a aussi mis en lumière les facteurs favorables à l'intégration des TIC tels que se les représentent les enseignants participants. Il nous a été possible de constater que, dans notre étude de cas, les facteurs *personnels* favorables ont davantage influencé les enseignants qui sont déjà avancés dans le processus d'intégration des TIC. Ceux qui sont moins avancés semblent plutôt chercher des facteurs *organisationnels* pour les aider à commencer ou à poursuivre dans cette lignée.

CONTRIBUTION ET LIMITES

Cette étude de cas permet de mettre au jour certains facteurs qui incitent les enseignants d'une école primaire francophone de l'Ontario à utiliser les TIC en salle de classe et apporte ainsi aux décideurs des indications à prendre en considération pour faciliter l'intégration des TIC. La contribution de cette recherche se situe également sur le plan du développement d'un modèle permettant de tracer le profil des enseignants en ce qui a trait à l'intégration des TIC.

Les aspects méthodologiques liés à la collecte de données constituent la principale limite de l'étude, étant donné que celle-ci s'est déroulée dans une école bien précise et avec ses caractéristiques particulières. Toutefois, quoique les résultats ne soient pas transférables, mais bien propres à l'école étudiée, on peut penser que dans certaines conditions, par exemple lorsque les caractéristiques d'un milieu autre s'apparentent à celles de la présente étude, les résultats pourraient faire l'objet d'un certain transfert.

RÉFÉRENCES

BANDURA, A. *De l'apprentissage vicariant à la perception d'auto-efficacité*, conférence d'ouverture de la 7e Biennale en éducation, Lyon, France, avril 2004.

BARON, G.L. « L'institution scolaire confrontée aux TIC », *Sciences humaines*, 32 (2001), p. 48-53.

CARUGATI, F. et C. TOMASETTO, « Le corps enseignant face aux technologies de l'information et de la communication : un défi incontournable », *Revue de sciences de l'éducation*, vol. 28, n° 2 (2002), p. 305-324.

CUBAN, L. *So much high-tech money invested, so little use and change in practice: How come*, communication présentée au Council of chief state school officers' annual technology leadership conference, Washington, D.C, janvier 2000. Document téléaccessible (août 2002) à l'URL : <www.ccsso.org/techreports4.html>.

CUBAN, L. Oversold and underused, Cambridge, *Harvard University Press*, 2001.

CUBAN, L., H. KIRKPATRICK et C. PECK (2001). *High access and low use of technology in high school classrooms: Explaining an apparent paradox*, Center for Applied Research in Educational technology (CARET), 2001. Document téléaccessible (12 février 2004) à l'URL : <http://caret.iste.org/index.cfm?StudyID=429&fuseaction=studySummary>.

DESJARDINS, F. (2003). « Les territoires revisités et les formations à distance au Canada francophone » *in* Y. Saint-Do (dir.), *Territoires éducatifs et gouvernance*, Colloque international, Université Blaise Pascal, Clermont-Ferrant, 14-16 avril 2003, p. 175-185.

DESJARDINS, F.J. (2005). « La représentation par les enseignants, quant à leurs profils de compétences relatives à l'ordinateur : vers une théorie des TIC en éducation », *La revue canadienne de l'apprentissage et de la technologie*, vol. 31, n° 1 (2005), p. -49.

DESJARDINS, F.J., R. LACASSE et L.M. BÉLAIR. « Toward a definition of four orders of competency for the use of information and communication technology (ICT) in education », *Computers and advanced technology in education: Proceeedings of the Fourth IASTED International Conference*, Calgary, ACTA Press, 2001, p. 213-217.

EAKER, R., R. DUFOUR et R. DUFOUR. *Premiers pas : Transformation culturelle de l'école en communauté d'apprentissage professionnelle*, Bloomington, National Educational Service, 2004.

FULLAN, M. The New Meaning of Educational Change (3e édition), *New York, Teachers College Press*, 2001.

GÉRIN-LAJOIE, D. « Les défis de l'enseignement en milieu minoritaire : le cas de l'Ontario », *Revue de l'ACELF*, vol. 29, n° 1 (2001). Document téléaccessible (20 décembre 2004) à l'URL : <www.acelf.ca/c/revue/XXIX-1/articles/02-Gerin-Lajoie.html>.

GILBERT, A., S. LETOUZÉ, J.Y. THÉRIAULT et R. LANDRY. *Le personnel enseignant face aux défis de l'enseignement en milieu minoritaire francophone*, rapport présenté à la Fédération canadienne des enseignantes et des enseignants, septembre 2004. Document téléaccessible (12 avril 2005) à l'URL : <www.ctffce.ca/fr/Issues/Francaise/Lesd%E9fisdeenseignementRapportfinalfran%E7ais.pdf>.

GUSKIN, A.E. « The individual: Internal processes and characteristics wich inhibit and facilitate knowledge utilization » in R.G. Havelock (dir.), *Planning for Innovation: Through Dissemination and Utilization of Knowledge*, 7ᵉ édition, Ann Arbor, University of Michigan, Center for Research and Utilization of Scientific Knowledge, Institute for Social Research, 1979.

HALL, G.E. et S.M. HORD. *Change in schools. Facilitating the Process*, New York, SYNY, 1987.

KLEIMAN, G.M. « Myths and realities about technology in K-12 schools », *Leadership and the New Technologies*, 14 (2000). Document téléaccessible (12 février 2003) à l'URL : <www.edc.org/LNT/news/Issue14/feature1.htm>.

LETOUZÉ, S. Le personnel enseignant face au défi de l'enseignement en milieu minoritaire. *Revue documentaire CIRCEM*, Université d'Ottawa, commandée par la Fédération canadienne des enseignantes et des enseignants, 2004. Document téléaccessible (20 décembre 2004) à l'URL : <http://www.ctf-fce.ca/fr>.

NIXON, H. « New research literacies for contemporary research into literacy and new media », *Reading Research Quarterly*, vol. 38, n° 3 (2003), p. 407-413.

ROGERS, E.M. Diffusion of Innovation (3ᵉ édition), New York, The Free Press, 1983.

ROSS, L.D., R. YERRICK et P. MOLEBASH. « Lights! Camera! Science? Using digital video in elementary science classrooms », *Learning and leading with technology*, vol. 3, n° 3 (2003). Document téléaccessible (12 juillet 2004) à l'URL : <static.highbeam.com/l/learningampleadingwithtechnology/november012003/lightscamerascienceusingdigitalvideoinelementarysc>.

WANG, F. et T.C. REEVES. « Why do teachers need to use technology in their classrooms? Issues, problems, and solutions », *Computers in the schools*, vol. 20, n° 4 (2003), p. 49-65. Document téléaccessible (4 février 2004) à l'URL : <www.maplewind.com/portforlio/WangReeves2003.pdf>.

WEBBER, C.F. « Technology-mediated leadership development networks: Expanding educative possibilities », Journal of Educational Administration, vol. 41, n° 2 (2003), p. 201-218.

Vers une compréhension de la relation entre pédagogie et intégration des TIC à travers le processus de choix des enseignants franco-ontariens

Ann-Louise Davidson, Université d'Ottawa

RÉSUMÉ

Depuis une vingtaine d'années, les pays industrialisés sont entrés dans l'ère technologique. Cette nouvelle ère est annonciatrice d'un rapprochement entre les gens et d'un accès à l'information presque illimité. Cet effacement des frontières physiques provoque une modification dans la façon d'entrer en relation avec le monde, à travers l'interface des TIC, ce qui change la vie en société. Pour cette raison, les discours des systèmes éducatifs sont univoques quant à l'urgence d'intégrer les TIC dans l'apprentissage. À cet égard, plusieurs embûches se posent pour les minorités linguistiques francophones. Ce texte tente de circonscrire la problématique de l'intégration pédagogique des TIC dans le contexte franco-ontarien et de proposer une avenue qui permettra d'en comprendre la dynamique. De plus, il vise à identifier une voie possible pour arriver à une meilleure compréhension du phénomène de l'intégration pédagogique des TIC.

L'histoire des communautés francophones en milieu minoritaire fut marquée par leur dispersion géographique et par l'obligation de vivre sous l'organisation politique et sociale de ceux qui représentent la grande majorité de la population (Gérin-Lajoie, 2001). Sans entrer dans le détail des difficultés vécues par ces minorités linguistiques parsemées un peu partout dans le monde, il est particulièrement pertinent de s'arrêter un moment pour réfléchir sur le contexte très particulier au sein duquel vivent actuellement les francophones en milieu minoritaire. Cette nouvelle situation est due en grande partie à l'arrivée des technologies de l'information et des communications (TIC) dans la société (Cartier, 1997; Desjardins, 2000; Lévy, 1997). En effet, depuis les années 1980, les TIC ont créé une situation qui dépasse encore les limites de notre imaginaire, en rendant l'accès à l'information illimité et en effaçant les frontières de la communication (Finkielkraut et Soriano, 2001; Lévy, 1997). Auparavant, les médias traditionnels ne pouvaient offrir qu'un mode de diffusion qui était limité aux contraintes de l'espace physique. Les limites de cet espace physique imposaient des contraintes aux francophones en milieu minoritaire. Par exemple, pour les minorités francophones vivant en région, il était souvent difficile d'obtenir des ressources en français, ces dernières étant souvent plus accessibles dans les grandes villes. De plus, les limites de la communication faisaient souvent en sorte qu'il était difficile d'entrer en communication avec d'autres francophones, ces derniers étant dispersés sur un large territoire.

Puisque les discours sont univoques quant à l'urgence d'intégrer les TIC dans l'apprentissage (Bureau international de l'éducation, 2001; Ertl et Plante, 2004), ce texte propose de brosser un tableau global de la nouvelle situation vécue par les francophones à l'ère technologique. Ce tableau permettra de circonscrire la problématique de l'intégration pédagogique des TIC dans le contexte franco-ontarien et de proposer une avenue qui permettra d'en comprendre la dynamique. La première section jette un regard sur le nouvel espace numérique et sur ce qu'il apporte comme changement, surtout dans le contexte minoritaire franco-ontarien. Une deuxième section s'interroge sur le rôle de la pédagogie dans ce nouvel espace numérique en s'attardant à la signification fondamentale des concepts « pédagogie » et « TIC » et de la relation possible entre les deux. La troisième section, quant à elle, s'interroge sur les fonctions de l'objet technologique dans l'avancement des processus cognitifs et de l'importance de connaître le processus de choix des personnes enseignantes, cela afin de comprendre la dynamique de l'intégration pédagogique des TIC.

UN NOUVEL ESPACE NUMÉRIQUE

Tout être humain vivant dans une société industrialisée possède une connaissance intuitive de ce que sont les technologies et des réseaux qui se créent autour d'elles. Cette connaissance intuitive est imposée par l'interface technologique. Un premier regard porté sur un ordinateur branché sur le Web suffit à faire croire que l'entrée dans un tel environnement exige non seulement le développement de compétences techniques, mais aussi l'utilisation de la langue anglaise. Pour des considérations liées à la gestion du temps — parce que développer des compétences prend du temps, certains acteurs éducatifs furent réfractaires à l'adoption des TIC (Leclerc, 2003, 2005) — ou qu'il s'agisse de raisons d'ordre linguistique — parce que la langue sur Internet est anglo-dominante — plusieurs conseils scolaires francophones en milieu minoritaire ont résisté à l'adoption de cette nouvelle technologie en bloquant, par exemple, tous les sites Web anglophones. La menace du monde anglo-saxon venait s'infiltrer par toutes les fissures possibles et elle exigeait de la part des enseignants un investissement de temps et d'énergie considérable pour y accéder. Même si, dans la totalité des pays industrialisés (Bureau international de l'éducation, 2001), les ministères de l'Éducation ont voulu faire de l'intégration des technologies dans la salle de classe une priorité, un premier réflexe chez les acteurs des systèmes éducatifs a été soit de mettre de côté ces technologies ou de les utiliser en remplacement d'anciennes technologies. Toutefois, étant donné que la plupart des familles ont des ordinateurs branchés à la maison, les élèves ont eu accès à cet espace numérique. Cet espace numérique est un lieu dans lequel la communication et l'information ne sont plus limitées aux frontières physiques (Cartier, 1997; Lévy, 1997).

> *Dans toute l'histoire de cette minorité linguistique, les communautés francophones ont souffert d'un éloignement physique.*

Tout d'un coup, au sein de ce nouvel espace, la diaspora francophone s'est rapprochée, ce qui a créé une atmosphère à la fois déstabilisante et étrange. Déstabilisante parce que dans toute l'histoire de cette minorité linguistique, les communautés francophones ont souffert d'un éloignement physique. Étrange parce que ce rapprochement a créé un vertige dans l'esprit de ces francophones. Chez les Franco-ontariens par exemple, la survie linguistique et culturelle a toujours été une question de lutte contre les politiques anglo-saxonnes dominantes, une question de prise de parole, voire de rébellion contre les diktats de mode. Cette fois, la lutte est encore plus grande. Les Franco-ontariens sont confrontés à une alternative : refuser la venue des technologies dans les écoles ou accepter d'occuper un espace dans ce nouvel environnement, c'est-à-dire de s'y identifier en tant que minorité. Dans un cas, ils optent pour la reproduction linguistique et culturelle et s'isolent du reste du monde. Dans l'autre, ils s'affichent, au risque de se placer en position d'infériorité face aux forces anglo-saxonnes dominantes.

La prochaine section aborde une discussion sur les difficultés d'arrimage entre la pédagogie et les TIC.

Quel rôle pour la pédagogie dans ce nouvel espace virtuel?

L'entrée des TIC dans les écoles s'est faite brusquement : des classes ont été transformées en laboratoires d'informatique. Certaines écoles, plus riches, ont acheté des ordinateurs pour les placer stratégiquement dans certaines classes. D'ailleurs, afin de s'assurer d'un nombre minimum d'ordinateurs par population d'élèves, le gouvernement canadien a créé un organisme chargé de faire don aux écoles des ordinateurs usagés du gouvernement (Ministère de l'Éducation de l'Ontario, 1995). L'idée d'équiper les écoles d'ordinateurs était simple : mettre les technologies à la disposition des enseignants et des élèves pour qu'elles soient intégrées à l'apprentissage.

Derrière des apparences de simplicité, cette intention d'intégrer les TIC à l'apprentissage dissimule tout un agenda qui implique l'entretien des infrastructures, le développement des compétences des acteurs et le lien à entretenir avec les cursus d'études. En plus de cet agenda caché, il est essentiel de souligner que, depuis l'industrialisation, le système éducatif, fortement inspiré du fordisme et du taylorisme, s'est formé autour de politiques qui ont engendré un certain ensemble de règles internes, lesquelles ont largement contribué à former un système de croyances. Ce système de croyances a été intégré par les acteurs éducatifs, ce qui fait en sorte qu'il est parfois difficile de changer les pratiques pédagogiques. Les enseignants en poste dans les écoles, les étudiants-maîtres qui sont en formation et ceux qui aspirent à une carrière en enseignement, et même les personnes qui n'ont jamais pensé à devenir enseignant possèdent tous une représentation, une image mentale claire, de ce qu'est l'enseignement.

Dans les profondeurs de cette représentation de l'enseignement, il y a l'expérience d'avoir été élève et d'avoir passé plusieurs années dans le milieu dans lequel ils vont œuvrer.

En considérant tous les enjeux et toutes les pressions qui entourent l'acte d'enseigner à l'ère technologique, on constate que les changements dans les pratiques pédagogiques se font difficilement, et ce, pour diverses raisons. Les deux prochaines sections proposent de porter un regard divisé sur ce qu'est la pédagogie et sur l'usage des TIC dans le système éducatif. Ce regard divisé permettra d'identifier les différences entre les deux concepts, cela afin de voir quelle mise en relation est possible.

Pédagogie

La pédagogie est souvent définie par les méthodes d'enseignement utilisées pour arriver à l'acte pédagogique. De son côté, le substantif « enseignement » se définit par son verbe (enseigner), soit « faire connaître » ou « art de transmettre ses connaissances à un élève ». Ces définitions sont celles ayant servi à créer le système de croyances du système éducatif et elles possèdent une longue histoire. Par contre, si l'objet des sciences de l'éducation est de comprendre les processus de l'apprentissage, cette définition ne suffit pas pour comprendre ce qu'est la pédagogie. D'ailleurs, depuis une quinzaine d'années, un courant de littérature s'intéressant aux nouvelles pédagogies a émergé. Ces nouvelles pédagogies portent divers noms tels que : pédagogie différenciée, diversification de la pédagogie, pédagogie par problème, pédagogie par projet, etc. Quelle que soit l'égide portée par ces nouvelles pédagogies, elles semblent proposer, de manière univoque, de se centrer sur l'acte d'apprentissage ou sur l'apprenant et de favoriser le développement de compétences plutôt que l'acquisition de savoirs ou de connaissances (Perrenoud, 1997, 1998; Tardif, 1997).

Ces constatations ont fait en sorte qu'il fut nécessaire de faire incursion dans la littérature afin de voir s'il était possible de porter un regard plus global sur l'objet « pédagogie » et de mieux circonscrire le territoire qu'il occupe. La congruence des regards sur la pédagogie, autant dans la littérature anglophone que dans la littérature francophone, a permis de donner des points d'ancrage suffisamment solides pour identifier un modèle émergent.

Du côté anglophone de la recherche en pédagogie, l'équipe de Trigwell et Prosser (2004) a élaboré un modèle. Leur modèle met en relation les approches pédagogiques adoptées par les enseignants et les intentions sous-jacentes à leur choix d'approches pédagogiques. Les approches adoptées se situent soit sur les plans de : 1) la centration sur l'apprenant; 2) l'interaction enseignant-apprenant; 3) la centration sur l'enseignant. Les intentions se résument à : 1) la transmission de l'information; 2) l'acquisition de concepts; 3) le développement conceptuel; 4) le changement conceptuel.

Du côté francophone, Gayet (1995) adopte sensiblement le même type de classement, c'est-à-dire qu'il présente un modèle de stratégies d'enseignement en quatre quadrants. Son modèle met en opposition « les savoirs (qui englobent les savoir-faire) et les démarches » (p. 118), les stratégies affirmatives où l'élève est passif et les stratégies interrogatives où l'élève est actif. Quoique présentés comme étant aux antipodes, ces axes ne se limitent pas à leurs extrémités. D'ailleurs, Gayet souligne que cette mise en opposition fut utilisée pour démontrer ce vers quoi la relation pédagogique peut tendre.

Le concept de pédagogie fut donc utilisé dans tous les sens possibles et est souvent rattaché à une myriade de termes tels que : stratégie, approche, méthode, modèle, courant. Au regard de la littérature, ce concept peut être représenté sur deux axes dont l'intersection permet de situer les diverses postures dans un espace divisé en quatre quadrants, et ce, autant dans la littérature anglophone que francophone. Le premier axe inclut deux pôles, une pédagogie où l'activité de l'apprenant prime et une pédagogie où l'activité de l'enseignant prime. Perpendiculairement à cet axe, on retrouve une pédagogie accordant la primauté soit au produit de l'apprentissage (ex. :

le contenu disciplinaire appris) soit au processus (ex. : le développement de compétences). Ces deux axes sont parfaitement cohérents avec les échelles d'approches pédagogiques de Trigwell et son équipe, soit : 1) le transfert d'information centré sur l'enseignant et 2) le changement conceptuel centré sur l'étudiant (Prosser et Trigwell, 1999; Trigwell, 2002; Trigwell et Prosser, 1996; Trigwell et Prosser, 2004; Trigwell, Prosser et Waterhouse, 1999; Trigwell, Prosser, Ramsden et Martin, 1998). Les deux axes sont aussi parfaitement cohérents avec la filiale de Gayet et son modèle en quatre quadrants sur les stratégies d'enseignement, soit : l'accent mis sur les démarches ou sur l'acquisition des savoirs et stratégie interrogative (élève actif) ou stratégie affirmative (élève passif) [Gayet, 1995, p. 118].

Au regard des divers modèles pédagogiques discutés dans cette section, il est possible de décrire le concept « pédagogie » sur deux axes : l'axe orienté processus/orienté produit et l'axe centré enseignant/centré apprenant. D'ailleurs, ces mêmes axes ont aussi été identifiés par Bélair (1995). La prochaine section tentera d'arriver à une explication du concept « TIC » dans le système éducatif de manière aussi précise que pour le concept « pédagogie » tout en identifiant les liens possibles entre la pédagogie et les usages des TIC dans le système éducatif.

Les TIC dans le système éducatif

En ce qui a trait au concept TIC, on constate que la myriade de typologies existantes se réduit à des usages ou à des applications restreintes à une structure possiblement préexistante d'un domaine précis. La portée de ces typologies fut de courte durée pour la plupart. C'est pourquoi cette recherche considère que les TIC ne peuvent être pertinentes que dans une perspective où elles permettent à un sujet-apprenant d'étendre son accès et sa relation au savoir, et si leur exploitation permet de développer des compétences plus profondes, étendues et durables.

Depuis le début des années 1980, période marquant l'entrée des ordinateurs dans les systèmes éducatifs, la recherche en matière de TIC en éducation a fait ressortir les similitudes, les divergences et les complémentarités des discours en matière d'usage des TIC. La divergence de ces discours est due au fait que lorsqu'un individu ou une organisation est confronté à un nouvel objet, il y a d'abord un effort de classement qui se fait afin de catégoriser les objets et de leur trouver une place dans leur répertoire de connaissance.

Ainsi, selon cette première approche, Basque et Lundgren-Cayrol (2002) ont élaboré une typologie des typologies des applications des TIC en éducation. Sans reprendre toutes les typologies recensées par cette équipe, il est intéressant de voir les regroupements qui en sont ressortis, soit : 1) les typologies centrées sur l'acte d'enseignement/apprentissage; 2) les typologies centrées sur l'école; 3) les typologies centrées sur l'enseignant. Cette typologie entretient de forts liens de similarité avec la synthèse que nous proposons dans la section précédente, soit l'axe orienté processus/produit et l'axe centré enseignant/centré apprenant.

Une autre équipe de recherche s'intéressant à l'épistémologie des TIC en éducation a tenté de jeter un regard éclairé sur le développement des compétences technologiques afin d'identifier une structure plus globale de l'utilité des TIC en éducation. Cette structure plus globale serait donc applicable au système éducatif, mais aussi généralisable à l'extérieur du système éducatif. En s'inspirant des typologies existantes ainsi que des inventaires et regroupements des connaissances et des compétences jugées importantes en éducation, Desjardins, Lacasse et Bélair (2001) et Desjardins (2005) ont mené une étude auprès des enseignants franco-ontariens. À partir de cette étude, ces chercheurs ont élaboré une typologie qui regroupe les compétences TIC sous quatre ordres distincts : les compétences d'ordre technique, les compétences d'ordre informationnel, les compétences d'ordre social et les compétences d'ordre épistémologique.

En s'appuyant sur cette typologie de compétences et des représentations des enseignants quant à leur profil de compétences relatives à l'ordinateur,

Desjardins (2005) a élaboré un modèle théorique plus global des TIC en éducation. À partir d'une « perspective où la connaissance du monde est construite à partir d'expériences avec ce dernier (Piaget, 1977) et où ces expériences sont contraintes par les sens (Von Glasersfeld, 1995) », ce chercheur s'appuie sur une métaphore selon laquelle les TIC constituent une nouvelle interface entre le sujet et son monde.

Par conséquent, cette recherche s'appuie sur le modèle d'usage des TIC de Desjardins (2005). Ce modèle considère que le sujet qui réfléchit, perçoit et agit, peut effectuer des opérations à travers un objet technologique, lui permettant ainsi de communiquer avec d'autres sujets, de consulter ou de produire des objets d'information, et de déléguer une tâche à l'ordinateur en tant qu'outil cognitif. Ce modèle sous-entend le besoin de développer quatre ordres de compétences (technique, social, informationnel et épistémologique), puisque l'utilisation de l'ordinateur requiert ces quatre types d'interactions.

La juxtaposition des modèles qui émergent des concepts « pédagogie » et « TIC » permet d'identifier le rapport possible face à la pédagogie et aux TIC. Cependant, pour expliquer et comprendre la relation entre ces deux objets, il est essentiel de reconnaître une structure plus globale qui les contient tous deux. En suivant ce raisonnement, il serait facile de s'accrocher, soit aux représentations mentales soit aux représentations sociales. Cette division entre les représentations pose un problème de taille dans le contexte de cette recherche puisque : 1) tous les acteurs du système éducatif ont une expérience antérieure avec les TIC, ce qui se traduit en une représentation mentale de ces technologies; 2) les TIC sont déjà présentes dans le système éducatif, ce qui corrobore la représentation sociale entourant ces technologies. Ces deux constatations font en sorte qu'il est impossible de déterminer si la relation émergente entre « pédagogie » et « TIC » vient de la cognition ou de l'interaction sociale. Toutefois, cette impossibilité de remonter à la source des représentations ouvre la voie à une autre avenue : la médiation par l'objet technologique. Cette conjecture fait en sorte que la compréhension de la relation possible entre les concepts « pédagogie » et « TIC » se situe à l'intersection des représentations mentales (individuelles) et des représentations sociales (de la culture du système éducatif) au sujet de ces deux objets.

Les TIC ne peuvent être pertinentes que dans une perspective où elles permettent à un sujet-apprenant d'étendre son accès et sa relation au savoir.

La prochaine section propose une voie médiatisée qui permettra d'identifier, d'expliquer et éventuellement de comprendre la relation émergente entre les concepts « pédagogie » et « TIC ». Cette voie médiatisée suppose qu'une personne enseignante fait ses choix pédagogiques d'intégration des TIC en suivant un processus de choix qui est fondamental à la pensée humaine.

Le processus de choix ou l'obligation de prendre une décision

La nature du travail enseignant fait en sorte que puisque les personnes enseignantes prennent des décisions éclairées dans la planification de leurs cours et dans l'action, ces décisions peuvent être modifiées rapidement. Dans cette perspective, il est intéressant de jeter un regard sur le processus de choix qu'ils font. Ce processus de choix s'inscrit dans un continuum entre l'intelligible et le tangible, entre le local et le global.

Wertsch (1990) a défini le concept de « privileging » en s'inspirant fortement de Vygotsky (1986), pour qui la notion de choix était liée à l'organisation d'outils culturels dans certains types de hiérarchie socialement apprise. Dès lors, le concept fut défini comme une façon d'organiser l'outil culturel dans une hiérarchie de statut. Wertsch précise que la hiérarchie n'est pas une structure statique et qu'elle change selon le contexte, d'autant plus que dans un même contexte, il est possible que les individus adoptent diverses voies et qu'ils se promènent entre les voies. D'ailleurs, Kendal et Stacey (2001a; 2001b) ont étendu le concept pour l'adapter à l'enseignement. Ainsi, le *teacher privileging* décrit la façon dont un enseignant enseigne, ce qui inclut les décisions sur ce qui est enseigné et comment l'enseigner.

En remontant à l'origine du concept, McGowan (2001) a expliqué que le *privileging* s'attache à la thèse subjectiviste qui considère que le monde est une construction humaine. Cette conjecture ouvre un débat à propos de l'objectivité de la catégorisation en soulevant un problème quant au rôle de la discrimination des propriétés. Ainsi, dans une perspective fondamentaliste, le fait de privilégier certaines propriétés plutôt que d'autres relève de la subjectivité. Pour arriver à faire un choix, il est essentiel de faire des catégories, de discriminer les propriétés d'un objet, d'une procédure ou théorie, puis de faire une sélection de propriétés.

Dans le cas particulier de l'enseignement, étudier le *privileging* pourrait permettre de comprendre comment la personne discrimine les propriétés d'un objet, d'une procédure ou d'une théorie pour arriver à faire ses choix ou à prendre ses décisions. Une telle compréhension contribuerait à expliquer leur *privileging*, ce qui se traduit par un processus de choix. La compréhension du processus de choix des personnes enseignantes pourrait permettre de comprendre : 1) pourquoi elles ou ils adoptent certaines approches, stratégies ou méthodes pédagogiques; 2) comprendre comment l'harmonisation se fait entre plusieurs concepts. Il est proposé qu'un examen du processus de choix permettra d'identifier, d'expliquer et de comprendre le lien entre la pédagogie et les TIC.

CONCLUSION

En circonscrivant les contours des concepts « pédagogie » et « TIC », il appert que la difficulté d'intégrer les TIC s'enracine dans plusieurs facteurs, autres que le contexte ou la simple volonté d'en faire une intégration pédagogique. En effet, faire parler les personnes enseignantes sur le processus de choix qu'elles font pourrait sans doute contribuer à la compréhension des liens entre les concepts « pédagogie » et « TIC ». À la lumière de ces constats, il est proposé d'effectuer une de recherche qui permettra de saisir les représentations mentales des personnes enseignantes au sujet de la pédagogie et des TIC, des liens qu'elles font entre les deux ainsi que les représentations sociales qui peuvent émerger au sujet des deux mêmes concepts. La méthode choisie combinera des entretiens semi-structurés ainsi que des analyses de construits personnels, non pas afin de faire un inventaire de toutes les pratiques, mais bien pour saisir ce que les acteurs en place croient possible quant à l'intégration pédagogique des TIC et la signification profonde de cet arrimage entre « pédagogie » et « TIC ». La collecte de données se fera dans le contexte franco-ontarien afin de faire entendre la voix de ces enseignants qui, au quotidien, doivent composer avec cette nouvelle réalité technologique dans leur pédagogie ainsi qu'avec les défis entourant le contexte linguistique en milieu francophone minoritaire.

RÉFÉRENCES

BASQUE, J. et K. LUNDGREN-CAYROL. « Une typologie des typologies des applications des TIC en éducation », *Sciences et techniques éducatives,* vol. 9, n°s 3-4 (2002), p. 263-289.

BÉLAIR, L. *Profil d'évaluation,* Montréal, Chenelière, 1995.

BUREAU INTERNATIONAL D'ÉDUCATION. *Données mondiales de l'éducation* (4e édition), CD-Rom, Genève, UNESCO, 2001.

CARTIER, M. *Le Nouveau monde des infostructures.* Montréal, Fides, 1997.

DESJARDINS, F.J. « Exploiter les TIC comme extension de l'intellect dans une approche constructiviste » *in* M. Théberge (dir.), *Former à la profession enseignante,* Outremont, Éditions Logiques, 2000, p. 133-162.

DESJARDINS, F. « Les représentations des enseignants quant à leurs profils de compétences relatives à l'ordinateur : vers une théorie des TIC en éducation » *Canadian Journal of Learning and Technology,* vol 31, n° 1 (2005).

DESJARDINS, F.J., R. LACASSE et L.M. BÉLAIR. « Toward a definition of four orders of competency for the use of information and communication technology (ICT) in education », *Computers and advanced technology in education: Proceedings of the Fourth IASTED International Conference,* Calgary, ACTA Press, 2001, p. 213-217.

ERTL, H. et J. PLANTE. *Connectivité et apprentissage dans les écoles canadiennes,* Ottawa, Statistique Canada, 2004.

FINKIELKRAUT, A. et P. SORIANO, P. *Internet l'inquiétante extase,* Turin, Mille et une nuits, 2001.

GAYET, D. *Modèles éducatifs et relations pédagogiques.* Paris, Armand Colin, 1995.

GÉRIN-LAJOIE, D. « Les défis de l'enseignement en milieu minoritaire, le cas de l'Ontario. Le renouvellement de la profession enseignante : tendances, enjeux et défis des années 2000 », *Éducation et francophonie,* vol. 29, n° 1 (2001). Document téléaccessible (31 mai 2005) à l'URL : <www.acelf.ca/c/revue/revuehtml/29-1/02-Gerin-Lajoie.html#h-3.1>.

KENDAL, M. et K. STACEY. « The impact of teacher privileging on learning differentiation with technology ». *International Journal of Computers for Mathematical Learning,* vol. 6, n° 2 (2001a), p. 142-165.

KENDAL, M. et K. STACEY. « Influences and factors changing technology privileging » *In* M. ven den Heuval-Panzhuisen (dir.), *Proceeeding so the 25th annual conference of the International Group for the Psychology of Mathematics Education,* Utretch, The Netherlands: Program Commitee, 3 (2001b), p. 217-224.

LECLERC, M. « Étude du changement découlant de l'intégration des technologies de l'information et de la communication dans une école secondaire de l'Ontario », *Canadian Journal of Learning and Technology,* vol. 29, n° 1 (Winter/hiver, 2003). Document téléaccessible (31 mai 2005) à l'URL : <www.cjlt.ca/content/vol29.1/02_leclerc.html>.

LECLERC, M. *Les représentations des enseignants en regard de l'intégration des TIC dans une école élémentaire,* thèse de doctorat non publiée, Université d'Ottawa, Ottawa, 2005.

LÉVY, P. *L'intelligence collective : pour une anthropologie du cyberspace,* Paris, La Découverte, 1997.

MCGOWAN, M.K. « Privileging properties », *Philosophical Studies,* 105 (2001), p. 1-23.

MINISTÈRE DE L'ÉDUCATION DE L'ONTARIO. *Communiqué : Le gouvernement de l'Ontario fait le don d'ordinateurs usagés aux écoles élémentaires et secondaires, 30 mars 1995.* Document téléaccessible (31 mai 2005) à l'URL : <www.edu.gov.on.ca/fre/document/nr/95.03/comput2.html>.

PERRENOUD, P. *Pédagogie différenciée : des intentions à l'action,* Paris, PUF, 1997.

PERRENOUD, P. *Construire des compétences dès l'école.* Paris, ESF, 1998.

PIAGET, J. *La construction du réel chez l'enfant* (6e édition), Paris, Delachaux et Niestlé, 1977.

PROSSER M. et K. TRIGWELL. *Understanding Learning and Teaching: The Experience in Higher Education,* Buckingham, Open University Press, 1999.

TARDIF, J. *Pour un enseignement stratégique. L'apport de la psychologie cognitive,* Montréal, Les Éditions Logiques, 1997.

TRIGWELL, K. « Approaches to teaching design subjects: a quantitative analysis » *Art, Design and Communication in Higher Education,* 1 (2002), p. 69-80.

TRIGWELL, K. et M. PROSSER, « Congruence between intention and strategy in science teachers' approach to teaching », *Higher Education,* 32 (1996), p. 77-87.

TRIGWELL, K., PROSSER, M. Development and use of the Approaches to Teaching Inventory, *Educational Psychology Review,* vol. 16, n° 4 (2004), p. 409-424.

TRIGWELL, K., M. PROSSER, P. RAMSDEN et E. MARTIN. « Improving student learning through a focus on the teaching context » *in* C. Rust (éd.), *Improving Student Learning.* Oxford: Oxford Centre for Staff Development, 1998, p. 97-103.

TRIGWELL, K., M. PROSSER et P. TAYLOR. « Qualitative differences in approaches to teaching first year university science », *Higher Education*, 27 (1994), p. 75-84.

TRIGWELL, K., M. PROSSER et F. WATERHOUSE. « Relations between teachers' approaches and students' approaches to learning », *Higher Education*, 37 (1999), p. 57-70.

VON GLASERSFELD, E. *Radical Constructivism: A way of knowing and learning*. London, Falmer Press, 1995.

VYGOTSKY, L. *Thought and language*. Cambridge MIT Press, 1986.

WERTSCH, J. *The voice of rationality in a sociocultural approach to mind*. Cambridge, Cambridge University Press, 1990.

Les technologies numériques en éducation : théorie et profils de compétences chez les enseignants francophones de l'Ontario

François Desjardins, Université d'Ottawa

RÉSUMÉ

Une partie importante de la littérature actuelle traitant des technologies de l'information et des communications (TIC) en éducation se concentre sur l'utilisation et les apprentissages que le personnel enseignant doit faire ainsi que sur les compétences qu'il doit développer. Cependant, les cadres de références de ces travaux trouvent leur genèse surtout dans l'expérience scolaire ou dans les sciences de l'éducation et ne font guère mention des disciplines informatiques d'origine. Par conséquent, la formation offerte au personnel enseignant ne permet que rarement de prendre conscience des fondements de la technologie et de ceux de la pédagogie ou de faire des liens entre les deux. Puisant directement dans les domaines de l'informatique, des sciences cognitives, des sciences de l'information ainsi que dans le domaine de la communication médiatisée par ordinateur, un ensemble de connaissances et de méthodes structurées et cohérentes émergent clairement comme fondements appropriés à un cadre théorique adapté au domaine des TIC en éducation. Partant d'une catégorisation des compétences liées à l'usage pédagogique des TIC en fonction de ces domaines et en tenant compte de ce qui est propre à la pédagogie, un ensemble de profils de compétences technologiques fut généré à partir de données recueillies auprès d'enseignants francophones de l'Ontario. Ce premier regard sur ces profils, laisse déjà entrevoir, avec un peu plus de précision, les domaines où le personnel enseignant se sent plus ou moins à l'aise par rapport à l'usage des TIC.

Depuis l'arrivée des ordinateurs dans les écoles, le besoin de formations particulières pour le personnel enseignant ne cesse de se faire sentir. Au vu des efforts faits pour structurer l'utilisation des technologies et les compétences que le personnel enseignant doit développer, un nombre croissant de recherches se sont penchées sur la question du rôle et de la place des technologies en éducation, en tentant d'en dégager une classification permettant d'éclairer ce nouveau domaine. Sans vouloir en faire l'inventaire complet, quelques jalons importants permettent d'entrevoir l'évolution de la pensée concernant ce sujet. Tout d'abord, Taylor (1980) décrivait l'ordinateur de l'époque, avec ses logiciels d'enseignement programmé ou didacticiels très populaires, comme pouvant jouer le rôle de tuteur. L'ordinateur était perçu comme « machine à enseigner » et l'enseignement était programmé. Cet auteur reconnaissait aussi que l'apprenant pouvait faire usage de l'ordinateur simplement comme un outil de travail, pour faire des calculs, par exemple. Finalement, dans la foulée des idées de Seymour Papert (1980), Taylor considérait que cette nouvelle technologie pouvait tenir le rôle d'un apprenant, en ce sens qu'un élève pouvait programmer cette machine pour qu'elle exécute une action précise et donc qu'elle « apprenne » à faire. Ce dernier type d'usage supposait que l'élève pourrait apprendre une procédure en l'analysant, afin de « l'enseigner » à la machine.

Plus tard, Alessi et Trollip (1991) ont voulu préciser ce rôle de tuteur en faisant certaines distinctions entre les divers types de didacticiels. Pour sa part, Means (1994) reprenait les idées de Taylor, mais voulait y intégrer les nouvelles possibilités de recherche et de communication offertes par les réseaux et Internet. Finalement, les idées de David Jonassen (1996), qui a décrit l'ordinateur comme un outil cognitif (*mindtool*) pour le développement de la pensée critique, ont marqué un tournant dans la littérature sur le sujet. Celle-ci, désormais, se détachait de l'ancienne idée de « machines à enseigner » et ouvrait la porte à un usage de cette technologie centré sur le processus d'apprentissage. Il faisait une distinction importante entre apprendre *de* l'ordinateur et apprendre *avec* l'ordinateur, ce qui rappelait évidemment les propos de Papert et la perspective constructiviste de l'apprentissage.

Ces efforts de classification se sont multipliés, visant toujours une meilleure compréhension du phénomène. D'ailleurs, récemment, Basque et Lundgren-Cayrol (2003) ont recensé une vingtaine de typologies identifiées dans la littérature depuis 1980 et regroupé celles-ci en trois catégories : les typologies centrées sur l'acte d'enseignement-apprentissage, les typologies centrées sur l'école et les typologies centrées sur l'apprenant. Cependant, un problème émerge de cette recension. Comme le démontrent très bien ces auteurs, les cadres de références des travaux recensés trouvent leurs sources surtout dans l'expérience scolaire ou dans les sciences de l'éducation et ne font qu'exceptionnellement mention de domaines de référence qui seraient externes au monde de l'éducation, mais propres aux domaines de ces technologies. Quoique les catégorisations des TIC reposant sur des critères associés au monde de l'éducation sont sans doute utiles, elles sont insuffisantes pour organiser une formation à l'intégration pédagogique des TIC conforme autant au domaine de la pédagogie qu'aux domaines de la technologie.

QUESTIONS

Poursuivant cette logique, une catégorisation des TIC en éducation, tirant ses sources non seulement des savoirs et des pratiques de l'éducation, mais aussi des domaines qui ont donné naissance à ces technologies, permettrait une articulation des principes de l'intégration pédagogique des TIC cohérente avec sa genèse et transférable à l'extérieure du cadre de l'éducation. En l'occurrence, on doit se tourner du côté des domaines de recherche tels, l'*interaction humain-machine*, la *communication*, les *sciences de l'information* et les *sciences informatiques*. En fait, lorsqu'on observe ces domaines de recherche établis, on remarque que ceux-ci offrent des modèles, des épistémologies ainsi que des méthodes précises et se présentent comme des sources de fondements utiles au domaine des TIC en éducation. Dans un champ d'activité aussi jeune que l'intégration des technologies en éducation, deux questions se posent : est-il possible de catégoriser les connaissances et les compétences que le personnel enseignant doit développer face à l'usage des TIC, selon les domaines mentionnés? Ensuite, est-il possible de produire, selon ces catégories, des profils de compétences qui pourraient mieux informer la planification éventuelle de formation à l'intégration pédagogique des TIC? Voulant répondre à ces questions, deux actions ont été entreprises. Tout d'abord, un cadre théorique fut élaboré pour catégoriser les compétences relatives à l'usage des technologies, et ce en les distinguant des compétences relevant de la pédagogie. Ensuite, des données en fonction de ce cadre ont été recueillies afin de faire émerger les profils de compétences technologiques telles que les enseignants francophones de l'Ontario se les représentent aux niveaux primaire et secondaire.

CADRE THÉORIQUE

L'objet technologique

Un exercice de classification des interactions et des compétences relatives à l'usage des TIC, a donné lieu à l'élaboration et la validation d'un instrument. Ensuite, une série de collectes de données ont permis de générer divers profils (Desjardins, 2000; Desjardins, Lacasse et Bélair, 2001; Desjardins, 2005). Depuis le tout début, cette recherche se fonde sur la position épistémologique du constructivisme qui propose que le « sujet connaissant » se construit des représentations de son univers exclusivement à partir d'expériences sensorielles sur lesquelles il réfléchit et élabore, par un processus inductif, des conjectures lui permettant de s'adapter (Piaget, 1977; Glasersfeld, 1995). Dans plusieurs cas, ces conjectures se traduisent éventuellement par la construction d'objets, d'outils et de technologies. De toutes les technologies conçues, la machine numérique qu'est l'ordinateur, se voulant tout d'abord une analogie fonctionnelle de la cognition, permet aujourd'hui une convergence et une intégration de nombreuses autres fonctionnalités telles la communication entre sujets, le stockage d'une infinité d'informations partageables et le traitement d'informations tout aussi variées dans le processus que dans leur nature.

Il faisait une distinction importante entre apprendre de l'ordinateur et apprendre avec l'ordinateur.

La communication

Actuellement, le modèle d'utilisation des TIC reconnaît donc la place de l'objet technologique comme étant l'interface entre un sujet connaissant et un autre sujet, permettant ainsi une communication qui possède cependant la caractéristique particulière de pouvoir aller facilement au-delà des limites traditionnelles de distance et de temps. De plus, le numérique permet une communication qui a le potentiel d'inclure des expériences pouvant rejoindre tous les sens. Le visuel dans toutes ses formes ainsi que l'auditif sont actuellement bien intégrés, tandis que l'olfactif et le tactile en sont au stade expérimental. Une autre particularité de cette communication se retrouve dans ses incidences sociales. Que l'on parle de la nature instantanée de la livraison des messages écrits ou de la vidéoconférence, la culture de la communication est changée, d'une part par l'attente d'une réponse immédiate et d'autre part, par les questions de sécurité et de confidentialité ainsi que les problèmes qui s'y rattachent. L'usage de cet objet technologique numérique entraîne des effets importants et irréversibles sur la langue, la sécurité, l'étiquette et les représentations sociales, et ce, autant chez l'individu que dans la société en général. Dans la même veine, un ensemble de compétences précises nécessaires pour exploiter avantageusement la technologie à des fins de communication doit être développé par les jeunes en milieu scolaire. Celles-ci incluent les compétences d'ordre technique nécessaires à la compréhension et à l'usage des interfaces et de l'appareillage lui-même ainsi que les compétences d'ordre social relatives aux règles de sécurité, aux conventions de la langue et de l'étiquette ainsi qu'aux implications éthiques de ces types de communication.

L'accès à l'information

Ensuite, en reconnaissant la place de l'objet technologique comme étant l'interface entre un sujet connaissant et une masse grandissante de documents, une nouvelle relation au savoir s'installe et le processus de recherche d'information prend une forme dynamique et changeante. Comme les objets d'information, faisant état du savoir humain, se multiplient à un rythme incalculable, leur consultation et leur sélection sont devenues des tâches à la fois simplifiées, par les interfaces conviviales, et extrêmement complexes, pour trier l'information nécessaire entre des milliers de documents disponibles sur le Web. De plus, ces objets ou documents, entreposés sous une grande variété de formats de fichiers (texte audio, vidéo, etc.) et dont l'accès est indépendant (ou presque) de l'endroit où ceux-ci sont entreposés, existent en format numérique et sont généralement lisibles à l'aide d'un seul appareil. Cette convergence numérique ouvre maintenant l'accès à l'information à tous, et ce, à domicile, au travail ou dans les cybercafés. Cette possibilité d'accès, jumelée à la rapidité de la croissance du savoir humain dans tous les domaines, fait en sorte que l'école et la bibliothèque perdent leur monopole comme sources principales d'information pour la population en général. Par contre, le problème de sélection demeure. D'une part, les activités d'organisation, de catalogage et de développement de systèmes d'accès relèvent, en grande partie, du domaine des sciences de l'information qui trouvent leurs sources dans l'ancienne bibliothéconomie. Ces sciences, s'étant fortement rapprochées des champs disciplinaires de l'informatique, développent constamment de nouveaux modèles qui conduisent, actuellement, vers des systèmes complexes de catalogage d'objets d'information non plus basés sur les mots, mais plutôt sur les concepts ou même les ontologies. Cette masse d'informations et ces nouveaux systèmes d'accès exigent aussi de nouvelles compétences pour pouvoir y naviguer de façon efficace et sélective. Ces compétences doivent évidemment être développées aussi tôt que possible chez les jeunes en milieu scolaire. Cela doit inclure, non seulement les éléments de compétences d'ordre technique nécessaire, à l'utilisation des divers logiciels et systèmes de recherche, mais aussi des compétences d'*ordre informationnel* articulées autour d'activités précises de recherche et de sélection d'*objets d'information*. Cela nécessite le développement de stratégies de recherche, de critères de sélection ainsi que le développement d'un sens critique face à l'information disponible.

Le traitement

Finalement, l'objet technologique qu'est l'ordinateur peut aussi être considéré comme une interface permettant à un sujet connaissant d'accéder aux connaissances procédurales de divers domaines programmées dans des logiciels précis et pouvant alors être exploitées comme outils cognitifs et de les exploiter. Dans ce cas, le sujet interagit avec les connaissances procédurales en utilisant l'ordinateur pour traiter et transformer d'autres informations qui permettent, quant à elles, d'en générer de nouvelles (Jonassen, 1996). Ce traitement, généralement associé à la cognition humaine, est rendu possible par une machine au moment où les méthodes de traitement de l'information sont décrites de façon suffisamment logique, précise et complète pour être rédigées en un programme informatique (Anderson, 1993; Nickols, 2000). Depuis les origines de la machine à calculer pouvant effectuer les opérations arithmétiques simples, ces technologies permettent aujourd'hui des opérations simples ou complexes sans avoir à apprendre de langage de programmation. Par exemple, les logiciels tels les chiffriers électroniques ou les tableurs, sont facilement exploitables dans le but d'effectuer des calculs répétitifs, des analyses statistiques et même pour produire des représentations graphiques de ces données résultantes, et ce de façon complètement automatisée. Les logiciels permettant le traitement de texte, le traitement d'images ou les systèmes de création de bases de données offrent tous des possibilités de transformation d'information de cet ordre. Les théories et les concepts régissant la création et l'usage de ces logiciels relèvent tous d'une intersection entre les domaines des sciences de l'informatique et de domaines comme les mathématiques, les langues, les arts et les sciences humaines ou sociales. Les modèles et théories qui définissent non seulement les méthodes de tous ces domaines, mais aussi l'épistémologie même des champs disciplinaires, sont à la source des activités de programmation ayant donné naissance aux outils cognitifs mentionnés. Cette collaboration entre les épistémologies de l'informatique et des mathématiques, par exemple, requiert le développement de connaissances et de compétences issues de ces deux domaines. D'une part, les *compétences d'ordre technique* permettent, encore une fois, l'opération même de l'ordinateur, et d'autre part, des connaissances des fondements et méthodes relatives aux mathématiques sont nécessairement mises à contribution dans la planification de l'utilisation du chiffrier pour résoudre un problème ou effectuer une tâche. Il en irait évidemment de même pour l'utilisation de n'importe quel autre outil de ce genre, que ce soit, par exemple, le traitement de texte, la base de données, les éditeurs graphiques ou les réseaux sémantiques. Ce sont justement les caractéristiques spécifiques de ces logiciels, que nous appelons outils cognitifs, qui les rendent particulièrement aptes, en milieu scolaire, à favoriser chez les jeunes, le développement de ces *compétences d'ordre épistémologique* nécessaires à la résolution de problèmes de toutes sortes.

> *Donc, dans l'ensemble, les profils de compétences indiquent une forte préférence pour les activités de type informationnel.*

Les quatre ordres de compétences

De cette distinction entre le sujet connaissant, les informations et les connaissances procédurales, un système simple se manifeste pour décrire les interactions mises en cause lorsque le sujet utilise l'objet technologique pour communiquer avec un autre sujet, accéder à des informations ou, finalement, pour exploiter des outils cognitifs permettant de traiter et transformer des informations. De chacune de ces interactions, faisant déjà l'objet de grands domaines de recherche, un ensemble de compétences peuvent être décrites. Celles-ci sont à la fois nécessaires et une pratique dirigée en permet la construction individuelle. Le développement de ces quatre ordres de compétences : 1) technique; 2) social; 3) informationnel et 4) épistémologique est visé en milieu scolaire sous une forme ou une autre. Par contre, on suppose que l'usage de ces outils, que les enseignants jugent comme l'usage le plus important, sera sans doute l'usage qu'ils en font eux-mêmes et par rapport auquel ils se sentent les plus compétents.

PROFILS DE COMPÉTENCES

Lorsqu'on catégorise les compétences liées à l'usage pédagogique des TIC selon ces ordres, la deuxième question qui se pose concerne la possibilité de générer un ensemble de profils de compétences technologiques, tels que les enseignants du palier primaire et du secondaire se les représentent. Une telle information permettrait de mieux guider la planification éventuelle de formations à l'intégration pédagogique des TIC en permettant d'aller puiser les savoirs et les pratiques ciblées dans les domaines spécifiques des technologies selon les ordres de compétences associées. Cependant, étant donné que le personnel œuvrant à ces deux niveaux en Ontario est issu de deux programmes de formation à l'enseignement distinct et soumis à deux différents ensembles de programmes-cadres, ce retour sur les données de cette recherche veut aussi tenter de dégager les particularités de ces deux groupes.

MÉTHODOLOGIE

Un questionnaire visant à relever comment les enseignants se représentent leurs compétences face à l'usage des technologies numériques a été conçu et validé (Desjardins, Lacasse et Bélair, 2001). Ensuite une étude à grande échelle en Ontario francophone a permis de recueillir des données à partir desquelles ont été réalisées des analyses permettant d'identifier certains des facteurs selon lesquels les profils de compétences, telles que les enseignants se les représentent, peuvent varier (Desjardins, 2005). Dans la présente étude, un recodage des données pour séparer clairement les enseignants du niveau primaire des enseignants du niveau secondaire donne lieu à une seconde série d'analyses selon cette distinction.

Échantillon

Les questionnaires ont été envoyés aux 1700 enseignants des écoles secondaires et aux 3700 enseignants des écoles primaires francophones de l'Ontario. Parmi l'ensemble des répondants volontaires (11,8 %), 225 proviennent du secondaire et 412 du primaire. Globalement, l'échantillon comporte 71,7 % de femmes et 28,3 % d'hommes, ce qui correspond bien aux données produites par l'AEFO (2005) qui affirme, qu'au moment de la cueillette de données, 72 % du personnel enseignant francophone en Ontario étaient des femmes et 28 % des hommes. Au secondaire, la distribution de l'échantillon (48,4 % femmes; 50,2 % hommes; 1,3 % non identifié) reflète, encore une fois, les données de l'AEFO (51 % femmes; 49 % hommes). La distribution par âge et niveau d'enseignement de l'échantillon a aussi été comparée aux données produites par l'AEFO, toujours avec des résultats similaires. L'échantillon a donc été jugé représentatif de l'ensemble de la population cible, en fonction des données démographiques compilées et publiées par l'AEFO (2005).

Instrument

Le questionnaire utilisé (Desjardins, 2005) comporte 20 items et chacun des quatre ordres de compétences est mesuré par cinq items. Chaque item requiert une réponse sur une échelle Likert (1 à 5) et les résultats totaux des cinq items par ordre de compétences, peuvent varier entre 5 et 25, avec 15 comme point neutre. Les résultats au-dessus de quinze par ordre indiquent une représentation « positive » des compétences, tandis que les résultats inférieurs à 15 indiquent une représentation « négative » des compétences. En présentant ensuite les ordres de compétences selon les résultats totaux de façon décroissante, les profils sont générés.

RÉSULTATS

Pour commencer, il semble que globalement, les enseignants se représentent comme étant relativement compétents face à l'usage des technologies. Tel que mentionné, toutes les moyennes se sont révélées supérieures à quinze et plus particulièrement, les compétences d'ordre *informationnel* (I) se révèlent les plus fortes ($\bar{x} = 18,1$; é.-t. = 5,05) tandis que les compétences d'ordre *épistémologique* (E) se révèlent les plus faibles ($\bar{x} = 16,62$; é.-t. = 5,25). Donc, dans l'ensemble, les profils de compétences, tels que les enseignants se les représentent, indiquent une forte préférence pour les activités de type informationnel, c'est-à-dire, pour tout ce qui relève de la recherche d'information sur Internet. Ensuite, les activités faisant appel aux compétences d'ordre *technique* (T) ($\bar{x}$ = 17,62; é.-t. = 5,07) et d'ordre *social* (S) ($\bar{x}$ = 17,17; é.-t. = 4,89) se retrouvent au deuxième et au troisième rang, quoique les différences entre les deux sont rarement significatives. Ainsi, un profil général I-T-S-E est mis en évidence en notant que T et S sont de rang presque équivalent.

Outre la représentation d'une compétence d'ordre *informationnel* dominante, le personnel enseignant se dit donc relativement à l'aise pour résoudre des problèmes techniques simples liés à l'utilisation des ordinateurs et pour faire certaines installations de bases (logiciels et certains périphériques). De plus, il semblerait que l'usage de l'ordinateur pour des fins de communication serait en émergence, le courriel étant apparemment assez bien maîtrisé même si les fonctionnalités, tels les échanges de documents en pièces jointes ou l'utilisation de forums de discussion, ne paraissent pas très utilisées. Finalement, il s'avère que l'usage de l'ordinateur pour résoudre des problèmes nécessitant les compétences d'ordre *épistémologique* n'en est qu'à ses débuts. Bien que le personnel se dise capable d'utiliser certains logiciels, tels un chiffrier ou une base de données, ces personnes ne connaissent généralement que quelques fonctions de base, insuffisantes pour profiter de ces outils dans l'accomplissement de tâches plus complexes.

Les différences entre les représentations des compétences technologiques du personnel enseignant au secondaire et au primaire se situent principalement à deux niveaux. Premièrement, en dépit du fait que les profils généraux sont les mêmes aux deux niveaux, le personnel du secondaire se dit significativement plus compétent que le personnel du primaire, dans tous les ordres : ordre *technique* (F [1 530] = 9,64 p = 0,002), ordre *social* (F [1 530] = 25,51 p = 0,000), ordre *informationnel* (F [1 530] = 18,45 p = 0,000) et ordre *épistémologique* (F [1 530] = 14,03 p = 0,000). Deuxièmement, même si au primaire aucune différence significative ne se manifeste entre les hommes et les femmes, il n'en est pas ainsi au secondaire. Dans ce cas, les enseignantes du secondaire se distinguent du personnel enseignant en général et affichent un profil I-S-T-E distinctif, c'est-à-dire qu'elles se disent significativement plus fortes dans les compétences d'ordre *social* ($\bar{x}$ = 17,89; é.-t. = 4,44) que dans celles *d'ordre technique* ($\bar{x}$ = 17,60; é.-t. = 4,82) même si, dans l'ensemble, elles se disent moins compétentes que les hommes.

Parmi les points saillants relevés au primaire et au secondaire, une différence générale a été notée entre les deux niveaux, tandis que les hommes et les femmes ne se distinguent qu'au secondaire. En dépit du fait qu'il a déjà été noté que les hommes se représentent comme plus compétents que les femmes pour les ordres *technique, social* et *épistémologique*, mais non pour l'ordre *informationnel* (Desjardins 2005), au secondaire, cette différence est répétée de façon significative seulement pour les ordres *technique* (t (220) = 3,15, p < 0,01) et *social* (t [220] = 2,28, p < 0,05). Indépendamment du niveau d'enseignement, la représentation du niveau de compétences des répondants de 50 ans et plus est inférieure à celle des plus jeunes et ceux qui ont le plus d'expérience en enseignement semblent se représenter généralement comme moins compétents face aux technologies. Outre ces constats, dans cette société de changements de carrières rapides, les données démontrent aussi que le groupe des enseignants qui ont au moins dix ans d'expérience dans un autre domaine de travail se représentent comme significativement plus compétents dans les ordres *technique* (t [524] = 2,61; p < 0,01) et *épistémologique* (t [524] = 2,95; p < 0,01).

CONCLUSION

Avec une intention de vouloir mieux cibler la formation et le soutien au personnel enseignant en ce a trait à l'intégration pédagogique des TIC, en plus d'une perspective propre à l'éducation, un regard du côté des champs de recherche à l'origine des technologies permet d'en dégager les savoirs et les pratiques essentielles qui sont aussi propres à ces domaines. Une fois l'ensemble des connaissances nécessaires défini selon les domaines de recherche tels, l'*interaction humain-machine*, la *communication*, les *sciences de l'information*, ainsi que les *sciences informatiques*, cette étude sur la représentation de compétences de ce personnel enseignant face à l'utilisation des TIC selon les quatre ordres correspondants, permet de préciser quelque peu les besoins.

Tout d'abord, les profils démontrent clairement que l'usage de l'ordinateur pour la recherche d'information semble être généralement répandu et que le niveau de confort du personnel enseignant à cet égard est suffisamment élevé pour qu'un certain transfert s'effectue vers la salle de classe. Sur le plan des compétences techniques relatives à la maîtrise de l'interface même de l'ordinateur, le niveau plus faible a certainement un effet sur le développement potentiel des autres types d'usage. Pour les logiciels de communication, par exemple, le courriel de base est de plus en plus utilisé, mais l'utilisation des fonctions un peu plus complexes n'en est qu'à ses débuts. Aussi, force est de constater qu'un travail considérable reste à faire pour que les technologies soient exploitées en milieu scolaire comme de véritables outils cognitifs permettant de traiter des informations et de résoudre des problèmes. Le personnel enseignant se représente comme moins compétent dans cet ordre qui correspond au type d'utilisation des technologies le plus répandu en milieu de travail. D'ailleurs, les enseignants ayant justement passé dix ans ou plus dans une autre carrière semblent avoir développé une plus grande compétence de ce côté. Finalement, il est important de noter que le modèle proposé et les données recueillies visent simplement à contribuer à un cadre pour l'intégration pédagogique des TIC qui soit conforme autant au domaine de la pédagogie qu'aux domaines de la technologie.

RÉFÉRENCES

ASSOCIATION DES ENSEIGNANTES ET DES ENSEIGNANTS FRANCO-ONTARIENS (AEFO), *À propos de l'AEFO*, 2005. Document téléaccessible à l'URL : <franco.ca/aefo/apropos/en_resume.html>.

ALESSI, S.M. et S.R. TROLLIP. *Computer-based instruction: Methods and development*, Englewood Cliffs, NJ, Prentice-Hall, 1991.

ANDERSON, J.R. *Rules of the Mind*. Hillsdale, NJ, Lawrence Erlbaum., 1993.

BASQUE, J. et K. LUNDGREN-CAYROL, *Une typologie des typologies des usages des « TIC » en éducation*, de la Télé-université du Québec, 2003. Document téléaccessible à l'URL : <tecfa.unige.ch/tecfa/teaching/riat140/0304/typologies.pdf>.

DESJARDINS, F.J. « La représentation par les enseignants, quant à leurs profils de compétences relatives à l'ordinateur : vers une théorie des TIC en éducation », *La revue canadienne de l'apprentissage et de la technologie*, vol. 31, n° 1 (2005), p. 27-49.

DESJARDINS, F.J. « Exploiter les TIC comme extensions de l'intellect dans une approche constructiviste » *in* M. Théberge, *Former à la profession enseignante,* Montréal, Éditions Logiques, 2000, p. 133-162.

DESJARDINS, F.J., R. LACASSE, R. et L.M. BÉLAIR. « Toward a definition of four orders of competency for the use of information and communication technology (ICT) in education », *Computers and advanced technology in education: Proceedings of the Fourth IASTED International Conference.* Calgary, ACTA Press, 2001, p. 213-217.

JONASSEN, D. *Computer in the classroom, Mindtools for critical thinking,* Prentice Hall, New Jersey, 1996.

MEANS, B. « Introduction: Using technology to advance educational goals » *in* B. Means (éd.), *Technology and education reform: The reality behind the promise,* San Francisco, Jossey-Bass, 1994, p. 1-21.

NICKOLS, F.W. « The knowledge in knowledge management » *in* J.W. Cortada et J.A. Woods (éd.) *The knowledge management yearbook 2000-200,* Boston, MA, Butterworth-Heinemann, 2000, p. 12-21.

PIAGET, J. *La construction du réel chez l'enfant* (6ᵉ édition), Paris, Delachaux et Niestlé, 1977.

TAYLOR, R.P. *The computer in the school: Tutor, tool, tutee*, New York, Teachers College Press, 1980.

VON BERTALANFFY, L. *General System Theory: Foundations, Developpment, Applications,* New York, George Braziller Inc., 1968.

VON GLASERSFELD, E. *Radical Constructivism: A way of knowing and learning,* London, Falmer Press, 1995.

CRÉATIC.ca,
un système de ressources hypermédia qui permet aux apprenantes et apprenants de partager et d'échanger

Manon LeBlanc, Université de Moncton
Nicole Lirette-Pitre, Université de Moncton
Claire IsaBelle, Université d'Ottawa
Rodrigue Savoie, CNRC — ITI

RÉSUMÉ

Ce chapitre présente un projet de recherche portant sur les cybercarnets (aussi appelés *blogues*) en formation initiale à l'enseignement ayant été mis sur pieds en janvier 2004. Ce projet-pilote, subventionné par l'Université de Moncton et le Conseil national de recherche du Canada (Institut de technologie de l'information) se poursuit pour une deuxième année consécutive et permet aux professeures et professeurs ainsi qu'aux étudiantes et étudiants des cours de TIC en formation initiale à l'enseignement (Université de Moncton) de collaborer par l'intermédiaire d'un cybercarnet. Ce texte présente les résultats obtenus en deuxième année du projet.

Quoique la majorité des étudiants ne connaissaient pas les cybercarnets au début du projet, la plupart d'entre eux, à la fin du semestre, semblent adopter une attitude positive face à l'utilisation de ces outils, que ce soit sur les plans personnel et scolaire (formation universitaire) ou au primaire et secondaire (pratique future). De plus, la presque totalité des participantes et participants prévoient les utiliser dans leur pratique future.

Les technologies de l'information et de la communication (TIC) s'introduisent dans la société à un rythme stupéfiant. En fait, durant la dernière décennie, les TIC ont connu un essor considérable dans le monde de l'éducation. Les TIC sont non seulement des agents de changement en éducation, mais également des outils permettant de faciliter l'apprentissage.

Le caractère singulier des TIC se retrouve dans la capacité de dépasser les limites spatiotemporelles de la salle de classe. Les interactions n'ont plus à se faire sur place, le tout peut maintenant se faire à distance. Grâce aux outils de télécommunications, les enseignantes et enseignants ainsi que les élèves ont la chance de vivre de nouvelles expériences et d'exploiter de nouveaux sujets (Benson, 1997). Les TIC occupent donc une place de plus en plus importante en éducation et la communication assistée par ordinateur est une pratique qui, en plus de permettre aux professionnelles et professionnels de l'enseignement œuvrant dans des milieux francophones minoritaires d'échanger entre eux, peut considérablement améliorer l'apprentissage.

LES CYBERCARNETS ET LE MONDE DE L'ÉDUCATION

Depuis quelques années, un nouveau phénomène a fait surface dans Internet : les cybercarnets (aussi appelés *blogues*). Ce nouvel outil fait fureur dans le monde d'Internet (Downes, 2004; Schroeder, 2003). En fait, le cybercarnet est l'un des phénomènes connaissant la plus grande croissance dans Internet (Armstrong et Berry, 2002). De plus en plus de gens s'intéressent aux possibilités de communication et de collaboration qu'offre cet outil. La croissance de communautés en ligne se fait donc de plus en plus importante, et ce, autant dans le monde de l'éducation que dans les autres sphères de la société.

Qu'est-ce qu'un cybercarnet?

Les « cybercarnet », « blogue », « carnet web », « cyberportfolio », « weblogue », etc. sont autant de termes utilisés pour décrire un site Web mis à jour régulièrement et présentant différents messages affichés en ordre chronologique inversé, le message le plus récent étant présenté au haut de la page. Les cybercarnets sont aussi diversifiés que les utilisatrices et utilisateurs qui les créent. Leurs contenus ne se limitent pas à des réflexions personnelles. Ils peuvent également contenir des commentaires sur divers sujets, des questionnements, des images, du son, des animations, des présentations informatisées (telles que celles créées avec le logiciel PowerPoint), des liens vers des documents (Word, Excel, etc.), des hyperliens, etc.

Armstrong et Berry (2002) associent les caractéristiques suivantes aux cybercarnets : la facilité d'utilisation, la non-nécessité d'installer un programme, le contrôle sur l'aspect visuel et sur le fonctionnement, la mise à jour automatique et la facilité de navigation.

Ces caractéristiques uniques, propres aux cybercarnets, placent ces outils dans une catégorie à part (de Moor et Efimova, 2004). Ils se distinguent des autres outils de communication retrouvés dans le Web tels que les listes de diffusion ou les babillards électroniques. Ils sont plus dynamiques qu'une page Web, mais un peu moins que les outils de communication synchrone (tels que les outils de clavardage). Ils offrent de nouvelles possibilités en matière de communication et d'échanges d'information.

Applications pédagogiques des cybercarnets

Les cybercarnets sont principalement utilisés pour publier (Richardson, 2004; Bartlett-Bragg, 2003) et archiver le travail des élèves et pour permettre à ceux-ci de collaborer avec d'autres élèves ou encore avec des expertes et experts éloignés (Richardson). Downes (2004) énumère plusieurs utilisations pédagogiques du cybercarnet. Entre autres, il précise que les professionnels de l'enseignement utilisent les cybercarnets pour remplacer la page Web de classe traditionnelle, faire des hyperliens entre le cybercarnet et l'information pertinente au cours trouvée en ligne, organiser des discussions avec le groupe-classe, organiser des séances de travaux pratiques, placer des résumés de textes à la disposition des apprenants et permettre aux apprenants de développer leur propre cybercarnet dans le cadre du cours.

> **CREATIC.ca a donc été développé principalement pour pallier le paradoxe technicopédagogique et pour faciliter l'appropriation immédiate des TIC par les futurs maîtres.**

Armstrong et Berry (2002), de leur côté, soulignent cinq principales utilisations pédagogiques des cybercarnets : la communication entre les apprenantes et apprenants et le maître, la diffusion de matériel didactique, la transformation du cybercarnet en service de mentors pour les apprenants, la collaboration et le développement professionnel chez les enseignants et, finalement, la gestion de l'apprentissage. Richardson (2004) mentionne également la possibilité de gérer les apprentissages des membres de la communauté à travers l'utilisation des cybercarnets.

Plusieurs avantages sont donc reliés à l'utilisation des cybercarnets. Entre autres, Barrios (2004) souligne que les cybercarnets permettent aux apprenants d'élargir leur champ de vision, de dépasser les limites de la salle de classe, d'écrire pour le plaisir d'écrire et de collaborer. Wrede (2004) ajoute également que l'utilisation de cet outil de communication développe l'autonomie et la créativité chez les apprenants. Plus précisément, au niveau universitaire, le cybercarnet représente une forme de communication structurée qui permet le partage et l'analyse d'information et le passage du monologue au dialogue (Wrede, 2004).

C'est après avoir réalisé les nombreuses possibilités offertes par les cybercarnets au monde de l'éducation que le projet d'intégration des cybercarnets en formation initiale à l'enseignement a été mis sur pied.

SYSTÈME DE RESSOURCES CREATIC.CA

Depuis quelques années, dans le cadre du cours obligatoire de TIC de l'Université de Moncton, les futurs maîtres du primaire et du secondaire développent des activités pédagogiques utilisant les technologies de l'information et de la communication (ap-TIC). La volonté de partager ce matériel pédagogique avec les enseignants œuvrant dans le milieu ainsi que la volonté de mettre à la disposition des futurs enseignants des ressources qui pourraient possiblement faciliter l'intégration des TIC sont à la base du développement du système de ressources hypermédias CREATIC.ca (Carrefour de ressources pour l'enseignement et l'apprentissage par les technologies de l'information et de la communication). CREATIC.ca a donc été développé principalement pour pallier le paradoxe technicopédagogique et pour faciliter l'appropriation immédiate des TIC par les futurs maîtres au Nouveau-Brunswick (IsaBelle, 2002; IsaBelle, Savoie et Vézina, 2002). Le développement du système a débuté en l'an 2000 et la nouvelle version est officiellement en ligne depuis 2003, www.creatic.ca.

Le système de ressources CREATIC.ca se divise en deux environnements : l'environnement réservé aux professionnels de l'enseignement et l'environnement réservé aux élèves de la maternelle à la 12e année (5 à 18 ans). L'environnement réservé aux professionnels comprend plusieurs modules. On y retrouve, entre autres, des tutoriels, une gamme de ressources pédagogiques, des outils de communication en ligne (babillard électronique, outil de clavardage et un espace nommé *bons coups* réservé au partage d'expériences et de bonnes idées entre collègues), plus de 150 scénarios pédagogiques accompagnés de leur ap-TIC ainsi que des fonctions permettant d'évaluer et de commenter chacune des activités.

En janvier 2004, une nouvelle section fut ajoutée au module *échanges* : la section *cybercarnets*. Cet ajout s'est fait dans le cadre de la mise sur pied du projet d'intégration des cybercarnets en formation initiale à l'enseignement à l'Université de Moncton.

PROJET D'INTÉGRATION DES CYBERCARNETS EN FORMATION INITIALE À L'ENSEIGNEMENT

Un projet de recherche sur l'intégration des cybercarnets fut mis sur pied en janvier 2004. Ce projet-pilote, subventionné par l'Université de Moncton et le Conseil national de recherche du Canada (Institut de technologie de l'information), se poursuit pour une deuxième année consécutive et permet aux professeures et professeurs et aux étudiants des cours de TIC en formation initiale à l'enseignement (Université de Moncton) de collaborer entre eux par l'intermédiaire d'un cybercarnet.

Dans le cadre de ce projet, trois cybercarnets sont placés à la disposition des futurs maîtres : le cybercarnet personnel, le cybercarnet public et le cybercarnet de classe. Chaque cybercarnet répond à des besoins précis. Le cybercarnet personnel n'est accessible qu'à l'étudiant et au professeur et l'accès en est protégé par un mot de passe. Les étudiants y déposent tout commentaire ne s'adressant qu'à l'enseignant. Les travaux y sont également déposés, qu'ils en soient à l'étape du brouillon ou terminés. Dans le cybercarnet public, les étudiants sont libres de publier une multitude d'informations. À travers leurs billets (messages publiés dans le cybercarnet), les apprenants peuvent nous en apprendre davantage sur eux mêmes, sur leur famille, etc. C'est également dans ce cybercarnet qu'ils écrivent leurs réflexions sur différents thèmes abordés en salle de classe ou encore sur différents thèmes se rapportant au cours. Finalement, le cybercarnet de classe prend davantage la forme d'un babillard électronique. Le professeur et les futurs maîtres peuvent y faire des annonces (documentation concernant le cours, lien vers des ressources pertinentes, etc.). Les messages publiés dans ce cybercarnet sont pertinents pour l'ensemble de la classe et ont une forme plus générale que les messages publiés dans les deux autres cybercarnets (ces autres messages étant directement rattachés aux apprenants les ayant rédigés).

MÉTHODOLOGIE

À sa première année, le projet a permis à quatre groupes de futurs maîtres (72 étudiants au total) et à deux professeures de collaborer ensemble de façon asynchrone. Trois de ces groupes étaient composés d'étudiants inscrits au cours de TIC obligatoire dans la formation des maîtres de l'Université de Moncton alors que le dernier groupe était composé d'étudiants inscrits au cours optionnel de TIC (ces étudiants avaient déjà suivi le cours de TIC obligatoire). Ces deux cours sont offerts dans le cadre du baccalauréat en éducation de l'Université de Moncton. Cette année, sept nouveaux groupes de futurs maîtres (170 étudiants au total), quatre professeurs et trois professeures ont participé au projet. Un seul de ces groupes était composé d'étudiants inscrits au cours optionnel de TIC. Il importe de noter qu'en plus des étudiants et des professeurs, quelques membres de la communauté (direction d'école, etc.), sans avoir été sollicités, ont décidé de participer à certains échanges.

Les résultats présentés dans cette section sont basés sur l'expérimentation qui s'est déroulée de janvier à avril 2005 (donc lors de la deuxième année du projet d'intégration des cybercarnets). Des questionnaires (comprenant des questions ouvertes et des questions fermées) ont été rédigés par l'équipe de chercheurs aux fins de l'étude. Ces questionnaires ont été proposés au début (première semaine de cours) et, à la fin du semestre, à deux des sept groupes. Au total, 39 étudiants ont répondu au prétest et au posttest, soit 5 hommes et 34 femmes. Parmi les participantes et participants, 5 terminaient un baccalauréat en enseignement au niveau secondaire tandis que 34 terminaient un baccalauréat en enseignement au niveau primaire (il importe de noter que les cinq hommes ayant répondu au prétest et au posttest ne correspondent pas aux cinq personnes terminant un baccalauréat en enseignement au niveau secondaire).

RÉSULTATS

Nous avons tout d'abord voulu vérifier si les futurs maîtres avaient déjà consulté ou même utilisé un cybercarnet. Deux d'entre eux avaient déjà consulté un cybercarnet moins de cinq fois tandis que 32 n'en avaient jamais consulté. Cinq participants n'ont pas répondu à la question en précisant qu'ils ne savaient pas ce qu'était un cybercarnet. De plus, tous les étudiants ayant répondu à la question ont aussi spécifié ne jamais avoir utilisé un cybercarnet. Plus ou moins de participants avaient donc une connaissance, aussi minime soit-elle, des cybercarnets. Leur utilisation s'est toutefois accrue durant le semestre. En effet, à la fin du projet de recherche, 31 participants avaient consulté le cybercarnet plus de onze fois et seulement trois ont affirmé ne jamais l'avoir consulté. Dans un même ordre d'idées, 23 participants ont souligné avoir utilisé le cybercarnet à plus de onze reprises et huit participants l'ont utilisé entre six et dix fois. Seulement quatre futurs maîtres ont affirmé ne jamais avoir utilisé les cybercarnets. Cette augmentation dans l'utilisation du cybercarnet est fort intéressante, mais elle doit tout de même être considérée avec prudence. Effectivement, l'intégration des cybercarnets se faisait dans le cadre d'un cours universitaire et un certain pourcentage de la note finale était réservé à la participation des futurs maîtres au cybercarnet. Il nous est donc difficile d'associer cette augmentation à un engouement pour le cybercarnet plutôt qu'au contrat pédagogique établi au début du semestre.

Les réponses obtenues aux autres questions du prétest sont quasi inexistantes, la majorité des étudiants n'y ayant pas répondu étant donné qu'ils n'avaient jamais utilisé ou même consulté de cybercarnets. Les résultats obtenus lors du posttest sont plus révélateurs et seront donc présentés plus en détail dans les sections qui suivent.

Utilisation des cybercarnets dans le cadre de la formation

Nous avons questionné les futurs maîtres afin de savoir s'ils trouvaient *pas utile, peu utile, moyennement utile* ou *très utile* d'utiliser les cybercarnets sur les plans personnel et scolaire dans le cadre de leur formation. Dix-huit participants ont trouvé moyennement utile d'utiliser les cybercarnets sur le plan personnel et dans le cadre de leur formation, tandis que 20 et 18 d'entre eux ont respectivement trouvé très utile de l'utiliser sur le plan personnel et dans le cadre de leur formation. Les principales raisons énumérées pour justifier leur choix sont que les cybercarnets permettent le partage d'information et d'idées et la collaboration entre les apprenants, la communication (entre les apprenants ou avec le professeur), l'intégration des TIC ainsi que la création de liens (entre les apprenants). Ils ont aussi souligné le caractère motivant et divertissant des cybercarnets. De plus, selon les participants, le cybercarnet favorise l'apprentissage.

Aucun étudiant n'a affirmé que les cybercarnets n'étaient pas utiles sur le plan personnel et dans le cadre de leur formation. Les inquiétudes des participants ayant précisé que les cybercarnets étaient peu utiles sur ces plans résident principalement dans le temps nécessaire à l'écriture ainsi que dans la difficulté à voir la valeur pédagogique de l'outil.

Utilisation des cybercarnets à l'école

Nous nous sommes également intéressés à l'utilité des cybercarnets en éducation auprès d'élèves de niveaux primaire et secondaire. Nous avons donc demandé aux futurs maîtres de préciser s'ils trouvaient *pas utile, peu utile, moyennement utile* ou *très utile* d'utiliser les cybercarnets avec des élèves de niveau primaire puis avec des élèves de niveau secondaire. Au niveau primaire, treize participants trouvent l'utilisation du cybercarnet moyennement utile tandis que 23 trouvent cela très utile. Les résultats obtenus pour le niveau secondaire sont similaires. En effet, dix participants trouvent qu'il est moyennement utile d'utiliser les cybercarnets à ce niveau et 24 prétendent que c'est très utile. Les principales raisons justifiant leur choix sont pratiquement les mêmes que celles énumérées aux questions précédentes. Selon eux, en plus d'être motivant pour les élèves, et ce, autant au niveau primaire qu'au niveau secondaire, les cybercarnets permettent le partage d'information et d'idées, la collaboration entre les apprenants, la communication (entre les apprenants et avec l'enseignant), l'intégration des TIC, la création de liens ainsi qu'une gestion plus efficace des travaux et des idées.

La principale barrière à l'utilisation du cybercarnet au niveau primaire semble être l'âge des élèves. En effet, quelques futurs maîtres ont précisé que les élèves de ce niveau sont trop jeunes pour utiliser un tel outil. En ce qui a trait à l'utilisation du cybercarnet au niveau secondaire, c'est plutôt le manque d'intérêt ou d'engagement de la part des élèves qui semblent inquiéter les futurs enseignants.

Utilisation des cybercarnets dans la pratique future des futurs maîtres

Nous avons également demandé aux futurs maîtres s'ils planifiaient utiliser les cybercarnets lors de leur pratique (les réponses furent données selon l'échelle *pas du tout, peu, moyennement* et *beaucoup*). Environ la moitié des participants, soit 19 d'entre eux, pensent l'utiliser moyennement tandis que 16 pensent l'utiliser beaucoup. Les principales raisons qui les poussent à vouloir utiliser les cybercarnets dans leur pratique future sont l'intégration des TIC, la motivation des élèves, l'amélioration de l'enseignement et la variété dans l'enseignement, la communication, le partage d'information et d'idées ainsi que la gestion plus efficace des travaux et des idées.

Du côté des participants qui ne prévoient que peu ou pas l'utiliser, les raisons motivant leur choix sont principalement le manque de ressources ou l'équipement inadéquat, le surplus de travail que cela occasionne pour l'enseignant et l'âge des élèves (niveau primaire).

> *Ils ont aussi souligné le caractère motivant et divertissant des cybercarnets.*

Utilisations pédagogiques du cybercarnet à l'école

Finalement, nous avons invité les futurs enseignants à identifier des utilisations pédagogiques du cybercarnet aux niveaux primaire et secondaire afin de vérifier la valeur pédagogique qu'ils attribuaient à cet outil. Les résultats obtenus à cette dernière question s'apparentent fortement aux justifications données aux questions précédentes. Selon les participants, le cybercarnet pourrait être utilisé en milieu scolaire (autant aux niveaux primaire que secondaire) pour partager de l'information et des idées, sensibiliser les élèves au français et à l'anglais, gérer les travaux, créer des liens (rester en contact), intégrer les TIC, communiquer et permettre aux élèves de prendre conscience des apprentissages réalisés.

CONCLUSION ET CHANGEMENTS À VENIR

Comme il a été souligné, les résultats obtenus dans le cadre de ce projet d'intégration des cybercarnets en formation initiale à l'enseignement doivent être interprétés avec prudence. En effet, l'intégration des cybercarnets s'est faite dans le cadre des cours de TIC du baccalauréat en éducation de l'Université de Moncton. Il est donc difficile d'associer la participation des futurs maîtres aux cybercarnets uniquement à leur intérêt pour cet outil. Toutefois, les participants semblent reconnaître les utilités pédagogiques des cybercarnets, surtout en ce qui a trait au partage d'information et d'idées et à la collaboration (entre apprenants, avec le professeur et avec l'enseignant). D'un autre côté, leur principale inquiétude réside dans le temps à investir dans un tel outil (comme apprenant, sur le plan de la rédaction et comme enseignant, sur le plan de la correction).

Malgré le fait que les futurs maîtres ont relativement bien participé au projet d'intégration des cybercarnets, le développement d'une communauté d'apprentissage plus significative est souhaitable. En effet, plusieurs échanges ont eu lieu en salle de classe plutôt que dans le cybercarnet. Ce phénomène peut être expliqué, en partie, par la petite taille de l'université. La majorité des étudiants, qu'ils soient inscrits au baccalauréat en enseignement primaire ou secondaire, se connaissent. Il est donc peu pertinent pour eux de communiquer en ligne s'ils peuvent le faire face à face. Nous désirons donc dépasser les limites physiques de la salle de classe et regrouper plusieurs universités afin de permettre à nos étudiants d'échanger avec d'autres futurs maîtres. De plus, nous désirons développer chez eux des habiletés de communication en ligne (argumentation, remise en question, etc.) afin de leur permettre de dépasser les simples commentaires où ils se limitent à reformuler ce qu'un collègue a déjà publié.

Le cybercarnet est donc un outil de communication possédant un potentiel étonnant pour le monde de l'éducation et, plus particulièrement, pour le milieu universitaire. Bien que son utilisation requière un investissement considérable (temps, réflexion, etc.), les retombées sur le plan pédagogique semblent démontrer que le jeu en vaut la chandelle. Ce nouvel outil de communication nous pousse à adapter notre pédagogie afin de mieux former les futurs maîtres et répondre aux exigences d'une société sans cesse changeante.

RÉFÉRENCES

ARMSTRONG, L. et M. BERRY. « Blogs as electronic learning journals », *E-Journal of Instructional Science and Technology*, vol. 7, n° 1 (2004).

BARRIOS, B. *Blogs as class content, date non disponible*. Document téléaccessible (20 novembre 2004) à l'URL : <www.bgsu.edu/cconline/barrios/blogs/read>.

BARTLETT-BRAGG, A. « Blogging to learn » *The Knowledge Tree*, 4 (2003).

BENSON, C. « Networking across boundaries », *Bread Loaf Rural Teacher Network Magazine*, 1997 (automne-hiver).

DE MOOR, A. et L. EFIMOVA, L. *An argumentation analysis of weblog conversations,* communication présentée à l'International Working Conference on the Language — Action Perspective on Communication Modelling (LAP), New Brunswick, NJ, 2004.

DOWNES, S. « Educational blogging », *EDUCAUSE Review*, vol. 39, n° 5 (2004), p. 14-26.

ISABELLE, C. *Regard critique et pédagogique sur les technologies de l'information et de la communication*. Montréal, Chenelière/McGraw-Hill, 2002.

ISABELLE, C., R. SAVOIE, R. et N. VÉZINA N. « Le système de ressources hypermédias CREATIC pour pallier au paradoxe technico-pédagogique vécu par les futurs enseignants » *in Actes du Colloque international en sciences de l'information et de la communication,* Lyon, France, novembre 2002, p. 218-219.

RICHARDSON, W. (2004). « Blogging and RSS — The « what's it? » and « how to » of powerful new web tools for educators », *Multimedia & Internet@schools*, vol 11, n° 1 (2004).

SCHROEDER, R. *Web logs (blogs): A primer and applications in education, 2003*. Document téléaccessible (15 septembre 2004) à l'URL : <www.ion.illinois.edu/Pointers/2003_05/default.asp>.

WREDE, O. *Weblogs and discourse,* communication présentée à Blogtalk, Vienne, Autriche, mai 2003.

SIXIÈME PARTIE

Gestion de l'éducation

INTRODUCTION

La section suivante est constituée de huit chapitres qui ont pour thème la gestion de l'éducation. Elle débute par un aperçu des tendances actuelles en administration scolaire, élaboré par Michel St-Germain, Bakary Diallo et Claire IsaBelle. Le deuxième texte, écrit par Daniel Bourgeois, présente une recherche menée auprès des dirigeants de conseils scolaires au sujet de l'article 23 de la *Charte canadienne des droits et libertés* et de ses effets auprès de la minorité francophone. Le texte suivant, de Lyse Langlois et Claire Lapointe, traite des dilemmes éthiques découlant de l'article 23 de la *Charte* que vivent au quotidien les gestionnaires de l'éducation. Paulette Rozon expose ensuite les résultats d'une étude exploratoire portant sur les différents styles de gestion scolaire. Le cinquième texte de cette section, présenté par Michel St-Germain, Claire Lapointe et Lyse Langlois, aborde la question du leadership des gestionnaires de l'éducation et leur rôle particulier en milieu minoritaire. Charles Castonguay présente ensuite une étude des incidences du déficit démographique et de l'anglicisation précoce sur l'éducation en langue française à l'extérieur du Québec. Dans le chapitre suivant, Michel St-Germain traite des résultats d'une recherche quantitative menée auprès des classes à niveaux multiples, recherche axée sur l'interaction entre les enseignants, les directions et les parents d'élèves. Le sujet des classes à niveaux multiples est finalement repris par Diane Farmer et Nathalie Bélanger qui se concentrent, quant à elles, sur le rôle et le point de vue de l'élève.

Tendances de la recherche en administration scolaire

Michel St-Germain, Université d'Ottawa
Bakary Diallo, Ph. D.
Claire IsaBelle, Université d'Ottawa

RÉSUMÉ

Cette présentation des tendances de l'administration scolaire se base sur des sources dont le *Handbook of Research on Educational Administration* (1989, 1999), le *Educational Administration Quarterly*, le *Journal of Educational Administration*, la *Revue Éducation et francophonie*, les *Revues des échanges de l'AFIDES* et la *Revue des sciences de l'éducation*. La recherche en administration scolaire a beaucoup évolué au cours des 25 dernières années, notamment avec l'introduction progressive d'études qualitatives dans la base de connaissance. Cependant, la coexistence pacifique de recherches quantitatives et qualitatives se place sous le signe de l'éclectisme et sème la confusion chez les praticiens. Les axes de recherche qui ont le plus retenu l'attention au cours des dix dernières années sont les réformes et le changement, la mondialisation, le leadership, le management et la professionnalisation. Quelques recommandations permettraient d'améliorer la recherche en administration scolaire, notamment la nécessité de mener un débat utilitaire sur les idées et les méthodes de recherche, sur l'utilité des études pour les praticiens ainsi que sur le changement, le leadership, le management et la professionnalisation. Enfin, des efforts devraient être consentis pour une meilleure coordination des recherches et une diffusion efficace de leurs conclusions auprès des praticiens.

La recherche en administration scolaire a beaucoup évolué au cours des 25 dernières années. L'introduction progressive d'études qualitatives dans la base de connaissance explique en partie cette évolution. Cette présentation des tendances de la recherche en administration scolaire comprend trois parties. La première aborde les axes de la recherche, la deuxième concerne les changements de paradigmes dans la recherche en administration de l'éducation, et la dernière présente quelques pistes pour améliorer la recherche en administration scolaire.

AXES DE LA RECHERCHE EN ADMINISTRATION SCOLAIRE

À l'issue de notre revue de la littérature, il fut possible de dégager cinq axes de recherche dans le champ de l'administration scolaire : les réformes et le changement, la mondialisation, le leadership, le management et la professionnalisation. Les 15 dernières années marquent une rupture dans la vision et le traitement du changement, des réformes et du management. La rupture se place toutefois sous le signe d'un paradoxe qui trouve son existence dans l'écart entre le fonctionnement des organisations et leurs aspirations des membres. Les organisations sociales comme les institutions éducatives fonctionnent encore selon des principes bureaucratiques modernes mettant l'accent sur la hiérarchie et les modalités de fonctionnement et de production. Les principes structuraux des organisations scolaires, qu'elles soient étatiques ou locales, reposent sur les principes de la bureaucratie de Weber, eux-mêmes fondés sur la responsabilité, l'attribution des rôles, la délégation et le contrôle. Par contre, on s'accorde pour reconnaître la primauté des cadres d'analyse de la postmodernité (et même de l'hypermodernité, Aubert, 2004; Giddens, 1994) et des sociétés postindustrielles pour identifier les valeurs, normes, attitudes et comportements des individus, et ce, en tant qu'individu et en tant que membres d'une collectivité. L'autorité, moteur premier des bureaucraties, n'est plus une valeur culturelle reconnue. La primauté de la démocratie, la dissolution de la vérité absolue, la participation active dans la société civile, l'adhésion aux tribus ou aux clans, la coexistence des différences et le retour vers les communautés sont autant de facteurs indiquant le début d'une ère postmoderne dans laquelle les individus et les groupes ont plus d'autonomie et sont plus engagés (Boisvert, 1995). Il ne peut se produire, lorsque les deux paradigmes cohabitent, que des « heurts et des grincements de dents ».

L'axe des réformes

Tous les pays du monde sont engagés dans de vastes réformes de l'éducation dont les principales caractéristiques sont les suivantes : une orientation marquée vers la réussite scolaire, vers l'employabilité et vers le développement d'une articulation plus serrée entre les secteurs économiques. On assiste aussi à la mise en place de dispositifs permettant des comparaisons internes et internationales. Deux aspects des réformes retiennent l'attention des chercheurs : les aspects politiques et les aspects techniques.

En ce qui a trait aux aspects politiques, on s'intéresse principalement aux rapports de force créés par la déstabilisation d'un système, particulièrement lourd lorsque étatique, et par le transfert des pouvoirs décisionnels centraux aux instances locales. La décentralisation, qu'elle soit réelle ou factice, est au cœur des réformes « modernes ». On peut lire à cet effet *Origines et incidences des nouveaux rapports de force dans la gestion de l'éducation* (St-Germain, 2001). Six articles y sont consacrés à la décentralisation au Québec et concluent à une pseudodécentralisation, le pouvoir central contrôlant étroitement les conditions d'exercice de la décentralisation. Selon une grille d'analyse fondée sur la postmodernité, la participation exigée par les collectivités locales et les individus conduit à la subsidiarité (rapprochement des décisions du lieu d'exécution; on a alors un subsidiaire qui prend la décision). Il s'ensuit des luttes de pouvoir locales et l'établissement de nouveaux rapports de force. L'issue de ces luttes est nécessairement la structuration des organisations locales, seule façon d'assurer la pérennité du gain réalisé. Donc, on retient trois mots-clés dans l'étude des aspects politiques des réformes : décentralisation-centralisation, rapports de force et enfin, structuration.

En ce qui a trait aux aspects techniques, on constate de plus en plus une préoccupation pour l'étude des modèles de réformes : on veut savoir ce qui s'est fait, quelles furent les leçons apprises, quelles sont les pratiques exemplaires existant déjà dans d'autres systèmes avant de créer son modèle. C'est une attitude inquisitrice. On s'intéresse également à la relation entre la mise en œuvre et la culture. Les dimensions locales prennent le dessus sur les dimensions étatiques, et la conservation du contrôle de la mise en œuvre passe par la connaissance de ses spécificités culturelles locales. Enfin, le troisième volet des aspects techniques est la recherche sur les coûts humains des réformes. On veut savoir à quel point les objectifs politiques des réformes, souvent ambitieux, se préoccupent des aspects humains.

Le changement

Louis, Toole et Hargreaves (1999) décèlent un nouveau besoin de comprendre, conduire et réussir le changement. On retrouve ce même besoin chez Schein (1996), Argyris et Shön (2002), Wenger et Snyder (2003) et Gather Thurler (2000). Le recours aux nouvelles perspectives comme le constructivisme, l'apprentissage organisationnel, la culture et les sous-cultures, les communautés de pratique et le *school based management* montre une tendance à adopter une approche irrationnelle de l'organisation, du changement, des réformes et du management. Cette approche irrationnelle est également désignée par les termes « postpositiviste » et « postmoderniste ».

On constate que la recherche sur le changement planifié (avec des thèmes comme le rôle à l'appui externe des autorités des agences professionnelles et des réseaux, l'école comme lieu même du changement, les capacités internes de l'école et la réussite du changement, les structures et méthodes de changement planifié) se maintient, mais ce n'est plus un thème qui génère beaucoup de recherches. Par contre, les recherches sur la complexité et l'implantation des politiques éducatives collaboratives sont en hausse. Celles portant sur le genre et ses effets sur les changements sont aussi à l'honneur, la perspective féministe ayant mis de l'avant la différence des styles de gestion et de leadership (entre autres Baudoux, 1994; Lapointe, 1997; Langlois 1999) des femmes dans la gestion.

> *On retient trois mots-clés dans l'étude des aspects politiques des réformes : décentralisation-centralisation, rapports de force et enfin, structuration.*

Ce qui ressort des études sur le changement est l'importance accordée aux institutions locales et à leur culture. Ainsi, les recherches sur la culture organisationnelle, avec des thèmes comme le dialogue des cultures, la culture et l'efficacité, la justice sociale et les communautés multiculturelles et enfin la culture, le leadership et l'environnement externe, sont de plus en plus fréquentes. Deux autres aspects sont aussi importants dans les recherches sur le changement. On constate que les communautés de pratique professionnelle dont le partage des connaissances implicites et explicites (Nonaka et Takeuchi, 1995) et la considération de l'école comme lieu d'apprentissage organisationnel, donc l'école comme organisation apprenante, sont des notions essentielles à la compréhension du changement.

La mondialisation

La mondialisation est un autre axe de recherche qui mérite de retenir l'attention. On ne peut situer les réformes et les changements éducatifs qu'en ayant, comme toile de fond, une perspective planétaire. La disparition des frontières physiques à la connaissance et leur remplacement par la démocratisation virtuelle de l'accès aux connaissances font en sorte que les systèmes éducatifs doivent être conçus dans une perspective planétaire, d'autant plus qu'il est reconnu que le jeune d'aujourd'hui œuvrera dans un monde sans frontières. Deux thèmes retiennent surtout l'attention. Premièrement, on retrouve le thème de l'évaluation des systèmes éducatifs, dont les aboutissants sont l'évaluation institutionnelle et les audits, et qui représente une problématique de recherche générale. Deuxièmement, on retrouve les orientations de gestion, comme la gestion axée sur les résultats et le passage d'une obligation de moyens (mettre en place des écoles) à une obligation de résultat (avoir des écoles qui performent et qui sont évaluées), qui conduisent à porter une attention particulière à la performance des systèmes scolaires. D'autres thèmes, comme l'éducation à la citoyenneté et la violence dans les écoles, sont aussi importants dans un contexte de mondialisation. Certains thèmes retiennent aussi l'attention, mais ils demeurent au second plan : les changements du curriculum et les défis de l'enseignement et de l'apprentissage dans une perspective planétaire.

La mondialisation soulève un autre défi relié à la base de connaissance en éducation. La base de connaissance en administration scolaire repose largement sur des travaux et des concepts développés en Occident. Dans les contextes de la mondialisation de l'économie et de l'utilisation accrue des nouvelles technologies, il apparaît opportun d'étudier les concepts de leadership, de changement et de professionnalisation dans le monde non occidental, de se préoccuper du transfert des concepts et, surtout, de créer des théories et modèles endogènes.

Le management

La recherche semble porter moins d'intérêt à la recherche sur les processus de gestion, sur la gestion des conflits et sur la gestion participative. Par contre, deux axes importants semblent se dégager : l'école comme communauté (et non comme un rouage du système central) et la commercialisation de l'école publique.

L'école comme communauté exige un retour à la base. Comment remodeler les croyances concernant les buts de l'école? Les croyances et traditions sont fortes et tenaces en éducation et souvent contraignantes vis-à-vis des changements. Pourtant, dans les réformes, on reconnaît que les buts devraient être les moteurs des changements et non les croyances. De plus, les études portent aussi sur les réorientations des rôles de la direction et des gestionnaires. Enfin, un dernier thème important de ce volet portant sur l'école comme communauté est la restructuration des écoles pour qu'elles deviennent des communautés, ce qui requiert des changements sur le plan de la décentralisation et des rapports de force.

La commercialisation de l'école est directement le fruit de l'esprit néolibéraliste de la mondialisation. À quel point l'école peut-elle encore être indépendante, d'une part, des influences commerciales qui l'entourent et, d'autre part, de l'esprit même de la commercialisation avec sa notion de compétitivité? La gestion axée sur les résultats (mesurés de façon objective) ne peut conduire qu'à un classement des écoles et à l'identification « des écoles performantes » et de celles qui ne le sont pas. Selon les résultats attendus par les clients (les parents), c'est un esprit commercial qui s'instaure.

Le leadership

Les nouvelles perspectives ont également affecté la recherche sur le leadership. On s'intéresse à la construction sociale du leadership ainsi qu'aux liens entre le leadership et la culture, les valeurs, le genre et la justice sociale. Des études sont consacrées aux styles de leadership transformationnel, participatif et pédagogique. Les styles transformationnel et participatif peuvent être rattachés à la perspective postpositiviste. Les autres thèmes de recherche sur le leadership concernent la communauté, la démocratie, et les nouvelles technologies de l'information et des communications.

En somme, ce n'est pas tellement la nature du leadership qui est l'objet d'études, mais l'application en fonction des réalités culturelles et de variables comme la démocratie, les politiques et les communautés, les valeurs, la justice sociale.

La professionnalisation

Il existe trois grands thèmes de recherche sur la professionnalisation : l'aspect des politiques, les dirigeants et le personnel enseignant. Il existe un champ d'études portant, d'une part, sur les contradictions entre la participation du public aux prises de décisions et, d'autre part, la professionnalisation accrue exigée des cadres scolaires. Comment peut-on partager les sphères de décision entre professionnels et non professionnels? D'autres thèmes étudiés sont la professionnalisation de la fonction de directeur et son développement professionnel. Enfin, certaines recherches portent sur les effets des standards pour le personnel enseignant et leurs effets sur la professionnalisation, d'autres, sur les possibilités de développement professionnel et, enfin, sur les effets de la collaboration (par les communautés d'apprentissage) sur la professionnalisation.

L'articulation entre les axes de recherche repose sur le bouleversement actuel sur le plan mondial. Le contexte de la mondialisation a mis en évidence des besoins de changements profonds, ce qui a conduit à une généralisation de réformes. Ces réformes sont analysées selon deux perspectives : le changement qu'elles provoquent et la professionnalisation sur laquelle elles reposent. Le changement est, à son tour, objet de recherche selon deux perspectives : le management (relié à la structure, à l'organisation et à

la gestion) et le leadership, plus centré sur les fonctions relationnelles et motivationnelles. La difficulté de la recherche actuelle en administration est d'être parcellaire et de porter sur des objets localisés, alors qu'elle doit se recadrer dans une perspective plus globale, du moins dans son intentionnalité.

> *Ces réformes sont analysées selon deux perspectives : le changement qu'elles provoquent et la professionnalisation sur laquelle elles reposent.*

LES CHANGEMENTS DE PARADIGMES DE RECHERCHE

On a assisté, dans les 30 dernières années, à un changement important de paradigmes qui suit, en quelque sorte, l'évolution des théories administratives telle que décrite par Hatch (2000). Selon cette dernière, on peut classifier les théories des organisations selon quatre grands mouvements. La théorie classique (à partir de 1900) et le mouvement systémique (à partir de 1950) s'intéressaient à l'approche du *one best way* et étaient tributaires d'une approche de recherche positiviste. Par contre, à partir des années 1980, on aborde les théories de nature interprétativiste symbolique (la linguistique, l'anthropologie culturelle et sociale) suivies, dans les années 1990, du mouvement postmoderniste; on a alors utilisé les approches critiques, féministes, perspectivistes et de recherche-action qui sont, en somme, des approches beaucoup plus qualitatives que positivistes.

Culbertson (1988) indique, dans la première édition de *The Handbook of Research on Educational Administration* (Boyan; 1988), que la perspective quantitative a dominé la recherche en administration scolaire pendant les 100 dernières années. Dans la deuxième édition de *The Handbook of Research on Educational Administration* (Murphy et Louis, 1999), Donmoyer (1999) constate qu'au cours des 20 dernières années, on observe une coexistence pacifique des recherches quantitatives et qualitatives. La légitimation de la perspective qualitative n'est pas propre à l'éducation, elle s'étend à d'autres domaines tels l'anthropologie, la sociologie et la psychologie. Donmoyer (1999) soutient que la présence des deux courants, sans débat de fond, relève d'une stratégie politique, et que la coexistence pacifique ne fait que semer la confusion chez les praticiens. L'auteur propose une alternative, la stratégie utilitaire qui consiste à mener un débat sur les idées et méthodes de recherche. Il reconnaît qu'une telle stratégie n'est pas facile à appliquer. Toutefois, conclut-il, seul le temps pourra déterminer l'évolution de la base de connaissance.

La description, probablement la plus complète, du changement de paradigmes de recherche fut faite par Riehl et ses collaborateurs (Riehl et coll., 2000). Trois axes de changements furent identifiés : le chercheur, le comment et, enfin, le pourquoi. Ils constatent, pour le « chercheur », qu'il y a eu passage du chercheur théorique, hors du contexte, au chercheur praticien, imbriqué dans le contexte. Quant au « comment », on est passé de méthodes traditionnelles et formelles de recherche (d'inspiration positiviste) à des méthodes moins traditionnelles et formelles, plus critiques et qualitatives, rejoignant ainsi la position de Hatch sur les approches interprétativiste et postmoderniste des théories organisationnelles. Par ailleurs, Riehl et ses collaborateurs (Riehl et coll., 2000) ont aussi constaté un déplacement des buts de la recherche, passant d'une recherche axée sur la profession et la définition des concepts généraux à une recherche axée sur les besoins émergeant de la pratique personnelle. Pour leur part, Eden et Huxham (1996) considèrent que la recherche-action, impliquant les acteurs et la transformation de leurs pratiques à partir d'une forme différente de conceptualisation de l'environnement et des dispositifs afférents, est une forme de recherche valable, mais peu utilisée dans les études sur les organisations.

On remarque que le changement de paradigmes en recherche a suivi l'évolution sociale dans sa quête épistémologique de l'accès à la connaissance. À partir des années 1980, on a accepté que l'approche positiviste ne fût plus la seule forme d'accès à la connaissance. De nouveaux champs d'investigation se sont ouverts parce que de nouvelles méthodologies permettaient de les étudier.

AMÉLIORATION DE LA RECHERCHE EN ADMINISTRATION SCOLAIRE

Dans une édition spéciale du *Educational Administration Quarterly* dédiée à la recherche en administration scolaire sous la direction de Pounder (2000), Riehl et ses collaborateurs (Riehl et coll., 2000) ainsi qu'Anderson et Jones (2000) présentent quelques recommandations sur les axes qui permettraient d'améliorer le champ d'études en administration scolaire : la qualité et l'utilité des recherches, la coordination de la recherche, la diffusion de la recherche, la formation des chercheurs, et le développement et la spécialisation des chercheurs.

La première recommandation porte sur la qualité et l'utilité des recherches et de la production de connaissances. Les cinq principes suivants permettront d'en assurer la qualité et l'utilité : la présentation de nouvelles connaissances, l'identification, l'analyse et la résolution de problèmes en éducation, la justification des affirmations et des conclusions, la communication efficace de la recherche aux parties concernées et, enfin, l'évaluation publique de la recherche. Il s'agit de créer de nouvelles connaissances à partir de problématiques identifiées, à la fois, par les acteurs (approche de résolution systématique de problèmes) et par les chercheurs (puisqu'ils ont une lecture plus globale et internationale des problématiques). C'est de la rencontre de ces deux perceptions qu'émergeront les problématiques actuelles et potentielles, ce qui nous mène au second principe.

La deuxième recommandation porte sur la coordination de la recherche en administration scolaire. Les organisations professionnelles de recherche devraient déployer des efforts pour encourager les études en mesure d'améliorer les politiques et les pratiques, et ce, à partir de la concertation des acteurs.

La troisième recommandation s'adresse également aux organisations professionnelles de recherche. Celles-ci devront trouver les moyens de diffuser les résultats d'études aux preneurs de décisions et aux administrateurs. Non seulement cette diffusion de la recherche est importante, mais son accessibilité en fait de vocabulaire et de simplicité des concepts est importante. Le langage scientifique et le langage des praticiens ne sont pas les mêmes.

Enfin, la dernière recommandation porte sur les possibilités de développement et de spécialisation des chercheurs. Les programmes postdoctoraux, de professeurs visiteurs et d'internat sont autant d'exemples pouvant contribuer au développement et à la spécialisation des chercheurs en administration éducationnelle. Des efforts doivent être consentis pour une meilleure coordination des recherches et une diffusion efficace de leurs conclusions auprès des praticiens.

Une dernière remarque s'impose : la formation des chercheurs praticiens. C'est à la base qu'il faut introduire un esprit de recherche et de curiosité. La démocratisation de l'accès à l'information par Internet a fait reculer la frontière de la faisabilité de la recherche. Aucun conseil ne peut parler de ressources conceptuelles inaccessibles. Ce qu'il faut maintenant, c'est la formation de chercheurs à la base et leur insertion dans des équipes de recherche.

CONCLUSION

Le champ de recherche en administration scolaire est marqué par la coexistence des courants positiviste et postpositiviste. Cette coexistence se place sous le signe de l'éclectisme et peut semer la confusion chez les praticiens. L'approche postpositiviste de l'organisation gagne du terrain, cependant elle est marquée par un paradoxe découlant, d'une part, du fonctionnement bureaucratique des institutions éducatives et, d'autre part, des aspirations postmodernes de ses membres. Quelques recommandations permettraient d'améliorer la recherche en administration scolaire. On devrait mener un débat utilitaire sur les idées et les méthodes de recherche et non pas se contenter de la juxtaposition de courants positiviste et postpositiviste dans la base de connaissances en administration scolaire.

Cette base de connaissances devrait, dans le contexte de la mondialisation, être élargie à un plus grand nombre de recherches effectuées hors du contexte occidental. Quelle que soit leur perspective de recherche, les études sur le changement, le leadership, le management et la professionnalisation devraient être utiles et contribuer au développement des connaissances Aussi, des efforts doivent être déployés pour assurer une meilleure coordination des recherches et une diffusion efficace de leurs conclusions auprès des praticiens. Enfin, la qualité de la formation des doctorants, des programmes postdoctoraux ainsi que des postes de professeurs invités pourraient cultiver l'excellence en recherche en administration scolaire.

RÉFÉRENCES

ANDERSON G. et F. JONES. « Knowledge generation in Educational Administration From Inside-Out: The Promise and Perils of Site-Based, Administrator Research », *Educational Administration Quaterly*, vol. 36, n° 3 (2000), p. 428-464.

ARGYRIS, C. et D.A SCHÖN,. *Apprentissage organisationnel : Théorie, méthode et pratique*, Bruxelles, De Boeck Université, 2002.

AUBERT, N. (dir.). *L'individu hypermoderne*. Ramonville Ste Agne: Éres (collection: Sociologie clinique), 2004.

BAUDOUX, C. *La gestion en éducation, une affaire d'hommes ou de femmes : Pratiques et représentations du pouvoir*, Montréal, Les Presses Interuniversitaires, 1994.

BOISVERT, Y. *Le postmodernisme*, Boucherville, Québec, Boréal, 1995.

BOYAN, N. (éd.). *Handbook of Research on Educational Administration : A Project of the American Research Association*, San Francisco, Jossey-Bass, 1989.

CULBERTSON, J.A. « A century's quest for a knowledge base » in N. Boyan (éd.), *Handbook of Research on Educational Administration : A Project of the American Research Association*, San Francisco, Jossey-Bass, 1988 p. 3-26.

DONMOYER, R. « The continuing quest for knowledge base: 1976-1998 » in J. Murphy et K.S. Louis (éd.), *Handbook of research on educational administration: A project of the American educational research association* (2e éd.), San Francisco, Jossey-Bass Inc, 1999, p. 25-43.

EDEN, C. « Huxham, C. Action Reseach for Study of Organizations » in S.R. Clegg, C.Hardy et W.R. Nord (éd.), *Handbook of Organization Studies*, London, Sage, 1996, p. 526-542.

GATHER THURLER, M. *Innover au cœur de l'établissement scolaire*, Issy-les-Moulineaux, ESF Éditeur, 2000.

GIDDENS, A. *Les conséquences de la modernité*. Paris: L'Harmattan, 1994.

HATCH, M.J. *Théorie des organisations*, Bruxelles, DeBoeck-Université, 2000.

LANGLOIS, L. « Développer une compétence en éthique chez les administratrices et administrateurs scolaires », *Éducation et francophonie, Perspectives d'avenir en éducation*, vol. 27, n° 1 (1999). Document téléaccessible à l'URL : <www.acelf.ca/revue>.

LAPOINTE, C. « La gestion des ressources humaines en éducation supérieure et les rapports sociaux de sexe : proposition d'une grille d'analyse de la culture organisationnelle intégrant le genre » in C. Baudoux et m. Anadon, M. (éd.), *La recherche en éducation, la personne et le changement*. Les Cahiers du Labraps, vol. 23 (1997), p. 282-295.

LOUIS, K.S., J. TOOLE et A. HARGREAVES. « Rethinking school improvement » in J. Murphy and K.S. Louis (éd.), *Handbook of research on educational administration: A project of the American educational research association* (2e éd.), San Francisco, Jossey-Bass,1999, p. 251-276.

MURPHY, J et K.S. LOUIS, (éd.). *Handbook of research on educational administration: A project of the American educational research association* (2e éd.), San Francisco, Jossey-Bass, 1999.

NONAKA, I., H. TAKEUCHI. *La connaissance créatrice*, Bruxelles, DeBoeck-Université, 1997.

POUNDER, D.G. « A discussion of the task force's collective findings ». *Educational Administration Quarterly*, vol. 36, n° 3 (2000), p. 465-473.

RIEHL, C., C.L. LARSON, P., SHORT, U. REITZUG. « Reconceptualizing Research and Scolarship in Educational Administration: Learning to Know, Knowing to Do, Doing to Learn », *Educational Administration Quaterly*, vol. 36, n° 3 (2000), p. 391-427.

SCHEIN, E. « Culture: The missing concept in organization studies », *Administrative Science Quaterly*, vol. 41, n° 2 (1996), p. 229-240.

ST-GERMAIN, M. « Origines et incidences des nouveaux rapports de force dans la gestion de l'éducation », *Éducation et francophonie*, volume 29, n° 2 (automne 2001) <www.acelf.ca/c/revue/sommaire.php?id=7>.

WENGER, E.C. et W.M. SNYDER. *Des communautés de pratique. Le nouvel horizon organisationnel*, dans les meilleurs articles de la Havard Business Review sur le management du savoir en pratique. Paris, Éditions d'Organisations, 2003.

Bilan de la pleine gestion scolaire assurée par l'application de l'article 23 de la *Charte canadienne des droits et libertés*

Daniel Bourgeois,
Institut canadien de recherche sur les minorités linguistiques

RÉSUMÉ

Depuis l'adoption, en 1982, de l'article 23 de la *Charte canadienne des droits et libertés*, les communautés francophones en milieu minoritaire ont œuvré à la mise en place d'écoles de langue française et à la gestion de ces écoles par et pour la minorité francophone. On retrouve aujourd'hui 30 conseils scolaires francophones gérant 674 écoles au service d'environ 150 000 élèves. Après une génération de contestations judiciaires les opposant aux gouvernements des provinces et territoires à majorité anglophones, les jalons de la pleine gestion scolaire francophone sont en place. Or, notre recherche démontre que cette autogestion minoritaire dans le domaine de l'éducation est un produit inachevé. En effet, des entrevues téléphoniques et en personne auprès des directions et présidences des 30 conseils scolaires francophones en milieu minoritaire, complétées par une analyse de leurs plans d'action respectifs, identifient 50 besoins scolaires et parascolaires découlant de cette jurisprudence, dont 13 besoins qui s'avèrent prioritaires et de grande envergure. De plus, ces entrevues et un questionnaire proposé à 49 organismes communautaires impliqués dans le domaine scolaire en milieu francophone minoritaire ont permis d'identifier six besoins parascolaires permettant aux écoles de langue française de jouer le rôle communautaire et culturel que leur ont assigné les tribunaux. Ainsi, si de grands pas ont été franchis depuis 1982, la recherche démontre qu'il en reste bien d'autres à franchir avant de conclure, comme certains l'ont fait tout récemment (Behiels, 2004), que les communautés francophones en milieu minoritaire ont achevé la pleine gestion scolaire francophone.

Le texte qui suit présente les données principales d'une recherche menée auprès des dirigeants élus et administratifs des 30 conseils scolaires francophones (CSF) établis à l'extérieur du Québec. L'objet de cette recherche avait pour but de déterminer, dans un premier temps, dans quelle mesure les conseils scolaires de la minorité francophone dans les neuf provinces et les trois territoires boréaux à majorité anglophone gèrent les sept pouvoirs exclusifs de gestion que leur reconnaît la jurisprudence afférente à l'article 23 de la *Charte canadienne des droits et libertés*, et, dans un deuxième temps, si les gouvernements provinciaux et territoriaux respectent les cinq obligations énoncées par la jurisprudence pertinente.

Des affirmations contradictoires sont à l'origine de cette recherche. D'une part, Behiels affirmait que la minorité francophone a obtenu, depuis 1982, l'« autonomie » scolaire dans chaque province et territoire, et que les lois scolaires de toutes les provinces et de tous les territoires remplissent « le test de l'article 23 de la *Charte* » (Behiels, 2004, 86). D'autre part, le rapport Comtois (2004) montrait que le gouvernement manitobain ne respecte pas ses obligations constitutionnelles en la matière, une étude de besoins réalisée par la Fédération nationale des conseils scolaires francophones montrait que des besoins significatifs existent encore (Bourgeois 2004), et, enfin, des parents francophones de l'Alberta (*East Central Francophone Education Region no. 3 v. The Minister of Infrastructure and the Minister of Learning*. Court of Queen's Bench of Alberta, Court file 0403-04001), de la Saskatchewan (*Conseil scolaire fransaskois, Paulette Gaudet et André Tétrault c. Gouvernement de la Saskatchewan*. Cour du Banc de la Reine, n° 808, 2004) et de l'Île-du-Prince-Édouard (*Suzanne Buckland et Commission scolaire de langue française de l'IPÉ c. IPÉ*, Cour suprême de l'IPÉ, n° de dossier S1-GS-20473) demandaient aux tribunaux d'obliger leur gouvernement provincial respectif à respecter ses obligations constitutionnelles. La recherche allait faire la part des choses.

La pleine gestion scolaire francophone

L'article 23 de la *Charte* est bien connu : il reconnaît aux parents de la minorité francophone d'une province le droit de faire instruire leurs enfants dans des établissements de langue française et prévoit le droit à la gestion des écoles de langue française (partie 3) :

> Le droit reconnu aux citoyens canadiens par les paragraphes (1) et (2) de faire instruire leurs enfants, aux niveaux primaire et secondaire, dans la langue de la minorité francophone ou anglophone d'une province [...] comprend, lorsque le nombre de ces enfants le justifie, le droit de les faire instruire dans des établissements d'enseignement *de* la minorité linguistique financés sur les fonds publics.

Nous soulignons la préposition de, car c'est à partir d'elle que les minorités linguistiques ont obtenu ce qu'on appelle la « pleine gestion scolaire ». En effet, la Cour suprême du Canada a « insufflé la vie » à ce mot en l'interprétant comme le signe que les écoles « appartiennent à la minorité » (*Mahé c. Alberta* [1990], 1 R.C.S., 342, p. 370). La version anglaise ne laisse pas présager une telle décision : « *minority language educational facilities provided out of public funds* ». Ainsi, il revient à la minorité de prendre les décisions les plus importantes dans le domaine scolaire, notamment en ce qui concerne sept pouvoirs de gestion bien définis (*Mahé c. Alberta* [1990], 1 R.C.S., 342, p. 370; *Renvoi relatif à la Loi sur les écoles publiques (Manitoba), art. 79(3), (4) et (7)*, [1993], 1 R.C.S., 839; *Arsenault-Cameron c. Île-du-Prince-Édouard*, [2000], 1 R.C.S., 3) :

1. l'identification des besoins scolaires de la communauté qu'elle dessert;
2. les dépenses des fonds prévus pour l'instruction et les établissements scolaires;
3. le recrutement et l'affectation du personnel enseignant;
4. la nomination et la direction du personnel administratif;

5. l'établissement des programmes scolaires;
6. la conclusion d'accords pour l'enseignement et les services dispensés;
7. la détermination de l'emplacement des écoles de la minorité.

Ces sept pouvoirs exclusifs reflètent bien les éléments essentiels de la décentralisation administrative (Lemieux 2001, 1986; Page et Goldsmith 1987). Par ailleurs, l'article 23 indique clairement que les écoles appartenant à la minorité doivent être financées par les fonds publics, ce qui accorde un rôle de premier plan aux ministères provinciaux et territoriaux de l'Éducation et limite la décentralisation administrative. De plus, la jurisprudence retient cinq obligations génériques qui incombent aux ministères provinciaux et territoriaux (Bourgeois, 2004, p. 10) :

1. réparer les injustices du passé et assurer qu'elles ne se répéteront plus afin de contribuer à l'égalité des deux communautés linguistiques officielles;
2. offrir et promouvoir l'instruction en français;
3. assurer que l'instruction en français soit d'une qualité exemplaire;
4. restructurer les institutions scolaires, par exemple par l'établissement de conseils scolaires francophones indépendants, et déléguer à ces CSF les sept pouvoirs exclusifs identifiés;
5. répondre aux besoins scolaires de la communauté minoritaire.

Or, le pouvoir ministériel est à son tour limité par le caractère réparateur de l'article 23 et le contre-poids institutionnel que représente le conseil scolaire minoritaire. Autrement dit, la jurisprudence impose un équilibre entre ces ministères et ces conseils scolaires.

Il reste à déterminer dans quelle mesure les conseils scolaires francophones minoritaires exercent leurs sept pouvoirs exclusifs et dans quelle mesure les ministères respectent les cinq obligations qui leur incombent.

> *Or, le pouvoir ministériel est à son tour limité par le caractère réparateur de l'article 23 et le contre-poids institutionnel que représente le conseil scolaire minoritaire.*

Les résultats

Notre cueillette des données s'est faite à partir d'un questionnaire que l'on a fait passer en personne ou par téléphone à des présidences et à des gestionnaires des 30 conseils scolaires francophones du 20 janvier au 25 mars 2004. Nous avons également organisé trois groupes de discussion formés de présidences et de directions de CSF, soit un pour les cinq CSF de l'Alberta, un pour les douze CSF de l'Ontario et un pour les cinq CSF du Nouveau-Brunswick, afin d'approfondir certaines des données obtenues lors des démarches préliminaires. Les résultats sont présentés en deux temps. D'abord, nous cernons la perception des dirigeants des conseils scolaires au regard du degré de gestion exercé par rapport aux sept pouvoirs exclusifs énoncés dans la jurisprudence. Ensuite, nous faisons apparaître leur évaluation de l'exécution par les gouvernements provinciaux et territoriaux de leurs cinq obligations. Dans les deux cas, trois conclusions principales découlent de notre analyse des données.

Le degré de contrôle minoritaire à l'égard des sept pouvoirs exclusifs

Première conclusion. Les conseils scolaires francophones exercent un contrôle limité sur l'ensemble des sept pouvoirs exclusifs. Un seul affirme exercer un contrôle « complet », et neuf disent exercer un contrôle « important » à cet égard. Par comparaison, deux tiers affirment exercer un contrôle « minimal », « limité » ou « nul » concernant une partie de ces pouvoirs.

Deuxième conclusion. Des différences significatives existent entre les 30 CSF et entre les provinces et territoires. Un CSF (catholique) de l'Ontario s'est donné une note parfaite sur l'ensemble des pouvoirs, alors que deux CSF du Nouveau-Brunswick ont indiqué exercer très peu de contrôle à l'égard de ces mêmes pouvoirs. En moyenne, ces derniers ont obtenu une moyenne de 2,86 sur une échelle de 5 quant au degré de contrôle exercé par rapport à l'ensemble des pouvoirs exclusifs, alors que les CSF ontariens ont obtenu une moyenne de 4,09. Or, les communautés francophones de ces deux provinces sont au sommet de l'« échelle variable » établie par la Cour suprême dans l'arrêt *Mahé* (p. 377) et devraient donner des résultats semblables. Hormis le Nouveau-Brunswick, trois autres provinces et territoires ont présenté une variation significative par rapport à la moyenne nationale de 4,00. En effet, une province a obtenu une moyenne de 3,14, alors que deux provinces ont obtenu une moyenne de 4,71.

Troisième conclusion. Il existe des différences entre les pouvoirs exclusifs. Les CSF exercent un contrôle important par rapport au personnel enseignant (moyenne de 4,14 sur 5,00) et au personnel administratif (4,13 sur 5,00). De plus, 28 CSF affirment exercer un contrôle « complet » ou « important » par rapport à ces deux pouvoirs exclusifs. Par contre, les CSF exercent peu de contrôle par rapport à l'emplacement des écoles (2,63 sur 5,00) et moins de la moitié (14) exercent un contrôle « complet » ou « important » à cet égard. On note un contrôle relativement important par rapport aux autres pouvoirs exclusifs. Toutefois, si on exclut les douze CSF de l'Ontario, la moyenne nationale par rapport au contrôle exclusif sur le curriculum baisse de 3,23 à 2,10 sur 5,00. On peut donc préciser que les CSF établis à *l'extérieur de l'Ontario* exercent très peu de contrôle sur le curriculum. Lors de notre recherche, le CSF de la Nouvelle-Écosse prenait en charge le curriculum des écoles de langue française des mains du ministère de l'Éducation de cette province. Ailleurs, les CSF collaborent avec les ministères de l'Éducation, qui, se réservant un droit de veto, exercent une forte influence sur le processus d'élaboration du curriculum de langue française.

Le degré de respect des cinq obligations provinciales et territoriales

Première conclusion. Les autorités provinciales et territoriales ne respectent pas leurs obligations. Aucun CSF n'a donné une note parfaite à son gouvernement respectif par rapport au respect des cinq obligations, même si trois ont indiqué que leur gouvernement respecte au moins « en grande partie » toutes ses obligations. Par ailleurs, 26 des 30 CSF indiquent que leur gouvernement ne respecte soit aucunement, soit de façon « partielle » ou « minimale » ses cinq obligations constitutionnelles.

Deuxième conclusion. Des différences existent entre les provinces et les territoires. Ainsi, certaines provinces et certains territoires respectent plus que d'autres leurs obligations. La grande majorité des gouvernements reçoivent une note passable qui ne varie pas par rapport à la moyenne nationale. Toutefois, deux gouvernements obtiennent une note très faible (entre 2,1 et 2,4) et un seul gouvernement obtient une marque très positive (4,4). Par ailleurs, quatre CSF ont accordé une note moyenne négative (2,1 à 2,9) à leur gouvernement respectif, tandis que cinq lui ont accordé une note moyenne très positive (4,1 à 4,8).

Troisième conclusion. Des différences existent entre les cinq obligations. Les gouvernements respectent relativement bien leurs obligations quand il s'agit : 1) d'offrir l'instruction en langue française (moyenne de 4,1; 90 % des CSF affirment que leur gouvernement respecte de façon « complète » ou « importante » cette obligation); et 2) de permettre à la minorité de préciser ses besoins scolaires (moyenne de 4,1; 83 % des CSF affirment que leur gouvernement respecte cette obligation de façon « complète » ou « importante »). En revanche, ces gouvernements ne respectent pas leurs obligations par rapport à la réparation des injustices du passé (moyenne de 2,8; 30 % des CSF affirment que leur gouvernement respecte cette obligation de façon « complète » ou « importante »).

CONCLUSION

Selon nos données, il est prématuré de conclure, comme le fait Behiels (2004), que les communautés francophones minoritaires assurent une pleine gestion scolaire. Il serait plus sage de constater qu'un certain progrès a été réalisé en ce sens depuis la première décision pertinente de la Cour suprême du Canada en 1990, mais que les 30 CSF exercent un contrôle relativement limité au regard des pouvoirs exclusifs que leur reconnaît la jurisprudence. De plus, les ministères de l'Éducation respectent peu leurs obligations constitutionnelles en la matière.

On aurait tort de conclure de ce constat que les gouvernements provinciaux et territoriaux se plaisent à ne pas tenir compte de la voie que leur trace la jurisprudence. Celle-ci n'a pas toujours été claire, de l'aveu même de la Cour suprême (*R. c. Beaulac* [1999] 1 R.C.S., 768, paragraphe 21). De plus, ces gouvernements ne prévoyaient pas que la portée de l'article 23 inclue la pleine gestion scolaire (Proulx, 1989). Ils ont donc dû restructurer leur système scolaire par obligation et sans guide précis. Par ailleurs, la jurisprudence n'a pas su guider de façon suffisante l'action administrative, car les décisions se limitent à répondre aux questions spécifiques posées aux tribunaux. Ce principe d'isolement juridique ne facilite pas l'action gouvernementale dans un domaine aussi complexe que l'éducation. Enfin, la terminologie juridique a souvent été trop vague pour éclairer convenablement les décisions administratives : la Cour suprême affirme que « le curriculum » appartient au ministère et que « les programmes scolaires » appartiennent aux CSF. Selon plusieurs répondants, la distinction entre « curriculum » et « programmes scolaires » est nébuleuse et doit être mieux établie.

Les contestations judiciaires ont révélé une farouche opposition de la part des gouvernements provinciaux et territoriaux. Les exemples concrets présentés par les CSF lors de nos entretiens — tel le refus par certains gouvernements de vouloir réparer les torts du passé — et les aveux de certains fonctionnaires provinciaux appuient notre conclusion. Malgré les progrès accomplis, la pleine gestion scolaire reste un objectif à atteindre.

> *La distinction entre « curriculum » et « programmes scolaires » est nébuleuse et doit être mieux établie.*

Hormis l'établissement d'écoles distinctes et équitables dans les communautés francophones où les effectifs le justifient, nos données permettent d'affirmer que trois défis de taille restent à relever. D'abord, il faudra répartir nettement la responsabilité des CSF par rapport à la création des programmes scolaires et celle des ministères de l'Éducation par rapport à l'élaboration du curriculum. La distinction juridique confond les gestionnaires de l'éducation. Par ailleurs, limiter l'apport aux programmes scolaires des CSF à ce qui a trait à la langue et à la culture semble confondre aussi les pédagogues, car presque toute matière, notamment dans l'actualisation de l'apprentissage, peut avoir une incidence certaine sur la culture de l'élève. Ensuite, il faudra trouver le financement nécessaire pour assurer l'éducation de qualité promise à la minorité francophone, malgré une plus faible masse critique dans bien des communautés. Seules les provinces de l'Ontario et de l'Alberta accordent systématiquement un financement supérieur aux écoles de langue française qui se trouvent aux prises avec des coûts de fonctionnement supérieurs à cause de leur masse critique inférieure. Enfin, il faudra déterminer en quoi consiste le rôle communautaire et culturel des écoles de langue française reconnu par la jurisprudence. Les CSF peuvent et veulent jouer ce rôle, mais les ministères provinciaux et territoriaux hésitent à reconnaître ce mandat confié aux écoles de langue française s'il ne s'applique pas également aux écoles de la majorité, aussi refusent-ils pour cette raison d'accorder des fonds supplémentaires à ce titre. Quand ces trois défis auront été relevés, alors il sera permis de parler d'une « pleine gestion scolaire » conforme à l'interprétation de l'article 23 que donne à cette expression la Cour suprême du Canada depuis 1990.

RÉFÉRENCES

BEHIELS, Michael. *Canada's Francophone Minority Communities,* Montréal et Kingston, McGill-Queen's University Press, 2004.

BOURGEOIS, Daniel. *Vers la pleine gestion scolaire francophone en milieu minoritaire.* Moncton, Institut canadien de recherche sur les minorités linguistiques, 2004.

COMTOIS, Jean (2004). *Un avenir prometteur : Rapport de la révision de la programmation des sources de revenus et des opérations financières de la Division scolaire franco-manitobaine,* Winnipeg, Ministère de l'Éducation, 2004.

LEMIEUX, Vincent. *Décentralisation, politiques publiques et relations de pouvoir,* Montréal, Les Presses de l'Université de Montréal, 2001.

LEMIEUX, Vincent. « Déconcentration et décentralisation : une question de terminologie? » *in Administration publique du Canada,* vol. 29, n° 2 (1986), p. 312-317.

PAGE, Edward et Michael GOLDSMITH. *Central and local government relations,* London, Sage Publications, 1987.

PROULX, Jean-Pierre. « Le choc des Chartes : histoire des régimes juridiques québécois et canadien en matière de langue d'enseignement », *Revue juridique Thémis,* vol. 23 (1989), p. 65.

L'article 23 et les dilemmes éthiques : perceptions de chefs d'établissements scolaires francophones en milieu minoritaire

Lyse Langlois et Claire Lapointe, Université Laval

RÉSUMÉ

Cette étude explore l'article 23 de la *Charte canadienne des droits et libertés* sous l'angle des dilemmes moraux. Outre cette exploration, nous avons pu mettre en évidence le leadership éthique exercé par les chefs d'établissements scolaires francophones qui travaillent en contexte linguistique minoritaire. Ce projet de recherche a été réalisé dans quatre provinces du Canada : le Nouveau-Brunswick, le Manitoba, la Colombie-Britannique et l'Ontario. En tout, 37 gestionnaires ont participé à cette étude. Les résultats montrent que l'article 23 semble soulever peu de dilemmes moraux chez les gestionnaires scolaires. Les quelques dilemmes perçus sont surtout reliés aux parents, à la commission scolaire et aux enfants d'ayants droit, et se retrouvent surtout chez les gestionnaires de l'Ouest canadien et de l'Ontario. Quant à l'exercice du leadership éthique, une différence est perceptible d'une province à l'autre. Pour les provinces de l'Ontario et de la Colombie-Britannique, le leadership éthique prend appui sur un équilibre entre l'encadrement normatif et légal et certains dispositifs éthiques de nature intrinsèque à l'individu. Pour ce qui est du Nouveau-Brunswick et du Manitoba, le leadership éthique n'arrive pas à s'exprimer librement. Il semble que cette difficulté cache une tension identitaire importante que l'on retrouve particulièrement dans ces deux provinces.

La société canadienne s'est donné comme objectif la coexistence harmonieuse et l'acceptation conditionnelle des valeurs des autres. Cette acceptation n'est pas sans entraîner un certain relativisme culturel, identitaire et aussi éthique. Non seulement nous obtenons ainsi une mosaïque de cultures, mais nous obtenons aussi une mosaïque morale. Depuis la Seconde Guerre mondiale, le gouvernement fédéral s'est efforcé de promouvoir la vision des deux peuples fondateurs. Cette situation se reflète dans les institutions légales du pays. La *Charte canadienne des droits et libertés* a démontré cette possibilité en protégeant les différences. Mais le fait de garantir une protection sur le plan légal n'assure en rien un « mieux vivre ensemble ». Plusieurs compromis restent à faire. Une fois le cadre juridique installé, le paysage reste à construire, et ce paysage prend souvent forme à partir de comportements et d'attitudes qui permettent de voir dans l'action comment se vivent ces compromis entre deux cultures distinctes. C'est le cas, par exemple, de l'article 23, qui vise à protéger les droits scolaires des minorités linguistiques officielles, et plus particulièrement ceux des francophones vivant hors Québec. Comment se vit cette protection au quotidien? Suscite-t-elle des dilemmes moraux chez les personnes qui gèrent les systèmes scolaires? Si oui, est-ce que ces dilemmes moraux font place à des compromis, des ententes ou se résolvent-ils selon le cadre juridique? À partir de ces quelques interrogations, nous avons voulu explorer plus à fond la présence ou non de dilemmes moraux chez les chefs d'établissements scolaires francophones en contexte linguistique minoritaire. L'analyse des dilemmes moraux permet de lever le voile sur l'exercice du leadership éthique des gestionnaires scolaires confrontés aux défis que pose cette protection des minorités au quotidien. En allant au-delà de la notion de protection, nous espérons mettre à jour les éléments moraux qui sous-tendent la gestion scolaire en contexte minoritaire francophone.

Aborder la notion de dilemme moral ouvre sur le champ de l'éthique et des nouveaux développements dans ce champ d'études qui influence de plus en plus l'administration de l'éducation. Le but plus spécifique de cette étude est de savoir si l'article 23 de la *Charte canadienne des droits et libertés* crée des dilemmes moraux chez les chefs d'établissements scolaires francophones travaillant en contexte linguistique minoritaire. Son intérêt est qu'elle permet de comprendre un peu mieux la gestion au quotidien de l'article 23 sous l'angle de l'éthique.

> **Non seulement nous obtenons ainsi une mosaïque de cultures, mais nous obtenons aussi une mosaïque morale.**

L'ADOPTION DE L'ARTICLE 23

Selon Martel (1997), trois étapes marquent le contexte dans lequel évoluent les négociations politiques et juridiques qui ont permis d'adopter l'article 23 de la *Charte*. La première étape met en relief les intentions du gouvernement fédéral qui, vers la fin des années 1960, désire redresser la situation des francophones minoritaires sur la base de l'inégalité de traitement avec les anglophones du Québec. La seconde étape marquante apparaît en 1971 et fait état de la réaction des gouvernements provinciaux anglophones au refus du premier ministre du Québec d'enchâsser les droits scolaires des minorités linguistiques. Suivra la troisième étape qui fut marquée par le fait que les articles 72 et 73 (clause Québec du droit à l'école anglaise) ont été cassés pour protéger les anglophones minoritaires du Québec à l'égard de la nouvelle *Charte de la langue française*, mieux connue sous le nom de *Loi 101*. Cette dernière étape nous apparaît comme étant déterminante dans la construction de l'article 23. Évidemment, il est difficile de retrouver les intentions qu'avait le législateur lorsqu'il a proposé cet article. Toutefois, à la lumière de l'évolution de la jurisprudence de l'article 23, il apparaît clairement que l'intention de départ, lors de la proposition de cet article, n'était pas de protéger la langue officielle dans les milieux minoritaires, mais plutôt de contrer les effets de la *Charte de la langue française*. Cette observation, basée sur l'analyse de la jurisprudence, soulève quelques paradoxes en ce qui a trait au phénomène français hors Québec et invite à une analyse de ce qui se passe sur le terrain. Dans le cadre de la présente étude, le terrain est représenté par les écoles francophones en milieu minoritaire, et le travail de gestion au quotidien effectué par les directions d'établissements. Mais avant d'aborder cette partie de notre étude, nous aimerions rappeler ce que prévoit l'article 23 :

L'article 23 de la *Charte canadienne des droits et libertés*

(1) Les citoyens canadiens :

    a) dont la première langue apprise et encore comprise est celle de la minorité francophone ou anglophone de la province où ils résident,

    b) qui ont reçu leur instruction, au niveau primaire, en français ou en anglais au Canada et qui résident dans une province où la langue dans laquelle ils ont reçu cette instruction est celle de la minorité francophone ou anglophone de la province, ont, dans l'un ou l'autre cas, le droit d'y faire instruire leurs enfants, aux niveaux primaire et secondaire, dans cette langue.

(2) Les citoyens canadiens dont un enfant a reçu ou reçoit son instruction, au niveau primaire ou secondaire, en français ou en anglais au Canada ont le droit de faire instruire tous leurs enfants, aux niveaux primaire et secondaire, dans la langue de cette instruction.

(3) Le droit reconnu aux citoyens canadiens par les paragraphes (1) et (2) de faire instruire leurs enfants, aux niveaux primaire et secondaire, dans la langue de la minorité francophone ou anglophone d'une province :

    a) s'exerce partout dans la province où le nombre des enfants des citoyens qui ont ce droit est suffisant pour justifier à leur endroit la prestation, sur les fonds publics, de l'instruction dans la langue de la minorité;

    b) comprend, lorsque le nombre de ces enfants le justifie, le droit de les faire instruire dans des établissements d'enseignement de la minorité linguistique financés sur les fonds publics.

Trois types de droits scolaires reconnus

À la lecture de cet article pour le moins complexe, on constate qu'il accorde essentiellement trois types de droits scolaires aux citoyens canadiens de langue maternelle française ou anglaise. Il leur accorde tout d'abord le droit de faire instruire leurs enfants dans la langue de la minorité. Ensuite, il confère le droit de les faire instruire dans des établissements scolaires distincts. Enfin, il permet à ces citoyens de gérer et de contrôler lesdits établissements. Ces droits s'exercent aux niveaux primaire et secondaire dans le réseau scolaire public. Or, malgré la clarté des droits garantis par l'article 23 de la *Charte,* les tribunaux ont longtemps hésité à lui reconnaître une application large et généreuse. Il faudra, en effet, attendre 1999 pour que les droits linguistiques reçoivent une interprétation libérale (Déry, Langlois et Lapointe, en préparation).

Les nouveaux développements en éthique qui influencent la gestion scolaire

Mais qu'en est-il des recherches en administration scolaire qui sont influencées par le champ de l'éthique? Dans le cadre de notre recension des écrits, nous avons relevé quelques travaux qui font état surtout de la présence du concept de l'éthique de la sollicitude tel que développé par Gilligan (1982). Les recherches de Beck (1994), Marshall (1993), Brunner (2001), Grogan (1996), Campbell, (1999) et Noddings (1984) ont permis de constater que l'éthique de la sollicitude se manifeste dans les pratiques de gestion et dans l'exercice du leadership en éducation. Quelques-unes de ces chercheuses ont associé cette éthique de la sollicitude aux femmes qui occupaient une fonction de gestion. Ce constat diffère quelque peu de ce que nous avons pu observer. En effet, lors d'études empiriques effectuées auprès des directions d'établissements scolaires québécois (Langlois, 1997, 1999), nous avons pu identifier cette éthique tant chez les hommes que chez les femmes gestionnaires. Nos études, basées sur le modèle théorique de Starratt (1991), ont permis, dans un premier temps, d'opérationnaliser ce cadre conceptuel de leadership et, dans un deuxième temps, d'identifier jusqu'à trois dimensions éthiques (Langlois, 1997). Une autre éthique souvent mentionnée dans les recherches est celle venant du courant déontologique. Les travaux de Kimbrough (1985) et de Strike, Haller et Soltis (1998) mettent en évidence cette école éthique. En ce qui a trait à la dimension des dilemmes moraux, peu d'études existent sur le sujet à part, bien sûr, les études venant des théories morales et de la psychologie (Kohlberg, 1970). Au cours de nos recherches sur le sujet des dilemmes moraux, nous avons pu constater une certaine confusion entre les notions de dilemme et de dilemme moral ou éthique.

Un dilemme éthique est une problématique qui crée des tensions et des contradictions lors du processus réflexif de l'individu. Ce dernier ne sait pas comment agir ni quelle voie adopter. Il ne se sent pas en mesure de prendre une décision et d'opter pour un acte dont il sera pleinement responsable. Ceci est différent d'un simple dilemme qui est un choix à faire entre deux ou plusieurs alternatives possibles sans que cela ne cause un problème éthique particulier. En ce qui a trait à l'éthique et à l'exercice du leadership, nous y voyons les éléments suivants associés, dans un premier temps, à la conduite de l'individu. L'éthique mise sur l'autodiscipline des personnes, sur leur conduite. C'est ce qu'on appelle un processus d'autorégulation. L'autorégulation signifie que la régulation émane du sujet lui-même, qui décide de ses choix et de ses actions. L'autorégulation fait appel à la maîtrise de soi d'un sujet en mesure de poser des actes libres et responsables. Elle se distingue du droit qui est plutôt un mécanisme externe de contrôle de la conduite (hétérorégulation). Comme l'affirme Canto-Sperber :

> « Si l'on s'intéresse à l'éthique, on ne peut donc pas en rester aux intentions louables et au désir de "faire quelque chose". [...] Derrière le terme éthique, il y a une démarche intellectuelle, qui requiert souvent un savoir précis, des méthodes de raisonnement et des procédures, et pour laquelle il n'y a pas de solutions toutes faites. » (Canto-Sperber, 2001, p. 87).

Certains problèmes ou situations complexes justifient le recours à la réflexion éthique qui prend alors toute son importance. On pourrait résumer ici que l'éthique est une démarche de réflexion critique qui requiert un apprentissage. Cet apprentissage vise à obtenir l'éclairage nécessaire pour prendre des décisions responsables et conscientes dans les milieux de travail.

On parle d'éthique et de la présence de dilemme moral, mais qu'en est-il du leadership éthique? Nos récentes études sur le sujet nous ont permis d'apporter quelques éléments de définitions qui nous permettent de voir plus clairement l'exercice d'un leadership éthique au quotidien.

Un leadership éthique repose avant tout sur la sensibilité éthique que possède un individu. Cette sensibilité est influencée par différents courants éthiques : éthique de la justice, de la sollicitude, éthique écologique, utilitariste, kantienne, etc. Ce qui nous est apparu important au regard de cette première composante est la conscience qu'a l'individu de cette éthique et son ouverture aux autres courants. Un autre élément concerne la volonté d'agir éthiquement. Sur ce plan, des éléments de courage ont été observés (Langlois, 2004), car la personne peut aller à l'encontre d'un règlement ou de règles administratives quand, selon elle, le cadre normatif ne correspond plus à la situation et crée des injustices. Le dernier élément faisant partie du leadership éthique concerne l'action. Une fois que la personne possède la motivation, elle n'hésite pas à passer à l'action dans sa conduite. L'individu est pleinement responsable de ses actes. Il agit en conformité avec sa vie intérieure, en passant de la pensée à l'action. Si on désire actualiser son leadership vers l'éthique, on ne peut donc pas en rester aux intentions louables et au désir de « faire quelque chose » sans véritablement passer à l'action. À la suite de ces précisions, nous allons maintenant décrire la méthodologie de cette étude, section qui sera suivie de l'analyse des premiers résultats.

MÉTHODOLOGIE

Cette étude a été réalisée dans quatre provinces du Canada. Il s'agit du Nouveau-Brunswick, du Manitoba, de la Colombie-Britannique et de l'Ontario. Dans chaque province, nous avons rencontré de sept à dix directions d'établissements francophones pour un total de 37 participants (60 % hommes et 40 % femmes). Nous avons interviewé tous les participants en utilisant un guide d'entrevue (Langlois, 1997) et avons retranscrit leurs discours mot pour mot (*verbatim*). Précisons que notre guide d'entrevue est basé sur l'identification d'un important dilemme moral qu'a vécu ou que vit l'individu. La personne est invitée à réfléchir à un dilemme moral qu'elle affronte dans sa gestion. À la suite de l'entrevue, nous avons procédé à une analyse de contenu de toutes les retranscriptions. Cette analyse fut suivie d'un processus de triangulation à l'aide du logiciel ALCESTE (Reinert, 1986).

ANALYSE DES RÉSULTATS

Les premiers résultats qui se sont dégagés spécifiquement au regard de l'article 23 et de la présence de dilemmes moraux chez les gestionnaires scolaires permettent de faire quelques constats. Tout d'abord, des 37 participants, seulement trois identifient un dilemme moral qui est relié à l'article 23. Ces dilemmes moraux sont reliés aux parents, à la commission scolaire et aux enfants d'ayants droit. Les trois dilemmes moraux proviennent de chefs d'établissements scolaires de l'Ouest canadien et de l'Ontario.

L'article 23 et la falsification d'information par des parents

Ce premier dilemme moral met en évidence la difficulté que vit un gestionnaire scolaire à refuser un enfant que les parents désirent envoyer dans un établissement francophone. Cette difficulté fut vécue lorsque le gestionnaire a réalisé que les parents avaient réussi à contourner le système en présentant de fausses informations et à faire admettre leur enfant dans son école. Malgré une excellente collaboration de la part des parents et d'un jeune qui poursuivait sans problème son cheminement scolaire, la direction a eu beaucoup de difficulté à rencontrer les parents et à les diriger vers un autre établissement non francophone. Le discours suivant met en évidence le cheminement parcouru par cette direction :

« Ces parents représentent le quart de ma clientèle. J'ai réalisé que ces parents disaient qu'ils étaient des ayants droit, mais que cela n'était pas vrai. J'avais le choix de rapporter la situation ou pas. J'avais de la difficulté, car je voyais que ces parents et le jeune désiraient apprendre le français. Il m'a été difficile de rapporter la situation. Pour moi, les trois critères [de l'article 23] constituent des zones grises, ce n'est pas clair. En éducation, l'apprentissage dépend de la volonté d'apprendre; ils avaient la volonté, mais ils avaient aussi menti... »

Une politique de communication dite rigide de la part de la commission scolaire

Ce deuxième dilemme moral concerne l'application nouvelle d'une politique de communication venant de la commission scolaire, qui exige que toutes les communications de l'école soient rédigées en français. Cette nouvelle politique bouscule, sur le plan moral, une direction d'école habituée à communiquer avec les parents en anglais afin de faciliter la communication école-parents. Sa crainte était de deux ordres : être bien compris(e) et ne pas perdre cette clientèle pour la survie de son école :

> « Le DG a fait un discours sur la politique de correspondance nous obligeant à communiquer avec les parents [exogames] en français seulement. Par le passé, dans cette école, on communiquait avec les parents exogames en anglais et, avec les autres en français. Mon dilemme : comment communiquer avec les parents et répondre aux attentes du DG? J'ai communiqué en anglais, mais j'ai eu des remarques de la part de la direction générale, j'ai dû m'ajuster et communiquer en français. Ils ont quitté mon école par la suite... »

L'identité fortement anglaise d'un enfant d'ayants droit

Ce dernier dilemme moral touche profondément une direction d'école disant vivre cela assez souvent. Il concerne un jeune dont les parents ayants droit désirent qu'il poursuive son cheminement scolaire en français. La direction a vécu plusieurs difficultés avec ce jeune au comportement agressif et turbulent. Elle a pu constater que ce jeune était malheureux à l'école et ne réussissait pas bien en français. Le jeune se dit fatigué de penser et de parler en français quand tout autour de lui est en anglais. Pour le jeune, le français a une connotation négative, et cela est fortement ressenti par la direction :

> « Les parents veulent envoyer leur jeune à l'école francophone, ils insistent, mais lui, il ne veut rien savoir du français, il déteste la langue française alors, il n'est pas heureux, et on a des problèmes... »

Le processus de triangulation

Lorsque nous avons effectué la triangulation de notre corpus avec l'aide du logiciel ALCESTE, nous avons obtenu des résultats qui nous ont permis d'examiner de plus près le leadership éthique des participants. Sur un plan cartésien sont placés les mots les plus significatifs ainsi que les variables démographiques auxquelles chaque classe lexicale est statistiquement associée. On constate que les quatre provinces sont représentées sur le plan cartésien, mais qu'elles ne sont pas regroupées. Certaines particularités ont donc été notées. Par exemple, les chefs d'établissements scolaires de l'Ontario semblent exercer un leadership éthique ancré dans les besoins de la communauté et posséder une sensibilité éthique marquée par la sollicitude. Pour les participants de la Colombie-Britannique, l'actualisation du leadership intègre une sensibilité qui inclut l'approche kantienne (devoirs, respect des lois et des règles), mais qui intègre aussi des éléments de vertus (honnêteté, amour des jeunes) et de sollicitude. Leur conscience éthique semble s'ouvrir sur plusieurs nuances éthiques. Les directions d'écoles du Manitoba, et particulièrement du Nouveau-Brunswick, semblent vivre difficilement l'exercice de leur leadership éthique. L'influence du contexte sociopolitique et des préoccupations quotidiennes de gestion marquent leurs propos. De plus, lors des entrevues, nous avons constaté la soi-disant absence de dilemme moral vécu dans la pratique. Le Nouveau-Brunswick est la province la plus fortement marquée par cette absence. Les directions d'établissements nous ont dit suivre et appliquer les procédures venant du District et du Ministère sans se poser de questions. Certaines, mais peu d'entre elles, disent se sentir mal à l'aise avec certaines règles, mais finissent par se plier à la hiérarchie, compte tenu du contexte de survie et de leur passé historique très prégnant dans leur discours.

CONCLUSION

À la suite de cette analyse brièvement rapportée, nous avons pu constater, par l'exploration des dilemmes moraux, que pour la très grande majorité des participants, l'article 23 ne représente pas, en soi, un obstacle moral dans la gestion quotidienne de leur établissement. À notre avis, ce qui fut particulièrement révélateur est surtout que l'exercice de leur leadership éthique s'actualise différemment d'une province à l'autre. Nous avons aussi remarqué que les mécanismes légaux guident le jugement des directions, mais sans constituer un processus de contrôle absolu. Dans les provinces de l'Ontario et de la Colombie-Britannique, un équilibre est perceptible entre l'encadrement normatif et légal, et les dispositifs éthiques intrinsèques. Nous avons aussi pu constater que l'actualisation du leadership éthique dépend du contexte social et scolaire, de l'éveil des personnes à une sensibilité éthique multiple et du nombre d'années d'expérience en gestion. Les cas du Nouveau-Brunswick et du Manitoba sont assez révélateurs à ce sujet et cachent, à notre avis, une tension identitaire importante.

RÉFÉRENCES

BECK, L.G. *Reclaiming educational administration as a caring profession.* New York, Teacher College Press, 1994.

BRUNNER, C. *The new superintendency,* Elsevier Science Ltd., 2001.

CAMPBELL, E. « Ethical School Leadership: Problems of an Elisive Role » *in Values and educational leadership.* Albany NY, State University of New York Press, 1999.

CANTO-SPERBER, M. *L'inquiétude morale et la vie humaine,* Presses universitaires de France, 2001.

GILLIGAN, C. *In a different Voice: Psychological Theory and Women's Development,* Cambridge, MA, Harvard University Press, 1982.

GROGAN, M. *Voices of Women Aspiring to the Superintendency,* State University of New York, Albany, 1996.

KIMBROUGH, R.B. *Ethics: A Current Study for Educational Leaders,* Arlington, VA, American Association of School Administrators, 1985.

KOHLBERG, L. Moral education, Cambridge, MA, Harvard University Press, 1970.

LANGLOIS, L. *Relever les défis de la gestion scolaire d'après un modèle de leadership éthique : une étude de cas,* thèse de doctorat non publiée, Université Laval, Ste-Foy, 1997.

LANGLOIS, L. « Développer une compétence en éthique chez les administratrices et administrateurs scolaires » *in Éducation et francophonie, Les perspectives d'avenir en éducation,* Association canadienne d'éducation de langue française, vol. 27, n° 1 (printemps 1999). Revue électronique.

LANGLOIS, L. « Responding Ethically: Complex Decision-making by School District Superintendents », *International Studies Educational Administration Management,* ISEA vol. 32, n° 2 (2004).

MARSHALL, C. et coll. *Caring as Career: An Alternative Model for Educational Administration ,* essai présenté à l'Annual meeting of the American Educational Research Association, Atlanta, 12-16, avril, 1993.

MARTEL, A. « Diversité linguistique et éthique des politiques linguistiques. Questions sur les pratiques canadiennes et québécoises », *DiversCité Langues,* vol. 2 (1997). Revue électronique.

NODDINGS, N. *Caring: A feminine Approach to Ethics and Moral Education,* Berkeley, University of California Press, 1984.

REINERT, M. « Un logiciel d'analyse lexicale : ALCESTE », *Cahiers de l'analyse des données,* 4 (1986), p. 471-484.

STARRATT, R.J. « Building an ethical school: A theory for practice in educational leadership » *Educational Administration Quarterly,* vol. 27, n° 2 (1991), p. 185-202.

STRIKE, K.A., E.J. HALLER et J.F. SOLTIS. *The ethics of school administration* (2e édition), New York, Teachers College Press, 1986.

Relation entre les styles cognitifs et les styles de gestion des directrices et directeurs d'école. Une étude exploratoire.

Paulette Rozon, Université d'Ottawa

RÉSUMÉ

Cette recherche de type exploratoire étudie la relation entre les styles cognitifs et les styles de gestion des directrices et directeurs d'école dans le contexte du changement. Le cadre théorique s'appuie sur l'approche de la théorie de la personnalité et sur l'approche des styles de leadership. L'Inventaire sur les modes d'accès à la connaissance (IMAC) et le Questionnaire sur les styles de facilitateur de changement (QSFC) ont servi, respectivement, à l'identification systématique du style cognitif et du style de gestion de directrices et directeurs d'école. Le groupe sur lequel porte la recherche est formé de 32 personnes occupant un poste à la direction d'une école de langue française de l'Est ontarien. Les résultats ont permis de déterminer qu'on retrouve plus souvent, chez les directrices et directeurs d'école, un style cognitif rationnel (R). En situation de changement, la majorité des écoles sont dirigées par une direction d'école ayant un style de gestion de type *Manager*. En ce qui concerne la question de recherche, il n'existe pas de relation bien définie entre le style cognitif d'une direction d'école et son style de gestion en situation de changement, mais on constate que certains styles cognitifs se caractérisent par des comportements de gestion particuliers.

Pendant longtemps, on a accordé une importance exclusive à l'approche rationnelle dans la gestion d'une organisation, mais, de plus en plus, les chercheurs s'intéressent à l'approche intuitive. Plusieurs lui reconnaissent une certaine dynamique qui semble correspondre davantage aux exigences créées par un environnement qui évolue sans cesse et à toute vitesse. Selon cette approche, le gestionnaire doit être capable d'utiliser des méthodes plus créatives et holistiques pour faire face aux problèmes actuels et y apporter des solutions efficaces. Ainsi, à chacune des approches, soit l'approche rationnelle et l'approche intuitive, semble correspondre un style cognitif particulier qui se refléterait dans les actions et les comportements de la personne et pourrait même les déterminer.

La première partie de ce texte porte sur les principaux écrits traitant des styles cognitifs et des comportements de gestion, tandis que la deuxième partie présente la question de recherche. La troisième partie explique la méthodologie utilisée dans le cadre de cette recherche. Un résumé des résultats ayant trait à l'identification des styles cognitifs et des styles de gestion des directions d'écoles, à la validation du questionnaire sur les styles de facilitateur de changement (QSFC) ainsi qu'à la relation entre le style cognitif et le style de gestion constitue la quatrième partie. Enfin, la conclusion fait le point sur l'utilité de la recherche effectuée.

RECENSION DES ÉCRITS

Selon certaines théories philosophiques et psychologiques, il existe deux orientations principales dans la manière dont un individu perçoit et traite l'information. Il s'agit, d'une part, de l'intuition et, d'autre part, de la rationalité. L'intuition est définie comme une fonction fondamentale innée, spontanée et irrationnelle, un mode de connaissance authentique; elle transmet la perception inconsciente (Vaughan, 1984; Jung, 1921, voir 1977). À l'opposé se trouve la rationalité. Cette orientation dans la façon de penser relève de la raison, qui est définie comme une fonction dont le principe est de modeler la pensée, le sentiment et l'action conformément à des valeurs objectives (Jung 1921, voir 1977). Elle confère à l'individu la capacité de jugement grâce à laquelle il est capable d'organiser, de systématiser ses connaissances et sa conduite, d'établir des rapports vrais avec le monde.

Le gestionnaire doit être capable d'utiliser des méthodes plus créatives et holistiques pour faire face aux problèmes actuels et y apporter des solutions efficaces.

Ces deux orientations, l'intuition et la rationalité, sont des fonctions innées chez l'individu. Elles se situent sur un continuum et, lorsqu'une fonction est dominante, l'autre devient alors secondaire. Ainsi, chaque personne possède un fonctionnement cognitif qui lui permet de penser, de concevoir et d'acquérir des connaissances, et ce, toujours de façon unique. Ce fonctionnement cognitif lui permet de porter des jugements et d'acquérir ses propres valeurs à la suite d'expériences vécues, de rencontres avec différentes personnes et d'interactions dans un milieu.

Les personnes présentent des différences individuelles dans leur façon de percevoir, de penser, de traiter l'information, de ressentir et de se comporter. Ces différences se reflètent dans les styles cognitifs qu'adoptent les individus et semblent faire partie intégrante de leur personnalité. Selon la théorie de la personnalité et de l'individualité de Royce et Powell (1983), la personnalité se définit comme étant « *a multi-dimensional, organized system of processes by means of which an organism produces mental and behavioural phenomena* » (p. 2). Selon cette théorie, la personnalité est formée de six systèmes principaux en interaction constante, dont le système des styles. Le système des styles est composé de trois construits de haut niveau : le style rationnel, le style empirique et le style métaphorique. Ces styles reflètent trois modes d'intégration de la structure cognitive et de la structure affective, mais ils sont surtout caractérisés par des attitudes épistémiques et par des processus cognitifs. Étant situés près du sommet de la hiérarchie, ils constitueraient un système dominant qui influerait sur le portrait psychologique de la personne.

> **Les études faites en milieu scolaire ont démontré que le leadership est un concept-clé dans la compréhension et l'amélioration des organisations.**

Rancourt (1990) a élaboré un modèle qui précise le rôle des trois styles psychoépistémiques de la théorie de Royce et Powell (1983). Ce modèle, nommé modes d'accès à la connaissance (MAC), établit nettement que l'acquisition des connaissances se fait par l'entremise d'un style épistémique qui caractérise chaque individu. Les trois modes de ce modèle sont le mode rationnel (R), le mode empirique (E) et le mode noétique (N), tandis que la combinaison de ces trois modes chez un individu constitue le style épistémique (REN, RNE, ERN, ENR, NER, NRE).

Ainsi, l'individu dont le mode rationnel est dominant perçoit les choses d'une manière raisonnée et objective. Il fait appel au raisonnement déductif. L'individu dont le mode dominant est empirique utilise un processus de raisonnement inductif. Il traite l'information de façon séquentielle et structurée. Enfin, l'individu de type noétique perçoit le monde et traite l'information recueillie d'une manière spontanée et irrationnelle. Ses actions sont le reflet d'un processus cognitif essentiellement holistique et subjectif.

L'étude du style ou des éléments du style de leadership a largement contribué à la compréhension des comportements des gestionnaires. Plusieurs études ont permis d'identifier et de décrire les styles de leadership en vue de découvrir le style idéal; d'autres recherches se sont surtout orientées vers l'étude du processus de leadership. En milieu scolaire, il n'en est pas autrement. Les recherches se sont surtout orientées vers l'étude des styles de gestion des directions d'écoles dans une perspective d'efficacité (Hall et George, 1988). Toutefois, malgré le manque de rigueur dans la recherche s'intéressant à la définition des concepts de styles et de comportements (Hall et Hord, 1987), le style de gestion est défini comme un ensemble de comportements, une motivation et un système de valeurs. Dans un tel contexte, Hall et Hord (1987) croient que le style ne peut être changé facilement, mais que le comportement peut être continuellement en changement.

Les études faites en milieu scolaire ont démontré que le leadership est un concept-clé dans la compréhension et l'amélioration des organisations, telles que les écoles. Elles ont permis de constater que certains styles de gestion semblent être plus efficaces que d'autres (Hall et Hord, 1987; Leithwood et Montgomery, 1982) et que l'aspect situationnel occupe une place prépondérante dans l'étude du concept de leadership en milieu scolaire (Brunet et Bordeleau, 1987). Selon Hall et Hord (1987), plusieurs modèles de leadership considèrent la dimension situationnelle comme une variable ayant un effet sur l'efficacité du leader.

En situation de changement, une équipe de chercheurs sous la direction de G. Hall a entrepris un programme de recherches ayant mené à l'étude du rôle des directions d'écoles en tant que facilitateur de changement. Il se dégage de cette étude l'identification systématique de types de comportement chez les directions d'écoles dans leur approche pour faciliter l'utilisation de l'innovation parmi le personnel enseignant (Hall, Rutherford et Griffin, 1982; Hall et George, 1988). Trois styles de facilitateur de changement ont été identifiés, soit l'*Initiator*, le *Manager* et le *Responder*. Le modèle sur les styles de facilitateur de changement (SFC) présente une approche bidimensionnelle qui est abordée dans l'élaboration de modèles classiques sur les styles de leadership. Cette approche respecte relativement bien les trois archétypes des styles originaux de facilitateur. Par conséquent, la dimension humaine « Intérêt pour autrui », et la dimension organisationnelle « Rendement organisationnel » ont été considérées dans le développement du cadre conceptuel de ce modèle. Par la suite s'est ajoutée une troisième dimension, soit le « Sens stratégique », qui reflète l'aspect temporel de la pensée, laquelle influe sur les actions des directions d'écoles.

Qu'il s'agisse de leadership, de prise de décision ou de changement, les recherches dans le domaine des relations entre les styles cognitifs et les comportements de gestion montrent que les administrateurs optent pour des comportements qui sont le reflet de leurs processus cognitifs. Par ailleurs, la dimension cognitive « intuitive » en relation avec les styles de leadership et la prise de décision occupe une place de plus en plus grande dans l'étude des processus cognitifs et des comportements de gestion. Ces recherches tendent à démontrer que l'intuition influe sur les styles de gestion et la façon de percevoir l'innovation.

QUESTION DE RECHERCHE

La présente étude s'insère dans les recherches se rapportant à l'approche dite *des traits*. Par rapport aux théories de cette approche, cette recherche s'oriente vers l'étude des styles cognitifs en gestion. Plus précisément, l'étude cherche à découvrir si le style de gestion est expliqué par le style cognitif. Dans le contexte de l'administration scolaire, la question de recherche se définit ainsi : Existe-t-il une relation entre les styles cognitifs des directions d'écoles et leurs styles de gestion en situation de gestion? D'une manière plus précise, en situation de changement, y a-t-il un style de gestion associé au style intuitif et un autre associé au style rationnel?

MÉTHODOLOGIE

L'étude vise une population de cadres scolaires francophones d'écoles primaires, intermédiaires et secondaires de l'Est de l'Ontario. Des 98 directions d'écoles et directions d'écoles adjointes consultées, 32 d'entre elles (32,65 %) ont accepté volontairement de participer à cette étude. Dans un premier temps, les directions d'écoles et directions adjointes ont répondu à l'Inventaire sur les modes d'accès à la connaissance (IMAC), ce qui a permis de déterminer leur style cognitif. Dans un deuxième temps, lors d'une rencontre du personnel, les enseignantes et enseignants ont répondu au Questionnaire sur les styles de facilitateur de changement (QSFC) afin qu'il soit possible d'identifier le style de gestion en situation de changement de leur direction d'école respective. Au total, 375 enseignantes et enseignants ont répondu au QSFC.

L'analyse des données proposée dans cette étude comprend des analyses statistiques descriptives. Les deux objectifs de ces analyses sont, premièrement, de décrire les caractéristiques des variables à l'étude et, deuxièmement, de vérifier l'interrelation entre ces variables par des analyses plus poussées. À l'aide de statistiques descriptives (moyenne et écart-type), il est possible de connaître la distribution des individus du groupe cible selon les trois modes (rationnel, empirique et noétique) et les six styles épistémiques (REN, RNE, ERN, ENR, NER, NRE). Une analyse de variance (ANOVA) est utilisée pour comparer les moyennes des deux groupes de population, soit la population consultée et la population participative. Les mêmes types d'analyses statistiques descriptives que celles mentionnées précédemment s'appliquent aux données sur les styles de gestion en situation de changement.

En ce qui concerne la relation entre les deux variables, la méthode des tableaux croisés a permis de recueillir de l'information sur la distribution des sujets en fonction des deux variables à l'étude. Par ailleurs, certaines statistiques descriptives (moyenne, écart-type, centile) permettent de décrire la relation entre les styles cognitifs et les styles de gestion en situation de changement.

La validation du QSFC fut effectuée à l'aide de coefficients *alpha* qui permettent d'établir la cohérence interne de chacune des échelles; de coefficients de corrélation, qui offrent la possibilité de vérifier l'intensité de la relation entre les échelles et de mesurer la relation entre les items de vérifier chacune des six échelles; et enfin, d'une analyse factorielle qui vise, premièrement à vérifier si le questionnaire correspond bien à la structure conceptuelle du modèle et, deuxièmement, à déterminer la fiabilité des items du questionnaire.

RÉSUMÉ DES RÉSULTATS

À partir des résultats obtenus sur les styles cognitifs, il appert que les directions d'écoles ayant un mode rationnel (R) dominant constituent le groupe le plus nombreux, tandis que les directions d'écoles ayant un mode dominant empirique (E) se situent en deuxième place. Les directions d'écoles ayant un mode noétique (N) dominant sont les moins nombreuses. Par ailleurs, le style épistémique qu'on retrouve le plus souvent chez les directions d'écoles est le REN, suivi du groupe de directions d'écoles dont le style est le NER. Les directions d'écoles ayant les styles RNE et NRE constituent les groupes les moins nombreux.

Les styles RNE (6,25 %) et NRE (aucun) sont habituellement ceux qu'on retrouve le moins dans un groupe. Ces résultats appuient l'étude d'Abdennur (1998) sur la relation antithétique entre le mode rationnel et les modes empirique et noétique. Par ailleurs, selon les résultats de cette étude, l'orientation épistémique chez les directions d'écoles diffère d'un palier à l'autre, d'un groupe culturel à l'autre (Rancourt et Noble, 1991), de la structure et la pratique d'une discipline scolaire à la pratique de la discipline professionnelle (Mainville, 1999) et dans ce cas-ci, celle de directrice ou directeur d'école.

En ce qui a trait aux styles de gestion des 32 directions d'écoles, on constate que plus des deux tiers des directions d'écoles sont perçues par leur personnel enseignant respectif comme des *Managers* en situation de changement. En deuxième place, on retrouve les directions d'écoles ayant un style de gestion *Initiator*, suivi des directions d'écoles ayant un style *Responder*. De plus, les résultats de cette étude montrent que chaque style de gestion se caractérise par des comportements particuliers touchant les trois dimensions du modèle SFC, à savoir l'intérêt pour autrui, le rendement organisationnel et le sens stratégique. Ainsi, les *Initiators* favorisent les interactions sociales formelles et recherchent l'efficience administrative; en outre, leur gestion est basée sur une vision à long terme. À l'opposé des *Initiators*, les *Responders* préfèrent les interactions sociales moins formelles et font confiance aux autres pour accomplir diverses tâches. Ils s'intéressent au travail quotidien et se fixent des objectifs à court terme. Finalement, les *Managers* optent pour des comportements qui se situent à mi-chemin entre ceux des *Initiators* et des *Responders*. L'approche favorisée semble être à la fois un mélange de comportements opposés et de comportements complémentaires.

On constate donc qu'en situation de changement, le style *Manager* est celui qu'on rencontre le plus souvent chez les directions d'écoles de langue française de l'Est ontarien, suivi du style de gestion *Initiator*. En troisième place, on retrouve les *Responders*. Malgré le fait que le cadre conceptuel des styles de facilitateur s'applique aussi dans le contexte franco-ontarien, on a noté qu'il existe une différence en ce qui a trait au style de gestion *Initiator*. Il semble y avoir un nombre un peu plus élevé de gestionnaires scolaires de style *Initiator* dans le groupe francophone que dans celui du groupe américain étudié par Hall et George (1988). Cette différence serait-elle associée à la culture? Une étude sur la formation scolaire reçue par les gestionnaires scolaires semble constituer une avenue de recherche intéressante pour tenter d'expliquer cette différence entre les groupes culturels et la répartition des gestionnaires scolaires entre les trois styles de gestion.

L'analyse des résultats montre que chacune des parties du questionnaire présente une assez bonne cohérence interne et que la corrélation entre les échelles est relativement élevée. Ces résultats se comparent assez bien à ceux du questionnaire en version anglaise. Par ailleurs, les résultats font ressortir des difficultés par rapport à l'échelle 1, tout comme c'est le cas dans la version anglaise. Les items Q01, Q12 et Q07 ont une incidence sur la consistance interne de leur échelle respective. Après un examen approfondi, il fut décidé de garder les items Q01 et Q12, car leur retrait aurait eu un effet négatif sur la consistance interne des échelles 1 et 2, tandis que le retrait de l'item Q07 affecterait de façon positive la consistance interne de l'échelle 3. La démarche entreprise pour valider le QSFC a démontré que le questionnaire présente une faiblesse quant au construit. Par conséquent, le questionnaire doit être utilisé avec prudence.

À la question de recherche, l'étude réalisée n'a pas permis d'y répondre, car aucune relation précise n'a pu être établie entre le style cognitif d'une direction d'école et son style de gestion. Toutefois, il a été possible d'établir certaines associations entre les caractéristiques des styles de gestion et les styles cognitifs. Les styles ENR et RNE présentent des profils qui se rapprocheraient du profil du style *Responder*, tandis que les profils de styles NER et REN correspondraient à celui du style *Manager*. Enfin, à l'opposé, le profil du style ERN se rapprocherait du style *Initiator*. Ainsi, les NER et REN ont des comportements de gestion qui favorisent les interactions sociales informelles, le rendement organisationnel axé sur les relations humaines et l'atteinte d'objectifs à court terme. Pour leur part, les styles ENR et RNE adoptent des comportements qui ressemblent beaucoup à ceux des styles NER et REN, sauf pour la dimension « Intérêt pour autrui ». À cet égard, le gestionnaire semble adopter un comportement qui favorise autant les interactions sociales formelles qu'informelles. Enfin, le style ERN se caractérise par des comportements de gestion axés sur les interactions sociales formelles, les relations humaines, la planification et la vision.

Cependant, à l'encontre de ce dernier énoncé, lorsqu'on procède à un examen comparatif des descriptions des styles épistémiques du modèle MAC et des styles de facilitateur de changement du modèle SFC, on a tendance à associer le style RNE au style *Initiator*. La personne de style RNE posséderait de grandes qualités en tant qu'initiatrice de changement, tandis que l'administrateur scolaire ayant un style de gestion *Initiator* est perçu comme un visionnaire qui a de grandes attentes et qui recherche l'efficacité et l'efficience dans l'organisation. La présente étude n'a pu établir de lien entre ces deux styles. En fait, la dimension humaine et le quotidien occupent une place importante chez les directions d'écoles ayant un style RNE, et c'est plutôt le style cognitif ERN qui se rapprocherait du style *Initiator*. Par ailleurs, l'analyse de la relation entre l'orientation épistémique des directions d'écoles et les comportements de gestion identifiés à partir du modèle SFC permet d'identifier des comportements de gestion associés à chacune des orientations épistémiques. Ainsi, les personnes dont le mode rationnel est dominant présentent un style de gestion se rapprochant du *Responder*, dont les caractéristiques sont les suivantes : un intérêt pour les interactions sociales informelles, une prédominance de la confiance en autrui sur le rendement organisationnel et un sens stratégique axé sur le quotidien. Tout comme le rationnel, le type noétique présente les mêmes comportements, ce qui le rapprocherait du style *Responder*. Pour sa part, la personne de type empirique adopte des comportements qui la rapprocheraient du style *Initiator*. Elle semble favoriser les interactions sociales formelles, utiliser une approche axée sur les relations humaines et posséder un sens stratégique à long terme.

Il découle donc des résultats obtenus que la majorité des directions d'écoles possèdent des qualités rationnelles (REN — Rationnel, Empirique, Noétique) et adoptent des comportements de gestion orientés vers le rendement organisationnel tout en étant sensibles aux besoins du personnel enseignant, et ce, dans une perspective à court terme. Ces résultats viennent appuyer ceux de l'étude de Norris (1984). Ainsi, le leadership en éducation se caractérise dans son orientation par une prédominance des fonctions analytique, conservatrice, technique et administrative, ce qui situe la direction d'école dans la catégorie des professions qui mettent l'accent sur des techniques analytiques, quantitatives et déductives, et qui font appel à des qualités rationnelles de la part du gestionnaire (Agor, 1989). Tout comme dans les recherches exploratoires d'Agor (1989) sur le concept de l'intuition et celles de Norris (1984) sur le leadership créatif, les directions d'écoles dont le mode dominant est l'intuition constituent le groupe le moins nombreux. Une autre contribution de la recherche est l'étude de la relation entre les styles cognitifs et les styles de gestion des directions d'écoles. On a constaté que les gestionnaires rationnels (R) ainsi que les gestionnaires noétiques (N) ont des comportements qui se rapprochent du style de gestion *Manager*, tandis que les gestionnaires empiriques (E) adoptent des comportements qui ressemblent au style *Initiator*. Cette constatation peut s'avérer utile lors de la formation des directions d'écoles, laquelle devrait leur offrir la possibilité de développer leurs habiletés cognitives (intuitives et rationnelles) tout en leur apprenant à les utiliser lors de prises de décision. On pourrait également en tenir compte lors de l'embauche des directions d'écoles et de la nomination de celles-ci à des postes hiérarchiques plus élevés.

CONCLUSION

Sans être exhaustive, cette recherche a su faire connaître les styles cognitifs et les styles de gestion d'un groupe de directions d'écoles francophones lorsque celles-ci gèrent un changement dans leur milieu respectif. Elle a également apporté certains éléments de compréhension quant à la relation entre ces deux dimensions de la personne, soit les styles cognitifs et les styles de gestion. Enfin, elle a contribué à l'élaboration d'un questionnaire français sur les styles de facilitateur de changement en milieu scolaire. En outre, certaines pistes de recherche en découlent. Il serait intéressant d'examiner l'incidence d'une formation renouvelée et de la pratique professionnelle sur les orientations épistémiques des gestionnaires scolaires. Il serait souhaitable aussi de poursuivre des recherches sur la concordance entre l'orientation épistémique des directions d'écoles et celle de leurs disciplines scolaire et professionnelle tout en tenant compte d'autres variables telles que le sexe, l'environnement culturel et organisationnel. En dernier lieu, cette recherche demande qu'on procède à une évaluation du questionnaire français sur les styles de facilitateur de changement.

RÉFÉRENCES

ABDENNUR, A. *Cultural Background and the Epistemic Orientation of University Students*, thèse de doctorat, Ottawa, Université d'Ottawa, 1998.

AGOR, W.H. « The Intuitive Ability of Executive: Finding from Field Research » in W.H. Agor (éd.), *Intuition in Organizations: Leading and Managing Productively*. Newbury Park, CA, Sage Publications Inc., 1989, p. 145-156.

BRUNET, L. et Y. BORDELEAU. « Le rôle du leadership. » in C. Barnabé et H.C. Girard (éd.). *Administration scolaire, théorie et pratique*, Boucherville, QC, Gaëtan Morin, éditeur, 1987.

HALL, G.E. et A. GEORGE. *Development of a Framework and Measure for Assessing Principal Change Facilitator Style*, communication présentée à l'assemblée annuelle de l'American Educational Research Association. Symposium: Analyzing and Measuring Principal Facilitator Style During School Improvement Efforts, New Orleans, Louisiane, avril 5-9 1988.

HALL, G.E. et S.M. HORD. *Change in Schools: Facilitating the Process*, Albany, NY, State University of New York Press, 1987.

HALL, G.E., W.L. RUTHERFORD et T.H. GRIFFIN. *Three Change Facilitator Styles: Some Indicators and a Proposed Framework*, Research and Development Center for Teachers, University of Texas, Austin. New York, communication présentée à l'assemblée annuelle de l'American Educational Research Association, 1982.

JUNG, C.G. *Types psychologiques*, 4e édition, Genève, Librairie de l'Université, Georget Cie, S. A. (version originale 1921), 1977.

LEITHWOOD, K.A. et D.J. MONTGOMERY. *The Role of the Elementary School Principal in Program Improvement*. Review of Educational Research, vol. 52, n° 3 (1982), p. 309-339.

MAINVILLE, L. *Perspective psycho-épistémologique sur la pratique de l'approche andragogique auprès de formateurs responsables d'apprenants adultes au palier secondaire de l'Ontari*, thèse de doctorat, Ottawa, Université d'Ottawa, 1999.

NORRIS, C.J. *A Discussion of Brain Hemisphere Characteristics and Creative Leadership among Selected Educational Administrators in Tennesseet*, thèse de doctorat en éducation, University of Tennessee, 1984.

RANCOURT, R. (1990). *Les styles épistémiques*. Orléans, Les éditions Impact, 1990.

RANCOURT R. et K. NOBLE. « Administration and Interdisciplinary Conflict in Nursing ». *Nursing Administration Quaterly*, 5 (1991), p. 36-42.

ROYCE, J.R. et A. POWELL. *Theory of Personality and Individual Differences, Factors, Systems, and Processes*. Englewood Cliffs, N.J., Prentice-Hall, 1983.

VAUGHAN, F.E. *L'éveil de l'intuition*, Paris, La Table Ronde, 1984.

Pratiques et représentations d'activités, dilemmes et priorités des directions d'écoles en milieux minoritaires francophones

Michel St-Germain, Université d'Ottawa
Claire Lapointe et Lyse Langlois, Université Laval

RÉSUMÉ

Une recherche subventionnée par le CRSH fut entreprise en 2002 pour identifier les pratiques et les représentations des directions d'écoles françaises en milieux minoritaires. En plus des entrevues réalisées auprès de plus de 50 directions, un questionnaire fut envoyé à toutes les écoles françaises en milieu minoritaire pour identifier des aspects plus spécifiques du travail des directions et de leurs relations avec la communauté. On s'est intéressé, entre autres, à leur perception de l'environnement linguistique, à la nature et à la fréquence de leurs relations avec la communauté, au temps consacré aux principales activités administratives, d'encadrement (corps professoral et élèves), de relations publiques et de développement professionnel. De plus, on a aussi recueilli, par ce questionnaire, des données sur les priorités et les dilemmes des directions. Dans ce texte, nous présenterons les principales données concernant les relations entre l'école et la communauté, les représentations des directions du temps devant être consacré à l'ensemble de leurs activités, les principaux dilemmes moraux qu'elles rencontrent et, enfin, la hiérarchie de leurs priorités.

Depuis longtemps, le concept de leadership a pris une importance majeure dans la littérature. Immergart (1988), se basant sur les études de Stogdill (1974) et Bass (1981), indique qu'il existe plus de 5 000 études sur le leadership. Dans le monde scolaire, le concept de leadership pédagogique a aussi pris une importance grandissante. Cependant, on y trouve maintenant une très forte influence du leadership managérial issu du monde de l'entreprise. Il suffit d'analyser l'orientation de la plupart des réformes mises en place par les différentes provinces, incluant le Québec. Le directeur d'établissement est devenu gestionnaire plutôt que leader pédagogique. Les directions sont de plus en plus orientées, par les forces et les pressions externes, vers les résultats scolaires en fonction d'un système de mesures calqué sur celui de l'entreprise privée et axé sur les concepts de rendement et de productivité. Dans un tel contexte, le leadership éducationnel n'est-il pas en perte de vitesse? Question fondamentale qu'il faut se poser dans un tel contexte... et encore plus en contexte minoritaire.

Les recherches menées à partir de ce concept ont permis d'identifier le rôle-clé que jouent les gestionnaires de l'éducation non seulement en tant qu'administrateurs, mais surtout en tant que guides et modèles pour tous les membres de l'équipe-école.

Toutefois, en ce qui a trait à l'éducation en milieu francophone minoritaire, on constate l'absence de recherches qui permettraient de décrire et de documenter le caractère spécifique que prend le leadership dans un contexte où l'école a le mandat d'aider à protéger et de transmettre une langue et une culture minoritaires. C'est une problématique particulièrement pertinente pour les francophones hors Québec, car la formation offerte aux directions d'écoles ne peut adéquatement répondre à leurs besoins et leur permettre de guider les jeunes vers la réussite scolaire et sociale que si les programmes tiennent compte de la spécificité du contexte dans lequel ils ont à intervenir.

> *Les écoles des milieux francophones minoritaires reçoivent un mandat qui diffère fondamentalement de celui des autres écoles : elles doivent participer à la protection et à la valorisation de la langue et de la culture de la société minoritaire qu'elles desservent.*

En effet, les écoles des milieux francophones minoritaires reçoivent un mandat qui diffère fondamentalement de celui des autres écoles, car en plus de leur rôle traditionnel d'éduquer et d'instruire les enfants ou les jeunes, elles ont le mandat de participer à la protection et à la valorisation de la langue et de la culture de la société minoritaire qu'elles desservent et, dans la plupart des cas, il y a maintenant une mission de refrancisation qui s'y greffe. De la même manière, le rôle des personnes qui dirigent et donnent une direction à ces écoles se définit, dans la pratique, d'une manière très particulière. Pourtant, la formation donnée à ces leaders est peu ancrée dans l'étude et l'analyse spécifiques des différents types de savoir inhérents à la gestion de l'école en milieu minoritaire.

Le projet de recherche sur les pratiques et les représentations des directions d'écoles en milieux minoritaires francophones, financé par le CRSH, vise à répondre à ces questions en construisant un corpus de connaissances propres aux milieux francophones minoritaires au Canada.

Les objectifs spécifiques de ce projet de recherche sont, entre autres, le développement d'un corpus de connaissances scientifiques sur les représentations et les pratiques relatives au leadership éducationnel chez les directions d'écoles de milieux francophones minoritaires au Canada, l'identification des dimensions éthiques des pratiques relatives au leadership éducationnel, la vérification des variations en fonction du genre, la proposition de mesures qui permettraient d'améliorer la pertinence de la formation initiale et continue des directions d'écoles en milieux francophones minoritaires.

Problématique générale et lien avec la littérature universitaire pertinente

Le concept de leadership éducationnel fut le thème central de plusieurs publications marquantes dans la littérature anglo-saxonne en administration scolaire (Greenfield, 1995; Hodgkinson, 1991; Maxcy, 1991; Owens, 1998; Sergiovanni, 1992, 1996; Sergiovanni, Burlingame, Coombs et Thurston, 1999; Starratt, 1997, 1991). Les chercheurs qui travaillent à partir de ce concept tentent de répondre aux questions suivantes : Quel rôle jouent aujourd'hui les personnes qui dirigent les écoles? Quelles sont leurs tâches prioritaires? Qu'est-ce qui caractérise un leadership efficace en éducation? Quelle place occupe l'éthique dans le processus de gestion? De quelle manière peut-on mieux préparer les leaders éducationnels à remplir leur mandat?

On peut même remonter au début du XXe siècle pour l'identification de recherches portant sur le rôle des directions; les années 1980 verront l'arrivée de chercheuses féministes (Baudoux, 1988; Shakeshaft, 1989) dont l'analyse critique vise à démontrer l'ignorance de la variable « genre » dans les recherches et les développements théoriques en administration scolaire. Leurs travaux mèneront, entre autres, à une définition différenciée du leadership éducationnel selon le genre (Baudoux, 1994; Gill, 1994; Lapointe, 1995; Reynolds et Young, 1995). Simultanément, des chercheurs, principalement du Québec, ajouteront à ce corpus des données relatives au leadership éducationnel en milieu scolaire francophone (Corriveau, 1989; Deblois et Corriveau, 1994; Langlois, 1999; St-Germain, 1999, 1997). Finalement, alors qu'apparaît un important questionnement sur la dimension morale du leadership en éducation, on note l'influence de trois mouvements philosophiques dans le champ de l'administration scolaire : la phénoménologie, l'herméneutique et l'école critique. À partir de ceux-ci, des recherches empiriques mèneront à la construction de cadres conceptuels qui intègrent à l'analyse du leadership une dimension axiologique (Hodgkinson, 1978; Begley, 1999; Willower, 1999) et éthique (Sergiovanni, 1992, Starratt, 1991; Langlois, 1997 et 1998). L'ensemble de ces recherches a permis d'identifier l'importance du rôle joué par les gestionnaires de l'éducation en tant que leaders et leur influence particulièrement significative sur la culture organisationnelle de l'école, laquelle influe à son tour sur le degré de succès des projets pédagogiques (Deal et Peterson, 1990; Owens, 1998; Sashkin et Sashkin, 1990).

Problématique spécifique

En ce qui a trait à la gestion de l'éducation en milieu francophone minoritaire, on constate l'absence d'un corpus de recherche qui permettrait d'identifier les caractéristiques spécifiques que prend le leadership (Lapointe, 2002, 2001a) et le rôle des directions dans un tel contexte. À ce sujet, plusieurs recherches indiquent qu'en contexte linguistique minoritaire, la réussite scolaire dépend fortement de la maîtrise de la langue maternelle, laquelle est à son tour liée au contexte de socialisation linguistique et culturelle des enfants (voir, entre autres, la synthèse présentée dans Landry et Allard, 1999). D'autres études ont permis d'identifier un certain nombre de facteursclés qui sont étroitement reliés à la survie et au maintien des langues et cultures minoritaires (Davis, 1999; Landry et Allard, 1999). Parmi ceux-ci, on retrouve principalement le degré auquel la langue est parlée couramment et régulièrement dans le contexte familial et dans la communauté d'appartenance, le degré auquel elle est parlée dans l'environnement social plus large, le caractère de l'organisation sociale du groupe minoritaire et le pouvoir des institutions créées ainsi que celui des structures légales adoptées, afin de supporter la langue minoritaire (Landry et Allard, 1999). Selon Landry et Allard, qui ont étudié le cas des Francophones minoritaires en Amérique du Nord, au cœur de la dynamique qui relie ces éléments, on retrouve le processus de socialisation des enfants et le degré de vitalité ethnolinguistique du groupe auquel ils appartiennent. Le degré de vitalité ethnolinguistique se définit comme « un ensemble de facteurs structuraux et sociologiques qui influencent la survie et le développement d'une minorité linguistique » (Landry et Allard, 1999, p. 403). Selon ces auteurs, des recherches en sociologie indiquent que le poids des parents et des institutions religieuses en tant qu'agents de socialisation a fortement diminué et que l'école et les médias « sont devenus les principaux agents socialisants des enfants » (p. 416).

À cause de cette importante influence qu'elles ont acquise en tant qu'agentes de socialisation, les écoles font maintenant partie de la catégorie des institutions et structures légales développées dans certaines régions du monde afin de protéger une langue minoritaire, le rôle des parents n'étant pas considéré du point de vue institutionnel. On constate à quel point, dans un tel contexte, les écoles reçoivent un mandat spécifique qui diffère fondamentalement de celui des écoles des populations majoritaires, car en plus d'assurer l'éducation des enfants, l'école en milieu minoritaire doit fournir un environnement qui assure la qualité de socialisation linguistique et culturelle requise afin d'assurer la maîtrise de la langue maternelle minoritaire.

Des recherches récentes ont démontré de quelle manière la culture du groupe que dessert une école influence la compréhension et la pratique du leadership éducationnel (Hallinger et Leithwood, 1996; Heck, 1996; Male, 1998; Stott et Tin, 1998). Des chercheurs se sont penchés plus spécifiquement sur l'analyse de cette influence en contexte culturel minoritaire. Les conclusions de plusieurs recherches confirment l'influence significative de la culture du groupe minoritaire sur les représentations et pratiques des intervenants scolaires, et particulièrement sur celles des chefs d'établissements. Les études exploratoires de Lapointe (2001b) sur le leadership dans les écoles francophones minoritaires soulignent également le caractère politique de l'expérience des directions, la gestion des relations intercommunautés et intracommunauté étant un des éléments constitutifs de cette expérience. D'un côté, le poids des attentes de la société pèse lourdement sur les épaules des directions d'écoles alors que de l'autre, elles font face à de multiples contradictions et dissensions.

> *L'école en milieu minoritaire doit fournir un environnement qui assure la qualité de socialisation linguistique et culturelle requise afin d'assurer la maîtrise de la langue maternelle minoritaire.*

Cadre d'analyse

Afin d'étudier cette problématique, le cadre d'analyse retenu est constitué de trois concepts complémentaires. Il s'inspire premièrement de la distinction notée dans la littérature entre les notions de gestion et de leadership (St-Germain, 2002; Owens, 1998; Richard, 1995). En effet, selon ces auteurs, les attitudes, les actions et les pratiques liées à la gestion diffèrent de celles qui relèvent du leadership et il importe de bien les distinguer lorsqu'on étudie le rôle des chefs d'établissements scolaires. Ainsi, les personnes qui occupent des postes d'autorité détiennent un pouvoir investi par la hiérarchie, alors que les leaders possèdent un pouvoir qui leur est confié volontairement, et souvent temporairement, par les membres du groupe ou de l'organisation. Dans cette recherche, nous distinguons donc les représentations et pratiques relatives à la fonction de gestion scolaire, soit celles qui sont inhérentes au titre hiérarchique assigné et aux tâches qu'il dicte, de celles qui se rapportent à l'acte de leadership en tant que tel, c'est-à-dire un rôle de guide et de modèle reconnu par l'équipe-école et ses partenaires, confié par eux à la direction et dont l'expression est déterminée par la dynamique qui relie les acteurs et les actrices. Cette distinction permet également d'intégrer au cadre d'analyse la dimension politique du leadership en éducation ayant été soulevée dans la problématique.

Deuxièmement, dans le but d'identifier et de décrire les représentations des directions d'écoles quant au leadership éducationnel, il est nécessaire d'étudier leurs systèmes de valeurs, leurs croyances, les symboles, normes et dimensions morales auxquels ils et elles se réfèrent, ce qui explique l'ajout des concepts de culture organisationnelle et d'éthique (Langlois et Starratt, 2001; Lapointe, 1999, 1995; St-Germain, 1997). En fait, selon Kearney (1988), le phénomène du leadership associe le pouvoir et la culture à un discours éthique inhérent à la relation morale entre soi et l'autre. Finalement, les recherches ayant démontré que la définition et les pratiques du leadership varient en fonction du genre et que celui-ci constitue un élément fondamental dans l'étude de la culture organisationnelle (Lapointe, 1997), les données seront analysées en fonction du sexe des participants.

Méthodologie

Le devis de recherche doit donc permettre de comparer entre elles des données recueillies auprès de directrices et de directeurs d'école de différents milieux francophones minoritaires canadiens dans trois grandes régions géographiques qui sont l'Atlantique, l'Ontario et l'Ouest du Canada. La recherche comprenait deux volets : une enquête par questionnaire et une série d'entrevues réalisées dans toutes les provinces à l'exclusion du Yukon, de Terre-Neuve et du Québec.

Le questionnaire

Le contenu du questionnaire abordait sept domaines :
1. Les questions sociodémographiques portant sur l'âge, le sexe, l'expérience, la scolarisation, la qualification;
2. Les questions sur l'école portant sur les niveaux, les effectifs scolaires, les enseignants, le milieu, le secteur, l'aire de recrutement et sur les admissions d'élèves;
3. Une série de questions portant sur la présence dans l'environnement scolaire d'institutions culturelles, sociales, médiatiques et économiques, sur les comportements linguistiques des élèves et des parents, des directions et des enseignants;
4. Quelques questions portant sur la fréquence des relations entre l'école et les organisations externes francophones et anglophones.

Trois questions étaient particulièrement importantes dans cette recherche, et par conséquent, nous nous y attarderons plus longuement dans le cadre de ce texte.

5. La question 55 portait sur les pratiques et les représentations des directions selon les domaines suivants :
    a) *les activités administratives (14 items);*
    b) *les activités d'encadrement des élèves (8 items);*

c) *les activités d'encadrement du personnel (6 items);*
d) *les activités de promotion et de relations publiques (14 items);*
e) *les activités de développement professionnel (6 items).*

Les répondants devaient identifier, sur une échelle de 1 à 6 (1 = très peu de temps, 6 = beaucoup de temps), le temps réel consacré à la réalisation de l'activité. Ils devaient aussi identifier, selon une échelle similaire, le temps qu'on devrait consacrer à l'activité, ce qui est, somme toute, la représentation à leurs yeux de l'importance de cette activité.

6. La question 56 présentant des dilemmes moraux comme « Admettre des élèves qui ne parlent pas français » ou « Envoyer des communications en anglais aux parents ». Les répondants les jugeaient sur une échelle de 1 à 6 (1 = dilemme moral de faible intensité, 6 = dilemme moral à haute densité).
7. La question 57 présentait quinze énoncés de valeurs comme « *Bien gérer l'école* », « *Développer de bonnes relations avec la communauté anglophone* », « *Favoriser la réussite identitaire* » et les directions d'écoles devaient identifier les quatre énoncés qu'elles jugeaient les plus importants et les quatre moins importants.

Un total de 567 questionnaires fut envoyé, pour un taux de retour de 34,2 % au Canada, de 20,5 % pour l'Atlantique, de 35 % pour l'Ontario et de 47,1 % pour l'Ouest. Les questionnaires furent dépouillés selon trois groupes : Atlantique (N.-B., Î.-P.-É., N.-É.), Ontario, Ouest (Manitoba, Saskatchewan, Alberta, Colombie-Britannique). Pour les questions 55 (sur les activités des directions), 56 (sur les dilemmes moraux) et 57 (sur l'importance de certains énoncés), l'analyse des données fut réalisée, pour chacun des quatre groupes (Canada, Atlantique, Ontario, Ouest) selon les variables suivantes : âge, sexe, années d'expérience, niveau de scolarité, niveau de l'école (primaire, secondaire), milieu (urbain, rural, semi-urbain), secteur (catholique, public), taille de l'école. De plus pour l'Ontario, les questions 55, 56, 57 sont disponibles pour l'Est (code postal : K), le Centre-Ouest (codes postaux : L, M, N), le Nord et le Nord-Ouest (code postal : P).

Les entrevues

Deux guides d'entrevue ont été utilisés. Le premier portait sur les dilemmes moraux rencontrés par les directions d'écoles. On demandait aux directions d'identifier une situation jugée éthiquement difficile et de décrire le processus de résolution. Le second guide d'entrevue comportait deux séries de questions. La première série portait sur le rôle, de façon générale, d'une direction d'école, ses responsabilités, les concepts de leadership et les relations avec la communauté; la seconde série, sur le rôle spécifique d'une direction d'école de langue française en milieu minoritaire, sur les activités de promotion de la langue, sur l'importance de la compréhension des problématiques linguistiques. Au total, 66 entrevues furent réalisées auprès des directions d'écoles françaises hors Québec. Afin de vérifier les liens entre les résultats du second guide d'entrevue et les caractéristiques démographiques des répondants et de leur milieu, les données ont été analysées en fonction de sept variables : le type de milieu minoritaire francophone où se trouve l'école (original ou plus récemment construit); le caractère urbain ou rural; le type d'école (traditionnel ou centre scolaire communautaire); le niveau scolaire (M-8; 9-12); le degré de vitalité ethnolinguistique de la communauté; le sexe des répondants et, pour l'Ontario, le statut laïque ou confessionnel de l'école. Cette analyse fut effectuée à l'aide du logiciel d'analyse de données textuelles ALCESTE (Lapointe et Rouré, 1998). Ce logiciel effectue l'analyse de la fréquence relative des mots et de leur cooccurrence dans un discours, ce qui permet d'identifier les différents mondes de représentations présents dans celui-ci. Il établit ensuite des liens entre les variables retenues et les principaux mondes de représentations identifiés.

À cela s'ajoutent une douzaine d'entrevues réalisées dans des pays européens dans lesquels on retrouve une problématique linguistique similaire à celle du Canada : deux langues officielles en position asymétrique. Il y a eu des rencontres avec des directions flamandes à Bruxelles, allemandes dans l'Est de la Belgique, françaises dans la communauté allemande, alémanique à Fribourg (Suisse), française à Morat, italienne dans la vallée d'Aoste (Italie) et, enfin, au Luxembourg.

L'énoncé le plus important pour 80 % des directions est « Favoriser la réussite académique de l'élève. »

Résultats

La présentation des résultats ne porte que sur les questions 55, 56 et 57, et ce, sans qu'il y ait un recoupement systématique avec les variables sociodémographiques, les données sur l'école et sur l'environnement scolaire.

Question 55 : Quel est le temps que vous consacrez à ces activités et quel est le temps que vous devriez y consacrer?

Pour la dimension *administrative*, on voudrait que moins de temps soit consacré aux activités administratives, à la préparation et l'animation de réunions de parents et à la gestion quotidienne (horaire, inventaire, sécurité); on aimerait avoir plus de temps pour organiser des activités à l'école et préparer des notes de service pour les enseignants. De plus, 58 % des répondants considèrent qu'ils consacrent beaucoup de temps (niveaux 5 et 6 de réponses) à la rédaction administrative alors que 3 % indiquent qu'on devrait y consacrer beaucoup de temps. Par contre, la majorité des répondants (58 %) considèrent qu'on devrait y consacrer de peu à moyennement de temps (niveaux 2 et 3)

Pour la dimension *encadrement des élèves*, on voudrait que moins de temps soit consacré à résoudre des problèmes de discipline et à intervenir avec l'enfance en difficulté et qu'un peu plus de temps soit consacré à la participation aux activités sociales des élèves ainsi qu'à l'accompagnement des élèves. Environ 24 % des répondants considèrent qu'on accorde beaucoup de temps à l'enfance en difficulté (niveaux 5 et 6), alors que 21 % des répondants considèrent qu'on devrait y accorder moyennement de temps (niveaux 3 et 4). Pour les cas de comportement ou de discipline, 37 % des directions estiment qu'elles y consacrent beaucoup trop de temps, et 35 % estiment qu'on devrait y consacrer de peu à moyennement de temps.

Pour la dimension *encadrement des enseignants*, on aimerait consacrer plus de temps à motiver, encourager et aider le personnel et moins de temps à l'embauche et à l'évaluation du personnel. Sur ce dernier point, 21 % des directions estiment que l'on consacre beaucoup trop de temps à l'évaluation du personnel.

Pour la dimension *relations publiques et relations avec la communauté*, on voudrait moins de contacts avec les parents, mais un peu plus de contacts avec la communauté (par le journal, le Web, les représentations). On voudrait aussi consacrer plus de temps au recrutement d'élèves. On constate aussi que les directions ont très peu de contacts avec la communauté anglophone... et même avec la communauté francophone.

Pour la dimension *développement professionnel*, les directions devaient se prononcer sur six facettes de leur développement professionnel. On constate que les directions aimeraient consacrer plus de temps à la « lecture de livres ou de revues professionnelles », à « choisir et à diffuser des textes à leur personnel », à « préparer des activités de développement professionnel pour leur personnel » et surtout à « se rencontrer et discuter ». Par contre, « recevoir des formations du ministère ou de la commission scolaire (ou du Conseil) » et « suivre des cours universitaires » ne sont pas des activités auxquelles on souhaite consacrer plus de temps. Plus particulièrement, on constate que, pour l'item « Lire des livres ou des revues professionnelles », 28 % des répondants déclarent y consacrer moyennement à beaucoup de temps alors que 61 % aimeraient y consacrer de moyennement à beaucoup de temps. On y retrouve des données similaires pour l'item « Se rencontrer et discuter ».

On constate une différence notable entre les hommes et les femmes pour l'item « Se rencontrer et discuter ». Alors que 20 % des directrices aimeraient en faire beaucoup plus, 5 % seulement des directeurs aimeraient en faire beaucoup plus. Sur cet item, on constate qu'il existe des distinctions remarquables (niveaux 5 et 6 avec 30 à 35 % de réponses) pour les directrices, les directions détenant un diplôme de maîtrise, les directions âgées de moins de 50 ans et les directions ayant moins de huit ans d'expérience.

Question 56 : Quel est le niveau de dilemme que présentent les situations suivantes?

Pour ce qui est des dilemmes moraux (Question 56), il y avait la présentation de dix situations, et les directions devaient identifier le niveau de dilemme de chacune à partir d'une échelle de 1 (pas de dilemme) à 6 (dilemme élevé).

Pour l'Ontario et l'Ouest, les dilemmes les plus importants (niveau 6), pour environ 65 % et plus des directions sont : « Envoyer des communications en anglais aux parents », « Utiliser l'anglais lors des réunions du conseil d'école », « Embaucher du personnel unilingue anglophone qualifié et compétent pour des activités sportives ou artistiques », « Présenter une activité culturelle intéressante pour les élèves se déroulant uniquement en anglais ». Les directions de l'Atlantique ont identifié les mêmes dilemmes, mais dans une proportion moindre : 48 %. Il existe aussi des différences appréciables entre les genres. « Recruter une personne non légalement qualifiée entièrement dédiée à la francophonie » représente un dilemme important pour 24 % des directrices, alors qu'il l'est pour 16 % des directeurs. « Réprimander un ou une élève qui parle anglais à l'école » est un dilemme important pour 28 % des directrices et seulement 14 % des directeurs.

Question 57 : Parmi les quinze énoncés suivants, quels sont les quatre plus importants et les quatre moins importants?

La question 57 demandait de juger de l'importance de certains énoncés répartis en quatre groupes : élèves, école, culture et communautés. Il fallait choisir, parmi quinze énoncés les quatre plus importants et les quatre moins importants. Alors que toutes les directions ont identifié les énoncés les plus importants, on constate qu'elles n'ont pas été en mesure d'identifier ce qui était moins important. Ainsi, 93 % ont identifié un énoncé moins important, 83 % en ont identifié deux, 74 % en ont identifié trois, 67 % en ont identifié quatre. Près du tiers de l'échantillon fut incapable d'identifier quatre énoncés les moins importants, ce qui laisse présager qu'il existe une problématique sur le plan du choix des priorités chez les directions.

L'énoncé le plus important pour 80 % des directions est « Favoriser la réussite académique de l'élève » suivi (à 73 %) de « Maintenir un climat d'apprentissage favorable à l'école ». Sur ce dernier énoncé, il existe des écarts appréciables entre l'Atlantique (choisi par 84 % des directions) et l'Ouest (choisi par 66 % des directions). À l'échelle du Canada, « Bien gérer l'école et assurer la réussite identitaire de l'élève » est au même plan (43 %). Il existe aussi une différence importante entre l'Atlantique et l'Ouest. L'item « Bien gérer l'école » a été retenu par 60 % des directions de l'Atlantique et 31 % des directions de l'Ouest alors que l'item « Favoriser la réussite identitaire de l'élève » a été retenu par 12 % des directions de l'Atlantique et 59 % des directions de l'Ouest. On peut penser que la concentration des francophones dans l'Atlantique, notamment au Nouveau-Brunswick, est telle que la réussite identitaire est assurée par le milieu et ses institutions. Ceci confirme la position de Landry et Allard (1999) sur les balanciers compensateurs.

Pour les énoncés les moins importants, deux retiennent l'attention. L'item « Développer des relations étroites avec la communauté anglophone » a été choisi à 97 % comme étant le moins important des quinze énoncés. Il est suivi de près (en moyenne à 72 %) par l'item « M'impliquer dans la communauté ». Les autres items retenus comme moins importants furent : « M'assurer de la réussite sociale des élèves » (Canada : 37 %, Ontario : 42 %), « Recruter des enseignants qualifiés » (Canada : 35 %, Atlantique : 44 %, Ontario : 39 %), « Développer une vie culturelle et artistique » (Atlantique : 56 %, Ouest : 42 %), « Développer des relations étroites avec la communauté francophone » (Ouest : 26 %)

Conclusion

Plusieurs conclusions sont à tirer de ces données :

Il y a manifestement un surcroît de travail administratif pour les directions d'écoles. De façon informelle, dans les entrevues, les directions se sont plaintes de l'accroissement énorme des tâches administratives, des rapports soudains et urgents qu'on leur demande, des formulaires à compléter, des autorisations à demander. Il faut souligner que c'est une tendance mondiale, et que les directions rencontrées lors des visites dans les pays européens ont fait le même commentaire. On peut se poser alors deux questions. Premièrement : Quelles sont les tâches administratives requises par la loi et auxquelles les directions ne peuvent se soumettre? On peut penser au rapport à remettre le 30 septembre sur les effectifs ou encore aux rapports concernant la sécurité à l'école. Et deuxièmement : Quels sont les rapports et les tâches administratives qui sont demandés par le supérieur ou par le pouvoir politique (les conseillers scolaires) et à quelles fins? On a fait remarquer que souvent des demandes émanent du corps politique « juste pour être informés, juste au cas où on poserait une question ». Il s'agit d'une approche administrative « défensive ».

Il y a aussi un surcroît de travail quant à la gestion de la discipline, et cela est inévitable compte tenu des politiques de tolérance zéro face à la violence dans les écoles et aux demandes des parents. Le temps consacré à cet aspect de la tâche est difficilement compressible.

De façon générale, les directions ont exprimé le besoin de se rapprocher des gens qui sont dans l'environnement scolaire immédiat : les enseignants et les élèves. On voudrait consacrer plus de temps à l'encadrement pédagogique des enseignants (et non à l'encadrement administratif comme l'évaluation du personnel) et plus de temps à la participation aux activités sociales avec les élèves (probablement en vue de mieux les connaître).

La formation différenciée des directions d'écoles serait une démarche essentielle si on accepte les résultats montrant qu'il existe des différences importantes entre les représentations selon le genre, la scolarisation et l'expérience.

Il existe des différences intéressantes entre l'Atlantique et les autres régions. Les supports culturels semblent plus présents et dynamiques en Atlantique, ce qui explique la faible préoccupation pour la réussite identitaire.

On constate aussi qu'il y a un certain repli de l'école française sur elle-même. Pour des raisons évidentes reliées à l'importance que le public, les gouvernements et les conseils portent à la réussite scolaire et à la performance, les directions n'ont d'autres choix que de se centrer sur l'école et de tout mettre en œuvre pour assurer la réussite scolaire. Il est d'ailleurs intéressant de constater que « Favoriser la réussite identitaire » soit, pour les directions (Canada), au même niveau que la bonne gestion de l'école.

Enfin, un dernier constat est la difficulté qu'ont eue les directions à choisir les énoncés les moins importants. Près du tiers n'ont pas été en mesure d'identifier les quatre énoncés les moins importants. À l'exception de « Maintenir de bonnes relations avec la communauté anglophone », tout semble important. Être en mesure de définir ce qui est important de ce qui l'est moins (on sollicitait une réponse sur les énoncés *les moins* importants et non les énoncés *non importants*) est pourtant une capacité essentielle de gestion.

RÉFÉRENCES

BASS, B.M. *Stogdill's Handbook of Leadership*, New York, Free Press, 1981.

BAUDOUX, C. *Femmes, gestion et éducation*, ACFAS, cahiers scientifiques, 1988.

BAUDOUX, C. *La gestion en éducation, une affaire d'hommes ou de femmes : Pratiques et représentations du pouvoir*, Montréal, Les Presses Interuniversitaires, 1994.

BEGLEY, P. *Values and Educational Leadership*, Suny, State University of New York Press, 1999.

CORRIVEAU, L. *Effet du climat organisationnel et du style de gestion de la direction sur l'efficacité de polyvalentes du Québec*, thèse de doctorat, Université de Montréal, 1989.

DAVIS, W. « Vanishing cultures ». *National Geographic*, vol. 196, n° 2 (1999), p. 62-89.

DEAL, T.E. et K.D. PETERSON. *The principal's role in shaping culture*, US Departement of Education, Washington DC, Office of Educational Research and Improvement, 1990.

DEBLOIS, C. et L. CORRIVEAU. « La culture de l'école secondaire et le cheminement scolaire des élèves », *Crires, Études et recherches*, Québec, Université Laval, vol. 1, n° 4 (1994).

GILL, B. Educators and Visionaries: Women in educational administration in New Brunswick, ED368035, 1994.

GREENFIELD, W.D. « Toward a Theory of School Administration: The Centrality of Leadership », *Educational Administration Quarterly*, vol. 31 (1995).

HALLINGER, P. et L. LEITHWOOD. « Culture and educational administration: A case of finding out what you don't know you don't know », *Journal of Educational Administration*, vol. 34, n° 5 (1996), p. 98-116.

HODGKINSON, C. *Towards a Philosophy of Administration*, Oxford, Blackwell, 1978.

HODGKINSON, C. *Educational Leadership*, Albany, NY, State University of New York Press, 1991.

HECK, R.H. « Leadership and culture: Conceptual and methodological issues in comparing models across cultural setting », *Journal of Educational Administration*, vol. 34, n° 5 (1996), p. 74-97.

IMMERGART, G.L. « Leadership and Leader Behavior » in N.J.Boyan (éd.). *Handbook of Research on Educational Administration*. New York, Longman, 1988, p. 259-278.

KEARNEY, R. *The wake of the imagination: Toward a postmodern culture*. Minneapolis, MN : University of Minnesota Press, 1988.

LANDRY, R. et R. ALLARD. « L'éducation dans la francophonie minoritaire » in J.Y. Thériault (dir.), *Francophonies minoritaires au Canada : L'état des lieux*, Moncton, Les Éditions d'Acadie, 1999, p. 403-433.

LANGLOIS, L. *Relever les défis de la gestion scolaire d'après un modèle de leadership éthique : une étude de cas*, thèse de doctorat non publiée, Université Laval, Québec, 1997.

LANGLOIS, L. « Interface entre l'éthique et la gestion » in M. St-Germain et L. Corriveau (éd.), *Transformation des enjeux démocratiques en éducation*. Montréal, Les Éditions Logiques, 1998, p. 287-310.

LANGLOIS, L. « Développer une compétence en éthique chez les administratrices et administrateurs scolaires », *Éducation et francophonie, Perspectives d'avenir en éducation*, vol. 27, n° 1 (1999). Document téléaccessible à l'URL : <www.acelf.ca/revue>.

LANGLOIS, L. et J.R. STARRATT, J.R. *Ethical decision-making of superintendants*, actes de colloque, American Educational Research Association (AERA), Seattle, avril 2001.

LAPOINTE, C. *Une grille d'analyse de la culture organisationnelle intégrant le genre : le cas de professeures à l'université Laval*, thèse de doctorat non publiée, Université Laval, Québec, 1995.

LAPOINTE, C. « La gestion des ressources humaines en éducation supérieure et les rapports sociaux de sexe : proposition d'une grille d'analyse de la culture organisationnelle intégrant le genre » in C. Baudoux, C. et M. Anadon (éd.). *La recherche en éducation, la personne et le changement*. Les Cahiers du Labraps, vol. 23 (1997), p. 282-295.

LAPOINTE, C. « La problématique culturelle de l'insertion des nouvelles et nouveaux enseignants : pistes de réflexion ». *Éducation et francophonie, Perspectives d'avenir en éducation*, vol. 28, n° 1 (1999). Document téléaccessible à l'URL : <www.acelf.ca/revue>.

LAPOINTE, C. *Le leadership éducationnel en milieu francophone minoritaire : Qu'en disent des leaders?*, communication présentée au Colloque de l'Association canadienne pour l'étude de l'administration scolaire, Congrès des sciences humaines et sociales, Université Laval, 2001a.

LAPOINTE, C. *Discours de chefs d'établissements scolaires sur les relations entre l'école et la communauté en Nouvelle-Écosse*, communication présentée au Colloque Réformes scolaires : rôles et responsabilités des directions d'établissement en mutation, 69ᵉ Congrès de l'ACFAS, Université de Sherbrooke, 2001b.

LAPOINTE, C. « Diriger l'école en milieu linguistique minoritaire » in L. Langlois et C. Lapointe (dir.), *Le leadership en éducation : De multiples regards, une même passion*, Montréal, Éditions La Chenellière/McGraw Hill, 2002.

LAPOINTE, C. et H. ROURÉ, « Culture d'école et sens de l'éducation : comment savoir ce qu'en disent les "autres" », *Cahiers de la recherche en éducation*, vol. 5, n° 2 (1998), p. 259-282.

MALE, T. *The impact of national culture on school leadership in England*, communication présentée à la Annual Conference of the American Educational Research Association, San Diego, California, avril 1998.

MAXCY, S. *Educational Leadership, a Critical Pragmatic Perspective*, Toronto, OISE Press, 1991.

OWENS, R.G. *Organizational Behavior in Education Sixth Ed*, Boston, Allyn and Bacon, 1998.

REYNOLDS, C. et B YOUNG. *Women and Leadership in Canadian Schools*, Calgary, Delselig, 1995.

RICHARD, B. *Psychologie des groupes restreint*, Cap-Rouge, Presses Inter universitaires, 1995.

SASHKIN, M. et M.G. SASHKIN. *Leadership and culture-building in schools: quantitative and qualitative understanding*, AERA Conference, Boston, 1990.

SERGIOVANNI, T.J. *Moral Leadership: Getting to the Heart of School Improvement*, San Francisco, Jossey-Bass, 1992.

SERGIOVANNI, T.J. *Leadership for the Schoolhouse*, San Francisco, Jossey Bass, 1996.

SERGIOVANNI, T.J., M. BURLINGAME, F.S. COOMBS et P.W. THURSTON. *Educational Governance and Administration*, Boston, Allyn and Bacon, 1999.

SHAKESHAFT, C.S. *Women in Educational Administration*. London, Sage, 1989.

STARRATT, J.R. « Building an Ethical School: A Theory for Practice in Educational Leadership » *Educational Administration Quarterly*, vol. 27, n° 2 (1991), p. 185-202.

STARRATT, R.J. *Administrating meaning, administrating community, administrating excellence: The new fundamentals of educational administration*, New York, Merrill, 1997.

ST-GERMAIN, M. « Sous-cultures organisationnelles et processus de normalisation » in Moisset, J. et Brunet, J.P. (dir.). *Culture et transformation des organisations en éducation*, Montréal, Les Éditions Logique, 1997, p. 107-158.

ST-GERMAIN, M. « Formation des gestionnaires de l'éducation : nécessité d'un renouveau des contenus et des méthodologies » in G. Pelletier (dir.) Former les dirigeants de l'éducation Apprentissage dans l'action, Bruxelles, De Boeck Université, 1999.

ST-GERMAIN, M. « Le leadership socioconstructiviste. Pour un retour au sens de l'action » in L. Langlois et C. Lapointe (dir.), *Le leadership en éducation. De multiples regards, une même passion*, Montréal, Éditions La Chenellière/McGraw Hill, 2002, p. 33.

STOGDILL, R.M. *Handbook of Leadership: A Survey of Theory and Research*. New York, Free Press, 1974.

STOTT, K. et L.G. TIN. *Leadership in Singapore schools: The impact of national culture*, communication présentée à la Annual Conference of the American Educational Research Association, San Diego, California, avril 1998.

WILLOWER, D.J. « Inquiry into educational administration: the last twenty-five years ». *Journal of Educational Administration*, vol. 25, n° 1 (1999), p. 12-26.

Incidences du déficit démographique et de l'anglicisation précoce sur l'éducation en langue française à l'extérieur du Québec

Charles Castonguay, Université d'Ottawa

RÉSUMÉ

La hausse continue du taux d'adoption de l'anglais comme langue d'usage au foyer chez les jeunes adultes francophones fait en sorte que les parents de langue maternelle française transmettent de plus en plus souvent l'anglais comme langue maternelle à leurs enfants. Conjuguée au passage de la fécondité des femmes francophones sous le seuil de remplacement des générations durant les années 1970, puis à la stabilisation de leur fécondité à environ 1,6 enfant par femme depuis le milieu des années 1980, cette hausse continue de l'anglicisation individuelle et intergénérationnelle engendre un déficit entre les générations francophones qui ne cesse de se creuser. Dans cette perspective, pour chacune des provinces à l'extérieur du Québec, nous utilisons les données du recensement de 2001 pour faire le point sur ce défaut de remplacement des générations. Nous examinons aussi le degré d'adoption précoce de l'anglais comme langue d'usage au foyer par les jeunes enfants de langue maternelle française dans chaque province. Nous abordons enfin quelques incidences du déficit démographique et de l'anglicisation précoce de la relève francophone sur l'éducation en langue française à l'extérieur du Québec.

Les comportements démographiques et linguistiques de la population francophone, c'est-à-dire de langue maternelle française, ont une incidence déterminante sur la clientèle des écoles de langue française, tant sur le plan quantitatif que qualitatif. C'est dans cette double perspective que nous offrons, dans le texte qui suit, quelques statistiques et éléments de réflexion quant à ce que les recensements canadiens peuvent nous apprendre sur ces comportements.

Nous nous pencherons tout d'abord sur la fécondité, l'anglicisation et le remplacement des générations au sein de l'ensemble de la population francophone à l'extérieur du Québec. Nous examinerons ensuite certaines données propres à chacune des populations provinciales. Nous présenterons enfin quelques réflexions quant aux implications des tendances dégagées en ce qui concerne l'éducation en langue française dans les provinces en cause.

LA SITUATION D'ENSEMBLE À L'EXTÉRIEUR DU QUÉBEC

Une fécondité inadéquate

Au plus fort du baby-boom ayant suivi la Seconde Guerre mondiale, l'indice de fécondité de la population francophone s'élevait à cinq enfants par femme (Marmen et Corbeil, 2004, tableau 5.1). Cependant, dans la foulée de la Révolution tranquille au Québec, le déclin du Canada français traditionnel a entraîné une chute rapide de la fécondité francophone dans toutes les provinces.

Ainsi, dans l'ensemble des provinces à l'extérieur du Québec, dès le début des années 1970, la fécondité de la population francophone correspondait tout juste au seuil de remplacement des générations, soit 2,1 enfants par femme. L'indice de fécondité s'y est finalement stabilisé au cours des années 1980 et 1990 autour de 1,5 ou 1,6 enfant par femme (*ibid.*). Par rapport au seuil de remplacement de 2,1 enfants par femme, cela signifie que, en ce qui a trait à l'aspect biologique, la population francophone à l'extérieur du Québec ne se remplace qu'aux trois quarts depuis au moins une vingtaine d'années. Autrement dit, en raison de sa sous-fécondité cette population souffre désormais d'un déficit de 25 % dans sa relève.

L'anglicisation des jeunes adultes

À ce déficit en matière de fécondité s'ajoute un défaut de transmission du français comme langue maternelle aux enfants. Cette situation découle de l'anglicisation des adultes francophones en âge de procréer. Les jeunes parents francophones anglicisés, c'est-à-dire qui parlent l'anglais comme langue d'usage à la maison, transmettent habituellement l'anglais au lieu du français comme langue maternelle à leurs enfants.

Du point de vue du remplacement des générations, depuis quelque temps, la population francophone à l'extérieur du Québec a donc deux prises contre elle : sous-fécondité et anglicisation.

L'anglicisation des jeunes adultes ne paraît d'ailleurs pas en voie de se résorber. Le taux d'anglicisation net des francophones âgés de 25 à 44 ans était de 37,5 % en 1971 (Statistique Canada, 1974). Ce taux, qui correspond à la différence entre la population de langue maternelle française et celle parlant le français comme langue d'usage à la maison, divisée par la population de langue maternelle française, s'élevait en 2001 à 40,9 %.

Notons que pour faciliter la comparaison des données de recensement de 1991 à 2001 avec celles de 1971, nous avons réparti les déclarations les plus récentes de deux ou trois langues maternelles ou langues d'usage de façon égale entre les langues déclarées. Cela vaut non seulement pour le calcul ci-dessus du taux d'anglicisation en 2001, mais aussi pour l'ensemble des statistiques plus récentes présentées dans la suite. Pour le dernier recensement, en particulier, le lecteur intéressé trouvera les données linguistiques non simplifiées et recoupées par groupes d'âge sur le site Web de Statistique Canada.

Le défaut de remplacement des générations

L'incidence conjuguée de la sous-fécondité et de l'anglicisation des jeunes adultes sur le remplacement des générations francophones peut s'estimer en divisant le nombre d'enfants francophones âgés de 0 à 4 ans par le nombre d'adultes francophones âgés de 27,5 à 32,5 ans, soit la cohorte quinquennale de jeunes adultes les plus susceptibles d'être leurs parents (on peut estimer qu'en 2001, l'espace entre les générations était d'environ 27 ans et demi). Cela donne à l'heure actuelle un taux de remplacement des générations francophones de 56,5 %. Le complément de ce taux, soit 43,5 %, nous fournit une estimation du déficit entre les générations francophones à l'extérieur du Québec en 2001, déficit causé à la fois par leurs comportements démographiques et linguistiques, plus exactement par la sous-fécondité et l'anglicisation des jeunes adultes.

Du point de vue du remplacement des générations, depuis quelque temps, la population francophone à l'extérieur du Québec a donc deux prises contre elle : sous-fécondité et anglicisation.

Il faut noter que ce dernier chiffre sous-estime quelque peu le déficit réel entre les générations, du fait qu'à chaque recensement une fraction importante des jeunes adultes ne sont pas dénombrés, étant en déplacement ou difficiles à rejoindre (Statistique Canada, 2004, tableau III). Si l'on tenait compte de ce sous-dénombrement, le déficit entre les générations francophones dépasserait 45 %.

Comme nous l'avons vu, la sous-fécondité explique un peu plus de la moitié (environ 25 points de pourcentage) de ce défaut de remplacement des générations francophones à l'extérieur du Québec. Le reste provient du défaut de transmission du français comme langue maternelle aux enfants, phénomène causé par l'anglicisation des parents.

La raréfaction des enfants

Du défaut de remplacement des générations francophones découle une raréfaction des enfants de langue maternelle française. Alors que le recensement de 1971 dénombrait, à l'extérieur du Québec, 67 220 enfants francophones âgés de 0 à 4 ans, ils étaient 46 213 en 1991, 41 143 en 1996 et 35 773 en 2001. La relève scolaire de langue maternelle française s'est ainsi réduite de près de moitié en 30 ans, et de quelque 23 % au cours des seules dix dernières années.

Relevons que si la population anglophone n'est guère plus féconde que la francophone (Marmen et Corbeil, 2004), l'anglicisation des francophones et allophones joue en sa faveur et compense presque entièrement sa sous-fécondité. En effet, le déficit entre les générations anglophones à l'extérieur du Québec n'est que de 4 %. On y comptait 1 184 505 enfants de langue maternelle anglaise en 1971 par rapport à 1 098 025 en 2001, soit une baisse de seulement 7 % en 30 ans.

L'anglicisation précoce des enfants francophones

Les recensements nous renseignent aussi sur les comportements linguistiques en bas âge. Ainsi, à l'extérieur du Québec en 1971, un peu plus de 10 % des enfants francophones âgés de 5 à 9 ans parlaient le plus souvent l'anglais à la maison. C'est dire qu'il existe une anglicisation précoce appréciable des élèves dès le début de leur scolarité. Leur degré d'anglicisation varie beaucoup, cependant, d'une province à l'autre. Par conséquent, avant d'aborder l'incidence de la raréfaction des enfants et de leur anglicisation précoce sur l'éducation en langue française à l'extérieur du Québec, prenons connaissance des statistiques provinciales pertinentes.

LA SITUATION PAR PROVINCE

Statistique Canada ne précise pas l'indice de fécondité de la population francophone dans chaque province. Quoi qu'il en soit, d'une province à l'autre, les comportements linguistiques varient davantage que les comportements en matière de fécondité. Aussi relèverons-nous surtout les comportements linguistiques distincts dans le tour d'horizon qui suit. Examinons d'abord les populations francophones du Nouveau-Brunswick et de l'Ontario, qui sont les plus importantes, pour ensuite passer en revue d'est en ouest celles des autres provinces.

Nouveau-Brunswick

C'est la seule province où le taux d'anglicisation des francophones âgés de 25 à 44 ans a reculé, passant de 12 à 9 % entre 1971 et 2001. La sous-fécondité y explique par conséquent la plus grande partie du déficit entre les générations francophones qui, en 2001, est de 33 %. Le nombre d'enfants francophones de 0 à 4 ans est passé de 19 270 en 1971 à 14 213 en 1991, puis à 10 385 en 2001. Par contre, l'anglicisation précoce des élèves de 5 à 9 ans y est quasiment nulle (1 %).

Ontario

Entre 1971 et 2001, le taux d'anglicisation des 25 à 44 ans est passé de 37 à 44 %. Le déficit intergénérationnel de la population francophone est actuellement de 42 %. Les enfants francophones de 0 à 4 ans sont passés de 34 995 en 1971 à 24 442 en 1991, puis à 19 458 en 2001. Cela représente en moyenne une perte de quelque 2 500 enfants de 0 à 4 ans tous les cinq ans. L'anglicisation précoce des 5 à 9 ans y est appréciable et, en 2001, s'élève à 12 %.

Terre-Neuve et Île-du-Prince-Édouard

Les populations francophones de ces provinces diminuent de plus en plus. Le recensement de 2001 n'a compté que 83 enfants francophones âgés de 0 à 4 ans à Terre-Neuve et 135 dans l'Île-du-Prince-Édouard. Toujours en 2001, le taux d'anglicisation des 25 à 44 ans était de 50 % à Terre-Neuve et de 56 % dans l'Île-du-Prince-Édouard. Dans les deux provinces, le déficit actuel entre les générations francophones est de 50 %.

Nouvelle-Écosse

L'anglicisation des jeunes adultes est passée de 42 à 48 % entre 1971 et 2001. Le déficit intergénérationnel est actuellement de 50 %. Les 0 à 4 ans étaient au nombre de 2 325 en 1971, 1 375 en 1991, puis 1 055 en 2001, soit une perte moyenne d'environ 300 enfants tous les dix ans. Le taux d'anglicisation précoce des élèves francophones est de 9 %.

Manitoba

L'anglicisation des 25 à 44 ans est passée de 46 à 65 % en 30 ans. Le déficit entre les générations francophones en 2001 est de 46 %. Le nombre d'enfants francophones de 0 à 4 ans est passé de 4 065 en 1971 à 2 076 en 1991, puis à 1 301 en 2001. L'anglicisation précoce des 5 à 9 ans s'élève à 19 %.

Saskatchewan

Le taux d'anglicisation des 25 à 44 ans est présentement de 80 %, et le déficit entre les générations, de 64 %. Les enfants de 0 à 4 ans ne sont plus que 273 en 2001. L'anglicisation précoce atteint 37 % chez les enfants francophones âgés de 5 à 9 ans.

Alberta et Colombie-Britannique

Le taux d'anglicisation des 25 à 44 ans est de 70 % dans chaque province. Le défaut de remplacement des générations francophones est de 59 % en Alberta et de 72 % en Colombie-Britannique. Au gré des migrations interprovinciales, depuis 1991, le nombre d'enfants francophones de 0 à 4 ans oscille autour de 1 800 en Alberta et 1 200 en Colombie-Britannique. Dans les deux provinces, le taux d'anglicisation précoce des 5 à 9 ans en 2001 est de 28 %.

LES IMPLICATIONS QUANTITATIVES ET QUALITATIVES POUR LES ÉCOLES DE LANGUE FRANÇAISE

Le dilemme scolaire

Dans les quatre provinces comptant une population francophone importante à la fois en nombre absolu et en pourcentage de la population totale, soit le Nouveau-Brunswick, l'Ontario, la Nouvelle-Écosse et le Manitoba, le nombre d'enfants de langue maternelle française se trouve solidement engagé dans une tendance à la baisse. En même temps, du fait que l'anglais est le plus souvent la langue d'usage commune des couples linguistiquement mixtes (Marmen et Corbeil, 2004, tableau 5.18B), la propension croissante des francophones dans les mêmes provinces à choisir un conjoint non francophone (Statistique Canada, 2002, p. 34) engendre de plus en plus d'« ayants droit » de langue maternelle anglaise, c'est-à-dire d'enfants anglophones qui ont droit à l'éducation dans les écoles de langue française.

Cela pose un véritable dilemme aux écoles françaises à l'extérieur du Québec. Les enfants ayant le français comme langue première forment, pour ainsi dire, la clientèle naturelle de ces écoles, voire leur raison d'être.

Il peut paraître tentant de chercher à combler le déficit entre les générations francophones en accueillant dans les écoles de langue française de plus en plus d'ayants droit de langue maternelle anglaise. Cependant, la présence constamment accrue de ces derniers risque de transformer progressivement les écoles de langue française en écoles d'immersion, ou de refrancisation, et de retarder le progrès de l'éducation en langue française des élèves proprement francophones.

Un aménagement possible

Certaines commissions scolaires ont trouvé une solution relativement satisfaisante à ce dilemme. Dans les quatre provinces en cause, les francophones sont souvent assez nombreux et concentrés géographiquement pour qu'à l'échelle d'une commission scolaire, les enfants dont le français est la langue première soient dirigés vers certaines écoles. Les ayants droit de langue anglaise, dont certains connaissent peut-être le français comme langue seconde, sont regroupés dans d'autres écoles. L'enseignement en français peut alors se dérouler en fonction de la compétence linguistique de chacun.

Dans la mesure du possible, l'affectation des enfants à des écoles spécifiques pourrait tenir compte aussi de la secondarisation précoce du français dans une province ou région où l'anglicisation des enfants de langue maternelle française âgés de 5 à 9 ans est très élevée, comme au Manitoba et, sans doute, dans le Sud de l'Ontario.

Pareille façon de tenir compte de la raréfaction des enfants francophones ou de l'anglicisation précoce des élèves de langue maternelle française n'est cependant pas à la portée des populations francophones dont l'effectif se trouve extrêmement réduit, comme à Terre-Neuve, à l'Île-du-Prince-Édouard et en Saskatchewan.

À première vue, la situation en Alberta et en Colombie-Britannique paraît aussi différente en ce que, malgré l'anglicisation et le déficit intergénérationnel extrêmement élevés de leurs populations francophones, le nombre de jeunes enfants de langue maternelle française y est relativement stable en raison d'apports migratoires interprovinciaux assez constants. Néanmoins, dans ces deux provinces, les enfants de langue maternelle française de 5 à 9 ans témoignent d'un degré d'anglicisation précoce très élevé. Il semble donc qu'il y aurait lieu, là aussi, de concentrer la clientèle en fonction des compétences différentielles en français des enfants francophones, de manière à ne pas retarder le progrès de ceux dont le français demeure la langue première à la maison.

Perspectives d'avenir

La sous-fécondité paraît installée à demeure au sein de la population canadienne, aussi bien francophone qu'anglophone. En même temps, de façon générale, l'anglicisation des jeunes adultes de langue maternelle française progresse à l'extérieur du Québec, sauf au Nouveau-Brunswick où elle recule quelque peu.

Il en ressort une raréfaction continue du nombre d'enfants de langue maternelle française dans la plupart des provinces à l'étude. D'autre part, toujours à l'exception du Nouveau-Brunswick, l'anglicisation précoce des élèves de langue maternelle française est d'une ampleur non négligeable, en particulier dans les provinces de l'Ouest.

Ces comportements démographiques et linguistiques posent des problèmes difficiles à résoudre pour l'éducation en langue française à l'extérieur du Québec. Selon toute vraisemblance, ces problèmes ne se résorberont pas dans un avenir prévisible.

RÉFÉRENCES

MARMEN, L. et J.-P. CORBEIL. *Les langues au Canada : Recensement de 2001*, Ottawa, Patrimoine canadien et Statistique Canada, 2004.

STATISTIQUE CANADA. *Recensement du Canada 1971 : Langue par groupe d'âge* (n° 92-733 au catalogue), Ottawa, publié par l'auteur, 1974.

STATISTIQUE CANADA. *Recensement de 2001 : Profil des langues au Canada* (n° 96F000X1F2001005 au catalogue), Ottawa, publié par l'auteur, 2002.

STATISTIQUE CANADA. *Statistiques démographiques annuelles 2003* (n° 91-213-XPB au catalogue), Ottawa, publié par l'auteur, 2004.

Directions d'écoles et classes à niveaux multiples

Michel St-Germain, Université d'Ottawa

RÉSUMÉ

Ce chapitre présente les résultats partiels d'une recherche menée en 1999 auprès des directions d'écoles ayant des classes à niveaux multiples (CNM). Cette recherche fait état des pratiques dans les domaines suivants : affectations des élèves, notamment lorsqu'il y a possibilité de choix, affectation, soutien et encadrement du personnel enseignant, interactions avec les parents et réponses à leurs préoccupations, modification de la gestion de l'école.

On constate que gérer une école avec des CNM est une activité complexe faisant surtout appel à des compétences relationnelles. Il ressort que les directions utilisent de façon constante les processus de consultation et de communication, que ce soit auprès des enseignants ou auprès des parents. De façon générale, elles appuient grandement les enseignants dans leur travail. Elles consacrent beaucoup de temps à l'animation pédagogique et à la création d'un esprit de groupe. Leurs interventions auprès des parents portent principalement sur les programmes et sur la capacité des enseignants à intervenir dans une CNM.

Ce chapitre présente les résultats partiels d'une recherche qualitative sur les classes à niveaux multiples (CNM). Financée par le ministère de l'Éducation de l'Ontario, cette recherche portait sur les perceptions des enseignants et des enseignantes œuvrant dans une classe à niveaux multiples; des directions œuvrant dans une école où il y a une ou des CNM; des parents ayant ou ayant eu un ou des enfants dans une CNM.

LES OBJECTIFS DE LA RECHERCHE

Pour la composante *enseignantes et enseignants*, les objectifs de la recherche qualitative étaient d'identifier et de documenter les stratégies d'enseignement, d'apprentissage et d'évaluation utilisées dans les CNM; d'identifier et de documenter les stratégies utilisées pour la planification et, finalement, d'identifier et de documenter les stratégies élaborées pour tenir compte des besoins de l'enfance en difficulté.

Pour la composante *directions d'écoles*, les objectifs de la recherche qualitative étaient d'identifier et de documenter les stratégies utilisées pour définir les niveaux et sélectionner les élèves devant être dans une CNM; d'identifier et de documenter les stratégies utilisées pour affecter, superviser et évaluer un enseignant ou une enseignante dans une CNM; d'identifier et de documenter les pratiques utilisées pour communiquer avec les parents et, enfin, d'identifier et de documenter les pratiques utilisées pour l'organisation et la gestion d'une école comportant une ou plusieurs CNM.

Pour la composante *parents*, les objectifs de la recherche qualitative étaient d'identifier les perceptions des parents sur la communication avec l'école, sur les aspects positifs et moins positifs des CNM.

MÉTHODOLOGIE POUR LA COMPOSANTE DIRECTION D'ÉCOLE

Il s'agit d'une recherche multimodale et multisite. Deux outils de collecte de données furent utilisés. Un questionnaire à questions ouvertes fut expédié dans la semaine du 18 septembre. La compilation des données débuta à la mi-octobre. Des entrevues à questions ouvertes furent réalisées entre le 1er novembre et le 20 décembre 2000. Un comité directeur fut mis en place au début pour orienter et suivre le déroulement du projet. Il était composé de représentants et représentantes des organismes suivants : le ministère de l'Éducation de l'Ontario, le Regroupement des réseaux et des centres de formation (RRCF), l'Association des enseignants et des enseignantes franco-ontariens, l'Association des directions franco-ontariennes, Association des parents-partenaires en éducation, l'Association des surintendants et surintendantes franco-ontariens, l'Université d'Ottawa, l'Université Laurentienne et l'Université de Toronto.

La préparation du questionnaire aux directions d'écoles fut réalisée de concert avec les principaux acteurs. Les questionnaires furent validés dans les deux dernières semaines de juin 2000 et pendant l'été. Deux cent trente et un questionnaires furent acheminés, par le réseau de courrier des conseils, le 18 septembre 2000, aux directions des écoles identifiées, au préalable, comme ayant des CNM. Soixante-cinq directions œuvrant dans une école où existe une ou des CNM ont répondu à un questionnaire portant sur les pratiques réussies dans les domaines suivants : identification des classes et des élèves; pratiques d'affectation, d'encadrement et de supervision des enseignants; pratiques sur l'organisation et la gestion de l'école; inquiétudes et communication avec les parents et, enfin, les conseils qu'ils donneraient à une nouvelle direction.

Pour la compilation des *données personnelles*, les réponses furent codifiées et saisies dans le chiffrier Excel. Pour la seconde partie, les questions étant essentiellement ouvertes, le défi consistait à créer un répertoire de pratiques à partir des réponses obtenues puis à codifier, en fonction de ce répertoire, les réponses des questionnaires. Cela permettrait, en utilisant Excel, d'associer les différentes catégories d'énoncés qualitatifs à des indicateurs comme l'expérience à la direction, l'expérience totale en enseignement, etc. Il faut garder en tête que la codification permet de regrouper des énoncés qualitatifs de même nature et que, par conséquent, on ne peut utiliser de procédures statistiques pour analyser et comparer les catégories d'énoncés. On peut, tout au plus, utiliser des pourcentages d'énoncés par rapport aux répondants d'une catégorie.

L'analyse des données du questionnaire

L'analyse des données s'est faite à plusieurs niveaux. De façon générale, on a identifié des tendances selon deux paramètres : les énoncés du premier choix et les énoncés regroupés des second et troisième choix (le postulat implicite étant que nous accordons plus d'importance au premier choix qu'aux second et troisième choix). Ensuite, ces tendances furent regroupées selon des catégories telles que : 1) l'expérience totale; 2) l'expérience à la direction; c) la taille de l'école en fonction des énoncés sur : a) sur les stratégies de supervision et b) les conseils.

Les entrevues

Dans le questionnaire, on demandait aux répondants s'ils étaient intéressés à participer à des rencontres de groupe ou individuelles. Vingt-deux directions ont manifesté leur intérêt pour une rencontre. Dix-huit furent rencontrées. Deux autres directions qui n'avaient pas répondu au questionnaire furent aussi rencontrées. Les entrevues furent enregistrées sur bande magnétique et transcrites; quelque 450 pages furent dépouillées.

La description des répondants

Le nombre de questionnaires retournés est de 65, soit 28 %. Le nombre de questionnaires valides : 63. Les femmes constituent 52,5 % de l'échantillon et les hommes 45,7 %, 1,8 % des répondants ne donnant pas d'indication. On pense souvent que les CNM sont des phénomènes propres aux petites écoles. Presque la moitié des directions qui ont répondu œuvre dans des écoles ayant plus de 200 élèves. On comptait huit répondants œuvrant dans des écoles de 100 élèves et moins, 23 répondants œuvrant dans des écoles de 101 à 200 élèves, treize répondants œuvrent dans des écoles de 201 à 300 élèves et dix dans des écoles de 301 élèves et plus. La proportion de répondants en fin de carrière est très élevée : 37 ont 45 ans et plus alors que 22 ont 45 ans et moins. La majorité des répondants (55,9 %) avaient de 21 à 30 ans d'expérience en enseignement alors que 27 % en avaient de 11 à 20 et 10,2 % de 1 à 10. Toutefois, presque la majorité des répondants (45,7 %) avaient moins de 6 ans d'expérience à la direction d'une école alors que 25,4 % en avait de 6 à 10 et que 22 % en avait 11 ans et plus.

LES RÉSULTATS

On a interrogé les directions d'écoles sur plusieurs composantes : choix des niveaux et affectations des élèves, affectation du personnel, affectation du local, stratégies de supervision, d'encadrement et de soutien des enseignants, les principaux conseils à donner à une nouvelle direction sur les CNM et les relations avec les parents. On ne présentera, dans cette section, que deux composantes : identification des niveaux et affectation des élèves.

Identification des niveaux

En ce qui concerne le regroupement des niveaux, pour plusieurs, il n'y a aucun choix à cause des effectifs restreints. Pour les autres répondants, les pratiques varient, et certaines se rapportent plutôt à l'affectation des élèves dans une CNM. En ce qui a trait à l'équilibre, en majorité, ils tiennent compte des effectifs : on recherche un équilibre entre le nombre d'élèves dans chaque classe. On tient compte aussi d'autres facteurs comme le genre et le groupe d'âge. Certains respectent le cycle d'apprentissage, veulent protéger la 1re année ou tiennent compte du niveau linguistique des élèves. Dans certains cas, les parents et les enseignants sont consultés. Il existe, en fait, trois situations pour définir les niveaux. Dans un premier cas, c'est une procédure obligatoire à cause des effectifs trop petits et on crée une CNM en regroupant les deux classes simples. Dans le deuxième cas, c'est aussi une procédure obligatoire parce que les effectifs sont trop élevés dans deux niveaux qui se suivent. Alors, en plus des deux classes simples, on crée une CNM avec les « surplus » des deux niveaux. Dans le troisième cas, on a un niveau qui a un surplus d'élèves et la direction a le choix de « délester » ce surplus en l'envoyant au niveau supérieur ou inférieur.

Par rapport au choix des élèves, quand cette possibilité existe, les directions tiennent compte surtout du rendement, de l'autonomie et du comportement de l'élève. En ce qui concerne l'aspect psychopédagogique, il y a des critères plus ciblés comme la maturité, la sociabilité, la personnalité, l'étude des forces et faiblesses, le besoin de défi, la débrouillardise et les besoins de suivi individuel. On tient compte aussi de l'âge, de l'équilibre des sexes, de la capacité de succès et de l'aptitude scolaire.

Certaines pratiques méritent une attention particulière. On tient compte de la dynamique des groupes avant d'affecter les élèves. Certains évitent aussi d'avoir des membres d'une même famille dans une CNM. On tient compte de l'affinité entre l'enseignant et les élèves : on constitue la classe en consultant l'enseignant sur ses capacités à travailler avec tel ou tel élève.

La répartition en fonction du rendement se fait de plusieurs façons. Dans certains cas, on assigne les « forts » du niveau inférieur et les « faibles » ou les « moyens » du niveau supérieur. Dans d'autres cas, on fait une CNM à partir de deux groupes faibles. On peut aussi regrouper les élèves forts du niveau supérieur et les élèves faibles du niveau inférieur. Une autre pratique consiste à mettre autant d'élèves forts que d'élèves faibles d'un même niveau pour rendre la classe hétérogène, identique aux autres classes. On évite d'en faire un ghetto où il n'y a que des élèves forts, sans problème de discipline.

Faire des groupes hétérogènes, semblables aux autres niveaux, semble être une préoccupation pour quelques répondants. Cette façon de faire éviterait un déséquilibre entre les classes et favoriserait l'émergence du concept de groupe.

Le processus est exigeant en temps et en consultation. Les enseignants semblent fortement engagés dans le processus; dans certains cas, c'est leur décision. À des degrés divers, les parents le sont aussi.

> *Faire des groupes hétérogènes, semblables aux autres niveaux, semble être une préoccupation qui éviterait un déséquilibre entre les classes et favoriserait l'émergence du concept de groupe.*

Dans un cas, on constitue les CNM en fonction d'une stratégie visant à protéger la 1re année qu'on veut garder à niveau simple. Dans deux cas, on tient compte du niveau linguistique des élèves (les répondants D3 et D50). Ce travail de regroupement de niveaux se fait, selon seize répondants, à partir d'une consultation avec les enseignants et, dans deux cas, avec les parents et le conseil d'école. Un répondant insiste sur la relation enseignant-élèves pour regrouper les niveaux. Voici donc les raisons invoquées par un répondant dans le cas d'une très petite école où on aurait pu regrouper les maternelle/jardin avec la 1re année :

« Mat et jardin sont des niveaux où le jeu prédomine, alors nous les avons séparés des 1re, 2e, 3e. Ces niveaux sont plus tranquilles et nécessitent moins d'interventions constantes » (D15).

Un seul répondant a fait un regroupement en fonction des niveaux psychopédagogiques. Même s'il y avait assez d'élèves en maternelle et en jardin pour faire deux classes simples, on a préféré faire deux CNM en m/j de façon à permettre l'interaction entre des enfants d'âges différents.

Dans les commentaires recueillis lors des entrevues, on souligne qu'on doit procéder à la pièce, car il existe une relation entre les niveaux à regrouper et les caractéristiques des élèves. On fait remarquer que le choix des niveaux peut avoir des conséquences sur l'élève :

« Il y a des années, on choisit de faire des groupes. Par exemple, un groupe, une 1re/2e des 2e faibles puis des 1re année forts. Alors là, ça te permet de faire des unités intégrées. Parfois ça s'y prête, mais, il y a des années, on peut pas faire ça parce que c'est pas des personnalités qui vont répondre à ça. […] Mais chaque année, c'est des décisions à revoir parce que tu n'as pas la même clientèle. […] Ça prend assez de temps à faire les groupes là […]. Ça me prend du temps à faire bien des choses parce qu'il me semble que je me questionne. Puis je reviens sur mon idée. Puis, ça me prend toujours du temps » (Claire, D51).

C'est un processus qui débute au printemps, pour certains même plus tôt, et qui devrait se terminer en juin pour permettre à l'enseignant de se préparer. Un problème important ayant été soulevé est celui des inscriptions tardives, pendant l'été ou au début septembre, qui obligent à former une nouvelle CNM.

Plusieurs insistent sur le fait qu'au début du primaire (notamment en 1re et 2e, les élèves ne sont pas très autonomes et qu'il est difficile de faire des CNM à ces niveaux :

« Les 1re année ne sont pas assez autonomes pour pouvoir travailler seuls. Ils sont pas capables de lire. Ils sont pas capables d'écrire. Donc, ça devient une difficulté. Puis, c'est là que les parents ils disent, "Woa! Ça n'a pas de bon sens. Mon jeune n'est pas encore prêt." Dans une salle de deux/trois, je dirais que ça pourrait mieux fonctionner. Définitivement, selon moi, puis je parle selon plusieurs, c'est que la 1re année devrait être complètement toute seule » (Pierre, D5).

Et les opinions convergent sur les difficultés associées aux classes de 1re et de 2e années :

« Au niveau du cycle primaire, je vois difficilement comment la 1re et la 2e années pourraient être un cours multiple. On le fait par contre là, mais je ne sais pas comment on le réussit parce que c'est tellement une année de base. Deux et trois, ça pourrait être aussi. Donc, peut-être le seul niveau où est-ce que ça se prête le moins, selon moi là, ça serait la 1re et la 2e année. Et la 7e et la 8e années » (Caroline, D37).

« Moi, j'ai enseigné les cours multiples, deux et trois, trois et quatre, cinq et six, à plusieurs reprises. Un et deux, moi je trouve que ça va pas ensemble, du tout, du tout. Et deux et trois, difficilement parce que, en 2e année, ils commencent la lecture. Ils commencent à vraiment lire, décoder. Puis, on doit dépenser quand même beaucoup de temps sur la lecture. Tandis que les 3e années, ils sont passés un petit plus loin de ça. Ça fait que tout ça, ça bouleverse un peu ton enseignement » (Caroline, D37).

« Si on regarde les conflits de 1re année là, c'est vraiment l'année où l'enfant entre dans sa routine d'écolier. On fait beaucoup, beaucoup nous de prélecture et préécriture au niveau de la maternelle/jardin. Les enfants qui sont dans le processus d'écriture au jardin, ils travaillent, ils connaissent déjà les étapes puis tout ça. En maternelle aussi. Les profs de maternelle/jardin ici, surtout de jardin, les enfants connaissent leurs lettres. Ils savent, il y en a beaucoup qui savent déjà lire quand ils arrivent en première par osmose, ou par beaucoup de prélecture. Alors, ça, ça aide beaucoup. Mais, il reste que, la 1re année est très, très importante. Même si c'est juste pour que l'enfant s'habitue à un horaire scolaire qui est différent de maternelle/jardin » (France, D47).

Mais les choses commencent à changer en 3e année, comme l'explique notre intervenante :
« Mais, de la 1re année à la 2e année, je dis, les 1re année n'ont pas d'autonomie. Même les 2e année en ont très peu aussi. Ça fait que si on met un avec pas d'autonomie, puis un très peu ensemble, c'est très difficile de fonctionner dans la salle de classe. Puis, 2e année et 3e année, l'autonomie va commencer vraiment à la fin de l'année parce que là ils vont pouvoir lire. Ils vont pouvoir aller chercher de l'information, aller dans les dictionnaires, utiliser les outils qui sont dans la salle de classe [...] Puis aussi, ils sont vraiment encore jeunes. Ils jouent des petits jeux tandis que les 3e années eux autres, ils sont vraiment plus sociables. Et puis, de ce côté, je pense que c'est différent » (Caroline, D37).

On remarque aussi que le jumelage 7e et 8e années est aussi difficile. Les matières sont très différentes, et il existe un écart psychologique entre ces deux niveaux, dû notamment au fait que dans le cas des 8e année, ce sont les « grands » qui sont déjà en transition vers l'école secondaire :

« Je pense peut-être que le niveau du cycle moyen, quatre et cinq, se prête bien à un cours multiple. Cinq et six. Sept et huit, ça devient un peu plus difficile parce que là, on les prépare seulement au secondaire là, et puis le curriculum est tellement différent d'une matière à l'autre » (Caroline, D37).
« Je peux te dire une classe qui est très difficile à jumeler là, je l'ai vécu une année, c'est une 6e et une 7e. Parce que 6e, avec le programme qu'on a maintenant, il y a une grande démarcation dans l'approche et il y a une transition comparative dans la 6e. Puis, il y a des gros changements au niveau développemental des enfants en 6e et 7e. Puis celle-là est difficile [...] Surtout au printemps là, à partir de janvier, février, ça devient de plus en plus difficile » (Pauline, D17).

Un répondant considère que les CNM doivent se faire à l'intérieur d'un cycle pour des raisons tant psychologiques que pédagogiques :
« Bon, quasiment au niveau de mon expérience-là, je suis [depuis] 30 ans dans l'enseignement. J'ai eu la chance de voir pas mal de choses. Et puis, je dois te dire, que je ne vois pas un cours double entre cycles, je le vois à l'intérieur du cycle. [...] Parce que un, 3e année, c'est la fin d'un cycle. C'est un peu une synthèse des apprentissages, tu sais, du primaire. Et puis, mélanger ça avec le départ d'un cycle, 4e année, où il y a vraiment... Même au niveau des curriculums, il y a un écart là. On voit là qu'on tend beaucoup plus vers l'autonomie. Puis tu peux pas là, en avoir par la main » (Luc, D30).

Par contre, ce choix n'est pas absolu, car il doit prendre en considération la personnalité de la classe :
« Ça dépend de la personnalité de la salle de classe, O.K.? Chaque élève, chaque classe a une personnalité. La personnalité de mes élèves de 4e année de cette année-là, ils placotaient beaucoup. Ils demandaient beaucoup d'attention ces élèves-là. Puis c'étaient tous des élèves, disons, c'étaient tous des élèves moyens. Ça fait qu'ils avaient besoin de beaucoup de mon attention » (Caroline, D37).

La consultation auprès des enseignants n'est pas toujours appropriée. Dans le cas d'une grosse école, on fait ressortir qu'il s'agit d'une décision administrative :

« Ensuite [après l'obtention de la dotation du conseil], c'est une décision administrative. Moi, je suis ici depuis plusieurs années. Mais, c'est une nouvelle direction. C'est une nouvelle équipe. C'est toujours administratif. C'est toujours, à un moment donné, tu regardes les besoins de la population. De la clientèle. Puis, tu pourrais faire aussi, le côté aussi disciplinaire, le côté comportemental. Puis, les nombres. Puis là, on s'assoit puis on regarde les nombres. Alors, la décision, elle est administrative. Puis on ne consulte pas les enseignants puis dire, "Bien, qu'est-ce que c'est que vous pensez, vous autres là?" » (Diane, D54).

« Une suggestion intéressante sur le jumelage de trois niveaux avec deux enseignants qui pourrait permettre le partage des élèves selon les matières. C'est un principe de géométrie variable appliquée à la CNM. Deux enseignants se partageant, selon les matières, leurs compétences et leur expertise, un nombre plus élevé d'élèves » (Pierre, D5).

Il existe, en fait, trois situations pour définir les niveaux. Dans un cas, c'est une procédure obligatoire à cause des effectifs trop petits et on crée une CNM en enlevant les deux classes simples. Dans le deuxième cas, c'est aussi une procédure obligatoire parce que les effectifs sont trop élevés dans deux niveaux qui se suivent. Alors, en plus des deux classes simples, on crée une CNM avec le « surplus » des deux niveaux. Dans le troisième cas, on a un niveau qui a un surplus d'élèves et la direction a le choix de « délester » ce surplus en l'envoyant vers un niveau supérieur ou inférieur. C'est ici que commencent à se poser les questions concernant le choix des élèves et pour certains, que commencent les étapes de consultation avec le personnel enseignant et les parents.

Le choix des élèves affectés dans une classe à niveaux multiples

De façon globale, on tient compte surtout du rendement, de l'autonomie et du comportement de l'élève. En ce qui a trait à l'aspect psychopédagogique, il existe des critères plus ciblés : la maturité, la sociabilité, la personnalité, l'étude des forces et faiblesses, le besoin de défi, la débrouillardise et les besoins de suivi individuel. On tient compte aussi de l'âge, de l'équilibre des sexes, de la capacité de succès et de l'aptitude scolaire. Dans un cas, on vérifie les antécédents dans le dossier scolaire de l'Ontario (DSO).

Certaines pratiques méritent une attention particulière. Dans quelques cas, (neuf répondants), on tient compte de la dynamique des groupes avant d'affecter les élèves. On regarde le réseau social, les amis, on tente de « minimiser l'impact social négatif » (D9). Certains évitent aussi d'avoir des membres d'une même famille dans une CNM. On tient compte de l'affinité entre l'enseignant et les élèves : on constitue la classe en consultant l'enseignant sur ses capacités à travailler avec tel ou tel élève. Ceci est réalisable dans les petites écoles où les enseignants connaissent tous les élèves. Enfin, la capacité linguistique des élèves est aussi prise en considération par certains répondants.

La répartition en fonction du rendement se fait de plusieurs façons. Dans certains cas, on assigne les « forts » du niveau inférieur et les « faibles » ou les « moyens » du niveau supérieur (D43). Dans d'autres cas, on fait une CNM à partir de deux groupes faibles (D38). On peut aussi regrouper les élèves forts du niveau supérieur et les élèves faibles du niveau inférieur (D25). Une autre pratique consiste à mettre autant d'élèves forts que d'élèves faibles d'un même niveau pour rendre la classe hétérogène, identique aux autres classes. On évite d'en faire un ghetto où il n'y a que des élèves forts, sans problème de discipline.

Selon les commentaires recueillis lors des entrevues, l'affectation des élèves est un processus qui tient compte de plusieurs caractéristiques de l'élève.

Pour certains, on utilise essentiellement le profil pédagogique (comment fonctionne l'élève en salle de classe) et les antécédents documentés de l'élève dans le dossier scolaire de l'Ontario (DSO).

On veut former des classes hétérogènes dans lesquelles on retrouve des profils identiques à ceux des autres classes. On ne veut pas isoler les meilleurs élèves ensemble et créer un milieu artificiel :

« Mais, la meilleure des solutions jusqu'à date qu'on a trouvées, c'est de prendre un groupe qui est de force suffisamment égale. On ne parle pas de mettre ensemble les sous-doués [...] » (Nicole, D33).

« [Éviter les problèmes de comportement?] Pas nécessairement. Pas nécessairement. Parce que la vraie vie, c'est pas ça [...] Non, c'est sûr qu'on retrouve moins là » (Luc, D30).

« La semaine passée, on confirme qu'on a une 1re année complète. Puis on transfère six élèves. On va transférer six élèves pour faire un groupe de vingt-sept en 1re, puis un groupe de vingt-sept en 2e. Première/2e. Après ça c'est beau. On demande, "Lesquels on va transférer? Lesquels là? Quels enfants?" Bien là, le prof de 2e dit, "Bien moi, je ne veux pas avoir n'importe qui." Et le prof de première, "Bien, moi je ne voudrais pas perdre mes meilleurs." On va s'asseoir ensemble. On va les regarder. On se met des critères [...] Qui est-ce qui pourrait aller en 2e année? Bon, l'élève qui peut être plus proche en âge. "O.K. On s'entend? Vous êtes d'accord? Parfait. L'élève qui est autonome?" Mais, autonome ne veut pas dire nécessairement premier de classe. C'est-à-dire "autonome" parce qu'il est capable de se débrouiller. O.K. [...] On a les mêmes lunettes? Oui. On est une école multiculturelle [donc on ne peut pas transférer sans tenir compte de ce facteur]. On en transfère six. On faisait, deux forts, deux moyens, deux faibles. C'était équitable? Oui. Ça a du bon sens » (Mathieu, D10).

L'esprit de groupe, la cohésion et créer le sens qu'ils forment une unité sont des paramètres importants pour certains :

« Oui [ils forment un groupe]. Peu importe si on enseigne pendant quinze, vingt minutes durant une période à tel groupe, plutôt qu'à un autre. L'autre groupe a son travail à faire puis, ainsi de suite. Mais, il faut qu'ils finissent par l'oublier [qu'ils sont dans deux niveaux]. C'est ça que je dis à mes profs. Ils sont rendus dans un cours simple, mais il y a un écart d'âge, c'est tout » (Nicole, D33).

On tient compte des capacités et des qualités des élèves lorsqu'on les choisit. Les principaux paramètres portent sur l'autonomie, la capacité de travailler seul et en groupe, le comportement, la maturité :

« Ça ne veut pas nécessairement dire que tu vas nécessairement mettre tes autonomes dans la classe double. L'autonomie n'est pas nécessairement le premier critère. Il faut que tu fasses tes devoirs avant, puis que tu regardes c'est quoi le profil de tes enfants de 2e année. Si je regarde l'école ici, j'ai fait le profil de la 2e année, des forces et défis. Et, j'ai regardé le profil de la 3e année qui était pour être associée avec ces élèves de 2e année-là. Puis c'est comme ça que les élèves ont été choisis. Pas nécessairement parce que c'étaient les élèves les plus forts » (Réjean, D46).

« Alors, on considère d'abord, l'académique, les forces académiques, les faiblesses. [...] les amis, c'est bien [...], sa relation avec les autres, les amitiés parce que ça, c'est très fort. Et souvent, c'est ce qui va faire quand le parent va fortement questionner et n'acceptera pas le placement de son enfant parce que l'enfant a perdu ses amis puisqu'il entre en pleurant tous les soirs » (Claire, D51).

« Il y aussi la maturité. Tu sais, les enfants [...] si tu as un groupe de un/deux, puis un deux/trois, bien parfois, l'enfant qui [est] encore tellement jeune là [...] qu'il a encore envie de jouer en 2ᵉ année. Pourquoi le mettre en deux/trois? Ils vont l'écraser! [...] Il faut les regrouper avec des enfants moins matures là, comme on dit, parce qu'ils vont se faire écraser. Ou bien parfois, c'est toutes des personnalités fortes qu'il y a dans un groupe, tu sais ? » (Claire, D51)

Dans certains cas, on doit tenir compte du niveau linguistique de l'élève dans l'affectation :

« J'essaie de mélanger ces deux groupes-là [de niveaux linguistiques différents]. Je vais prendre cinq qui parlent très, très bien français puis cinq qui parlent pas bien français. Je les mélange ensemble pour que le niveau de ceux qui ont plus de difficulté en français puisse avoir une bonne... qu'ils entendent des bonnes structures de phrases parce que si on garde tous les faibles ensemble qui n'ont pas les bonnes structures de phrases... » (Marcel, D18).

L'utilisation du DSO peut s'avérer un outil de base, car il permet une objectivation partielle du processus et fournit des données plus précises et que, parfois, on aurait oubliées ou dont on n'aurait pas tenu compte.

On peut aussi consulter le conseil d'école pour définir les critères de façon à rassurer les parents sur l'équité du processus. C'est une pratique associée à la transparence :

« J'avais, moi, des parents qui étaient très politiques à mon ancienne école. Ils s'attendaient à beaucoup. Ils connaissaient beaucoup de ce qui se passait en éducation. Alors, le conseil d'école a demandé qu'on établisse une politique. Moi, je leur ai suggéré [des idées]. Alors, ensemble, le conseil d'école, moi-même, une représentante du personnel, on a établi des politiques pour le choix des élèves pour les cours doubles. Alors, premièrement, on s'est entendu sur des critères de sélection. Alors, un des critères était sûrement le sexe. Ne pas avoir pas toutes des filles ou tous des garçons. [...] Avoir, dans l'ensemble, le même nombre d'élèves forts, moyens, faibles. Si possible, puisque j'avais dix éducateurs et éducatrices spécialisés à l'autre école, avoir, s'il avait un enfant identifié [...], avoir un éducateur ou une éducatrice dans le cours double pour aider à l'enseignante. À ce moment-là, ça facilite la gérance de la classe aussi. » (Danielle, D70)

Il faut tenir compte de la réaction des parents au placement de leur enfant dans une CNM. Ils sont en mesure de partager de l'information que l'école ne connaît pas, notamment en ce qui a trait aux amis et à la maturité. Cependant, on constate que dans la majorité des cas, il n'y a pas ou que très peu de consultation avec les parents. On annonce plutôt une décision et on la justifie. Dans certains cas, il faut utiliser des arguments démontrant l'avantage du placement en CNM pour convaincre un parent du placement.

Pour la majeure partie des répondants, c'est un processus qui exige beaucoup de consultation entre la direction, les enseignants, le personnel-ressource et, souvent, les parents. Tous les acteurs deviennent une partie prenante du processus et en acceptent le résultat. C'est un processus qui prend du temps et qui demande beaucoup de réflexion, car les conséquences sont importantes pour l'élève.

Faire des groupes hétérogènes, semblables aux autres niveaux, semble être une préoccupation pour quelques répondants. Ceci éviterait un déséquilibre entre les classes et favoriserait l'émergence du concept de groupe. La cohésion recherchée diminue l'écart qui pourrait provoquer un clivage dans la CNM. Les qualités, compétences et aptitudes recherchées pour la séparation du groupe portent sur l'autonomie, le travail individuel et de groupe, l'autodidaxie, et on semble dire que la prise en considération du réseau affectif de l'élève est importante. Dans un cas, on signale l'importance du DSO comme facteur d'approfondissement de la situation de l'élève. De plus, la capacité langagière peut être prise en considération pour la sélection.

Le métier d'élève dans la classe à niveaux multiples : regards d'élèves dans une école française en milieu minoritaire*

Diane Farmer, OISE, Université de Toronto
Nathalie Bélanger, Université d'Ottawa

RÉSUMÉ

Les classes à niveaux multiples représentent une situation courante dans les écoles primaires de l'Ontario, surtout dans les écoles de langue française où les directions d'écoles urbaines ou rurales doivent composer avec des effectifs fluctuants d'une année à l'autre. Cependant, on ne sait que très peu de choses au sujet de ces classes. L'étude présentée dans ce texte s'intéresse à cette situation que vivent nombre d'élèves, et ce, en privilégiant une perspective méthodologique qui tient compte des points de vue des élèves et qui s'inspire de la sociologie de l'enfance et des travaux sur « le métier d'élève » et de « l'expérience scolaire ». Les données analysées dans le cadre de ce texte traitent de la sélection des élèves destinés à ce type de classes et de l'actualisation du travail scolaire au sein d'une telle classe.

---

* Les données présentées proviennent du projet de recherche intitulé *Classes à niveaux multiples : socialisation et exercice du métier d'élève dans les écoles de langue française et anglaise de l'Ontario*, subventionné par le Conseil de recherches en sciences humaines du Canada pour la période de 2003 à 2006. Les noms des participants à l'étude utilisés dans ce chapitre sont fictifs afin de préserver l'anonymat des personnes. Nous aimerions remercier le CRSH ainsi que Kehra Taleb, Anne-Marie Caron-Réaume et Julie Byrd-Clark, étudiantes au doctorat à OISE/UT et assistantes de recherche dans le cadre de ce projet.

Les classes à niveaux multiples, qui caractérisaient hier l'école de campagne, font aujourd'hui partie du paysage scolaire urbain aussi bien que rural. Cette situation serait d'ailleurs davantage prédominante dans les écoles de langue française en milieu minoritaire (Lataille-Démoré et Fradette, 2000). Généralement constituées peu avant le début de l'année scolaire, suivant principalement le calcul des effectifs, ces classes font l'objet d'importants débats dans les milieux d'éducation (Brown et Martin, 1989; Lou, Abrami et Spence, 2000; Mason et Burns, 1995, 1996; Mulcahy, 1991, 2000; Fradette et Lataille-Démorée, 2003). En Ontario, les programmes d'études du palier primaire (élèves âgés de 6 à 13 ans) de la dernière réforme scolaire sont découpés par année d'études. Ils ne tiennent pas compte de situations où des élèves de deux, voire trois et parfois plus de trois niveaux se trouvent regroupés dans une même classe. Cette situation ne va pas sans contrarier les acteurs scolaires, notamment les enseignantes ou enseignants qui se sentent peu ou pas préparés à remplir une tâche pour laquelle les ressources sont éparses (St-Germain, 2001) et qui est souvent dévalorisée par les parents et par l'opinion publique (Craig et McLellan, 1987; Veenman, 1995, 1996).

Les classes à niveaux multiples sont abordées en tant que situation exceptionnelle, et cela, malgré l'ampleur et l'incidence d'un tel phénomène. Elles sont quasi absentes des politiques éducatives (Fradette et Lataille-Démoré, 2003; Mulcahy, 2000). Mais comment les acteurs sociaux de l'éducation s'accommodent-ils d'une telle situation? Le programme de recherche que nous avons entrepris vise ainsi à mieux comprendre les utilisations faites de la classe à niveaux multiples par les administrateurs, enseignants, parents, et surtout, par les élèves. Nous cherchons à mettre à jour une organisation scolaire qui se fait de façon implicite et à en saisir les logiques de l'inclusion/exclusion. Ce texte traite plus spécifiquement de l'expérience scolaire de l'élève dans la classe à niveaux multiples, en recourant à la métaphore d'un « métier d'élève » (Perrenoud, 1995; La Borderie, 1991; Sirota, 1988, 1993). De telles classes, constituées de façon *ad hoc*, font-elles émerger de nouvelles filières de classement entre élèves? Comment nous renseignent-elles, par ailleurs, sur le fonctionnement du groupe-classe, sur la lecture que font les élèves des attentes de l'école et, plus largement, sur les inégalités d'éducation?

L'analyse proposée met l'accent sur les interactions en salle de classe (et à l'école) entre l'enseignant et les élèves ainsi qu'entre élèves. Elle accorde une place centrale à la socialisation scolaire dans une problématique traitant des inégalités d'éducation (Dubet et Martuccelli, 1996; Gayet, 1998, Charlot, 1997; Bélanger et Farmer, 2004; Duru-Bellat et Henriot-van Zanten, 1992; van Zanten, 2000, 2001). Le texte qui suit précise d'abord l'encadrement théorique donné à l'étude ethnographique en cours, pour ensuite présenter certaines données recueillies lors de la première année. Ces données fournissent un premier éclairage en ce qui a trait à la sélection des élèves dans les classes à niveaux multiples et au processus d'interprétation (ou de réinterprétation) de la situation. Comment les élèves expliquent-ils le fait qu'ils se retrouvent dans une classe à niveaux multiples? Une telle organisation de la classe influence-t-elle l'expérience scolaire? Les résultats de l'étude font état de la complexité de la situation lorsqu'il s'agit d'examiner le « métier d'élève » dans les classes à niveaux multiples.

LA SOCIALISATION SCOLAIRE

Cette étude aborde la socialisation, non pas uniquement en tant que transmission de normes, de valeurs et autres éléments d'une société à un être socialisé, mais surtout en tant que geste de sélection, d'appropriation, de bricolage de l'être social, une socialisation définie en tant qu'« autoconstruction » (Gayet, 1998). Les études effectuées par Vasquez (1992), Fellouzis (1993), Vasquez-Bronfman et Martinez (1996) et Gayet (1998) sur la socialisation scolaire font état d'un double processus qui s'actualise dans la relation entre l'enseignant et les élèves, d'une part, et dans les relations entre élèves, d'autre part, pouvant faciliter ou, à l'inverse, nuire au travail scolaire à accomplir (Bélanger et Farmer, 2004). L'inclusion ou non de l'élève au sein de telles filières de socialisation ainsi que le travail d'interprétation qu'effectue l'élève sur l'école et sur la position qu'il occupe au sein de l'entreprise scolaire sont des composantes essentielles pour saisir les inégalités d'éducation (Dubet et Martuccelli, 1996; Montandon, 1997). L'analyse proposée s'inscrit dans la sociologie de l'enfance (James et Prout, 1990; James, Jenks et Prout, 1998; Montandon, 1998; Qvortrup, Bardy, Sgritta et Wintersberger, 1994). Nous avons évoqué récemment les principales avancées théoriques ayant trait à la conceptualisation de l'enfance et à la socialisation scolaire (Bélanger et Farmer, 2004). Rappelons que l'enfance est une catégorie sociale qui se développe à la fin du XVIe siècle et surtout au XVIIe siècle (Ariès, 1960). Elle ne se limite pas à une catégorie biologique, comme le soulignent James et Prout : « L'immaturité des enfants est un fait biologique, mais les façons de comprendre l'immaturité et de lui donner un sens est un fait culturel » (traduction libre) (1990, p. 7). Cherchant à cerner un paradigme émergeant, les auteurs soulignent que l'enfance est une construction sociale, un phénomène qui ne repose pas sur un modèle unique et universel, mais plutôt sur une pluralité d'enfances, que les enfants participent activement au processus de construction de leur enfance, et qu'il s'agirait, tant sur le plan politique qu'épistémologique, d'un parti pris pour l'enfance. « C'est donc dire que de constituer un nouveau paradigme de l'enfance en sociologie, c'est également de participer au processus de la reconstruction de l'enfance dans la société » (traduction libre) (1990, p. 8).

Circonscrite historiquement, la notion sociologique d'enfance s'élabore par ailleurs dans la dichotomie enfant/adulte (Duclos, 1995; Percheron, 1974, 1984). Cette dichotomie instaure un rapport politique entre le monde adulte et enfantin où il convient à l'adulte de créer, de nommer et de réglementer cette catégorie « enfant » (ex. : déterminer qui est majeur ou mineur). On tend ainsi à reproduire, que ce soit dans la recherche ou en pratique, le point de vue des adultes sur ce que vivent les enfants (ex. : la mise en échec) en persistant à parler « au nom de » l'enfant. La sociologie de l'enfance cherche à restituer le point de vue de l'enfant en tant qu'acteur social légitime au même titre que les autres (Montandon, 1997).

> *L'activité de l'élève est donc multiple, complexe et, dans une certaine mesure, autonome par rapport à l'institution scolaire.*

LE « MÉTIER D'ÉLÈVE » DANS LA CLASSE À NIVEAUX MULTIPLES

Les premiers auteurs à s'intéresser au « métier d'élève » ont cherché à montrer que la réussite d'un élève est non seulement liée aux compétences acquises, mais également à l'apprentissage des règles du jeu et plus encore, à l'idée de bien vouloir « jouer le jeu » (Sirota, 1988, 1993). La métaphore d'un « métier d'élève » (Perrenoud, 1984, 1995; Sirota, 1993) décrit bien la complexité de l'expérience que vit l'élève à l'école. La Borderie (1991) explique qu'être élève est le premier métier du monde. Perrenoud (1995) trace un parallèle entre le monde du travail (des adultes) et le monde des élèves. Il s'agit bien d'un premier métier au sens où l'enfant doit se soumettre à un horaire précis et stable, à des rappels à l'ordre, à un univers de règles qui concernent les apprentissages, les retards et absences, les écarts de conduite. Le métier d'élève se réfère alors au sens particulier qu'accorde l'élève au travail scolaire, aux savoirs et savoir-faire, aux situations d'apprentissage (Perrenoud, 1995) et aux logiques (plurielles) de l'entreprise éducative (Dubet et Martuccelli, 1996).

L'analyse que nous proposons aborde l'école en tant que lieu de culture politique (Derouet, 1992, 2000). Elle met l'accent sur les interactions entre l'enseignant et la classe ainsi qu'entre élèves au quotidien (Goffman, 1973, 1991). Les élèves se trouvent ainsi à interpréter (ou réinterpréter) leur expérience scolaire, au jour le jour, dans le cadre de rapports formels, à savoir dans la relation pédagogique entre l'enseignant et les élèves, une relation d'autorité, et, dans la relation entre les pairs, une relation dite égalitaire (les élèves partageant tous le même statut formel devant l'école). Toutefois, ces rapports formels font l'objet de négociations dans les pratiques quotidiennes; les enseignants exercent ainsi un pouvoir discrétionnaire au sein de la classe alors que les élèves ajustent constamment leur position au sein du groupe et vis-à-vis l'enseignant (Vasquez-Bronfman et Martinez, 1996). L'activité de l'élève est donc multiple, complexe et, dans une certaine mesure, autonome par rapport à l'institution scolaire.

Les données que nous présentons ici proviennent d'une étude ethnographique intitulée *Classes à niveaux multiples : socialisation et exercice du métier d'élève dans les écoles de langue française et anglaise de l'Ontario*, financée par le Conseil de recherches en sciences humaines du Canada (2003-2006). Cette étude s'intéresse aux élèves âgés de 8 à 12 ans et combine trois types de cueillette de données : 1) des observations prolongées; 2) des entrevues auprès des élèves, des professionnels de l'éducation et des parents et 3) une étude de documents. Les données présentées dans ce chapitre ont été recueillies durant l'année scolaire 2003-2004 dans une école située en milieu urbain regroupant, en grande partie, des familles de classe moyenne supérieure. Les élèves se trouvent dans une classe de 5e/6e années. Dans cette école, les élèves de 5e année ont été partagés entre trois classes (4e/5e, 5e et 5e/6e) et les élèves de 6e année entre deux classes (5e/6e et 6e). Nous chercherons d'abord à saisir comment ces derniers expliquent les raisons ayant conduit au fait qu'ils aient été classés dans une classe à niveaux multiples; pour ensuite nous interroger sur l'interprétation donnée à l'expérience vécue au courant de l'année dans une telle classe. Il s'agit d'un premier regard que nous posons à l'endroit des données recueillies qui fera l'objet d'analyses plus exhaustives dans l'avancement de notre programme de recherche.

Comment les élèves expliquent-ils le fait qu'ils se retrouvent dans une classe à niveaux multiples?

Voici d'abord comment les élèves ont réagi à cette question dans le cadre d'une discussion en petits groupes. Philippe a 12 ans. Il a fait l'expérience de la classe à niveaux multiples en 1re/2e années, en 5e/6e années alors qu'il était en 5e année et de nouveau cette année en 6e. Son point de vue repose sur ce que les enseignantes lui ont raconté. Il rapporte :

« Ma prof de jardin avait dit qu'elle m'avait mis en 1re/2e années parce qu'elle pensait que j'étais comme un peu intelligent, mais je sais pas. [...] Les personnes nous disaient c'est parce qu'on avait beaucoup d'autonomie » (GR5, p. 3-4).

Yucef (6e), qui a une longue expérience des classes à niveaux multiples, se prononce sur la cohorte d'élèves :

« Oui parce que ceux qui sont lents ben ils seraient très en arrière avec comme les 5e ou les 6e, alors, les autres classes seraient en avant et notre classe serait en arrière [...] C'est ce que je pense » (GR2, p. 9).

D'autres élèves expliquent le placement en fonction d'une logique administrative. Ainsi, Jim (6e) rapporte :

« C'est parce qu'il y a trop de 6e et de 5e *so* ils doivent les mettre dans d'autres classes » (GR2, p. 8).

Il ressort de ces témoignages que les élèves interrogés expliquent le fait de se retrouver dans une classe à niveaux multiples à partir de dispositions individuelles particulières. Ils sont forts sur le plan scolaire, autonomes et aptes à s'exécuter rapidement. L'image qu'ils reçoivent de l'école et qu'ils interprètent est celle d'élèves très performants. Ils définissent leur classe en tant que classe forte également, « autrement ils accuseraient un retard sur les autres classes ». Ils semblent percevoir la classe à niveaux multiples comme classe d'élite. Les élèves expliquent aussi l'existence de telles classes en tant que nécessité administrative, liée à la question des effectifs scolaires et des ressources de l'école.

Les élèves font ainsi preuve d'une bonne compréhension du fonctionnement de l'école en tant que système organisationnel (logique administrative énoncée) et de leur statut particulier d'élève performant. Ils saisissent bien leur métier, non pas au sens où ils seraient « bons élèves » aux yeux de l'école, l'élève étant alors décrit en tant « qu'objet pédagogique » (Montandon, 1997), mais plutôt au sens de savoir repérer, d'abord, les nombreux dispositifs et les contraintes d'un système social particulier et, surtout, de savoir se positionner et naviguer au sein d'un tel système (Dubet et Martuccelli, 1996; Dubet, 1997). Dubet fait une mise en garde au sujet de l'usage du terme « métier d'élève », car trop souvent récupéré et mal interprété par le milieu scolaire. Il préfère, de fait, parler d'« expérience scolaire ».

La classe à niveaux multiples affecte-t-elle l'expérience scolaire telle que vécue et interprétée (ou réinterprétée) par l'élève?

Nous avons demandé aux élèves : « Parle-moi de ton expérience dans la classe à niveaux multiples. » Ceux-ci, réunis en groupes de deux ou trois, ont mis de l'avant deux aspects que nous aimerions analyser de plus près. Ils ont d'abord discuté de l'enseignement et du travail en classe, en relation avec l'acte d'enseigner et le partage de l'enseignement entre les deux groupes d'élèves. Ils ont également discuté des relations avec leurs camarades de classe.

La relation pédagogique

Olivier a 11 ans et est en 5ᵉ année. Il a fait l'expérience de la classe à niveaux multiples en 1ʳᵉ/2ᵉ années. Il a le sentiment de perdre son temps, car lorsque l'enseignante travaille avec le groupe de 6ᵉ, les 5ᵉ, explique-t-il, « n'ont rien à faire ». Il se ravise un peu, par contre, en affirmant que son expérience dans une telle classe lui donne aussi un avantage, soit celui de bénéficier d'un double programme.

Il précise :

« Mais c'est bien de temps en temps parce que des fois quand Madame corrige avec les 6ᵉ année et on a rien à faire, on écoute qu'est-ce que Madame dit alors on apprend des choses comme de 6ᵉ année, alors l'année prochaine [...] on saura plus ce qui vient. » (GR2, p. 7)

L'organisation de la classe et les styles d'enseignement retrouvés font partie de la mise en scène de la vie de tous les jours en salle de classe, individualisée par les multiples façons d'enseigner.

Yucef (6ᵉ) vit aussi cette expérience de façon partagée. Il pense qu'il recevrait le double de l'enseignement dont il bénéficie actuellement s'il était dans une classe simple. Par contre, il voit certes des avantages à la classe à niveaux multiples. Il explique : « Si les 5ᵉ ont [...] un voyage, les 6ᵉ vont aller aussi so c'est comme un bonus » (GR 2, p. 2).

Ce type de réponse est survenu dans la plupart des entrevues auprès des élèves. L'objectif des chercheurs était d'abord, de façon exploratoire, un type d'organisation scolaire que vivent un grand nombre d'élèves, en restituant leur point de vue. Il ne consistait pas à polariser l'expérience en tant que bonne ou mauvaise, les débats sur la question demeurant d'ailleurs peu concluants jusqu'à présent (Fradette et Lataille-Démorée, 2003). De plus, la recherche ne visait pas à se prononcer sur un type d'enseignement plus qu'un autre. Au sens de Goffman (1973, 1991), l'organisation de la classe et le ou les styles d'enseignement retrouvés font partie de la mise en scène de la vie de tous les jours en salle de classe, une mise en scène individualisée par les multiples façons d'enseigner, posant les limites et possibilités à partir desquelles l'univers des élèves se déploie. Ces premiers témoignages laissent à penser que pour les élèves interrogés, la classe à niveaux multiples constitue une expérience partagée à plusieurs points de vue : cela peut être un atout dans leur carrière d'élève (s'avancer dans le programme scolaire, profiter de sorties destinées à l'autre groupe), mais elle peut aussi avoir l'effet contraire (perdre son temps, bénéficier de moins de temps avec l'enseignante). Ils se positionnent et sont conscients du positionnement dont ils font l'objet au sein de l'entreprise scolaire.

Les relations entre les pairs

Lorsque nous avons demandé aux élèves de nous parler de la classe à niveaux multiples, plusieurs des affirmations recueillies avaient trait aux relations entre élèves de la classe et de l'école. Les observations faites *in situ* sont également révélatrices à cet effet. Ces relations entre élèves sont décrites de plusieurs façons : amitiés perdues/retrouvées, nouvelles amitiés, complicité, alliances changeantes, coopération et compétition. Aux fins de cet exposé, nous aimerions présenter deux témoignages qui traitent plus directement de la classe à niveaux multiples.

Karine (5e) et Samantha (6e) ont longuement discuté des relations de compétition entre élèves et d'un statut différent entre élèves de 5e versus 6e année. Pour Karine, la classe à niveaux multiples est un terrain de bataille entre les deux niveaux. Elle explique, en prenant la 5e comme point de référence :

« Les 6e, c'est comme ils pensent, quand t'es en 4e/5e, tu es moins intelligent, quand t'es en 5e, juste t'es comme normal, mais quand tu es en 5e/6e t'es comme un "*nerd*", t'es une personne qui sait tout, alors ils vont comme quelques fois ils disent "Oh, vous êtes des *nerds* parce que vous êtes dans la classe" »
(GR4, p. 16-17).

Samantha est en 6e année et fait l'expérience de la classe à niveaux multiples pour la première fois. Son expérience l'inquiète. Ses échanges durant les moments de récréation avec des élèves de l'autre classe de 6e année, une classe à niveau simple, l'amènent à penser qu'elle accuse du retard par rapport à la classe simple. Elle raconte ce qui suit :

« Je trouve que c'est une perte de temps parce que les autres ils sont vraiment beaucoup plus avancés et en sciences [...] ils vont faire l'espace. [...] Nous on va même pas l'apprendre l'espace! » (GR1, p. 16). Elle ajoute ce qui suit : « Parce que si on était dans une classe simple, elle [l'enseignante] pourrait juste commencer à enseigner encore... mais parce qu'elle doit être avec les 5e, on ne peut pas » (GR1. p. 17).

Les exemples cités plus haut font ressortir que la salle de classe est un lieu de forte compétition entre élèves d'une même classe et de classes différentes (les deux 6e années) et que peut émerger une différence de statut entre élèves. On note d'ailleurs, dans les deux cas, que l'animosité exprimée (mauvais traitement ou retard dans le parcours scolaire) est dirigée envers les autres élèves et non pas envers l'enseignante. La compétition est un type de relation prédominante, parmi plusieurs, qui prend forme dans la socialisation scolaire.

CONCLUSION

Cette recherche sur les classes à niveaux multiples s'inscrit dans la problématique des inégalités d'éducation. Elle tente de saisir les logiques de l'inclusion/exclusion qui influencent l'expérience scolaire en mettant au jour une organisation scolaire qui se fait de façon implicite et qui touche un bon nombre d'élèves au Canada. Nous avons mis l'accent sur la construction *in situ* de la classe à niveaux multiples. Nous avons exposé des données traitant de la sélection et de l'actualisation du travail scolaire au sein d'une telle classe. Les témoignages d'élèves illustrent bien que ces derniers ont conscience du fait qu'une compétition vive prend forme entre élèves pour obtenir les meilleures places au sein d'un système aux ressources pourtant limitées. Les témoignages sont éloquents à l'effet que nous nous trouvons, par ailleurs, dans la complexité et que les positions d'acteurs sont nuancées et changeantes, notamment en ce qui a trait aux alliances stratégiques entre élèves, ce que nous aborderons ultérieurement.

RÉFÉRENCES

ARIÈS, P. *L'enfant et la vie familiale sous l'Ancien Régime,* Paris, Plon, 1960.

BÉLANGER, N. et D. FARMER. « L'exercice du métier d'élève, processus de socialisation et sociologie de l'enfance », *McGill Journal of Education*, vol. 39, n° 1 (2004), p. 45-67.

BROWN, K et A.B. MARTIN. « Student Achievement in Multigrade and Single Grade Classes », *Education Canada*, vol. 29, n° 2 (été 1989), p. 10-13.

CHARLOT, B. *Du Rapport au savoir. Éléments pour une théorie,* Paris, Anthropos, 1997.

CRAIG, C et J. MCLELLAN. « Split Grade Classrooms: An Educational Dilemma: How Widespread is Practice and What are the Educational Implications? », *Education Canada*, vol. 27, n° 4 (1987), p. 4-9.

DEROUET, J.L. *L'école dans plusieurs mondes,* Paris, Bruxelles, De Boeck Université, 2000.

DEROUET, J.L. *École et justice,* Paris, A.M. Métailié, 1992.

DUBET, F. et D. MARTUCCELLI. *À l'école. Sociologie de l'expérience scolaire,* Paris, Seuil, 1996.

DUCLOS, L.J. « Les enfants et la violence politique », *Cultures et Conflits,* n° 18 (1995). Document téléaccessible (14 février 2005) à l'URL : <www.conflits.org/article.php3/id_article=273>.

DURU-BELLAT, M. et A. HENRIOT-VAN ZANTEN. *Sociologie de l'école,* Paris, Armand Colin, 1992.

FELLOUZIS, G. « Interactions en classes et réussite scolaire », *Revue française de sociologie,* 34 (1993), p. 199-222.

FRADETTE, A. et D. LATAILLE-DÉMORÉ. « Les classes à niveaux multiples : point mort ou tremplin pour l'innovation pédagogique », *Revue des sciences de l'éducation*, vol. 29, n° 3 (2003), p. 589-607.

GAYET, D. *École et socialisation. Le profil social des écoliers de 8 à 12 ans,* Paris, Éditions l'Harmattan, 1998.

GOFFMAN, E. *Les cadres de l'expérience,* Paris, Éditions de Minuit, 1991.

GOFFMAN, E. *La mise en scène de la vie quotidienne, 1. La présentation de soi, 2. Les relations avec les autres,* Paris, Les Éditions de Minuit, 1973.

JAMES, A., C. JENKS et A. PROUT. *Theorizing Childhood,* Cambridge, Polity Press, 1998.

JAMES, A. et A. PROUT (éd.). *Constructing and reconstructing childhood,* London, Falmer Press, 1990.

LA BORDERIE, R. *Le métier d'élève,* Paris, Éditions Hachette Éducation, 1991.

LATAILLE-DÉMORÉ, D. et A. FRADETTE. *Projet provincial sur les classes à niveaux multiples. Volet 1 : Revue de la littérature,* rapport soumis par le Conseil scolaire de district des écoles catholiques du Sud-Ouest au ministère de l'Éducation de l'Ontario, Sudbury, École des sciences de l'éducation, Université Laurentienne, 2000.

LOU, Y., P. ABRAMI et J.C. SPENCE. « Effects of Within-Class Grouping on Student Achievement: An Exploratory Model », *The Journal of Educational Research*, vol. 94, n° 2 (2000), p. 101-112.

MASON, D.A. et BURNS, R. « Simply No Better May Simply Be Wrong: A Critique of Veenman's Conclusion About Multigrade Classes », *Review of Educational Research*, vol. 66, n° 3 (1996), p. 307-322.

MASON, D.A. et BURNS, R. « Teachers' Views of Combination Classes », *The Journal of Educational Research*, vol. 89, n° 1 (1995), p. 36-47.

MONTANDON, C. *L'éducation du point de vue des enfants*, Paris, L'Harmattan, 1997.

MONTANDON, C. « La sociologie de l'enfance : l'essor des travaux de langue anglaise », *Éducation et sociétés*, n° 2 (1998), p. 91-118.

MULCAHY, D. *Multiage and Multi-grade: Similarities and Differences*, Faculty of Education, MUN University, Newfoundland, 2000.

MULCAHY, D. « The curricular Challenge of Multi-age Grouping », *The Morning Watch*, vol. 19, n°s 1-2 (1991), p. 1-6.

PERCHERON, A. « L'école en porte-à-faux. Réalités et limites des pouvoirs de l'école dans la socialisation politique », *Pouvoirs*, n° 30 (1984), p. 15-29.

PERCHERON, A. *L'univers politique des enfants*, Paris, Presses de la Fondation nationale des sciences politiques, 1974.

PERRENOUD, P. *Métier d'élève et sens du travail scolaire*, 2ᵉ édition, Paris, ESF, 1995.

PERRENOUD, P. *La fabrication de l'excellence scolaire : du curriculum aux pratiques d'évaluation. Vers une analyse de la réussite, de l'échec et des inégalités comme réalités construites par le système scolaire*, Genève, Droz, 1984.

QVORTRUP, J., M. BARDY, G. SGRITTA et H. WINTERSBERGER (éd.). *Childhood Matters*, Aldershot, Avebury, 1994.

SIROTA, R. « Le métier d'élève », *Revue française de pédagogie*, vol. 104 (1993), p. 85-108.

SIROTA, R. (1988). *L'école primaire au quotidien*, Paris, Presses universitaires de France, 1988.

ST-GERMAIN, M. *Sondage auprès des enseignants sur les classes à niveaux multiples*, étude préparée pour le Conseil scolaire de district des écoles catholiques du Sud-Ouest dans le cadre du projet Les classes à niveaux multiples. Appui à la mise en œuvre du curriculum dans les classes à niveaux multiples, Faculté des sciences de l'éducation, Université d'Ottawa, 2001.

VAN ZANTEN, A. (dir.). *L'école. L'état des savoirs*, Paris, Éditions La Découverte, 2000.

VAN ZANTEN, A. *L'école de la périphérie. Scolarité et ségrégation en banlieue*, Paris, Presses universitaires de France, 2001.

VASQUEZ, A. « Études ethnographiques : les enfants d'étrangers à l'école française », *Revue française de pédagogie*, 101 (1992), p. 45-57.

VASQUEZ-BRONFMAN, A. et I. MARTINEZ, (1996). *La socialisation à l'école*, Paris, Presses universitaires de France, 1996.

VEENMAN, S. « Effects of Multigrade and Multi-age Classes Reconsidered », *Review of Educational Studies*, vol. 11, n° 3 (1996), p. 171-180.

VEENMAN, S. « Cognitive and Noncognitive Effects of Multigrade and Multi-age Classes: A Best-Evidence Synthesis », *Review of Educational Research*, vol. 65, n° 4 (1995), p. 319-381.

SEPTIÈME PARTIE

Petite enfance

INTRODUCTION

Les trois chapitres regroupés dans cette section traitent du thème de la petite enfance en milieu minoritaire de langue française. Dans le premier texte, Yves Herry présente une étude du programme *Partir d'un bon pas pour un avenir meilleur*, ayant pour objectif la prévention des problèmes affectifs et comportementaux chez les enfants de communautés ontariennes socioéconomiquement défavorisées. Le texte suivant, d'André Moreau, Yves Herry et Claire Maltais, traite des résultats d'une enquête sur l'éducation inclusive dans la perspective de la formation et du perfectionnement du personnel œuvrant auprès de la petite enfance. Finalement, le dernier texte de cette section, préparé par Claire Maltais et Yves Herry, présente les résultats d'une recherche portant sur l'instauration d'un programme de maternelle à temps plein à 4 ans dans la communauté francophone minoritaire de l'Ontario. On y expose les multiples effets d'un tel programme sur le développement langagier, scolaire, socioaffectif et psychomoteur des élèves.

Un programme de prévention destiné à la petite enfance : ses effets sur les enfants, les familles et la communauté

Yves Herry, Université d'Ottawa

RÉSUMÉ

Ce chapitre porte sur un programme de prévention des problèmes affectifs et comportementaux intitulé *Partir d'un bon pas pour un avenir meilleur*. Ce programme, financé par le ministère de la Santé et des Soins de longue durée de l'Ontario, est destiné aux enfants de moins de 8 ans vivant dans des communautés ontariennes socioéconomiquement défavorisées. Une équipe de chercheurs était chargée d'évaluer les effets des programmes du projet sur les enfants, les familles et la communauté. Cette évaluation a débuté en 1991 et prévoit le suivi pendant 25 ans d'un groupe de jeunes enfants ayant bénéficié des programmes pendant les quatre premières années de leur mise en œuvre. À court terme, les chercheurs ont observé une augmentation des comportements prosociaux, une amélioration de la santé des enfants, une diminution des problèmes comportementaux et une diminution du nombre d'enfants en difficulté. Quatre ans plus tard, la diminution des comportements liés à l'hyperactivité et la diminution du nombre d'enfants en difficulté se sont maintenues. Cependant, le programme n'a pas eu d'effet sur le développement cognitif des élèves.

Les écoles de l'Ontario ont le souci d'offrir des programmes éducatifs de qualité afin d'assurer un développement optimum des élèves. Dans leurs efforts, les écoles reconnaissent qu'elles ne peuvent relever seules les défis de cette éducation et elles se tournent de plus en plus vers les communautés auxquelles elles offrent des services pour les aider à atteindre leurs objectifs. Les écoles en milieux socioéconomiquement défavorisés ont des défis particuliers à relever qui touchent tous les domaines du développement de l'enfant, particulièrement, le domaine socioaffectif. En 1990, le gouvernement ontarien a décidé de mettre en place un programme de prévention des problèmes affectifs et comportementaux destiné aux enfants de moins de 8 ans vivant dans ces communautés. Parmi les huit sites retenus, trois sites comptent une importante population francophone, notamment, le site francophone de Cornwall et les deux sites bilingues de Sud-Est-Ottawa et de Sudbury. Ce programme touche des communautés francophones en milieu minoritaire. Ce texte a pour but de présenter l'ensemble des résultats de ce projet sur le développement des enfants, des familles et des communautés.

LE PROJET *PARTIR D'UN BON PAS*

Le projet *Partir d'un bon pas* inclut un volet programmes et un volet recherche. Le volet programmes est développé et géré par des équipes locales mises en place dans chacun des sites participant au projet. Les programmes offerts poursuivaient trois objectifs principaux : 1) prévenir les difficultés comportementales, émotionnelles, physiques et cognitives chez les enfants de communautés socioéconomiquement désavantagées; 2) promouvoir le développement optimal de l'enfant dans chacun de ces champs et 3) rendre les familles aptes à répondre adéquatement aux besoins des enfants. Pour atteindre ces objectifs, les communautés devaient miser sur l'intégration des services offerts et sur la participation active des membres de la communauté (principalement les parents) dans le choix, la conception et la gestion des programmes mis en place.

Le volet recherche est sous la responsabilité d'une équipe de chercheurs indépendante des équipes de mise en place des programmes. Il vise l'évaluation de l'atteinte des objectifs des programmes : 1) en évaluant les effets des programmes du projet sur les enfants, les familles et la communauté; 2) en décrivant le déroulement et l'évolution du projet et 3) en évaluant les coûts et retombées financières du projet. Le volet recherche a débuté en 1991 et prévoit le suivi pendant 25 ans d'un groupe de jeunes enfants ayant bénéficié des programmes pendant les quatre premières années de leur mise en œuvre.

Ce texte présente les principaux résultats obtenus au cours de ces quinze premières années. Il résume les effets observés chez les enfants, les familles et la communauté au cours des diverses phases de l'évaluation du programme, ainsi que les effets de la participation des membres de la communauté à la gestion du projet.

Le projet *Partir d'un bon pas* est unique. Il constitue la première étude longitudinale canadienne portant sur un programme de prévention basé sur une conception écologique du développement communautaire (Peters et Russell, 1994). En effet, ce projet offre des programmes tenant compte de l'enfant, de la famille et de la communauté et permet la participation active des membres de la communauté (principalement les parents) dans le choix, la conception et la gestion des programmes mis en place. De plus, l'évaluation de ce projet ne porte pas uniquement sur quelques aspects du développement de l'enfant, mais elle se veut holistique, en incluant les divers domaines de développement de l'enfant, les caractéristiques parentales et celles de la communauté. Finalement, contrairement aux autres projets de recherche dans le domaine de la prévention, elle ne vise pas un groupe restreint d'enfants, mais tous les enfants et les familles d'un quartier dans les limites d'âge imposées par le gouvernement (0-4 ans ou 4-8 ans). La recherche a suivi et suit encore quelque 1157 enfants et leur famille (incluant les groupes de comparaison). Les programmes, quant à eux, sont offerts à 5334 enfants dans les huit communautés visées. Le projet *Partir d'un bon pas* constitue donc une intervention novatrice dans le domaine de la prévention des problèmes sociaux, intervention susceptible de contribuer au renouvellement des pratiques sociales.

Les programmes offerts par le projet *Partir d'un bon pas*

Chaque site étant responsable de sa programmation, le nombre de programmes mis en place par les sites de *Partir d'un bon pas* varie entre 11 et 26. Ces programmes se regroupent autour de trois grands axes : les visites à domicile, les services de garde de qualité et les programmes éducatifs préscolaires et scolaires. Les programmes de visites à domicile étaient offerts par tous les sites visant les enfants âgés de 0 à 4 ans. Ils offraient un soutien aux mères pendant et après la grossesse. Les programmes axés sur la qualité des services de garde visaient à augmenter la gamme et la qualité des services offerts aux enfants et aux parents. Les programmes éducatifs préscolaires et scolaires ont surtout été mis en place dans les sites visant les enfants âgés de 4 à 8 ans. Ils prenaient principalement la forme de programmes d'animation et d'enrichissement scolaire offerts dans les écoles. Finalement, les sites offraient une gamme de services axés sur les besoins des enfants, comme les programmes de petits déjeuners et de dîners, des groupes de jeu, des cours de langues ancestrales et des activités les jours de congé.

Les études antérieures à *Partir d'un bon pas*

Au cours des quinze dernières années, on note un intérêt croissant de la part de la communauté éducative vis-à-vis des effets des années préscolaires sur le développement de la personne (de l'enfance à l'âge adulte) et vis-à-vis des programmes de prévention ou d'intervention visant la population préscolaire.

La recension des écrits n'a toutefois pas permis d'identifier des programmes dont les visées étaient aussi vastes que celles de *Partir d'un bon pas* (enfants, familles, communauté). Les projets recensés offraient souvent des programmes qui touchant une gamme de services, mais ils s'intéressaient aux effets des programmes dans un champ de développement précis. Ces projets se concentraient soit sur les visites à domicile (ex. : *The Elmira Nurse Home Visitation Program* : Olds, 1997; Olds et coll., 1997), sur les services de garde (*The Carolina Abecedarian Project* : Campbell et Ramey, 1995), sur les programmes éducatifs préscolaires (*The High Scope Perry Preschool Program* : Schweinhart, Barnes, Weikart, Barnett et Epstein, 1993), sur des programmes de développement des habiletés sociales et de la résolution de problème (Tremblay, Masse, Pagani et Vitaro, 1996).

> **Les communautés devaient miser sur l'intégration des services et sur la participation des membres de la communauté dans le choix, la conception et la gestion des programmes.**

De façon générale, ces programmes produisent peu d'effets à court terme. Cependant, les effets à long terme de ces programmes sont plus prometteurs. Trois de ces programmes ont produit une amélioration significative de la performance scolaire (le *Carolina Abecedarian Project*, le *High Scope Perry Preschool Program* et le Programme de développement des habiletés sociales). Trois programmes ont également contribué à une diminution des comportements liés à la délinquance juvénile (le *Elmira Nurse Home Visitation Program*, le *High Scope Perry Preschool Program* et le Programme de développement des habiletés sociales). Le *Elmira Nurse Home Visitation Program* a également conduit à une diminution du tabagisme et de la consommation d'alcool et de drogues. Finalement, les enfants ayant participé au *High Scope Perry Preschool Program* avaient de meilleurs emplois et de meilleurs salaires que les enfants du groupe témoin. Il faut souligner que ces programmes n'étaient pas soumis à une évaluation holistique visant à la fois les enfants, les parents et la communauté, comme le fait *Partir d'un bon pas*. Il se peut donc que des effets n'aient pu être mesurés, comme des effets potentiels de ces programmes sur le fonctionnement de la famille ou sur la perception de la communauté. Les données recueillies dans le cadre de *Partir d'un bon pas* viennent enrichir les informations déjà fournies par ces recherches, en offrant une évaluation dans un très grand nombre de domaines, de même qu'un suivi à long terme de ces familles et de leur communauté.

LA MÉTHODOLOGIE

La collecte des données

La collecte des données visait à évaluer les effets des programmes offerts sur les enfants, leur famille et la communauté. Cette évaluation s'est déroulée en quatre phases. La première phase a eu lieu à la fin des quatre années pendant lesquelles les enfants fréquentaient les programmes (effets à court terme), et les trois phases subséquentes ont eu (ou auront) lieu, respectivement, quatre, sept et dix ans après la fin des programmes (effets à moyen et long termes). Ce texte résume les résultats disponibles à ce jour, soit ceux de la première phase, pour les deux groupes d'âge et ceux de la seconde phase, pour les groupes des enfants de 4 à 8 ans, alors qu'ils étaient en 6e année (quatre ans après la fréquentation des programmes).

Les deux modèles quasi expérimentaux utilisés lors de la première phase de l'évaluation

Lors de la première phase de l'évaluation, nous avons eu recours à deux modèles d'évaluation quasi expérimentaux. Le premier modèle utilisé est une comparaison entre un groupe témoin (niveau de base) et un groupe cible. Pour les enfants âgés de 0 à 4 ans (regroupés en cinq sites), le groupe témoin (niveau de base) incluait des enfants de 4 ans (en 1992-1993) qui n'ont pas été exposés au programme *Partir d'un bon pas*. Un total de 358 enfants et leur famille ont été comparés aux enfants et leur famille qui ont bénéficié du programme *Partir d'un bon pas*, pendant quatre ans (groupe cible). Ce groupe incluait 367 enfants âgés de 4 ans lors de l'évaluation en 1997.

Pour les enfants âgés de 4 à 8 ans (regroupés sur trois sites), le groupe témoin (niveau de base) incluait des enfants de 2e année (en 1992-1993) qui n'ont pas été exposés au programme *Partir d'un bon pas*. Un total de 206 enfants, représentant autant de familles, ont été comparés aux enfants et leur famille qui ont bénéficié du programme *Partir d'un bon pas* pendant quatre ans et qui étaient en 2e année en 1997 (groupe cible). Ce groupe incluait 257 enfants.

Le second modèle utilisé est une évaluation longitudinale du groupe cible pendant les quatre années qu'ont duré les programmes. Cette évaluation fut comparée à celle de sites de comparaison qui n'offraient pas le projet *Partir d'un bon pas*. Elle prévoyait l'évaluation, chaque année, des enfants et des familles du groupe cible à partir de la naissance jusqu'à l'âge de 4 ans (367 enfants et leur famille) pour la clientèle 0-4 ans, et de la maternelle 4 ans jusqu'à la 2e année (257 enfants et leur famille) pour la clientèle 4-8 ans. Elle incluait aussi des groupes de comparaison provenant de communautés qui n'avaient pas accès au projet *Partir d'un bon pas*.

Les sites choisis étaient un quartier des villes d'Ottawa et de Vanier (182 enfants et leur famille), un quartier d'Etobicoke (115 enfants et leur famille) et un quartier de Peterborough (192 enfants et leur famille). Ces populations présentaient des caractéristiques semblables à celles des quartiers desservis par le projet *Partir d'un bon pas*.

Le modèle utilisé lors de la deuxième phase de l'évaluation

Lors de la deuxième phase de l'évaluation qui visait le suivi des enfants et de leur famille (quatre ans après la fin de la fréquentation des programmes par les enfants), nous avons comparé l'évaluation du groupe cible à celle de sites de comparaison qui n'offraient pas le projet *Partir d'un bon pas*.

Le projet *Partir d'un bon* pas a déployé des efforts importants pour limiter la perte des sujets. Au cours de la période couverte par ce chapitre la perte de sujets se situe à 9,1 %, ce qui représente une perte de 141 enfants et familles sur un total de 1536.

Les instruments de mesure

Les instruments de mesure sont variés et visent l'évaluation des enfants, des familles et de la communauté. Ceux-ci visaient le développement affectif et comportemental (sept instruments de mesure), physique (deux instruments) et cognitif (neuf instruments portant sur le langage, la lecture et les mathématiques), la santé et la nutrition des enfants (19 éléments évalués), la santé des parents (18 éléments évalués), les habiletés parentales de mesure), la vie sociale et affective des parents, la communauté (9 mesures du sentiments d'appartenance, de la perception du quartier et de l'école, etc.) et des informations de nature sociodémographique. D'autres sources de données incluaient les renseignements fournis par l'Institut canadien de la santé, par le ministère de l'Éducation sur l'enfance en difficulté, par les services de police et par la Société d'aide à l'enfance (quatre instruments).

La collecte des données

La collecte de données incluait une entrevue structurée avec un parent de l'enfant. Chaque enfant faisait l'objet d'une évaluation directe d'environ une heure. La plupart des questions de l'entrevue étaient fermées. Le déroulement des tests destinés aux enfants devait suivre des procédures standardisées. Pour les enfants âgés de 4 ans et plus, l'enseignante remplissait aussi un questionnaire à propos de chaque enfant. Il visait les comportements de l'enfant et les informations de nature scolaire.

Le plan d'analyse des données

La comparaison entre le groupe témoin (niveau de base) et le groupe cible a fait appel à des analyses de régression tenant compte d'un certain nombre de covariables dont l'âge du répondant (parent ou enfant), le sexe du répondant, l'appartenance à une famille monoparentale, le niveau d'éducation du répondant (parent), le revenu familial et l'appartenance à un groupe ethnique.

> *Les résultats soulignent une augmentation des comportements prosociaux et une diminution des problèmes affectifs et comportementaux dans les deux groupes d'âge visés.*

L'analyse des résultats obtenus dans le cadre de l'évaluation longitudinale a fait appel à l'analyse des courbes de croissance. Pour chaque variable évaluée, nous avons établi la courbe de croissance obtenue par le groupe cible, de même que celle obtenue par le groupe de comparaison. La comparaison de ces deux courbes, à l'aide des programmes de modélisation hiérarchique HLM et MIWin, a permis de déterminer si elles étaient statistiquement différentes. Ces analyses ont tenu compte des mêmes covariables que celles utilisées lors de la comparaison entre le groupe témoin et le groupe cible. Ces analyses ont porté sur le changement, d'année en année, entre la première année et la quatrième année du processus d'évaluation.

LES RÉSULTATS ET LA DISCUSSION

Le principal objectif du projet *Partir d'un bon pas* était de prévenir les problèmes affectifs et comportementaux chez les enfants. Cet objectif a été atteint à court terme, car les résultats soulignent une augmentation des comportements prosociaux et une diminution des problèmes affectifs et comportementaux dans les deux groupes d'âge visés (0-4 ans et 4-8 ans). Les programmes de visites à domicile destinés aux parents des enfants âgés de 0 à 4 ans, de même que les programmes d'animation et d'enrichissement scolaires ont sans doute contribué à cette amélioration. Cependant, cet effet semble s'être amenuisé, ou plutôt s'être transformé, quatre ans après la fréquentation des programmes chez le groupe des 4-8 ans. L'écart entre les comportements prosociaux du groupe cible et ceux du groupe de comparaison s'est effacé, mais la diminution des comportements liés à l'hyperactivité et à l'inattention s'est maintenue. De plus, les enfants du groupe cible ont été moins suspendus à cause de problèmes d'inconduite par rapport aux élèves des sites de comparaison. Leur réseau social était aussi plus étendu. L'amélioration des comportements observée à court terme est intéressante, aucune des études antérieures ayant atteint cet objectif. Cependant, trois de ces études notent, parmi les effets à plus long terme, que leur programme a contribué à une diminution des comportements liés à la délinquance juvénile (Le *Elmira Nurse Home Visitation Program*, le *High Scope Perry Preschool Program* et le Programme de développement des habiletés sociales). La diminution des suspensions, dont certains comportements qu'elles sanctionnent peuvent être associés à la délinquance, pourrait être précurseur, lors des troisième et quatrième phases de l'évaluation (moments où les élèves seront en 9e et en 12e année), d'un résultat semblable à celui obtenu par ces trois études.

Un élément décevant de nos résultats est le peu d'effet du projet *Partir d'un bon pas* sur le développement cognitif des élèves, alors que plusieurs études antérieures ont souligné une amélioration significative, à long terme, du développement intellectuel des enfants (*The Carolina Abecedarian Project* : Campbell et Ramey, 1995; *The High Scope Perry Preschool Program* : Schweinhart et coll., 1993; Tremblay et coll. 1996). Toutefois, les résultats de l'étude présentent quelques améliorations : une meilleure performance au test provincial de mathématiques de 6e année et une diminution du nombre d'enfants ayant doublé une année. Les recherches antérieures ayant obtenu des améliorations dans ce domaine offraient des programmes très spécifiques et intensifs axés sur le développement cognitif. Ce n'était pas l'intention de *Partir d'un bon pas* de cibler un domaine de développement particulier, mais plutôt de promouvoir une approche holistique dans l'élaboration des programmes. Malgré tout, on aurait pu s'attendre à ce que les programmes d'animation et d'enrichissement scolaires conduisent à des changements sur les plans langagier et scolaire.

Le projet *Partir d'un bon pas* fut particulièrement efficace sur le plan de la nutrition des enfants. L'information aux parents, la collaboration avec la banque alimentaire et le programme de petits déjeuners et de collations ont permis d'augmenter significativement la quantité et la qualité de la nourriture consommée par les enfants. Ces effets sur la santé se sont maintenus quatre ans après la fréquentation des programmes. Cependant, les effets bénéfiques sur la santé des parents ne se sont pas maintenus à moyen terme. Il semble que les parents aient conservé de « bonnes habitudes » liées à la santé de leurs enfants, mais pas celles qui les touchaient.

Il est aussi intéressant de remarquer que le projet *Partir d'un bon pas* semble retarder les premières expériences de consommation d'alcool. Ces résultats sont congruents avec ceux du *Elmira Nurse Home Visitation Program* qui a noté à long terme une diminution du tabagisme et de la consommation d'alcool et de drogues chez les sujets.

À la fin des quatre années de fréquentation des programmes, les parents des enfants du groupe 4-8 ans ont eu moins recours à des comportements négatifs (comme l'agressivité verbale) dans leur conduite parentale que les parents du groupe de comparaison. Ils disaient aussi vivre moins d'événements stressants. Quatre ans plus tard, ces écarts entre les deux groupes ont disparu; un recours accru à des comportements négatifs (comme l'agressivité verbale) par les parents du groupe cible est noté. Ces parents ont également indiqué vivre plus d'événements stressants que les parents du groupe de comparaison. Il se peut donc qu'il y ait une relation entre ces deux éléments.

L'évaluation des effets des programmes a permis de constater que la participation des parents et de la communauté dans la conception, le développement et la mise en œuvre des programmes a entraîné un sentiment d'« empowerment » chez eux. Nous avons relevé une augmentation de la confiance en soi, de l'estime de soi et de l'entraide sociale, une réduction de l'isolement social ainsi qu'une augmentation et une amélioration des habiletés et connaissances personnelles. Chez les parents, ce résultat a contribué à développer un sentiment d'appartenance à la communauté, sentiment supérieur à celui observé au sein du groupe de comparaison.

CONCLUSION

Ce texte portait sur l'évaluation du programme de prévention *Partir d'un bon pas* destiné aux enfants de moins de 8 ans vivant dans des communautés ontariennes socioéconomiquement défavorisées. Cette évaluation, qui s'intéressait aux effets des programmes du projet sur les enfants, les familles et la communauté, a débuté en 1991 et prévoit le suivi d'un groupe de jeunes enfants ayant bénéficié des programmes pendant 25 ans. Cela fait donc près de quinze ans que cette équipe suit l'évolution du projet.

L'évaluation d'un projet comme *Partir d'un bon pas* se révèle d'une très grande complexité. Les chercheurs se sont donc assurés de contrôler le plus grand nombre de biais possibles en adoptant une série de mesures qui ont guidé l'élaboration de l'évaluation de ce programme et qui ont permis de s'assurer que les effets observés sont attribuables au projet *Partir d'un bon pas*.

Certains résultats observés sont encourageants. En effet, à court terme, les chercheurs ont observé une augmentation des comportements prosociaux, une amélioration de la santé des enfants, une diminution des problèmes comportementaux et une diminution du nombre d'enfants en difficulté. Quatre ans plus tard, la diminution des comportements liés à l'hyperactivité et la diminution du nombre d'enfants en difficulté se sont maintenues. Cependant, le programme n'a pas eu d'effets sur le développement cognitif des élèves.

Le projet *Partir d'un bon pas* comportait plusieurs facettes, mais il visait, avant tout, à élaborer des moyens efficaces de répondre aux besoins des enfants afin de prévenir l'apparition de difficultés d'ordre affectif et comportemental. Le modèle choisi permettait de considérer l'environnement de l'enfant dans son ensemble et d'inviter la communauté à participer à l'élaboration de moyens d'action. Pour le gouvernement ontarien, ce projet constituait donc une façon de s'associer à la population dans la découverte de moyens de prévention primaire efficaces et rentables. Il présentait aussi un outil pouvant faciliter la prise en charge, par les communautés, de programmes qui répondent le mieux à leurs besoins particuliers.

RÉFÉRENCES

CAMPBELL, F.A. et C.T. RAMEY. « Cognitive and school outcomes for high risk students in middle adolescence: Positive effects of early intervention », *American Educational Research Journal*, 32 (1995), p. 743-772.

OLDS, D.L. « The prenatal early infancy project: Preventing child abuse in the context of promoting maternal and child health » *in* D.A. Wolfe, A.J. McMahon et R.V. Peters (éd.), *Child abuse: New directions on prevention and treatment across the lifespan*, Thousand Oaks, CA, Sage, 1997, p. 130-156.

OLDS, D.L., J. ECKENRODE, , C.R. HENDERSON, H. KITZMAN, J. POWERS, R. COLE, K.P. SIDORA, P. MORRIS, L.M. PETTITT et D. LUCKEY. « Long-term effects of home visitation on maternal life course, child abuse and neglect, and children's arrests: Fifteen year follow-up of a randomized trial », *Journal of the American Medical Association*, 278 (1997), p. 637-643.

PETERS, R.V. et C.C. RUSSELL. *Better Beginnings, Better Futures project: Model, program and research overview*, Toronto, L'imprimeur de la Reine, 1994.

SCHWEINHART, L.J., H.V. BARNES, D.P. WEIKART, W.S BARNETT et A. EPSTEIN. « Significant benefits: The High/Scope Perry Preschool Study through age 27 », *Monographs of the High/Scope Educational Research Foundation*, 10 (1993), Ypsilanti, MI: High/Scope educational research foundation.

TREMBLAY, R.E., L.C. MASSE, L. PAGANI et F. VITARO. « From childhood physical aggression to adolescent maladjustment » *in* R.V. Peters et R.J. McMahon (éd.), *Preventing childhood disorders, substance abuse, and delinquency*, Thousand Oaks, CA, Sage publications, 1996, p. 268-298.

Résultats d'une expérience de perfectionnement virtuel en éducation inclusive au préscolaire visant les parents et les professionnels

André C. Moreau, Université du Québec en Outaouais
Yves Herry et Claire Maltais, Université d'Ottawa

RÉSUMÉ

La présente recherche s'intéresse à la promotion de l'éducation inclusive sous l'angle de la formation et du perfectionnement des personnes des communautés préscolaires canadiennes-françaises : parents, éducatrices, éducateurs et gestionnaires. Pour réaliser cet objectif, le protocole de recherche a consisté : 1) à évaluer les besoins en perfectionnement; 2) à développer un programme virtuel de formation et de soutien en éducation inclusive; 3) à réaliser une formation et, enfin, 4) à évaluer les effets immédiats sur les attitudes, les représentations, les besoins de formation et les apprentissages. Après avoir contacté 598 services de garde canadiens-français, 181 répondants ont accepté de remplir le questionnaire initial. De ce nombre, 46 personnes ont participé à la formation virtuelle en éducation inclusive. Les résultats suggèrent que les participantes et participants présentent une attitude plus positive à l'égard de l'accueil et du soutien des enfants ayant des besoins particuliers après avoir terminé la formation. Elles ou ils se disent plus confiants et affichent, de façon significative, un changement d'attitudes.

Les recherches dans le domaine de l'inclusion en services préscolaires de l'enfant en difficulté soulignent l'importance de la formation des éducatrices et éducateurs comme facteur facilitant l'inclusion de ces enfants. Plusieurs travaux de recherche mettent en lumière l'importance de soutenir le perfectionnement du personnel pour assurer la qualité des services et favoriser une intégration harmonieuse des enfants ayant des besoins particuliers (voir, entre autres, les recensions de Irwin, Lero et Brophy, 2000; Saint-Pierre, 2004).

La présente recherche avait pour but de développer un outil de perfectionnement et de soutien en matière de formation continue de communautés inclusives au préscolaire. La formation à distance constitue un aspect novateur du projet.

Cette recherche a permis : 1) d'évaluer les besoins en perfectionnement; 2) de développer un programme virtuel de formation et de soutien en éducation inclusive; 3) de réaliser une formation et, enfin, 4) d'évaluer les effets immédiats sur les attitudes, les représentations, les besoins de formation et les apprentissages.

Les sections qui suivent résument les études sur les programmes canadiens de perfectionnement en éducation inclusive au préscolaire, les recherches en apprentissage virtuel, les objectifs de notre projet, sa méthodologie et les résultats.

LES PROGRAMMES CANADIENS DE PERFECTIONNEMENT DESTINÉS AUX PROFESSIONNELS DU PRÉSCOLAIRE

La formation du personnel des services préscolaires est l'un des principaux facteurs qui permettent de réaliser l'éducation inclusive. Pour dresser un large portrait de la formation de base et de la formation continue au Canada, des auteurs, dont Irwin et ses collaborateurs (Irwin et coll., 2000) analysent les recherches selon les trois types de formation : la formation initiale, la formation aux cycles supérieurs (formation continue) et le perfectionnement.

La formation initiale varie généralement d'une province ou d'un territoire à l'autre (Childcare Resource and Research Unit, 1999). Le niveau de formation généralement requis varie entre une et trois années de formation collégiale. Certaines provinces acceptent que le personnel n'ait pas de formation, mais simplement une expérience en garde d'enfants. Souvent, la formation initiale offerte dans les programmes de formation collégiale n'intègre pas l'intervention auprès des enfants ayant des besoins particuliers ni le volet de l'éducation inclusive.

Pour Irwin et ses collaborateurs (Irwin et coll., 2000; 2004), les résultats des recherches sur les effets de la formation des éducatrices ou éducateurs des CPE/SG (centres de la petite enfance/services de garde) et sur les attitudes à l'égard de l'inclusion des enfants ayant des besoins particuliers sont clairs. Les attitudes défavorables sont davantage liées à l'absence de formation et au manque de connaissances du personnel. Ce constat est décrit comme un obstacle au succès de l'inclusion (Dinnebeil, McInerney, Fox et Juchartz-Pendry, 1998; Peck, Hayden, Wandschneider, Peterson et Richarz, 1989). Les éducatrices et les éducateurs des services de garde (ECPE) ayant une formation collégiale associée à des expériences d'inclusion et des connaissances sur le développement de l'enfant ont plus fréquemment une attitude positive à l'égard de l'inclusion que les ECPE sans formation (Bricker, 1995; Stoiber, Gettinger et Goetz, 1998). Dans le même sens, les ECPE ayant eu une formation en éducation spécialisée sont plus positifs à l'égard de l'inclusion que leurs collègues ayant une formation générale (Bricker, 1995; Eiserman, Shisler et Healy, 1995; Gemmell-Crosby et Hanzlik, 1994; Johnson, Johnson, MacMillan et Rogers, 1993; Stoiber et coll., 1998). Les conclusions de la recension de Irwin et ses collaborateurs (Irwin et coll., 2000) suggèrent que la formation initiale, la formation en éducation spécialisée et la formation au deuxième cycle suscitent davantage des attitudes positives à l'égard de l'inclusion chez le personnel des CPE. Toutefois, ces formations ne préparent pas adéquatement ces personnes à répondre aux besoins individuels des enfants ayant un haut niveau de handicap. Pour ces raisons, il est nécessaire d'offrir des activités de perfectionnement pour répondre aux besoins de la clientèle (Irwin, 1992).

Irwin et ses collègues (2000) identifient trois projets de perfectionnement. Le premier concerne les stratégies d'inclusion et s'adresse au personnel formateur, aux éducatrices et éducateurs au préscolaire et aux parents comme facilitateurs (Kwok et Robinson, 1997), le deuxième, provenant du Manitoba (Jocelyn, Casiro, Beattie, Bow et Kneisz, 1998; voir Irwin et coll., 2000), vise le soutien du personnel dans l'inclusion des enfants ayant un diagnostic d'autisme. Finalement, le troisième s'intitule *Training for Inclusion Project* (Palsha et Wesley, 1998). Ces projets canadiens s'inspirent des expériences américaines intégrant une approche centrée sur le rehaussement de la qualité éducative des milieux, contrairement à des formations spécifiques sur l'inclusion. Ces trois projets de langue anglaise présentent des contenus de perfectionnement sans faire une évaluation des retombées. Aucun des projets recensés n'utilise les modalités de formation à distance, ni celles d'Internet.

L'ENVIRONNEMENT D'APPRENTISSAGE VIRTUEL (EN LIGNE)

Les recherches et les recensions sur le potentiel des médias et des nouvelles technologies liées à Internet abondent (Anderson et Elloumi, 2004; Garrison et Anderson, 2003; Henri et Lundgren-Cayrol, 2001; Rossett, 2002; Trentin, 2002; Viens, 2000).

Les écrits scientifiques sur les programmes d'apprentissage en ligne non crédités de type asynchrone sont toutefois peu nombreux. Par contre, plusieurs équipes de recherche ont réalisé des travaux en laboratoire qui scrutent différentes dimensions de l'apprentissage en ligne (milieux universitaires ou de recherches dont les activités sont généralement créditées). À titre d'exemple, il y a l'axe de recherche sur les nouvelles technologies, les programmes et les services disponibles (Bates, 1999; Moore, 2003), l'axe de recherche sur les stratégies d'implantation de l'apprentissage en ligne (voir Woudstra et Adria, 2003), l'axe des stratégies de développement de contenus de cours en ligne ou l'axe des divers environnements virtuels (voir Viens, 2000). Ces textes sont riches en renseignements sur l'élaboration d'un espace d'apprentissage virtuel, mais n'évaluent pas les retombées de ces programmes sur, entre autres, les apprentissages ou les attitudes des participantes et participants vis-à-vis l'objet d'étude.

Dans le domaine de l'intervention auprès de la clientèle de l'enfance en difficulté, plusieurs chercheurs traitent de la formation à distance des éducatrices et éducateurs, des enseignantes et enseignants ainsi que d'autres professionnels (Forbush et Morgan, 2004; Hanft et Anzalone, 2001; Kelly et Schorger, 2003; Ludlow, 2003, 2001). De plus, ces auteurs s'intéressent beaucoup plus aux médias que représentent les diverses formes de formation à distance qu'à leurs effets sur les apprentissages.

LES OBJECTIFS DE RECHERCHE

Le but de cette recherche est de promouvoir et de favoriser le développement de l'éducation inclusive par un programme virtuel de perfectionnement et de soutien offert aux communautés éducatives au préscolaire : parents, éducatrices, éducateurs et gestionnaires. De manière particulière, la présente démarche permet :

1. de décrire les attitudes, les représentations et les besoins perçus en perfectionnement à l'égard de l'éducation inclusive dans des communautés du préscolaire;
2. de mettre à l'épreuve un programme virtuel de formation et de soutien en éducation inclusive (PVFSEI) destiné aux parents, aux éducatrices, éducateurs et aux gestionnaires de service de garde et de la maternelle;

3. d'évaluer les attitudes et les représentations des participantes et participants au PVFSEI à l'égard de l'éducation inclusive un mois après avoir suivi le programme de formation.

LES ASPECTS MÉTHODOLOGIQUES

Cette recherche innovatrice de nature exploratoire, réalisée dans le domaine du perfectionnement à distance, est de type mixte : qualitatif et quantitatif. Elle se divise en trois étapes. La première inclut une enquête réalisée auprès de personnes engagées dans les services de garde canadiens-français ayant accès à Internet. Cette démarche a permis de connaître les représentations, les attitudes et les besoins perçus de perfectionnement en éducation inclusive de 181 répondants.

La deuxième étape comprend la formation virtuelle en éducation inclusive réalisée auprès des répondants ayant manifesté un intérêt à participer au perfectionnement. Lors de la formation, 34 éducatrices et éducateurs et gestionnaires ainsi que douze parents ont rempli un journal de bord et un questionnaire d'appréciation sur le contenu et le caractère virtuel du programme de formation. Il s'agit de données de type qualitatif.

Enfin, un mois après la formation, une collecte de données fut réalisée auprès des participantes et participants ayant terminé la formation (troisième étape). Il s'agissait d'obtenir un indice de l'attitude, de la représentation à l'égard de l'éducation inclusive ainsi qu'une appréciation de leur participation à la formation.

Les variables contrôlées sont la langue (le français), le sexe, la région du pays, la nature du lien avec un service préscolaire (parent, intervenante, intervenant ou gestionnaire), l'utilisation d'un ordinateur (courriel) et le niveau de formation des participantes et participants. La mesure de l'attitude et de la représentation relative à l'inclusion des enfants ayant des besoins particuliers est considérée comme une variable dépendante tandis que le PVFSEI constitue la variable indépendante.

Le Programme virtuel de formation et de soutien en éducation inclusive : objectifs et contenu

L'éducation inclusive des communautés en services préscolaires constitue le cœur de ce projet. Le PVFSEI vise à soutenir les parents, les éducatrices ou éducateurs et les gestionnaires des services préscolaires désireux d'enrichir leurs compétences à exercer des actions éducatives auprès des enfants ayant des besoins particuliers.

Le Programme virtuel de formation et de soutien en éducation inclusive est composé de six thèmes qui traitent de différents aspects liés à l'enfant différent et au développement d'une approche éducative inclusive en milieux préscolaires : services de garde et maternelles. Les thèmes développés sont : l'accueil; l'information de départ; l'éducation inclusive en contexte préscolaire; l'accueil de l'enfant différent; la planification concertée; les stratégies d'intervention et les réseaux de soutien, de collaboration et d'interdépendance. Le PVFSEI est disponible en ligne à l'adresse URL suivante : http://w3.uqo.ca/inclusion.

LES RÉSULTATS

Les sections suivantes résument l'analyse des données liées 1) au portrait des communautés à l'égard de l'inclusion; 2) des retombées immédiates du perfectionnement, du PVFSEI ainsi que 3) des appréciations à l'égard des apprentissages amorcés et du PVFSEI. Le but de ce texte est de préciser le sens attribué à ces données. Cette analyse soulève des recommandations.

Le portrait des attitudes, des représentations et des besoins de formation

L'analyse des données sur l'attitude suggère que les deux groupes de participantes et participants (parents et personnel) expriment une attitude différente à l'égard de l'inclusion des enfants en CPE/SG. Les parents ont une attitude positive, particulièrement lorsqu'ils se prononcent sur le niveau de préparation du personnel à inclure un enfant ayant des besoins particuliers. Cette attitude plus positive à l'égard du niveau de préparation du personnel change lorsque ceux-ci se prononcent sur le niveau de facilité des services au préscolaire à réaliser l'inclusion. La moitié des répondants disent que ces services réalisent l'inclusion avec *assez de difficulté* et l'autre moitié de répondants avec *assez de facilité*. Pour leur part, les éducatrices ou éducateurs et les gestionnaires expriment une attitude plus négative lorsqu'elles et ils se prononcent sur le niveau de préparation. Le personnel des services de garde est *plutôt mal préparé* (formation) à intégrer les enfants ayant des besoins particuliers, surtout ceux ayant un polyhandicap, ceux ayant un trouble de développement ou un trouble de comportement. Ces données vont dans le sens des recherches antérieures sur les attitudes des parents et du personnel des services au préscolaire (Stoiber et coll., 1998; Boudreault et Moreau, 2000). Entre autres, la recherche de Boudreault et Moreau (2002) a observé que les parents exprimaient une attitude plus positive que les partenaires des services préscolaires.

Les représentations à l'égard de l'inclusion, chez les deux groupes de répondants, décrivent sensiblement les mêmes réalités d'un groupe à l'autre. À partir de listes de facteurs, deux des trois premiers facteurs favorisant la réussite de l'inclusion sont les mêmes d'un groupe à l'autre. Il s'agit : 1) du niveau de besoin de l'enfant et 2) du type et de la qualité de la formation du personnel — ECPE ou des habiletés éducatives de celles ou ceux-ci. Les deux groupes de répondants s'entendent pour dire que les compétences et la qualité des interventions du personnel représentent les facteurs principaux liés à la réussite de l'inclusion. Dans le cadre cette recherche, cette information s'avère très pertinente. Cette donnée va dans le sens des résultats décrits dans d'autres recherches sur les facteurs favorables ou défavorables à l'inclusion (voir Boudreault et Moreau, 2000; Irwin et coll., 2000; Saint-Pierre, 2004).

Les répondants ont identifié des facteurs utiles à l'inclusion, c'est-à-dire ceux ayant une incidence pratique pour les personnes. Il s'avère surprenant d'observer que les deux groupes privilégient les trois mêmes facteurs les plus utiles selon des ordres d'importance différents : 1) connaître les caractéristiques et les besoins des enfants; 2) recevoir de la formation pour cette clientèle et 3) établir une bonne collaboration avec les partenaires. Toutefois, les parents différent d'opinion sur un des facteurs. Ils ont choisi comme l'un des trois premiers facteurs les moins utiles à réaliser l'inclusion d'un enfant différent : « l'établissement d'une bonne collaboration avec les différents partenaires ».

> *Les deux groupes de répondants s'entendent pour dire que les compétences et la qualité des interventions du personnel représentent les facteurs principaux liés à la réussite de l'inclusion.*

Les deux groupes ont été invités à faire le choix de deux thèmes ou éléments d'information ou de formation les plus utiles à la réussite de l'inclusion. Parmi des listes prédéterminées, les choix des deux groupes se rejoignent. Les thèmes ou éléments les plus utiles sont : 1) les formations sur le développement de relations entre l'intervenante ou l'intervenant et 2) l'enfant différent ou le développement de relations entre l'enfant ayant des besoins particuliers et les autres enfants. Les formations sur les caractéristiques et besoins des enfants différents, les types d'activités et le développement de l'enfant ainsi que le style d'apprentissage sont les autres thèmes choisis par les groupes comme besoins perçus de formation en éducation inclusive.

Les retombées à court terme d'un perfectionnement virtuel — PVFSEI

Certaines données recueillies permettent de préciser les effets de la formation du PVFSEI (un mois après la fin des activités de perfectionnement) sur les attitudes et les représentations des éducatrices ou éducateurs et des gestionnaires. Spécifiquement, il s'agit de l'analyse des données collectées avant et après la formation. L'objectif visait à vérifier si un soutien en formation continue auprès des groupes d'acteurs (parents, intervenantes, intervenants et gestionnaires) avait une influence sur les attitudes et les représentations à l'égard de l'inclusion des enfants différents dans leur service préscolaire. L'analyse des moyennes des résultats au test t pairé suggère qu'il est plus facile pour les participants (éducatrices, éducateurs et gestionnaires) de réaliser l'inclusion des enfants ayant des besoins particuliers après la formation en éducation inclusive. L'écart entre les résultats pré et post formation est significatif. Également, cette analyse indique que les participantes et participants perçoivent posséder un niveau plus élevé de préparation à accueillir un enfant ayant des besoins particuliers dans leur service un mois après avoir réalisé la formation virtuelle (PVFSEI). L'écart des données comparées entre pré et post est significatif. Enfin, la comparaison des besoins de formation avant et après la formation suggère que ces besoins ont changé de façon importante; les participantes et participants expriment une plus grande variété de besoins de formation après les activités de perfectionnement.

Cette information s'avère des plus pertinentes pour les personnes intéressées aux effets immédiats d'une formation virtuelle en éducation inclusive. Ces analyses suggèrent que la formation virtuelle auprès de personnel en CPE/SG favorise un changement d'attitudes de ces personnes. Après avoir réalisé cette formation, les participantes et participants perçoivent qu'il est plus facile de réaliser l'inclusion d'un enfant ayant des besoins particuliers. De plus, ces personnes expriment un niveau plus élevé de préparation à accueillir un enfant ayant des besoins particuliers dans leur service après avoir réalisé la formation virtuelle (PVFSEI). Enfin, le perfectionnement semble avoir comblé des besoins, mais, après cette formation, ces personnes développent d'autres besoins de formation qui sont plus diversifiés.

Appréciations sur l'apprentissage et le perfectionnement — PVFSEI

D'une part, pour la majorité, les participantes et participants ont consulté l'ensemble des rubriques ou, du moins, ils ont énoncé des commentaires sur l'ensemble des quatre rubriques disponibles. En ce qui a trait à l'appréciation globale de la formation (PVFSEI), premièrement, ces personnes identifient le plus fréquemment les rubriques *Le plan d'intervention, L'introduction — l'enfant différent et L'Accueil de l'enfant* comme celles étant les plus intéressantes et les plus utiles. Il semble que la dimension « utilité » permet aux participantes et participants de cibler plus spécifiquement une rubrique celle du plan d'intervention. Sur le plan des commentaires émis lors de l'appréciation globale, ces personnes expriment un plus grand nombre d'énoncés liés à l'expression d'une attitude positive. Elles émettent des commentaires d'approbation ou de satisfaction face au contenu.

Le perfectionnement réalisé est associé davantage à une démarche de sensibilisation, un exercice de rappel des connaissances antérieures ou un exercice favorisant l'autonomie, le questionnement et la réflexion sur les rôles ou les implications de cette approche qu'est l'éducation inclusive. Somme toute, les résultats de cette expérience suggèrent que les apprentissages réalisés sont de nature exploratoire et de sensibilisation. Le contexte de recherche ne permettait pas d'aller plus loin dans les apprentissages de type collaboratif ou réflexif. Ces informations sont nouvelles et stimulent la poursuite de ce type recherches; accorder plus de temps aux apprentissages doit être considéré.

CONCLUSION

La présente recherche s'intéressait à promouvoir l'éducation inclusive sous l'angle de la formation virtuelle des personnes de communautés préscolaires canadiennes françaises : parents, éducatrices ou éducateurs et gestionnaires. Les résultats suggèrent que les professionnels des services au préscolaire présentent une attitude plus positive à l'égard de l'accueil et du soutien des enfants ayant des besoins particuliers après avoir réalisé la formation virtuelle. Ces personnes se disent plus confiantes et affichent, de façon significative, un changement d'attitudes.

Il importe de s'intéresser à l'éducation inclusive, car on constate que cette dernière n'est pas encore une pratique courante dans les services au préscolaire au Canada. En effet, les intervenantes, intervenants, les gestionnaires et les parents citent encore plusieurs obstacles à sa réalisation tels que le manque de formation pour inclure des enfants ayant des besoins particuliers, le manque de soutien financier pour l'achat d'équipement spécialisé ou l'embauche de personnel supplémentaire, etc. Pourtant, tous les enfants devraient pouvoir bénéficier d'un environnement qui leur permet de développer pleinement leur potentiel. Il en est de même pour les enfants ayant des besoins particuliers. L'inclusion de ces enfants dans leur communauté commence souvent en CPE/SG. Nous avons donc, comme société, le devoir de mettre en place des moyens et des stratégies qui serviront à accompagner les parents et le personnel des services préscolaires dans cette tâche. La formation est un moyen de prédilection pour promouvoir l'éducation inclusive.

RÉFÉRENCES

ANDERSON, T. et F. ELLOUMI. *Theory and practice of online learning*. Athabasca, AB, Athabasca University, 2004.

BATES, A.W. *Managing technological change: Strategies for college and university leaders*. San Francisco, Jossey-Bass, 1999.

BOUDREAULT, P. et A.C. MOREAU. *Partenariat et inclusion dans les services de garde*, conférence présentée au 13ᵉ Congrès international de l'Association mondiale des sciences de l'éducation (AMSE), Sherbrooke, Université de Sherbrooke, 2000.

BOUDREAULT, P. et A.C. MOREAU. *Rapport Vision — Inclusion : Rapport de recherche, Tome 1 et Tome 2*, recherche subventionnée par le ministère du Développement des ressources humaines Canada, Hull, Université du Québec à Hull, 2002.

BRICKER, D.D. « The challenge of inclusion », *Journal of Early intervention*, vol. 19, n° 3 (1995), p. 179-194.

CHILDCARE RESOURCE AND RESEARCH UNIT. *Early childhood care and education in Canada: The provinces and territories*, Toronto, Childcare Resource and Research Unit, Centre for Urban and Community studies, University of Toronto, 1999.

DINNEBEIL, L.A., W. MCINERNEY, C. FOX et K. JUCHARTZ-PENDRY « An analysis of the perceptions and characteristics of childcare personnel regarding inclusion of young children with special needs in community-based programs », *Topics in Early Childhood Special Education*, vol. 18, n° 2 (1998), p. 118-128.

EISERMAN, W.D., L. SHISLER et S. HEALY. « A community assessment of preschool providers' attitudes toward inclusion », *Journal of Early Intervention*, vol. 19, n° 2 (1995), p. 149.

FORBUSH, D.E. et R.L. MORGAN. « Instructional Team Training: Delivering Live, Internet Courses to Teachers and Paraprofessionals », Utah, Idaho and Pennsylvania. *Rural Special Education Quarterly*, vol. 23, n° 2 (2004), p. 9-21.

GARRISON, D.R. et T. ANDERSON. *E-Learning in the 21ˢᵗ Century: A Framework for Research and Practice*, London, Routledge Falmer, 2003.

GEMMELL-CROSBY, S. et J.R. HANZLIK. « Preschool teachers' perceptions of including children with disabilities », *Mental Retardation and Developmental Disabilities*, vol. 29, n° 4 (1994), p. 279-290.

HANFT, B.E. et M. ANZALONE. « Issues in professional Development: Preparing and Supporting Occupational Therapists » in Early childhood. *Infants and Young Children*, vol. 13, n° 4 (2001), p. 67-79.

HENRI, F. et J. BASQUE. « Conception d'activités d'apprentissage collaboratif en mode virtuel » in C. Deaudelin et T. Nault (dir.), *Collaborer pour apprendre et faire apprendre : La place des outils technologiques*, Sainte-Foy, PUQ, 2003, p. 29-53.

IRWIN, S.H. « "Trach" — It rhymes with "Snake." » in *The SpeciaLink book* (1993), NS, Breton Books, 1992.

IRWIN, S.H., D.S. LERO et K. BROPHY. *A Matter of Urgency: Including Children with Special Needs in Child Care in Canada*, 2000. Document téléaccessible (septembre 2004) à l'URL : <http://specialinkcanada.org/books/ING_highlights.pdf>.

IRWIN, S.H., D.S. LERO et K. BROPHY. Highlights from Inclusion. *The Next Generation In Child Care in Canada*, Wreck Cove, NS, Breton Books, 2004.

JOCELYN, L.J., O.G. CASIRO, D. BEATTIE, J. BOW et J. KNEISZ. « Treatment of children with autism: a randomized controlled trial to evaluate a caregiver-based intervention program in community day-care centers », *J. Dev. Behav. Pediatr.*, 19-5 (octobre, 1998), p. 325-334.

JOHNSON, L., P. JOHNSON, P., R.P. MACMILLAN et C. ROGERS. EC-SPEED: *Early Childhood special education program design and evaluation guide*, OH, The Ohio Department of Education and the North central Ohio Special Education Regional Resource Center, 1993.

JOYCE, B., M. WEIL. *Models of teaching*, Englewood, N.J., Prentice-Hall, 1982.

KELLY, K.L. et SCHORGER, J.R. « Putting the Distance in Distance Education: An International Experience in Rural Special Education Personnel Preparation », *Rural Special Education Quarterly*, vol. 22 , n° 1 (2003), p. 3-11.

KWOK, A. et E. ROBINSON. *The partnership project*, Vancouver, BC, Ministry for Children and Families, Province of British Columbia, 1997.

LUDLOW, B.L. « Web-based Staff Development for Early Intervention Personnel », *Infant and Young Children*, vol. 14, n° 2 (2001), p. 1-11.

LUDLOW, B.L. « An International Outreach Model for Preparing Early Interventionists and Early Childhood Special Educators », *Infants and Young Children*, 163 (2003), p. 238-249.

MOORE, M. (éd.). *Handbook of distance education*, Mahwah, NJ, Earlbaum, 2003.

PALSHA, S.A. et P.A. WESLEY. « Improving quality in early childhood environments through on-site consultation », *Topics in Early childhood Special Education*, vol. 18, n° 4 (1998), p. 243-253.

PECK, C.A., L. HAYDEN, M. WANDSCHNEIDER, K. PETERSON et S. RICHARZ. « Development of integrated preschools: A qualitative inquiry into sources of resistance among parents, administrators, and teachers », *Journal of Early Intervention*, vol. 13, n° 4 (1989), p. 353-364.

ROSSETT, A. *The ASTD E-Learning Handbook*, San Diago, San Diego State University, 2002.

SAINT-PIERRE, M.H. *L'intégration des enfants handicapés dans les services de garde : Recension et synthèse des écrits*, Québec, Ministère de la Famille et de l'Enfance du Québec, 2004.

STOIBER, K.A., M. GETTINGER et D. GOETZ. « Exploring factors influencing parents' and early childhood practitioners' beliefs about inclusion », *Early Childhood Research Quarterly*, vol. 13, n° 1 (1998), p. 107-124.

TRENTIN, G. « From Distance Education to Virtual Communities of Practice. The Wide Range of Possibilities for Using the Internet in Continuous Education and Training », *International Journal on E-Learning*, 56 (January-March, 2002).

VIENS, J. « Environnements d'apprentissage collaboratif à l'université » in T. Karsenti et F. Larose (dir.), *Les TIC... au cœur des pédagogies universitaires. Diversité des enjeux pédagogiques et administratifs*, Ste-Foy, PUQ, 2000, p. 166-185.

WOUDSTRA, A. et M. ADRIA « Organizing fore the new network and virtual forms of distance education » in M. Moore (éd.), *Handbook of distance education*, Mahwah, NJ, Erlbaum, 2003, p. 531-547.

Le développement des jeunes enfants en contexte français minoritaire en Ontario : les effets d'un programme de maternelle 4 ans temps plein

Claire Maltais et Yves Herry, Université d'Ottawa

RÉSUMÉ

Ce texte présente les résultats d'une recherche portant sur les effets d'un programme préscolaire universel offert à temps plein à des enfants de 4 ans au sein d'une communauté francophone minoritaire de l'Ontario. Elle a comparé, dans un premier temps, le développement d'un groupe d'enfants (n = 403) ayant fréquenté le programme à mi-temps à 4 ans en 1999-2000 à celui d'un groupe d'enfants (n = 418) ayant bénéficié du programme à temps plein à 4 ans en 2000-2001. Dans un deuxième temps, cette étude a vérifié si les effets obtenus à la fin du programme pour les 4 ans se maintenaient à la fin de la 2e année. Les instruments de mesure utilisés servaient à évaluer les élèves dans les domaines langagier, scolaire, socioaffectif et psychomoteur. Les résultats indiquent que le programme à temps plein a eu un effet positif sur le langage et les apprentissages scolaires et que ces effets se sont maintenus jusqu'à la fin de la 2e année.

Contrairement aux pays européens qui offrent des programmes scolaires aux enfants dès l'âge de 3 ans (Florin, 2000), les programmes nord-américains destinés aux enfants d'âge préscolaire intégrés au système scolaire sont peu nombreux. Ce sont surtout les services de garde qui accueillent les enfants de cet âge. En Ontario, étant donné le caractère minoritaire du français, les conseils scolaires de langue française misent sur la fréquentation précoce des enfants pour retenir leur clientèle francophone et pour encourager l'utilisation du français (Gilbert, 2003; Masny, 2001). Depuis plusieurs années, ils offraient un programme de maternelle à mi-temps à 4 ans et un programme à temps plein de jardin d'enfants (destiné aux enfants de 5 ans). En septembre 2000, le Conseil des écoles catholiques du Centre-Est a instauré un programme scolaire à plein temps à 4 ans, puis a procédé à son évaluation dans le but d'en identifier les effets sur le développement global des élèves, et ce, à court et à moyen terme.

L'évaluation s'est déroulée en deux phases. En mai 2000, le Conseil a financé l'évaluation des élèves qui fréquentaient les classes de maternelle à mi-temps (groupe témoin) pour les comparer à ceux les ayant fréquentées à temps plein (groupe cible) en 2000-2001. Au cours de la deuxième phase, la comparaison entre les deux groupes d'élèves a eu lieu lorsqu'ils terminaient leur 2e année : groupe témoin (mai 2003) et groupe cible (mai 2004).

LA RECENSION DES ÉCRITS

Plusieurs recherches ont évalué les effets des programmes préscolaires sur le développement des enfants. De façon générale, elles soulignent que les effets de ces programmes sur le développement de l'enfant varient en fonction de la durée du programme (court, moyen ou long terme). Plusieurs études notent des effets à court terme, le principal étant une amélioration du quotient intellectuel (*Head Start* : Hodges et Cooper, 1981; *High Scope Perry preschool* : Schweinhart et Weikart, 1993), mais ceux-ci s'atténuent au cours du primaire (Leduc et Cadieux, 1993; White, Bush et Casto, 1985).

D'autres recherches relèvent des effets à moyen terme tels une meilleure adaptation sociale et un rendement scolaire supérieur chez les enfants qui ont bénéficié de tels programmes, comparativement à ceux qui n'en ont pas bénéficié (Royer, 1995). Finalement, certaines études observent des effets à long terme, dont un taux de diplomation au secondaire et postsecondaire plus élevé, une plus grande autonomie financière, des revenus plus élevés et une plus grande satisfaction de leur vie en général (Schweinhart et Weikart, 1993). Non seulement les résultats des études varient en fonction de la durée du programme, mais aussi en fonction des domaines de développement évalués.

> **En Ontario les conseils scolaires de langue française misent sur la fréquentation précoce des enfants pour retenir leur clientèle francophone et pour encourager l'utilisation du français.**

Selon la recension effectuée par Palacio-Quentin et Coderre (1999), il y aurait une relation entre les programmes préscolaires et le développement du langage chez les enfants (Dunn, Beach et Kontos, 1994; Goelman et Pence, 1987; McCartney, 1984). Plusieurs études ont souligné des effets à court terme, alors que d'autres n'ont relevé que des effets à moyen terme, apparus souvent en 2e année (Wessels, Lamb et Hwang, 1996).

Les résultats des études portant sur les apprentissages scolaires (lecture, écriture et mathématiques) soulignent que ce sont les enfants provenant de milieux défavorisés et des minorités raciales qui bénéficient davantage des programmes préscolaires (ex. : Jeantheau et Murat, 1998; O'Brien Caughy, DiPietro et Scrobino, 1994; Maltais et Herry, 2004). De plus, les effets de ces programmes sur les apprentissages se feraient surtout sentir en 2e année (Jarousse, Mingat et Richard; 1992; Wessels et coll., 1996; Broberg, Wessels, Lamb et Hwang, 1997).

Finalement, la fréquentation d'un programme préscolaire semble influencer positivement le développement socioaffectif (ex. : Schweinhart et Weikart, 1993; Balleyguier et Melhuish, 1996; Vitaro, Dobkin, Gagnon et LeBlanc, 1994; Verlaan, Saysset, Tremblay et Boivin, sous presse).

La présente étude s'intéresse donc aux effets d'un programme préscolaire universel offert à temps plein à des enfants de 4 ans au sein d'une communauté francophone minoritaire de l'Ontario. Elle compare dans un premier temps, le développement d'un groupe d'enfants (n = 403) ayant fréquenté le programme à mi-temps à 4 ans en 1999-2000 à celui d'un groupe d'enfants (n = 418) ayant bénéficié du programme en 2000-2001. Dans un deuxième temps, elle vérifie si les effets obtenus à la fin du programme se maintenaient à la fin de la 2e année.

L'IMPORTANCE ET L'ORIGINALITÉ DE L'ÉTUDE

L'évaluation des effets d'un programme préscolaire universel à temps plein offert aux élèves de 4 ans d'un conseil scolaire de langue française en contexte minoritaire revêt une importance et une originalité sous plusieurs aspects. Premièrement, le présent projet évalue un projet canadien comportant un grand nombre de sujets. Au Canada, il existe peu d'évaluations rigoureuses des programmes préscolaires mis en place, et ce, malgré l'importance qu'on leur accorde. La majorité des recherches portant sur l'évaluation des programmes préscolaires proviennent des États-Unis et d'Europe. Deuxièmement, le programme évalué est offert dans un contexte scolaire et non pas dans un contexte de services de garde, ce qui est particulier à l'Ontario français. Aux États-Unis et dans la majorité des provinces canadiennes, ce sont les services de garde qui offrent des programmes aux enfants de 4 ans. Troisièmement, cette étude évalue les retombées d'un programme scolaire régulier et universel (offert à tous les enfants de 4 ans du conseil scolaire) et non pas celles d'un programme spécifique dont le financement est soit d'une durée limitée ou fait appel à des sommes importantes (ex. : *High Scope* avec ses 16 000 $US par année par enfant). Quatrièmement, l'évaluation du programme incluait tous les aspects du développement de l'enfant (langagier, scolaire, socioaffectif et psychomoteur) et non pas seulement un domaine en particulier. Finalement, l'évaluation de ce programme est importante pour le milieu francophone minoritaire de l'Ontario. En prenant la décision d'instaurer ce programme, le conseil scolaire avait plusieurs objectifs : offrir un programme de qualité en français afin de favoriser l'acquisition, le développement et l'enrichissement de la communication orale de ces élèves (plusieurs commencent à fréquenter le programme sans parler français) [Gilbert, 2003] et, par le fait même, l'obtention de meilleurs résultats scolaires; contrer l'assimilation et la perte de clientèle francophone au profit des conseils scolaires anglophones et obtenir un financement complet des programmes préscolaires de la part du gouvernement provincial.

LA MÉTHODOLOGIE

La méthodologie présente les participants (les élèves, les parents et les enseignantes), les instruments de mesure et le plan d'analyse des données.

Les participants

Lors de la première phase de l'étude, le groupe témoin incluait 403 élèves ayant fréquenté le programme à mi-temps à 4 ans en 1999-2000. Le groupe cible incluait 418 élèves qui ont bénéficié du programme en 2000-2001. Tous les élèves provenaient de treize des 39 écoles du conseil. Le choix des écoles reposait sur leur répartition géographique et tenait compte de la proportion de francophones habitant chaque région du conseil scolaire.

Pour la seconde phase, l'évaluation de 273 élèves du groupe témoin et de 315 élèves du groupe cible a eu lieu alors que ceux-ci terminaient leur 2e année. L'âge moyen des élèves était de 59,2 mois à la fin du programme 4 ans et de 95,2 mois à la fin de la 2e année.

Les instruments de mesure

L'évaluation portait sur les domaines langagier, scolaire, socioaffectif et psychomoteur des élèves. L'évaluation du langage fut réalisée à l'aide de questionnaires remplis par les enseignantes et par les parents et de tests passés par les élèves. Les questionnaires provenaient de l'Instrument de mesure du développement de la petite enfance (IMPE) [Centre canadien d'études sur les enfants à risque, 1999] lors de la première phase et d'un questionnaire inspiré des grilles d'évaluation utilisées par l'Office de la qualité et de la responsabilité en éducation (OQRE) lors de la deuxième phase. Les tests utilisés auprès des élèves incluaient l'Échelle de vocabulaire en images Peabody (EVIP) [Dunn, Thériault-Whalen et Dunn, 1993] et la version canadienne française du *Test for Auditory Comprehension of Language* (TACL) [Groupe coopératif en orthophonie, 1995] auxquels fut ajouté, lors de la deuxième phase, le test des jetons (Dudley-Delage, 1980). Finalement, une échelle remplie par les parents a servi à mesurer l'utilisation du français par les élèves et leur entourage.

L'évaluation des apprentissages et des comportements scolaires, durant la première phase, a porté sur la conscience de l'écrit (lecture et écriture) et les mathématiques (numération et géométrie) à l'aide des échelles de l'IMPE (1999) remplies par les enseignantes.

Au cours de la seconde phase, les instruments pour évaluer la lecture étaient le test de compréhension de la lecture *Le lion* (Conseil des écoles catholiques du centre-est de l'Ontario, 2001) et le test de fluidité en lecture (Conseil des écoles catholiques de l'est de l'Ontario, 2001). Les enseignantes devaient remplir des questionnaires pour l'évaluation de l'attitude vis-à-vis de la lecture (Peters, 2000), de la performance en lecture et celle en écriture (inspirés des grilles d'évaluation de l'OQRE). L'évaluation directe de la performance en mathématiques s'est faite à l'aide de cinq sous-échelles du KeyMath (*numération, addition, soustraction, multiplication, division et calcul mental*) [Connolly, 1991] et l'évaluation indirecte par un questionnaire rempli par les enseignantes (inspiré des grilles d'évaluation des mathématiques de l'OQRE).

> **Objectifs : favoriser l'acquisition, le développement et l'enrichissement de la communication orale, et contrer l'assimilation et la perte de clientèle francophone au profit des conseils anglophones.**

Pour évaluer les comportements scolaires, nous avons utilisé, lors des deux phases, l'échelle Comportements scolaires de l'IMPE (1999). En 2e année, les parents ont rempli un questionnaire portant sur les comportements à la maison lors des devoirs et des leçons.

L'évaluation du développement socioaffectif s'est faite à l'aide de l'échelle de comportement utilisée par Statistique Canada (1997) dans le cadre de l'étude *National Longitudinal Survey of Children and Youth* remplie par les enseignantes et les parents pour les deux phases de l'étude. La version française du *Pictorial Self-Evaluation Scale* (Verschueren et Marcoen, 1993) a servi à l'évaluation du concept de soi.

L'évaluation du développement psychomoteur des élèves s'est faite à l'aide de l'IMPE (1999) au cours de la première phase.

La collecte des données a eu lieu au cours des deux dernières semaines de mai de chaque année. Des étudiants en éducation et en orthophonie qui avaient reçu une formation ont été responsables de l'évaluation des élèves. Toutes les enseignantes de maternelle et celles de 2e année ont rempli un questionnaire pour chacun des élèves ainsi que 90 % des parents des élèves des deux cohortes.

Les analyses statistiques

L'évaluation du programme a pour but : 1) de déterminer les effets du programme 4 ans à temps plein sur le développement des élèves et 2) de vérifier si ces effets se maintiennent à la fin de la 2e année. Pour chacun des domaines évalués, les moyennes obtenues par les élèves du groupe témoin (programme 4 ans mi-temps) ont été comparées à celles obtenues par les élèves du groupe cible (programme 4 ans à temps plein). Les différences entre les moyennes des deux groupes ont été soumises à des analyses statistiques de type ANCOVA. Le seuil de confiance a été établi à $p < 0,01$. Les analyses statistiques ont tenu compte des variables sociodémographiques habituelles (sexe, âge, etc.).

LES RÉSULTATS

Les résultats de la première phase

Les résultats soulignent plusieurs effets significatifs du programme 4 ans à temps plein sur le développement des élèves. Les enseignantes ont trouvé que les élèves à temps plein se sont mieux adaptés à la vie scolaire que les élèves à mi-temps. Le langage et les apprentissages scolaires constituent les domaines dans lesquels les élèves ont démontré un progrès significatif. En effet, tous les tests de langage passés par les élèves ont indiqué une amélioration du langage des élèves à temps plein, par rapport à celui des élèves à mi-temps. Le même phénomène fut observé dans le développement des compétences scolaires telles que la conscience de l'écrit (lecture et écriture) et les mathématiques. Dans le domaine du développement socioaffectif, les élèves à temps plein ont démontré un concept de soi plus positif que les élèves à mi-temps. Le programme à temps plein a toutefois eu peu d'effets sur les comportements des élèves. Même si la fréquence des problèmes de comportement était très faible, les enseignantes ont noté une augmentation des comportements liés à l'hyperactivité et au manque d'attention ainsi qu'une diminution des comportements scolaires (être attentif en classe et bien écouter les consignes). Ces deux derniers résultats pourraient s'expliquer par un niveau de fatigue plus élevé chez les élèves qui fréquentaient le programme à temps plein à 4 ans, phénomène signalé lors des entrevues auprès des parents et des intervenantes.

Les résultats de la deuxième phase

Les résultats soulignent plusieurs effets significatifs du programme à temps plein à 4 ans sur le développement des élèves à la fin de leur 2e année en langage et en lecture. En langage, les élèves qui avaient suivi le programme à temps plein démontrent une meilleure compréhension des structures de phrases complexes et un vocabulaire plus étendu que ceux qui l'avaient suivi à mi-temps.

En lecture, les élèves de 2e année qui ont fréquenté le programme ont tendance à lire moins vite à l'oral (80 mots par minute, ce qui correspond au niveau de performance fixé pour les élèves de 2e année) que ceux qui l'ont fréquenté à mi-temps (88 mots par minute), mais leur lecture orale est plus fluide et leur niveau de compréhension en lecture significativement plus élevé.

Le programme a eu peu d'effet sur l'écriture et les mathématiques. Seule la soustraction (KeyMath) a révélé une différence significative entre les deux groupes, et ce, à l'avantage des élèves ayant suivi le programme à mi-temps à 4 ans.

Sur le plan du développement socioaffectif, les résultats n'indiquent aucune différence entre les deux groupes. Cependant, les enseignantes ont noté que les élèves de 2ᵉ année qui avaient fréquenté le programme à temps plein socialisaient un peu moins et avaient de moins bons comportements scolaires (suivre les consignes, se concentrer sur une tâche, etc.) que les élèves qui l'avaient fréquenté à mi-temps.

LA DISCUSSION DES RÉSULTATS

L'amélioration du langage constitue une retombée importante du programme de maternelle à temps plein à 4 ans. Non seulement a-t-il produit une amélioration du langage des élèves à la fin du programme, mais cet avantage s'est maintenu en 2ᵉ année.

Plusieurs études avaient trouvé une relation entre les programmes préscolaires et le développement du langage chez les enfants lorsque les programmes étaient de qualité. Les résultats de la présente évaluation du programme confirment donc non seulement la relation positive entre le programme à temps plein à 4 ans et le développement langagier, mais également la qualité du programme offert.

L'amélioration de la performance en lecture constitue une autre grande retombée du programme. En plus de permettre une amélioration de la conscience de l'écrit des élèves, cet avantage s'est maintenu en 2ᵉ année sur le plan de la qualité de la lecture orale et de la compréhension de la lecture. Ces résultats concordent avec ceux obtenus par Jeantheau et Murat (1998), Jarousse et ses collaborateurs (Jarousse et coll., 1992) ainsi que par O'Brien et son équipe. (O'Brien et coll., 1994).

Sur le plan scolaire, les résultats confirment aussi la relation entre le programme à temps plein et les compétences en lecture, en écriture et en mathématiques à la fin du programme à 4 ans. Cependant, seuls les acquis en lecture se maintiennent à plus long terme (en 2ᵉ année). Ces résultats sont en partie semblables à ceux du projet longitudinal Göteberg (Wessels et coll., 1996; Broberg et coll., 1997) : les enfants de 8 ans ayant fréquenté une garderie avaient obtenu des résultats plus élevés en lecture et en mathématiques que ceux ayant fréquenté un autre type de milieu de garde ou qui étaient restés à la maison. Cependant, dans notre étude, les gains en mathématiques obtenus à la fin du programme pour les 4 ans ne se sont pas maintenus en 2ᵉ année. Ce résultat mérite une attention particulière, mais nous ne possédons pas suffisamment de renseignements pour l'expliquer.

> *Non seulement a-t-il produit une amélioration du langage des élèves à la fin du programme pour les 4 ans, mais cet avantage s'est maintenu en 2ᵉ année.*

Dans le domaine comportemental, le programme à temps plein à 4 ans a entraîné peu de changements, tant à la fin du programme qu'en 2ᵉ année. Ces résultats vont à l'encontre de la majorité des études qui avaient évalué les effets de programmes préscolaires sur des enfants de milieux défavorisés, qui étaient jugés à risque ou qui avaient déjà des problèmes socioaffectifs. La majorité des sujets de notre étude ne possédaient pas ces caractéristiques. De plus, selon les analyses du *High Scope Perry Preschool Program* (Schweinhart et Weikart, 1993), les programmes qui ont obtenu des résultats positifs incluaient une composante plus ou moins systématique visant l'apprentissage des habiletés sociales. Il semble donc que le seul fait d'accroître le contact entre l'enfant et d'autres enfants et adultes ne soit pas garant d'une amélioration de son développement socioaffectif. Notre évaluation de programme ne permet pas de préciser l'ampleur de cet enseignement dans les écoles; il faudrait examiner la possibilité d'inclure des activités d'apprentissage visant spécifiquement le développement de compétences sociales pour obtenir une amélioration dans ce domaine.

CONCLUSION

Pour les conseils scolaires de langue française en contexte minoritaire, les résultats de cette étude sont très encourageants. En francisant très tôt leurs élèves, en leur permettant de vivre toute la journée des activités axées sur la littératie adaptées à leur âge, ceux-ci obtiennent de meilleurs résultats que ceux qui avaient suivi le programme à mi-temps. Cependant, les résultats de cette recherche soulèvent aussi des pistes à explorer. Les élèves qui ont un langage oral adéquat et qui commencent à fréquenter les écoles ne semblent pas bénéficier autant du programme pour les 4 ans à temps plein. De plus, les acquis en mathématiques obtenus à la fin du programme pour les 4 ans à temps plein ne se sont pas maintenus à la fin de la 2e année. Des recherches supplémentaires seraient nécessaires afin d'orienter les stratégies du personnel enseignant.

RÉFÉRENCES

BALLEYGUIER, G. et E.C. MELHUISH. « The relationship between infant day care and socio-emotional development with french children aged 3-4 years », *European Journal of Psychology of Education*, vol. 11, n° 2 (1996), p. 193-199.

BROBERG, A.G., H. WESSELS, M.E. LAMB et C.P. HWANG. « The effects of day care on the development of cognitive abilities in eight-year-old: a longitudinal study », *Developmental Psycology*, vol. 33, n° 1 (1997), p. 62-69.

CENTRE CANADIEN D'ÉTUDES SUR LES ENFANTS À RISQUE. *Instrument de mesure du développement de la petite enfance*, Hamilton, Ontario, Université McMaster, Hamilton Sciences Corporation, 1999.

CONNOLLY, A.J. *Canadian Edition of KeyMath — Revised: A diagnostic Inventory of Essential Mathematics*, Toronto, Psycan Corporation, 1991.

CONSEIL DES ÉCOLES CATHOLIQUES DU CENTRE-EST DE L'ONTARIO. *Test de compréhension de la lecture "Le lion"*, document non publié, 2001.

CONSEIL DES ÉCOLES CATHOLIQUES DE L'EST DE L'ONTARIO. *Test de fluidité en lecture*, document non publié, 2001.

DUDLEY-DELAGE. *Test de langage Dudley-Delage, Manuel de l'examinateur*, St-Lambert, Les Éditions de l'ABC, 1980.

DUNN, L., S.A. BEACH et S. KONTOS. « Quality of the literacy environment in day care and children's development », *Journal of Research in Childhood Education*, 9 (1994), p. 24-31.

DUNN, L.M., C.M. THÉRIAULT-WHALEN et L.M. DUNN. *Échelle de vocabulaire en images Peabody (EVIP)*, adaptation française du *Peabody Picture Vocabulary Test-Revised*, Toronto, Psycan, 1993.

FLORIN, A. *La scolarisation à deux ans et autres modes d'accueil*, Paris, Institut national de recherche pédagogique, 2000.

GILBERT, A. *La petite enfance : porte d'entrée à l'école de langue française. Une vision nationale*, CIRCEM, Ottawa, 2003.

GOELMAN, H. et A.R. PENCE. « Some aspects of the realtionships of family day care », *Advances in Applied Developmental Psychology*, 2 (1987), p. 129-146.

GROUPE COOPÉRATIF EN ORTHOPHONIE. *Carrow-Woolfok — Test de compréhension. Adaptation et normalisation*, version française du Test for Auditory Comprehension of language (TACL), Groupe coopératif en orthophonie Région Laval-Laurentides-Lanaudière, 1995.

HODGES W. et M. COOPER. « Head Start and follow through: Influences on intellectual development », *Journal of Special Education*, vol. 15, n° 2 (1981), p. 221-238.

JEANTHEAU, J.-P. et F. MURAT (DPD D1). *Observation à l'entrée au CP des élèves du « panel 1997 »,* note d'information du ministère de l'Éducation nationale, de la Recherche et de la Technologie, 1998, p. 98-40.

JAROUSSE, J.-P., A. MINGAT et M. RICHARD. « La scolarisation à 2 ans : effets pédagogiques et sociaux », *Éducation et formation,* 31 (1992), p. 3-9. (MEN-Direction de l'évaluation et de la prospective)

LEDUC, A. et A. CADIEUX. « Qu'est-il possible de conclure des écrits sur l'efficacité à court et à long termes de l'intervention précoce auprès des élèves en difficulté d'apprentissage et d'adaptation des élèves handicapés? », *Comportement humain,* 7 (1993), p. 41-62.

MALTAIS, C. et Y. HERRY, *Un programme 4 ans à temps plein : ça compte encore!, évaluation du programme à temps plein destiné aux enfants de 4 ans,* Conseil des écoles catholiques de langue française du Centre-Est, Ottawa, 2004, p. 44.

MASNY, D. *La culture de l'écrit : les défis à l'école et au foyer,* Montréal, Logiques, 2001.

MCCARTNEY, K. « Effect of quality of day care environment on children's language development », *Developmental Psychology,* vol. 20, n° 2 (1984), p. 244-260.

O'BRIEN CAUGHY, M., J.A. DIPIETRO et M. SCROBINO. « Day-care participation as a projective factor in the cognitive development of low-income children », *Child Development,* 65 (1994), p. 457-471.

PALACIO-QUINTIN, E. et R. CODERRE, R. *Les services de garde à l'enfance : Influence des différents types de garde sur le développement de l'enfant,* rapport présenté au Conseil québécois de la recherche sociale, 1999.

PETERS, R. De V. *Developing Capacity and Competence in the Better Beginnings Futures Communities : Short time Findings Report,* Kingston, Ontario, Better Beginnings, Better Futures Research Coordination Unit Technical Report, 2000.

ROYER, N. *Éducation et intervention au préscolaire,* Montréal, Gaëtan Morin, 1995.

SCHWEINHART, L.J. et D.P. WEIKART. « Success by empowerment: The High/Scope Perry preschool study through age 27 » *Young Children,* 49 (1993), p. 54-58.

STATISTIQUE CANADA. *Échelle Comportements prosociaux du National Longitudinal Survey of Children and Youth,* Ottawa, Développement des ressources humaines Canada, 1997.

VERLAAN, P., V. SAYSSET, R.E. TREMBLAY et M. BOIVIN. « Les enfants à risque d'inadaptation sociale : Bilan critique des programmes d'intervention précoce » *in* L. Fortin et M. Bigras (dir.), *Symposium d'Orford sur la prévention de l'inadaptation psychosociale,* sous presse.

VERSHUEREN, K. et A. MARCOEN. *The Pictorial Self-Evaluation Scale,* document non publié, Center for Developmental Psychology, Université de Louvain, 1993.

VITARO, F., P. DOBKIN, C. GAGNON et M. LEBLANC. *Les problèmes d'inadaptation psychosociale chez l'enfant et l'adolescent : prévalence, déterminants et prévention,* Sainte-Foy, Presses de l'Université du Québec, 1994.

WESSELS, H., M. LAMB et C.P. HWANG. « Cause and causality in daycare research: An investigation of group differences in swedish child care », *European journal of psychology of education,* vol. 11, n° 2 (1996), p. 231-245.

WHITE, K.R., D.W. BUSH et C. CASTO. « Learnig for review of early intervention efficacy », *The Journal of Special Education,* 19 (1985), p. 417-428.

HUITIÈME PARTIE

Enfance en difficulté

INTRODUCTION

Cette dernière section aborde le thème de l'enfance. D'abord, Hermann Duchesne expose les besoins et les responsabilités des directions d'écoles franco-manitobaines en regard de la formation et du développement professionnel liés à l'inclusion des élèves handicapés et en difficulté. Le dernier chapitre, de Nathalie Bélanger et Kehra Taleb, traite, quant à lui, principalement des pratiques enseignantes inclusives utilisées face à l'enfance en difficulté. On y présente les données issues du projet de recherche Trajectoires sociales et scolaires d'élèves en difficulté à l'école élémentaire de langue française en Ontario.

Besoins de formation des directions d'écoles concernant l'éducation inclusive au Manitoba français

Hermann Duchesne, Collège universitaire de Saint-Boniface

RÉSUMÉ

Au cours de l'année scolaire 2002-2003, les directions d'écoles franco-manitobaines ont été interviewées sur leurs besoins de formation et de développement professionnel concernant l'inclusion des élèves handicapés et en difficulté. Les directions examinent d'abord les défis particuliers que leur posent la langue et la littératie, le comportement des élèves et les handicaps avec lesquels ces derniers sont aux prises. Elles discutent ensuite des responsabilités qui leur incombent, non seulement face aux élèves, mais aussi face à leur personnel, aux parents et à la communauté environnente. Tenant compte de ces défis et responsabilités, elles identifient enfin un large éventail de connaissances, habiletés et attitudes à développer. Celles-ci varient d'une connaissance de base des handicaps majeurs et des difficultés moins visibles qui affligent les élèves, jusqu'au besoin d'être outillées pour promouvoir une vision commune d'une approche inclusive centrée sur l'enfant, en passant par l'acquisition de stratégies pour évaluer et soutenir le personnel de l'école dans la mise en œuvre quotidienne de l'inclusion. Le haut niveau de conscientisation que révèlent les réponses des directions d'écoles au cours de l'entrevue permet d'envisager l'avenir avec optimisme.

Le rôle crucial du soutien et du leadership des directions d'écoles dans le succès de l'inclusion scolaire des élèves handicapés et en difficulté est largement reconnu (Blenk et Fine, 1995; Capper, Frattura et Keyes, 2000; Jorgensen, 1998; MacGregor et Vogelsberg, 1998; Rousseau et Bélanger, 2004; Staub, Grenot-Schreyer et Fisher, 2001; Villa et Thousand, 1995; etc.). Très succinctement, plutôt que sur un leadership qui favorise la délégation des responsabilités, le succès de l'inclusion reposerait sur l'implication directe de la direction d'école qui doit, entre autres, participer activement à l'élaboration des programmes éducatifs personnalisés; encourager la collaboration entre collègues; ajuster les horaires pour faciliter les rencontres; fournir le soutien et les ressources humaines et matérielles nécessaires; communiquer efficacement avec les parents et établir des partenariats avec les agences et services communautaires.

Devant l'importance de leur rôle et l'envergure des responsabilités qui en découlent, on peut se demander dans quelle mesure les directions d'écoles sont préparées pour assumer celles-ci. Une enquête réalisée par Duchesne (2002) indique que même si les directions d'écoles franco-manitobaines sont réceptives aux principes de l'inclusion et du respect des droits des élèves ayant des besoins spéciaux, elles demeurent ambivalentes face à leurs responsabilités. Une telle ambivalence et la prudence qui s'ensuit sur le plan de l'implication directe des directions d'écoles pourraient résulter d'un manque de familiarisation avec les connaissances et pratiques exemplaires touchant l'inclusion. Une analyse des besoins de formation ou de développement professionnel dans ce domaine est susceptible d'élargir la compréhension des réalités vécues par les directions d'écoles et de fournir des balises pour la planification stratégique du soutien à leur offrir. Dans cette optique, la présente recherche vise à :

1. identifier les défis auxquels sont confrontés les directions d'écoles franco-manitobaines face à l'inclusion;
2. examiner comment les directions d'écoles conçoivent leurs responsabilités face à ces défis;
3. identifier les compétences, c'est-à-dire les connaissances, habiletés et attitudes désirées par les directions d'écoles.

MÉTHODOLOGIE

Population
L'enquête fut menée auprès des trente-trois directions d'écoles (incluant adjoints et adjointes) œuvrant dans les écoles de la Division scolaire franco-manitobaine.

Procédure de collecte des données
Les données ont été recueillies par entrevues individuelles semi-structurées visant à faire ressortir les défis, responsabilités et compétences désirées par les directions d'écoles (Lapointe, 1992). Le protocole d'entrevue fut approuvé par les autorités compétentes de la Division scolaire. La majorité des interviewés se sont familiarisés avec ce protocole avant l'entrevue.

La participation aux entrevues s'est faite sur une base volontaire, après l'obtention du consentement averti. Le chercheur a lui-même dirigé les entrevues au cours de l'année scolaire 2002-2003.

Méthodes d'analyse des données
Les entrevues ont été transcrites à l'ordinateur et traitées à l'aide du logiciel QSR-NUD*IST 4 (Qualitative Solutions and Reasearch Pty, 1997). Les unités de sens ont d'abord été codées en fonction des thèmes de l'entrevue : défis, responsabilités, connaissances, habiletés et attitudes. Les idées principales pour chaque thème ont ensuite été extraites des rapports thématiques générés par le logiciel et regroupées en fonction de sous-thèmes émergents. Suivant les recommandations de Bogman et Biklen (2003), les résultats de cette analyse ont été laissés de côté un certain temps afin de permettre au chercheur de prendre un certain recul et ainsi favoriser l'émergence d'une nouvelle vision.

Par la suite, la pertinence des sous-thèmes fut réévaluée et plusieurs d'entre eux furent amalgamés. Un rapport confidentiel fut soumis aux autorités de la Division scolaire. Comme les réactions à ce rapport indiquaient que certaines nuances incluses dans la présentation des résultats et les exemples fournis permettaient de reconnaître l'identité des interviewés, il s'est avéré nécessaire de rédiger un troisième rapport présentant les résultats d'une manière globale, sans inclure d'extraits d'entrevues.

RÉSULTATS

Défis auxquels sont confrontés les directions d'écoles

La première question posée aux directions d'écoles concerne les défis auxquels elles sont confrontées en regard des services offerts aux élèves handicapés et en difficulté. Les réponses permettent de dégager trois catégories de défis touchant : 1) la langue et la littératie; 2) le comportement et 3) les handicaps.

Défis liés à la langue et à la littératie

Les directions signalent qu'un nombre relativement élevé d'élèves éprouvent des difficultés d'apprentissage en lecture et en écriture dans leur école. De nombreux élèves, bien qu'arrivés au secondaire, ne savent pas lire. Même s'ils parviennent à décoder un texte, ils ne comprennent pas vraiment ce qu'ils lisent. Ils ont de la difficulté à saisir le contenu des matières enseignées, n'ont pas le vocabulaire nécessaire pour comprendre les questions d'un examen, etc. On attribue ce problème principalement au contexte très minoritaire et à l'appauvrissement des expériences de vie en français à l'extérieur de l'école. Certaines directions ajoutent que des difficultés en numératie se révèlent aussi dans leur milieu, ce qu'elles attribuent encore au problème de la langue en contexte minoritaire.

Dans plusieurs écoles, les difficultés d'apprentissage sont associées de près au problème de la francisation des enfants des parents ayants droit. Si ces derniers ne sont pas francisés très rapidement, ils risquent d'accumuler des retards de plus en plus importants dans leur scolarité.

Défis liés au comportement

Même si le domaine du comportement pose des défis majeurs pour plusieurs directions d'écoles, les problèmes de comportement ne semblent pas généralisés. Les défis sont plutôt associés aux élèves ayant des handicaps sévères (ex. : autisme, DAH, syndrome de Tourette, etc.) exigeant une intervention spécialisée qui dépasse la discipline ordinaire. Il suffit d'un cas sérieux dans une école pour que l'ensemble du fonctionnement de celle-ci soit affecté.

Dans certains milieux, les directions voient un défi supplémentaire dans l'identification et la mise en œuvre de mesures préventives et rééducatives face au nombre grandissant d'élèves qui démontrent une fragilité émotionnelle, un manque de confiance en soi, etc. Elles se questionnent également sur leur rôle face aux élèves qui proviennent d'un milieu familial dysfonctionnel ou d'une communauté qui valorise l'agressivité. Elles signalent enfin le manque de motivation d'un nombre grandissant d'élèves au secondaire, ce qui cause souvent des problèmes de comportement et, éventuellement, de décrochage.

Défis liés aux handicaps

Les directions d'écoles affirment que l'inclusion des élèves handicapés présente des défis importants sur trois plans. D'abord, il existe peu d'information sur la façon d'intervenir auprès de ces élèves et aucun critère pour évaluer l'efficacité des interventions. Il est donc difficile de fixer des attentes réalistes pour ces élèves. Ensuite, certaines écoles disent recevoir un nombre disproportionné d'élèves handicapés, en comparaison avec la répartition normale des handicaps dans la population. Cette situation draine les ressources humaines et matérielles disponibles, et l'école ne peut répondre qu'aux besoins les plus pressants. Enfin, les difficultés des élèves handicapés exigent souvent le recours aux services fournis par des agences extérieures à l'école. Il n'est pas facile de savoir quels services existent en français, ni de savoir comment établir une base de coopération ou de partenariat avec ces agences.

Responsabilités des directions d'écoles

Le deuxième thème abordé concerne les responsabilités des directions d'écoles face aux défis identifiés. Ces responsabilités sont examinées en fonction : 1) du plan éducatif de l'école; 2) des relations avec le personnel; 3) de la présence auprès des élèves; 4) de la répartition des ressources; 5) de l'appui aux parents et 6) des communications externes.

Plan éducatif de l'école

Les directions doivent s'assurer que les services aux élèves handicapés et en difficulté fassent partie intégrante du plan éducatif de l'école (PEE). Le modèle de prestation des services et les pratiques en salles de classe doivent être cohérents avec la philosophie éducative énoncée dans le PEE. La direction doit veiller à ce que les services éducatifs respectent les élèves et les valeurs des parents et de la communauté. Ces services doivent favoriser le développement du sentiment d'appartenance. La direction doit se montrer flexible, adopter une approche positive, respectueuse et concertée face aux défis à relever. Elle sert ainsi de modèle pour tous les membres du personnel.

Relations avec le personnel de l'école

Les directions signalent le besoin d'assurer une formation et un développement professionnel appropriés à tous les membres de leur personnel et de réduire l'écart entre les pratiques désirées et les pratiques existantes. Les enseignantes et enseignants doivent accepter la responsabilité des élèves handicapés et en difficulté, et s'engager activement dans l'identification de leurs besoins. La direction doit également voir à ce que les nouveaux membres du personnel adoptent des attitudes et des pratiques en harmonie avec la philosophie de l'école telle qu'énoncée dans le PEE.

Une autre dimension concerne l'appui quotidien aux enseignants. La direction doit pouvoir s'asseoir et vraiment écouter ces derniers, être ouverte à leurs demandes et apporter un soutien à ceux qui sont démotivés ou stressés. La direction doit, en plus, faciliter les rencontres entre enseignants, de même qu'entre enseignants et spécialistes, pour discuter des besoins des élèves et des moyens d'y répondre.

> *Les directions doivent s'assurer que les services aux élèves handicapés et en difficulté fassent partie intégrante du plan éducatif de l'école.*

Une dernière dimension concerne l'appui aux membres du personnel spécialisé et de soutien (orthopédagogues, conseillers, auxiliaires d'enseignement). Les directions doivent se familiariser avec les rôles et responsabilités de ces derniers, faire équipe avec eux et s'engager activement en facilitant les rencontres régulières et en coordonnant le travail. Dans plusieurs écoles, les directions insistent sur le besoin de faciliter la réalisation des tâches administratives, telles que remplir les demandes de subventions, établir l'horaire des auxiliaires, etc., et ce, afin de redonner du temps au personnel spécialisé pour travailler davantage dans les salles de classe.

Présence auprès des élèves

Les directions indiquent qu'elles doivent non seulement bien connaître les dossiers des élèves, mais veiller à rencontrer les élèves informellement et s'intéresser à leur vécu quotidien. Les directions doivent se donner des outils pour motiver les jeunes à mieux assumer leurs responsabilités. Il convient de s'occuper vraiment de l'élève, tout en assurant la sécurité dans l'école par une discipline juste et raisonnable.

Répartition des ressources

La direction doit assumer la gestion des budgets et distribuer les ressources humaines et matérielles d'une manière équitable. Pour plusieurs, toutefois, il s'agit de gérer « un manque de ressources », tout en assurant l'offre de services appropriés. Dans le domaine de la langue et de la littératie, entre autres, on mentionne qu'il faut prévoir le développement de ressources locales, puisque les ressources disponibles en langue française sur le marché ne répondent habituellement pas aux besoins particuliers des écoles en milieu minoritaire.

Appui aux parents

Les directions doivent être bien informées sur les moyens d'appuyer les familles et d'échanger d'une manière positive avec les parents. Elles doivent maintenir des contacts réguliers avec ces derniers et être présentes aux rencontres pour discuter des programmes éducatifs personnalisés et des plans de maîtrise du comportement de leur enfant. Les directions doivent s'assurer que les parents sont toujours bien informés et engagés activement dans les démarches entreprises pour leur enfant. Elles doivent être sensibles à leurs préoccupations et aborder les sujets difficiles d'une manière respectueuse et empathique.

Communications externes

Il revient aux directions d'écoles de coordonner et faciliter les communications avec les spécialistes de la division scolaire et ceux provenant des agences externes d'aide à l'enfance (psychiatres, travailleurs sociaux, etc.). Il s'agit de mettre les gens en contact les uns avec les autres et de créer un réseau de communication. Il est important pour les directions de prendre en charge la communication de l'information en temps de crise, autant à l'intérieur qu'à l'extérieur de l'école.

Connaissances, habiletés et attitudes désirées

En tenant compte des défis particuliers qui se posent à elles et les responsabilités qui leur incombent, les directions d'écoles ont été invitées, en troisième lieu, à identifier les compétences, c'est-à-dire : 1) les connaissances; 2) les habiletés et 3) les attitudes, qu'elles souhaitent développer afin de remplir leur rôle d'une manière plus efficace.

Connaissances

Les connaissances identifiées comme prioritaires se regroupent en quatre catégories : connaissances plus approfondies en littératie; connaissances générales sur les divers types de handicap et troubles du comportement; compréhension du concept d'inclusion et de ses implications; connaissances de base en relation d'aide.

Étant donnée l'importance de la littératie, les directions sont d'avis qu'elles doivent connaître davantage les nouvelles tendances, stratégies, etc., afin de mieux comprendre le processus d'enseignement apprentissage lui-même, de même que les modalités de dépistage et d'évaluation des élèves qui éprouvent des difficultés. Les directions seront ainsi en mesure de mieux appuyer les membres du personnel et les élèves dans leurs démarches.

En ce qui a trait aux handicaps et aux troubles du comportement, les directions affirment avoir besoin de connaissances générales sur les différents types de troubles tels que l'autisme, le déficit d'attention avec hyperactivité, le trouble oppositionnel, etc., de même que sur les difficultés moins visibles qui affligent les élèves (problèmes de contrôle, timidité, peur, entêtement, etc.). De plus, elles ont besoin d'être renseignées sur les services et appuis disponibles dans la communauté pour ces élèves et leurs familles.

Face à l'inclusion, les directions s'interrogent sur la signification de la « philosophie de l'inclusion » adoptée par le ministère de l'Éducation du Manitoba et sur ses implications concrètes pour le fonctionnement de l'école. Les concepts de pédagogie différenciée, d'adaptation pédagogique, de modification de programme et de programmation individualisée demandent à être clarifiés. Les directions affirment avoir besoin de connaissances plus précises sur les rôles spécifiques des divers intervenants, et en particulier des spécialistes, dans le cadre de l'inclusion.

Enfin, tenant compte des divers problèmes que rencontrent les élèves, autant à l'intérieur qu'à l'extérieur de l'école, les directions insistent sur la nécessité d'acquérir des connaissances de base en relation d'aide. Selon elles, tous les intervenants en milieu scolaire devraient posséder de telles connaissances afin d'aider les élèves à reconnaître leurs propres problèmes et à mieux se prendre en charge.

Habiletés

C'est dans la catégorie des habiletés que les directions d'écoles identifient le plus grand nombre de besoins de formation. En plus des habiletés reliées directement aux défis dans les domaines de la littératie, du comportement et des handicaps, les directions discutent d'habiletés générales dont celles nécessaires au travail en collaboration et à la communication avec les parents. Certains ajoutent aussi des préoccupations face à l'utilisation des nouvelles technologies.

Dans le domaine de la littératie, les directions s'interrogent sur la manière de développer une culture de créateurs, une culture de lecteurs et d'écrivains dans leur école. Elles aimeraient être outillées pour mener des recherches-actions et résoudre les problèmes locaux. La littératie est l'affaire de tous et la direction doit savoir évaluer les besoins de son personnel et favoriser un développement professionnel approprié. Tous devraient adopter une vision commune de la littératie et travailler en collaboration. On se demande également comment dépister les problèmes chez les élèves et où trouver les ressources pour prévenir ces difficultés. En particulier, on déplore que l'approche de la francisation des enfants des parents ayants droit s'avère trop traditionnelle et le besoin d'innover dans ce domaine est pressant.

Les besoins liés au comportement touchent d'abord à la gestion de classe en général. Les directions se demandent comment assurer la réussite des élèves, développer leur estime de soi, leur donner le goût d'apprendre, les rendre responsables et capables de travailler de façon autonome. Pour prévenir les problèmes de comportement, les directions doivent connaître le processus permettant de développer un code de vie dans leur école et préciser les attentes. Elles doivent être plus ouvertes aux interactions entre élèves et mieux utiliser les stratégies de résolution de conflits, le conseil de coopération, la médiation, etc. Elles souhaitent également que tous soient formés pour faire face aux problèmes de malmenance ou d'intimidation. Pour ce qui est des mesures réactives, les directions identifient le besoin d'acquérir des stratégies et techniques d'entrevue dans le cadre de la discipline à l'école et dans les situations de crise. Elles souhaitent posséder les habiletés nécessaires pour élaborer des plans de maîtrise du comportement et pour impliquer les parents dans la mise en œuvre de ces plans.

En ce qui a trait aux élèves handicapés, les directions veulent être en mesure d'assurer la gestion efficace d'une école inclusive. Des besoins se révèlent à tous les niveaux du continuum de services. Les directions désirent soutenir plus efficacement les enseignants dans leurs efforts pour rejoindre la diversité des apprenants; approfondir les pratiques exemplaires; examiner les applications des stratégies de pédagogie différenciée et de gestion de classe à niveaux multiples. Certains ajoutent le besoin de développer une approche d'évaluation différenciée de la performance des élèves. Les directions désirent aussi être outillées pour participer à l'élaboration de plans éducatifs personnalisés et dans l'établissement des priorités pour les élèves sévèrement et profondément handicapés.

Les directions d'écoles sont d'avis que l'apport de services particuliers aux élèves exige un important travail de collaboration. Elles se demandent comment amener les personnes à se donner des objectifs communs, comment travailler avec différentes personnalités, comment « écouter » sans porter de jugement. Elles aimeraient développer les habiletés de communication, la flexibilité dans les relations interpersonnelles, les capacités de démontrer du respect entre collègues, de faire des compromis, de maintenir des relations harmonieuses entre tous. Elles désirent être plus habiles à travailler en collaboration avec les spécialistes des agences externes et à établir des partenariats avec la communauté.

> **Ces directions désirent développer les habiletés nécessaires pour mener des rencontres efficaces avec les parents et établir un partenariat véritable avec eux.**

Certaines directions abordent les relations avec les parents et la communauté d'une manière globale et souhaitent que tous les membres du personnel, incluant la direction, développent des habiletés appropriées dans ce domaine. En particulier, elles souhaitent raffiner leurs habiletés pour composer plus efficacement avec les familles dysfonctionnelles, avec les parents dont les valeurs éducatives diffèrent de celles de l'école, etc. On s'inquiète de savoir comment échanger au téléphone avec les parents difficiles et comment désamorcer une crise. D'autres directions situent les besoins dans le contexte de la littératie. Elles se demandent comment assurer un suivi auprès de l'élève et de ses parents à la maison, et comment évaluer la satisfaction des parents envers les services offerts par l'école. D'autres encore voient la communication et la collaboration avec les parents dans le contexte de l'enfance handicapée et en difficulté. Ces directions désirent développer les habiletés nécessaires pour mener des rencontres efficaces avec les parents et établir un partenariat véritable avec eux. Certaines souhaitent être mieux outillées pour aborder les sujets difficiles avec les parents d'une manière empathique. Enfin, certaines directions aimeraient être outillées pour favoriser un rapprochement entre l'école et la communauté en général et résoudre les conflits de valeurs entre eux.

En dernier lieu, certaines directions insistent sur le développement des habiletés nécessaires pour utiliser les nouvelles technologies d'information et de communication afin de réaliser un plus grand nombre de projets permettant aux élèves de travailler à leur rythme et d'accommoder plusieurs niveaux de capacités. Elles voient également dans la technologie un moyen de réduire la paperasse et le fardeau des tâches administratives.

Attitudes

En relation avec les attitudes, les directions souhaitent favoriser le développement, chez tous les membres de leur personnel, d'attitudes positives face à leur profession et à la mission de l'école, de même que modifier les représentations face à la pédagogie et aux programmes d'études.

Les directions mentionnent le besoin de travailler à augmenter l'engagement envers la profession enseignante. Elles veulent motiver leur personnel à partager une vision commune de la mission de l'école et de l'excellence scolaire et développer la loyauté face à cette mission. Elles souhaitent développer une fierté à répondre aux besoins éducatifs de tous les élèves, et ce, quels que soient ces besoins. Tous doivent être convaincus d'être des apprenants à vie, ouverts au changement et à la diversité. Les directions doivent veiller à l'établissement d'une relation de respect avec l'élève, qu'il soit en difficulté ou non. Les directions doivent aider leur personnel à accepter la responsabilité des élèves en difficulté dans leur classe, à concentrer leur attention sur leurs forces et leurs talents, et ce, à tous les niveaux, incluant le secondaire.

La modification des représentations de la pédagogie et des programmes d'études nécessite que les directions sachent soutenir leur personnel dans la création d'une relation pédagogique qui met moins l'accent sur la méthodologie et les programmes d'études et qui tient davantage compte de l'aspect humain. Les directions aimeraient faire comprendre à leur personnel que l'élève est au cœur de l'apprentissage et qu'il convient de travailler autant la dimension affective que la dimension cognitive de sa personnalité. Ce besoin est particulièrement pressant au niveau secondaire. Enfin, si quelques directions considèrent le fait de maintenir certains services spéciaux ségrégés comme une nécessité, elles déplorent le fait que ceux-ci soient utilisés dans une optique d'exclusion. Il faut donc demeurer vigilants et s'assurer que ces services permettent d'atteindre les objectifs d'inclusion.

CONCLUSION

Les résultats de cette enquête indiquent que les directions d'écoles franco-manitobaines ont développé un haut niveau de conscientisation face aux multiples défis qui se posent dans le domaine des services aux élèves handicapés et en difficulté, et qu'elles ont une vision claire des responsabilités qui leur incombent. Elles reconnaissent autant les défis susceptibles de se présenter dans tous les milieux, que les défis particuliers au contexte très minoritaire. Elles veulent connaître davantage les différents types de handicaps et difficultés avec lesquels les élèves sont aux prises, de même qu'acquérir les habiletés et stratégies pour appuyer plus efficacement leur personnel, les parents et la communauté. Elles veulent s'outiller pour encourager le développement d'une vision commune d'une éducation inclusive centrée sur l'enfant, un sens de responsabilité, d'ouverture à la diversité, de respect et une fierté à répondre aux besoins de tous et chacun.

La Division scolaire franco-manitobaine et le Collège universitaire de Saint-Boniface qui se partagent la responsabilité de la formation et du développement professionnel des directions d'écoles, travaillent présentement à l'élaboration d'un plan stratégique pour répondre aux besoins identifiés. On ne peut, en effet, se fier seulement à la capacité des directions de s'autoformer uniquement à partir de leurs expériences quotidiennes, de leurs lectures personnelles, etc. S'il y a place pour une action concertée visant à intégrer les contenus susceptibles de répondre aux besoins à l'intérieur des cours universitaires en administration scolaire, il ne faut pas minimiser l'importance d'une approche misant sur la résolution de problèmes de la vie quotidienne. Entre autres, les directions d'écoles apprécient la possibilité d'avoir un mentor à qui demander conseil lorsqu'ils rencontrent des difficultés ou d'observer un administrateur expérimenté « en action », par exemple. Et comme plusieurs sont autodidactes, les directions souhaitent avoir accès à un « réseau de partage d'informations » sur les recherches et les pratiques (incluant les histoires à succès locales) dans le domaine de l'inclusion. Les résultats de cette enquête permettent donc d'être optimistes face à l'avenir.

RÉFÉRENCES

BLENK, K. et D.L. FINE. *Making school inclusion work: a guide to everyday practice*, Cambridge, Brookline Books, 1995.

BOGMAN, R.C. et S.K. BIKLEN. *Qualitative research for education: an introduction to theories and methods*, Boston, Allyn and Bacon, 2003.

CAPPER, C.A., E. FRATTURA et M.W. KEYES. *Meeting the needs of students of all abilities: how leaders go beyond inclusion*. Thousand Oaks, Corwin Press, 2000.

DUCHESNE, H. « Les connaissances, croyances et attitudes reliées au droit à l'éducation pour les élèves franco-manitobains ayant des besoins spéciaux », *Revue des sciences de l'éducation*, vol. 28, n° 3 (2002), p. 537-563.

JORGENSEN, C.M. *Restructuring high schools for all students: taking inclusion to the next level*, Baltimore, P.H. Brookes, 1998.

LAPOINTE, J.J. *La conduite d'une étude de besoins en éducation et en formation : Une approche systémique*, Québec, Presses de l'Université du Québec, 1992.

MCGREGOR, G. et R.T. VOGELSBERG. *Inclusive schooling practices: pedagogical and research foundations. A synthesis of the literature that informs best practices about inclusive education*, Baltimore, Paul H. Brookes, 1998.

ROUSSEAU, N. et BÉLANGER, S. (dir.). *La pédagogie de l'inclusion scolaire*, Québec, Presses de l'Université du Québec, 2004.

QUALITATIVE SOLUTIONS AND RESEARCH PTY. QSR NUD*IST, *Revision 4: Software for qualitative data analysis*, Victoria, Australia, Qualitative Solutions and Research Pty, 1997.

STAUB, D., M. GRENOT-SCHREYER et M. FISHER (dir.). *At the end of the day: lessons learned in inclusive education*, Baltimore, Paul H. Brookes, 2001.

VILLA, R.A. et J.S.THOUSAND, J.S. (dir.). *Creating an inclusive school*, Alexandria, Association for Supervision and Curriculum Development, 1995.

École de langue française et pratiques enseignantes en Ontario

Nathalie Bélanger, Université d'Ottawa
Kehra Taleb, Université de Toronto

RÉSUMÉ

Ce chapitre vise à montrer comment l'école franco-ontarienne répond à la diversité des clientèles scolaires qui la composent. Plus particulièrement, il s'agira de rendre compte de la diversité des approches pédagogiques à l'école franco-ontarienne en mettant l'accent sur les pratiques des enseignants au regard de la question de l'enfance en difficulté. Trois types de pratiques sont examinés : les pratiques pédagogiques décentrées ou magistrales, les pratiques modulées au regard de la représentation du milieu familial et les pratiques enseignantes qui concernent la représentation de la différence. Les données dont il sera question ici sont issues du projet de recherche qualitatif intitulé *Trajectoires sociales et scolaires d'élèves en difficulté à l'école élémentaire de langue française en Ontario* qui commença en 2000 et s'acheva à la fin de l'année 2003.

Peu d'études sociologiques renseignent le secteur de l'enfance en difficulté. Pourtant, de multiples règlements, notes, politiques ou programmes, qui viennent s'ajouter à la *Loi sur l'éducation en Ontario en matière d'enfance en difficulté* telle que définie par le ministère, ont entraîné une vaste restructuration et un redéploiement de ressources humaines et matérielles dans les conseils scolaires et les écoles. Or, on sait encore peu de chose sur les publics scolaires jugés en difficulté, sur les services aux élèves en difficulté dans les écoles ou encore sur les pratiques des enseignantes et enseignants. De plus, peu d'études ont été faites dans le contexte particulier des écoles de langue française en Ontario. Ce texte, produit à partir des résultats d'un projet de recherche décrit ci-dessous, vise, du moins en partie, à pallier cette situation et à documenter la question des pratiques enseignantes (Bélanger et Connelly, Taleb, 2004).

Ce texte fait suite à un projet de recherche de type qualitatif, subventionné par le Conseil de recherches des sciences humaines du Canada, intitulé *Trajectoires sociales et scolaires d'élèves en difficulté à l'école de langue française en Ontario* qui commença en 2000 et s'acheva en 2003. L'objectif de ce projet de recherche était de retracer et comprendre, à partir des points de vue des enseignants, de parents et d'élèves, les trajectoires sociales et scolaires d'élèves désignés comme étant en difficulté dans trois écoles de langue française en Ontario, écoles contrastées sur les plans linguistique et sociodémographique.

Nous présenterons d'abord brièvement le projet de recherche ainsi que les aspects méthodologiques du projet, la description des terrains d'enquête et l'ancrage théorique du projet. Ensuite, il s'agira de préciser en quoi il est intéressant d'étudier les pratiques enseignantes tout en faisant un détour sur la notion de « difficulté » en salle de classe et, enfin, nous présenterons des exemples concrets de pratiques enseignantes.

L'OBJECTIF DE LA RECHERCHE

L'objectif de notre recherche était de retracer et de comprendre, à partir des points de vue des enseignants, de parents et d'élèves, les trajectoires sociales et scolaires d'élèves désignés comme étant en difficulté à l'école primaire. Également, nous voulions voir de plus près ce que signifie l'idée d'une école pour tous dans le contexte franco-ontarien depuis la mise en place des conseils scolaires de langue française et l'instauration du curriculum provincial. En fait, nous souhaitions répondre aux questions suivantes :

Que se passe-t-il à l'école élémentaire de langue française sur le plan de l'enfance en difficulté?

Comment l'enfance en difficulté se fait comprendre d'une école à l'autre, d'une salle de classe à l'autre, d'un enseignant à l'autre?

Comment les acteurs scolaires (directions d'écoles, enseignants, personnel spécialisé), parents (ou tuteurs) et élèves se situent-ils par rapport aux services offerts à l'école?

LA MÉTHODOLOGIE

Cette recherche fut menée dans trois écoles élémentaires de langue française très contrastées sur les plans démographique, linguistique et religieux. Un changement de direction et une réorganisation dans l'une des écoles nous a amenées à ne retenir que deux écoles, et ce, à partir de la rentrée scolaire 2001. Les noms des écoles et des personnes ont été changés afin de préserver l'anonymat des participants à cette recherche.

La première école, que nous nommerons Picasso et qui participa au projet de 2000 à 2001, est un établissement situé dans la banlieue d'une région urbaine. La deuxième école, l'école Gauguin, est une école catholique en région semi-urbaine (participation de 2000 à 2003). Enfin, l'école Van Gogh (participation de 2000 à 2003) est un établissement public situé en milieu urbain. Cette recherche a privilégié une approche de type qualitatif, et nous avons opté pour une méthodologie qui exploite trois types de données. Des séances d'observations, au nombre de 93, se sont déroulées dans les trois écoles. Au cours de ces séances, nous avons cherché à mettre l'accent sur les routines et les conventions qui gèrent les classes des écoles visitées. Ces séances d'observations de classe ont mené à la rédaction de nombreuses notes de terrain. Cent cinquante-cinq entretiens semi-dirigés ont été menés auprès du personnel scolaire (directions, enseignants, enseignants spécialisés), de parents et d'élèves. Ces entrevues ont été enregistrées et retranscrites. La plupart des entretiens menés auprès du personnel scolaire et des élèves ont été effectués à l'école. La majorité des parents ont préféré être interviewés à leur domicile, à l'exception de quelques cas rencontrés, soit à l'école soit dans un lieu public tel un café. Les entrevues avec les enfants ont été menées sur une base plus informelle et en groupe, mais ont tout de même été enregistrées. Les questions portaient sur l'expérience scolaire des enfants, sur ce qu'ils aimaient, sur leurs amitiés, leur expérience scolaire, etc. Nous avons également eu l'occasion d'observer une dizaine de séances en comité d'identification, de placement et de révision (CIPR). Enfin, nous avons recueilli et analysé des écrits officiels comme les règlements provinciaux ainsi qu'une documentation portant sur l'enfance en difficulté et provenant du ministère de l'Éducation, des conseils scolaires ou des établissements. À cela s'ajoute une analyse documentaire abordant les questions plus théoriques relatives aux processus d'inclusion et d'exclusion en milieu scolaire. Nous avons, par ailleurs, voulu inclure les participants et respecter leurs points de vue en leur demandant, tout au long de cette recherche (de trois ans), de réagir sur un site Web. Nous leur avons également fait parvenir, chaque année, un rapport d'étape à l'égard duquel ils et elles pouvaient réagir. Lors des observations, nous avons également convenu d'un système avec les enfants afin de ne prendre note que des activités et interactions qu'ils consentaient à voir apparaître dans nos notes d'observation (David, Edwards et Alldred, 2001; Mauthner, 1997).

TRAJECTOIRES SCOLAIRES D'ÉLÈVES EN DIFFICULTÉ À L'ÉCOLE DE LANGUE FRANÇAISE EN ONTARIO

L'ancrage théorique de ce projet réside dans l'idée que la classe constitue une organisation sociale que l'on peut tenter de comprendre à partir de la quotidienneté où, éventuellement, des expériences singulières s'institutionnalisent, mais où, également, des identités continuellement renégociées et des façons de vivre diverses échappent aux discours institutionnels. Dans le cadre de ce projet, nous nous sommes intéressées aux discours, à la subjectivité et aux relations de pouvoir. L'école et la salle de classe apparaissent comme des espaces politiques où des façons d'être et de faire sont privilégiées au détriment d'autres, et où les enseignantes et les élèves sont considérés comme des acteurs importants sur le plan de la construction sociale de la réalité. Nous considérons, à partir d'une perspective qui s'inspire de Goffman (jeu des interactions et présentation de soi) et à l'instar de Benjamin, Nind, Hall, Collins et Sheehy (2003), que les processus d'inclusion et d'exclusion sont complexes, et qu'ils se déroulent dans la quotidienneté lors des interactions entre les élèves et l'enseignante. Ces éléments théoriques ont guidé notre approche méthodologique.

Comprendre les processus d'inclusion et d'exclusion à travers les pratiques enseignantes

L'intérêt de se pencher sur les pratiques enseignantes vise justement à mieux comprendre ces pratiques et voir quels pourraient être leurs effets sur les rapports d'inclusion et d'exclusion à l'école, notamment sur l'identification des élèves considérés comme étant en difficulté. Précisons bien qu'il ne s'agit que d'un effet et que nous ne sommes pas dans le registre des causes déterminantes. Car d'autres facteurs et d'autres acteurs contribuent à tisser les relations sociales dans la salle de classe et à l'école.

Pourquoi ce questionnement à partir d'une perspective sociologique? À cela, Bernard Lahire, s'inspirant de Durkheim, précise que le sociologue

« constate ce que sont les choses, et il s'en tient là. Il ne se préoccupe pas de savoir si les vérités qu'il découvre seront agréables ou déconcertantes, s'il est bon que les rapports qu'il établit restent ce qu'ils sont, ou s'il vaudrait mieux qu'ils fussent autrement. Son rôle est d'exprimer le réel, non de le juger » (2002, p. 8). Dorénavant, nous parlons davantage de faits ou de perspectives au lieu de vérités, d'ailleurs propres au chercheur qui n'est pas un être désincarné. Plus loin, s'inspirant de Bourdieu, Lahire dira que : « La fonction de la sociologie n'est pas de servir à quelque chose, c'est-à-dire à quelqu'un. Demander à la sociologie de servir à quelque chose, c'est toujours une manière de lui demander de servir le pouvoir. Alors que sa fonction scientifique est de comprendre le monde social, à commencer par les pouvoirs » (p. 9).

L'IDÉE DE « DIFFICULTÉ » VUE PAR LES ENSEIGNANTS

L'enfance en difficulté telle que vécue au quotidien et la définition officielle reliée aux catégories ou anomalies du Ministère représentent deux réalités distinctes. L'utilisation du terme « difficultés » ou « difficultés scolaires » par les enseignants renvoie, en fait, à des réalités très éloignées des définitions officielles du Ministère. Dans ce contexte, nous avons dû chercher à comprendre l'idée que se font les acteurs de terrain (notamment, les enseignants) qui semblent composer, au quotidien, avec différents niveaux de difficulté liés, selon eux, aux prestations du curriculum, au contexte de l'immigration que connaît l'école franco-ontarienne, à la gestion de la classe, aux interactions enseignants-élèves et aux interactions enseignants-parents. Ces difficultés ne semblent pas toujours correspondre aux difficultés ou anomalies officiellement reconnues, d'où le flou qui en découle. Donc, par la force des choses, nous n'étions plus dans le champ de l'enfance en difficulté au sens strict ou administratif du terme. L'idée de difficulté ou d'enfance en difficulté renvoie à ce qu'Alain Giami (1994) cherche à montrer quand il se demande si on peut traiter du handicap alors que le terme de handicap apparaît comme « la représentation floue d'un ensemble de phénomènes dont l'histoire nous montre qu'elle ne relève pas exclusivement du champ de la santé ou de l'action sociale ». La notion de handicap, précise-t-il, telle qu'elle apparaît dans différents corpus, fonctionne comme « une représentation marquée par des tensions, des contradictions et un flou » (p. 31). Ainsi, peut-on traiter, à l'exemple de Giami, de l'enfance en difficulté alors que le terme de difficulté apparaît comme la représentation floue d'un ensemble de phénomènes dont les pratiques nous montrent qu'elle ne relève pas exclusivement de la définition légale propre au secteur de l'enfance en difficulté? À l'instar de Plaisance (2000), il apparaît que « les terminologies courantes utilisées dans le monde de l'éducation et de la formation par les praticiens et par les responsables institutionnels et politiques sont souvent des obstacles à l'analyse scientifique par le fait même qu'elles véhiculent des évidences non questionnées » (p. 16).

DES PRATIQUES ENSEIGNANTES EN CONTREPOINT

Après cette parenthèse sur l'idée de difficulté, nous examinerons des pratiques enseignantes en montrant, à partir d'une perspective critique, ce qu'elles impliquent sur le plan des processus d'inclusion et d'exclusion, et de l'identification des enfants en difficulté, étant donnée l'importance de « l'activité instituante » par les enseignants que Mehan définit comme suit :

> « L'activité instituante [...] définit le sens des objets et des événements par l'établissement minutieux de conventions culturelles, de pratiques institutionnelles et de règles instituantes [...] Les pratiques institutionnelles des établissements scolaires sont analogues aux règles instituantes de la vie quotidienne. Leur application détermine si le comportement des élèves peut relever de telle ou telle catégorisation » (1997, p. 335).

Len Barton (1997) nous donne une définition positive de la pédagogie de l'inclusion en spécifiant qu'elle signifie : répondre à la diversité, être à l'écoute de personnes qui autrement n'ont pas la possibilité d'exprimer leur point de vue, être ouvert, donner le pouvoir à ceux qui en sont généralement privés et célébrer la différence. Nous tenterons de comprendre de quelle façon l'idéal d'inclusion peut être recherché en analysant des pratiques qui ont cours dans les écoles observées et qui ont des effets positifs, mais aussi, parfois, négatifs et imprévus. La pédagogie de l'inclusion serait donc pour nous un idéal à rechercher à partir de l'analyse et de la critique constructive de pratiques enseignantes qui ont cours et qui méritent réflexion.

Nous examinerons brièvement trois types de pratiques enseignantes qui peuvent avoir une incidence sur la trajectoire scolaire de certains élèves, et, plus généralement, sur les processus d'inclusion et d'exclusion : 1) les pratiques pédagogiques décentrées ou magistrales; 2) les pratiques modulées au regard de la représentation du milieu familial et 3) les pratiques discrètes et subtiles des enseignants qui font l'éloge de la différence.

Du point de vue des enseignants, on remarque, à la suite de l'analyse approfondie des données de terrain (entretiens, notes d'observation), des approches partagées entre des pratiques pédagogiques décentrées et magistrales. Le curriculum et les exercices en prévision des tests provinciaux amenaient les enseignantes à promouvoir une approche assez magistrale qui leur permettait de mieux contrôler et discipliner leur classe, surtout, affirme l'une d'entre elles, quand une classe est constituée de plusieurs enfants en difficulté. Or, des approches plus récentes et davantage tournées vers l'enfant (incluant des approches coopératives et l'établissement de conseils de classe) semblaient également importantes pour ces enseignants étant donné leur souci d'encourager le développement de l'enfant en général. La mise en application de ces deux types d'approches opposées amène, au quotidien, des contradictions. Par exemple, les tables des enfants sont installées en îlots, mais on leur interdit, le plus souvent, d'échanger entre eux et de parler. Dans un tel contexte, il n'était pas rare de voir des enfants confus, se demandant ce que l'on attendait d'eux.

En ce qui concerne le deuxième type de pratiques que nous avons pu observer, il apparaît que, parmi les élèves fréquentant la classe-ressource et identifiés par un CIPR, on dénombre une large proportion d'enfants provenant de foyers immigrés où les parents ne connaîtraient pas, aux dires de certains enseignants de l'école Gauguin, leur « métier » de parent et plus particulièrement, ne connaîtraient « rien du système canadien. » Pourtant, les enseignants nous faisaient part de l'importance de valoriser les différences et de respecter les rythmes d'apprentissage dans un contexte où, cependant, la différence (due à un milieu familial ou social vu comme déficitaire, par exemple) pouvait mener certains élèves à un échec sur le plan scolaire ou curriculaire et à un positionnement en marge de la classe.

Un enseignant de l'école Gauguin nous explique : « L'école a ses limites, hein? On ne peut pas non plus, nous, euh, comment dire, on a des limites. On ne peut pas, comment dire, on ne peut changer un milieu socioculturel, on peut pas le faire. On peut encourager les parents à dire, bon, que les devoirs c'est important, que ce serait important peut-être d'aller un peu plus souvent au musée, etc. On peut les encourager, mais on a, on a nos propres limites là-dessus [...] On peut évidemment essayer de susciter chez un élève ici à l'école, en parlant, je sais pas moi, de musées ou d'expositions, à la limite, c'est possible, mais il en reste pas moins que si, si la famille se rend pas au musée, ben ça sert pas à grand-chose... On peut essayer de susciter l'intérêt, de piquer la curiosité des élèves, c'est sûr, des fois ça fonctionne, des fois il y a des élèves qui répondent bien ça, mais il faudrait qu'il y ait, comme entre guillemets, un suivi à la maison qui n'est pas toujours là malheureusement, il y a pas de responsabilité à, on dit pas que, c'est une question, ouais, c'est une question de milieu aussi, alors ce qui est important, de parfois, de souligner avec en tout cas, quand on voit que les devoirs ne sont pas toujours faits par exemple, c'est qu'il faut communiquer avec les parents, souligner l'importance des devoirs, d'avoir une routine à la maison quand les élèves reviennent, puis toujours la même routine, toujours le même endroit où ils font leurs devoirs... » (entretien, enseignant, 15 mai 2003, p. 18 et 19)

Des élèves, aussi jeunes soient-ils, reproduisent ce discours de l'élève défavorisé qui n'est pas responsable de son déficit et qui est vu comme ayant besoin d'aide. Ci-dessous, on retrouve un extrait d'un entretien mené entre une élève de 5e année de l'école Gauguin et l'une d'entre nous. Les questions ouvertes portaient sur ce qu'elle aimait à l'école, ses activités, ses amies.

Élève : « Moi, je ne la blâme pas parce qu'elle va chez madame X, pis elle a des problèmes, pas des problèmes mentales, comme c'est juste des problèmes; je la blâme pas du tout parce qu'elle allait à l'enfance en difficulté, donc moi j'essaie de l'aider le mieux possible. »

Chercheure : « Pour toi, qu'est-ce que ça veut dire ça? »

Élève : « Ben pour moi ça veut dire que c'est, euh, c'est aider et c'est comme ça représente ma langue et mon pays et je trouve que c'est très important ma langue et mon pays. »

Chercheure : « Oui, et donc lorsque toi tu comprends qu'il ne faut pas la blâmer, veux-tu m'expliquer? »

Élève : « Parce que je la comprends, parce qu'à la maison, elle a un petit frère puis une grande sœur, c'est beaucoup de travail un petit frère puis comme toujours je la blâme pas parce qu'elle est venue d'un autre pays, puis elle a peut-être pas appris des choses comme où on est, au stage... C'est pourquoi elle a besoin vraiment d'apprendre ça, puis l'anglais, c'est pas la langue pour cinq ou six personnes dans notre classe, donc je les blâme pas du tout, c'est très dur ».

Il est intéressant de constater, à travers cet extrait, la représentation de l'élève au sujet de sa compagne de classe, de la sollicitude qu'elle entretient à son égard (Bélanger, 2002), du rapport majoritaire-minoritaire (nous-les autres) qui s'exprime à l'école franco-ontarienne entre des clientèles dites franco-ontariennes d'origine et des élèves provenant de l'immigration.

Les enseignants de l'école Gauguin s'expliquent les difficultés qu'éprouvent certains enfants en ayant recours à différents registres ou au croisement de différents attributs ou variables : l'origine, le sexe, la maturité, le handicap, la différence, le comportement, la classe sociale, la langue ou l'encadrement parental. Et ces défis ou besoins, selon les termes que les acteurs scolaires semblent dorénavant privilégier, modulent les pratiques enseignantes. Ces défis sont pratiquement toujours entendus selon une approche psychomédicale, rarement sociologique. Lorsque le social est mis en évidence, il s'agit, le plus souvent, de représentations passives d'un milieu vu comme défavorisé où le social renvoie, en fait, à un indice des difficultés héréditaires, culturelles et familiales dans un discours qui s'articule autour du pays d'origine, de la classe sociale, de la famille nucléaire, de la citoyenneté, de la responsabilité ou non-responsabilité des parents, de la famille typiquement francophone, etc. Tandis que la direction de l'école Van Gogh semble minimiser le recours à des identifications en enfance en difficulté, estimant que son école est plutôt favorisée. Cette personne décrit son école ou plutôt les parents comme provenant de la classe moyenne et étant très « tournés vers la francophonie » et représentant un milieu homogène.

Un troisième type de pratiques pédagogiques que nous avons observé amène les enseignants à marquer, dans un premier temps, la différence pour en faire l'éloge. Cependant, on remarquera, dans l'exemple qui suit, issu de nos notes d'observation, que ce marquage de la différence s'inscrit dans un rapport négatif par rapport à ce qui manque à l'enfant, ce qui lui fait défaut ou ce dont il a été privé dans le passé, dans son pays d'origine, etc. Cette accentuation de la différence fonctionne un peu comme le discours identitaire qui s'exprime souvent en opposition à quelque chose et qui s'exprime ou se définit à travers le regard de l'autre (Camilleri et coll., 1990; Ruano-Borbalan, 1998).

« Madame commence la journée par l'activité du calendrier avec son groupe-classe de 2e année. Un élève, différent à chaque matin, est chargé de présenter la date, la météo, la nouvelle du jour (à partir de coupures de journaux locaux) et autre anecdote. L'élève désigné ce matin-là précise la date et parle de l'arrivée des tulipes. Les enfants, tous assis en tailleur, en face du tableau, réagissent. Un des élèves s'exclame et affirme que les lapins mangent des tulipes le soir. Jacques-Yves parle d'un trou de lapin qu'il a vu et d'un secret qu'il veut garder pour lui. Madame demande au groupe qui a déjà vu des tulipes. Tous lèvent la main, sauf Gisèle (identifiée par un CIPR). Les enfants réagissent, rient et semblent surpris. Madame intervient et dit qu'il est normal que Gisèle ne connaisse pas les tulipes, car elle vient d'un autre pays où il n'y a pas d'hiver. Laïla, aussi identifiée comme étant en difficulté d'apprentissage et également suivie par les services sociaux, chuchote quelque chose. Madame lui demande de faire comme dans les toilettes (c'est-à-dire de parler très fort, ce qu'on lui reprochait dans les toilettes). Gisèle s'exprime. Elle nous dit qu'elle est déjà allée en Autriche et que là-bas, les gens parlent allemand. Madame s'exclame et dit : « Elle ne connaît pas les tulipes, mais... » Ensuite, elle salue l'équilibre de la nature en disant que le bonhomme en haut qui a pensé à cela est très fort »(extrait de notes d'observation, école Gauguin, mai 2001).

Ce dernier exemple est d'autant plus intéressant qu'il s'inscrit d'abord dans une pratique inclusive qui unit le groupe en sollicitant un nouvel élève chaque matin et en valorisant les différences, bien que ces dernières semblent se rattacher à l'idée de manque, c'est-à-dire ce qui manque à un enfant pour sa bonne intégration à l'école.

Dans le discours de plusieurs enseignants de l'école Gauguin, le déficit de certains enfants s'expliquerait par le rôle des parents. Les parents sont, dans d'autres cas, montrés en exemple par les enseignantes s'ils correspondent au modèle parental souhaité en milieu éducatif franco-ontarien. Par exemple, les parents et les familles qui s'expriment en français à la maison sont valorisés, tandis que d'autres ne connaîtraient pas, aux dires d'une enseignante, leur « métier de parent ».

CONCLUSION

Ce chapitre avait pour but d'analyser trois types de pratiques enseignantes dégagés à partir d'une analyse fine des données tirées du projet de recherche *Trajectoires* mené entre 2000 et 2003. En examinant ces pratiques enseignantes, nous cherchions à voir en quoi ces dernières contribuaient ou généraient des rapports d'inclusion et d'exclusion à l'école. Nous nous sommes intéressées aux pratiques pédagogiques décentrées vs magistrales, aux pratiques modulées au regard de la représentation du milieu familial et des pratiques ayant trait à la question de la différence des élèves. À travers ce travail d'analyse, nous pensons avoir contribué à la sociologie de l'éducation en nous intéressant, certes, comme par le passé, aux rapports sociaux inégalitaires entre les élèves, mais aussi cette fois, d'un point de vue plus microscopique en faisant place aux perspectives des acteurs, notamment, dans ce cas-ci, aux enseignants. Il apparaît que les pratiques éducatives de type inclusif se donnent à voir, dans les exemples cités ci-dessus, en contrepoint, c'est-à-dire à travers la compréhension et l'analyse réflexive de pratiques qui, souvent, s'inscrivent dans une visée positive, mais qui produisent parfois des effets imprévus et négatifs, alimentant ainsi des dynamiques d'exclusion et de marginalisation à l'école.

RÉFÉRENCES

BARTON, L. « Inclusive education: romantic, subversive or realistic? » *International Journal of Inclusive Education*, 1 (1997), p. 231-242.

BÉLANGER, N., C. CONNELLY, et K. TALEB. *Trajectoires sociales et scolaires d'élèves en difficulté à l'école de langue française en Ontario*, rapport de recherche présenté au CRSHC, 2004.

BÉLANGER, N. *De la psychologie scolaire à la politique de l'enfance inadaptée*, Paris, Éditions du CTNERHI, 2002.

BENJAMIN, S., M. NIND, K. HALL, J. COLLINS et K. SHEEHY. « Moments of inclusion and exclusion: pupils negogiating classrooms contexts », *British Journal of Sociology of Education*, vol. 24, n° 5 (2003), p. 547-558.

CAMILLERI, C. et coll. *Stratégies identitaires*, Paris, PUF, 1990.

DAVID, M., R. EDWARDS et P. ALLDRED. « Children and school-based research: "informed consent" or "educated consent"? », *British Educational Research Journal*, vol. 27, n° 3 (2001), p. 347-365.

GIAMI, A. « Du handicap comme objet dans l'étude des représentations du handicap », *Sciences sociales et santé*, vol, n° 1 (1994), p. 31-60.

GOFFMAN, E. *Les moments et leurs hommes*, Paris, Le Seuil-Minuit, 1988.

LAHIRE, B. Introduction *in* Lahire Bernard (éd.). *À quoi sert la sociologie?* Paris, Éditions la découverte, 2002, p. 5-12.

MAUTHNER, M. « Methodological aspects of collecting data from children: lessons from three research projects », *Children & Society*, 11 (1997), p. 16-28.

MEHAN, H. « Comprendre les inégalités scolaires : la contribution des approches interprétatives » *in* J.-C. Forquin, *Les sociologues de l'éducation américains et britanniques*, Bruxelles, De Boeck Université, 1997, p. 319-350.

PLAISANCE, E. « Les mots de l'éducation spéciale » *in* E. Plaisance et M. Chauvière, (éd.), *L'école face aux handicaps : éducation inclusive ou éducation ségrégative?*, Paris, PUF, 2000, p. 15-29.

RUANO-BORBALAN, J.C. *L' identité. L'individu, le groupe, la société*, Auxerre, Éditions des sciences humaines, 1998.

INDEX

A
Abdennur, A., 229
Abrami, P., 260
Abric, C., 68
Acadie, 40-46, 116-120
ACFE (Association canadienne-française d'éducation), 16, 17, 18, 19, *voir aussi* Congrès de 1910
ACFEO, 18, 21, *voir aussi* ACFO
ACFO (Association canadienne française de l'Ontario), 18, 22, 36, *voir aussi* ACFEO
Acte de l'Amérique du Nord britannique (1867), 19
Acte d'Union, 17
Actes du Colloque pancanadien sur la recherche en éducation en milieu francophone minoritaire, x
Adieu P'tit Chipagan (Haché), 44
Adria, M., 278
AEFO (Association des enseignants et des enseignantes franco-ontariens), 192, 251
AFO (Association francophone de l'Ontario), 18, 36, *voir aussi* ACFO
Agor, W.H., 231
Albert, A., 43, 44
Albert-Weil, A., 44, 45
Alberta
　anglicisation, 247, 248
　directions d'écoles, 237, 238
　droits scolaires, 22
　gestion scolaire, 214, 216-217
Alessi, S.M., 188
ALF / PDF, programmes d', 13
Allain, M.-H., 119
Allard, Réal, x, 35, 36, 103, 235, 236, 241
Alldred, P., 305
Allington, R.L., 108, 109
Allport, G.W., 25
Almasi, J.F., 110
Amabile, T.M., 124
Amyot, E., 165
Anderson, Benedict, 75
Anderson, G., 209
Anderson, J.R., 191
Anderson, T., 278
Andersson, B.-E., 93, 96
Anzalone, M., 278
Applegate, A.J., 110

Applegate, M.D., 110
Argyris, C., 206
Ariès, P., 261
Armstrong, L., 197, 198
article 23 de la *Charte canadienne des droits et libertés*
　application, 13, 99
　ayants droit, 10, 50
　critères d'identification, 4, 5, 59, 60
　dilemmes éthiques, 218-224
　francophones, 12, 58, 212
　gestion scolaire, xi, 212-217
　gouvernements provinciaux, 6, 213, 214, 216
　vs *Charte de la langue française*, 219, 220
article 41 de l'*Acte d'Union*, 17
article 70 de la Constitution fédérale, 77
article 72 de la *Charte canadienne des droits et libertés*, 219
article 73 de la *Charte canadienne des droits et libertés*, 219
Association canadienne française de l'Ontario (ACFO), 18, 22, 36, *voir aussi* ACFEO
Association canadienne-française d'éducation (ACFE), 16, 17, 18, 19, *voir aussi* Congrès de 1910
Association des directions franco-ontariennes, 251
Association des enseignants et des enseignantes franco-ontariens (AEFO), 192, 251
Association des parents-partenaires en éducation, 251
Association des surintendants et surintendantes franco-ontariens, 251
Association francophone de l'Ontario (AFO), 18, 36, *voir aussi* ACFO
Aubert, 205
Austin, J.R., 123
Aux champs (Maupassant), 43-44, 46

B
Baker, C., 37
Ball, S., 59, 63
Balleyguier, G., 286
Bandura, Albert, 163, 174
Bardy, G., 261
Baribeau, C., 110

Barnes, H.V., 270
Barnett, W.S., 270
Baron, G.L., 171
Barrios, B., 198
Barth, B.M., 26
Barth, F., 49
Bartlett-Bragg, A., 197
Barton, 88
Barton, Len, 306
Barwick, M.A., 108
Basch, M., 26
Basque, J., 182, 188
Bass, B.M., 234
Bates, A.W., 278
Baudoux, C., 206, 235
Beach, S.A., 285
Beattie, 278
Beauchamp, H., 28
Beck, I.L., 110
Beck, L.G., 155, 221
Begley, P., 235
Behiels, Michael, 212, 213, 216
Bekman, S., 93
Bélair, L.M., 165, 171, 182, 189, 192
Bélanger, Nathalie, 9, 13, 259-265, 303–309
Bélanger, S., 295
Bell, B., 155
Benjamin, S., 305
Bennett, K.K., 88
Benoît, Josée, 30, 122–129
Benson, C., 197
Benware, C.A., 124
Berger, M.-J., 13, 108
Bergin, C., 89
Bernard, R., 49, 123
Berruto, G., 70
Berry, M., 197, 198
Biklen, S.K., 295
Bintz, W.P., 109
Birman, B.F., 152
Bissonnette, R., 124
Blais, M.R., 165
Blanc, M., 50
Blenk, K., 295
Block, C.C., 108
Bock, M., 17, 20, 22
Bogman, R.C., 295
Boissonneault, J., 50
Boisvert, Y., 205

Boivin, M., 286
Booth, D., 28
Bordeleau, Y., 227
Boucher, Carole, 40–46
Boudreau, A., 41, 42
Boudreau, E., 119, 120
Boudreau, J., 44
Boudreault, P., 280
Boulet, A., 164
Bourdieu, P., 41, 59, 63, 306
Bourgeois, Daniel, 212–217
Bourque, P.É., 119
Boutin, G., 142
Bow, 278
Boyan, N., 209
Boyer, H., 41
Breton, R., 49
Bricker, D.D., 277
Brière, N.M., 165
Broaddus, K., 110
Broberg, A.G., 93, 94, 96, 286, 289
Brohy, C., 79
Broi, A.-M., 87
Brophy, K., 277
Brown, K., 260
Brown, P., 58, 63
Brunet, L., 139, 140, 227
Brunner, C., 221
Bujold, R., 146, 147
Bureau international de l'éducation, 179
Burlingame, M., 235
Burnett, C., 89, 102
Burns, R., 260
Burns, S., 108
Bush, D.W., 285

C

Cadieux, A., 285
Californie, 5
Calvet, L.-J., 67
Camilleri, C., 309
Campbell, E., 221
Campbell, F.A., 270, 273
Campeau, R., 37
Canada, Gouvernement du, 58
Canadian Parents for French, 37
Canto-Sperber, M., 221
Capper, C.A., 295
Cardinal, L., 49
Carmeli, 152
Carolina Abecederian Project, 94, 270, 273

Carrefour de ressources pour l'enseignement et l'apprentissage par les technologies de l'information et de la communication (créatic.ca), 196–202
Carrière, J., 138
Carte humoristique, 79
Carter, G., 152
Cartier, M., 179, 180
Carugati, F., 171
Casini, 278
Casto, C., 285
Castonguay, Charles, 49, 244–249
Cavalli, Marisa, 65–72
Celano, D., 108, 110
Centre canadien de recherche sur les francophonies en milieu minoritaire, x
Centre canadien d'études sur les enfants à risque, 95, 287
Centre de recherche en linguistique appliquée (CRLA), 42
Centre de renaissance catholique des Laurentides, 20
Chagnon-Lampron, G., 25, 27, 30
Chamberland, G., 165
Charlot, B., 260
Charrette, L., 119, 120
Charte canadienne des droits et libertés, *voir* article 23; article 72; article 73
Charte de la langue française (Loi 101), 219, 220
Chevrier, Jacques, 161–168
Childcare Resource and Research Unit, 277
Cinq Saisons, 41, 43
Claes, M., 28
Clanché, F., 69
Clark, K.F., 108
Classes à niveaux multiples : socialisation et exercice du métier d'élève dans les écoles de langue française et anglaise de l'Ontario, 262
Clavel, B., 19
Clay, M., 88
Cloutier, R., 34, 35
Cochran-Smith, M., 153, 154, 155, 157, 159
Coderre, R., 93, 285
Cole, J.E., 110
Colebrook, C., 104, 105
Coletta, D., 68

Collège universitaire de Saint-Boniface, 301
Collins, G., 118
Collins, J., 305
Colombie-Britannique
  anglicisation, 247, 248
  directions d'écoles, 237, 238
  enseignement, 133
  leadership éthique, 218, 222, 223, 224
Compas Inc., 137, 140
Comtois, Jean, 213
Conférence des directions à l'instruction publique, 79
Conférence internationale sur la recherche en éducation en milieu minoritaire de langue française, 2, x
Congrès de 1910, 16, 17, 18, 20, 21, *voir aussi* ACFE
Congrès de Windsor, 17
Connelly, C., 304
Connolly, A.J., 287
Conseil de Londres, 19, 20
Conseil de recherches en sciences humaines du Canada, 262, 304
Conseil des écoles catholiques de l'est de l'Ontario, 95, 287
Conseil des écoles catholiques du centre-est de l'Ontario, 95, 285, 287
Conseil national de recherche du Canada (Institut de technologie de l'information), 196, 199
conseils scolaires francophones (CSF), 212–217
Constitution fédérale, article 70, 77
Cook, L., 156
Cook, L.S., 89
Coombs, F.S., 235
Cooper, J.D., 89
Cooper, M., 285
Cope, 88
Corbeil, J.-P., 245, 246, 248
Cormier, Yves, 46
Corriveau, L., 235
Coste, D., 67
Council of Ministers of Education in Canada, 153
Cour de Londres, 16
Cour suprême du Canada, 213, 215, 216, 217
Couture, F., 117
Cox, S., 139
Craig, C., 260

Cramer, S.H., 148
Crandall, N.F., 138
créatic.ca (Carrefour de ressources pour l'enseignement et l'apprentissage par les technologies de l'information et de la communication), 196–202
Creswell, J.W., 140
CRLA (Centre de recherche en linguistique appliquée), 42
Crompton, D., 93
CSF (conseils scolaires francophones), 212–217
Csikszentmihalyi, M., 123
Cuban, L., 171
Culbertson, J.A., 209
Cummins, J., 35
Currie, J., 94, 96

D

Dabène, L., 66
Darling-Hammond, L., 108
David, M., 305
Davidson, Ann-Louise, 178–184
Davidson, J.W., 123
Davis, W., 236
de Moor, A., 197
Deal, T.E., 235
Deblois, C., 235
Deci, E.L., 24, 25, 26, 122, 124, 125, 138, 139
Deleuze, G., 101, 103
Dennie, Donald, 36
Deprez, Ch., 69
Derouet, J.L., 262
Déry, 220
Desimone, A.C., 152
Desjardins, François, 165, 171, 172, 179, 182, 183, 187–194
Dewey, 154
Diallo, Barary, 204–210
Diener, E., 165
Dinham, S., 139
Dinnebeil, L.A., 277
Dionne, Anne-Marie, 86–90
Dionne, Liliane, 151–159
Dionne, R., 17, 20
DiPietro, J.A., 93, 286
Division scolaire franco-manitobaine, 301
Dobkin, P., 286
Dolan, L.J., 94
Dolan, S., 138
Dolbec, L., 58

Donmoyer, R., 209
dossier scolaire de l'Ontario (DSO), 256, 257, 258
Downes, S., 197
Dreher, M.J., 110
DSO (dossier scolaire de l'Ontario), 256, 257, 258
Dubet, F., 260, 261, 262, 263
Dubois, L., 41, 42
Duchesne, Hermann, 294–301
Duclos, L.J., 261
Dudley-Delage, 287
Dufort, N., 37
Dufresne, T., 100, 102, 104, 105
Dugas, D., 119
Duguay, C., 44
Duguay, G., 119
Duhamel, Mgr, 20
Dunn, L., 285, 287
Dunn, O., 18
Dupont, P., 139
Duquette, Georges, 32–38, 135
Durecki-Elkins, C., 140
Durkheim, 305
Duru-Bellat, M., 260

E

Eaker, R., 175
Échelle de vocabulaire en images Peabody (EVIP), 287
échelle graduée du bouleversement intergénérationnel (*Graded Intergenerational Disruption Scale* ou GIDS), 71
Eden, C., 209
Éducation et francophonie, 204
Éducation pour tous (ÉPT), 162
Educational Administration Quarterly, 204, 209
Edwards, R., 305
EEE (Espace économique européen), 76
Efland, A., 118
Ehrhard, P.A., 78
Eiserman, W.D., 277
Efimova, L., 197
Elloumi, F., 278
Elmira Nurse Home Visitation Program, 270, 271, 273
Emmons, R.A., 165
Entwistle, N., 164
Epstein, A., 270
Epstein, D., 89

ÉPT (Éducation pour tous), 162
Erickson, G.L., 153
Erikson, E., 28, 34
Ertl, H., 179
Espace économique européen (EEE), 76
États-Unis, 5, 162
Évangéline Deusse (Maillet), 44, 46
EVIP (Échelle de vocabulaire en images Peabody), 287
Exploration des choix de carrière, 10ᵉ année, 146

F

Faculté des sciences de l'éducation de l'Université Laval, 147
Farmer, Diane, 9, 11, 259–265
FCAF (Fédération canadienne pour l'alphabétisation en français), 87, 104
Fecho, B., 157
Fédération canadienne pour l'alphabétisation en français (FCAF), 87, 104
Fédération catholique et nationale des Canadiens-Français de la province d'Ontario, 20
Fellouzis, G., 260
Filhon, A., 69
Fine, D.L., 295
Finkielkraut, A., 179
Fisher, M., 295
Fishman, J., 71
Fitzgerald, J., 109
Floride, 5
Florin, A., 285
Fondation Chanoux, 69, 70
Foorman, B.R., 108
Forbush, D.E., 278
Forges, J., 119
Fortier, M.S., 124
Fortin, Gilles, 161–168
Fox, C., 277
Fradette, A., 260, 264
Francard, M., 40, 41, 42
Frataccia, E.V., 140
Frattura, E., 295
Freedman, K., 118
Freire, P., 102
Frenette, N., 7
Fribourg (Suisse), 74, 75, 79–82, 239
Friend, M., 156
Fruth, M.J., 140
Fullan, M., 174, 175

G

Gagnon, C., 286
Gajo, L., 68, 80
Galda, L., 89
Gallagher, K., 28
Gambrell, L.B., 110
Garret, M.S., 152
Garrison, D.R., 278
Gather-Thurler, M., 152, 156, 206
Gauthier, C., 21
Gauthier, Manon M., 137–142
Gauvin, C., 119
Gayet, D., 181, 260
Gazzola, Nicola, 145–149
Gee, 88
Gemmell-Crosby, S., 277
George, A., 227, 228, 229
Gérin-Lajoie, Diane, 10, 12, 33, 48–55, 134, 171, 179
Gervais, F., 109
Gervais, G., 17, 20, 21, 22
Gettinger, M., 277
Giami, Alain, 306
Giasson, J., 89, 93, 108, 109, 110
Giddens, 205
Giddens, A., 49
GIDS, *voir Graded Intergenerational Disruption Scale*
Gilbert, A., 171, 285, 286
Gilbert, J., 155
Gilbert, S., 134
Gill, B., 235
Gilligan, C., 221
GLC20, 145–149
Goelman, H., 285
Goetz, D., 277
Goffman, E., 262, 264, 305
Gohard-Radenkovic, Aline, 74–83
Gohier, C., 25, 30
Goldsmith, Michael, 214
Goodman, Y., 108
Gordon, 33
Gosselin, E., 138
Göteberg, 94, 289
Gouvernement du Canada, 58
Graded Intergenerational Disruption Scale (GIDS; échelle graduée du bouleversement intergénérationnel), 71
Grandir à Moncton (Cormier), 46
Greenfield, W.D., 235
Grenier, M., 19

Grenot-Schreyer, M., 295
Griffin, P., 108
Griffin, S., 165
Griffin, T.H., 228
Grin, F., 81
Grisé, Y., 18
Grogan, M., 221
Grolnick, W.S., 124
Grosjean, F., 67
Groulx, Lionel, 17, 18, 22
Grounauer, M., 139, 140
Groupe coopératif en orthophonie, 287
Guattari, F., 101
Guay, F., 124
Guba, E.G., 140, 142
Guenier, N., 40
Guimelli, Ch., 68
Guskin, A.E., 174

H

Haché, 36
Haché, Louis, 44
Haentjens, M., 25, 27, 30
Hall, G.E., 172, 227, 228, 229
Hall, K., 89, 102, 305
Haller, E.J., 221
Hallinger, P., 236
Hamers, J.F., 50
Hamilton, 88
Hampton, M.J., 108
Handbook of Research on Educational Administration, 204, 209
Hanft, B.E., 278
Hanzlik, J.R., 277
Harada, V.H., 157
Hargreaves, A., 206
Hargreaves, D.J., 123
Harper, F.G., 140
Hartman, H.J., 162
Hatch, M.J., 208, 209
Havelaar, Nora, 132–135
Hayden, L., 277
Head Start, 94, 285
Healy, S., 277
Heck, R.H., 236
Heffernan, P., 58
Heller, M., 12, 50, 59, 63
Hennington, I., 140
Henri, F., 278
Henriot-van Zanten, A., 260
Henson, K., 34
Héran, F., 69

Hernandez, A.C., 87
Herr, E.L., 148
Herry, Yves, 93, 96, 268–274, 276–282, 284–290
Herzberg, F., 138, 139
Hewson, P.W., 155
Hiebert, E.H., 89
High Scope Perry Preschool Program, 94, 270, 271, 273, 285, 286, 289
Hodges, W., 285
Hodgkinson, C., 235
Hofstein, A.M., 152, 153
Honey, P., 164, 165
Hord, S.M., 172, 227
Hornberger, N.H., 87
Horowitz, J., 108
Howe, M.J.A., 123
Huberman, M., 139, 140, 141, 142
Hunt, J.G., 138
Huxham, C., 209
Hwang, C.P., 93, 285, 286

I

IIS (Inventaire d'intérêt de Strong), 165
Île-du-Prince-Édouard
    anglicisation, 247, 248
    directions d'écoles, 237, 238
IMAC (Inventaire sur les modes d'accès à la connaissance), 225
Immergart, G.L., 234
IMPE (Instrument de mesure du développement de la petite enfance), 95, 287, 288
Institut canadien de recherche sur les minorités linguistiques, x
Institut de technologie de l'information (Conseil national de recherche du Canada), 196, 199
Institut régional de recherche éducative pour le Val d'Aoste (IRRE-VDA), 65, 68
Instrument de mesure du développement de la petite enfance (IMPE), 95, 287, 288
International Reading Association (IRA), 108, 110
Inventaire d'intérêt de Strong (IIS), 165
Inventaire sur les modes d'accès à la connaissance (IMAC), 225
IRA (International Reading Association), 108, 110

IRRE-VDA (Institut régional de recherche éducative pour le Val d'Aoste), 65, 68
Irwin, S.H., 277, 278, 280
IsaBelle, Claire, 196–202, 204–210
Ispa, J.M., 93
Ivey, G., 110

J
Jacobs, J.S., 110
James, A., 261
Jarousse, J.-P., 94, 96, 286, 289
Jeantheau, J.-P., 93, 96, 286, 289
Jenks, C., 261
Jewell, T.A., 110
Jocelyn, 278
Jodelet, D., 68
Johnson, L., 277
Johnson, P., 277
Jonassen, David, 188, 190
Jones, F., 209
Jones, M.G., 152
Jorgensen, C.M., 295
Journal of Educational Administration, 204
Juchartz-Pendry, K., 277
Juel, C., 108, 109
Jung, C.G., 226
Juteau, Danielle, 18, 49

K
Kalantzis, 88
Karsenti, T., 140, 142
Karweit, N.L., 94, 96
Kear, D.J., 109
Kearney, 237
Kelly, K.L., 278
Kendal, M., 184
Kennedy, M., 134
Keyes, M.W., 295
KeyMath, 287, 289
Kimbrough, R.B., 221
King, A., 123
Kirkpatrick, H., 171
Knapp, M.S., 109
Kneisz, 278
Koestner, R., 124
Kohlberg, L., 221
Kontos, S., 285
Kuhlen, R.G., 140
Kuhn, M.R., 89
Kuhn, T.S., 117
Kwok, A., 278

L
La Borderie, R., 260, 261
La Fontaine, Louis-Hippolyte, 17
Labov, W., 40, 41
Labrie, Normand, 1–13, 100, 137, 138, 141
Lacasse, R., 165, 171, 182, 189, 192
Lafontaine, D., 41
La Guardia, J.G., 26, 139
Lahire, Bernard, 305, 306
Lamb, M.E., 93, 285, 286
Lambotte, X., 139
Lamont, A., 123
Lamoureux, G., 138
Lamoureux, S.A., 7, 8, 13, 100, 137, 141
Landry, Rodrigue, 35, 36, 58, 103, 135, 171, 235, 236, 241
Langlois, Lyse, 206, 218–224, 233–242
Langues nationales et identités collectives. L'exemple de la Suisse. (Widmer), 76
Lapalme, L., 58
Laplante, B., 134
Lapointe, Claire, 206, 218–224, 233–242
Lapointe, J.J., 295
Larsen, R.J., 165
Lataille-Démoré, Diane, 132–135, 260, 264
Lauder, H., 59, 63
Lavoie, L., 165
Le clivage linguistique, 77
Le lion, 95, 287
Le Moniteur, 20
Learning Style Questionnaire, 165
LeBlanc, Manon, 196–202, 286
Leblanc, Raymond, 161–168
Leblanc, V., 119, 120
Lebrun, M., 109
Leclerc, G., 146, 147
Leclerc, Martine, 170–176, 179
L'Écuyer, M., 19
Leduc, A., 285
Lefever-Davis, S., 89
LeFevre, 89
Legendre, 87
Legendre, R., 33
Léger, J.P., 119
Leithwood, K.A., 227
Leithwood, L., 236
Lemerise, S., 117
Lemieux, Vincent, 214
Leno, Silas, 161–168
Lero, D.S., 277

Lessard, C, 133
LeTouzé, S., 171
Levesque, D., 93, 96
Lévy, L., 59, 63
Lévy, P., 179, 180
Lincoln, Y.S., 140, 142
Linton, R., 33
Lirette-Pitre, Nicole, 196–202
Little, J.W., 154
Loi 101 (Charte de la langue française), 219, 220
Loi sur l'éducation en Ontario en matière d'enfance en difficulté, 304
Loi sur les services en français de l'Ontario, 6
Lonigan, C.J., 89
Losier, G.F., 124
Lou, Y., 260
Loucks-Horsley, S., 152, 155, 156
Louis, K.S., 206, 209
Louis Mailloux (Duguay et Boudreau), 44, 46
Lowe, A., 30, 123
Lozon, R., 13
Ludlow, B.L., 278
Lundgren-Cayrol, K., 182, 188, 278
Lussier, C., 117
Lüdi, Georges, 67, 77, 79, 82
Lüthi, Ambros, 81
Luxembourg, 239
Lytle, S.L., 153, 154, 155, 157, 159

M
MacDonald, G., 146
Macedo, D., 102
MacGregor, G., 295
MacMillan, R.P., 277
Madden, N.A., 94
Maddox, G.G., 140
Madibbo, A., 5
Maillet, A., 44
Mainville, L., 229
Makropoulos, Josée, 57–63
Male, T., 236
Malette, Judith, 161–168
Malo, Annie, 132–135
Maltais, Claire, 88, 92–97, 276–282, 284–290
Manitoba
    anglicisation, 247, 248
    directions d'écoles, 237, 238
    droits scolaires, 22, 213

enseignement, 278, 294–301
leadership éthique, 218, 222, 223, 224
ministère de l'Éducation, 299
Maquis, D., 165
Marcoen, A., 288
Marmen, L., 245, 246, 248
Marshall, C., 221
Marshall, N.A., 123
Martel, A., 58, 219
Martin, A.B., 260
Martin, E., 182
Martin, S.S., 88
Martineau, S., 132, 133
Martinez, I., 260, 262
Martuccelli, D., 260, 261, 262, 263
Masny, Diana, 86–90, 99–105, 285
Mason, D.A., 260
Masse, L.C., 270
Matsumoto, C., 152
Matthey, M., 68
Maupassant, Guy de, 43–44
Mauthner, M., 305
Maxcy, S., 235
McCartney, K., 285
McGill-Franzen, A., 108, 109
McGowan, M.K., 184
McInerney, W., 277
McIntyre, F., 137, 138, 139, 140, 141
McKenna, M.C., 109
McKeown, M.G., 110
McKool, S.S., 110
McLellan, J., 260
Means, B., 188
Medcalf-Davenport, N.A., 93
Mehan, H., 306
Melhuish, E.C., 286
Menon, S., 89
MEO, *voir* ministère de l'Éducation de l'Ontario
MEQ (ministère de l'Éducation du Québec), 109
Merriam, S.B., 140, 141, 142
Miles, M.B., 142
Minden-Cupp, C., 108, 109
Mingat, A., 94, 286
ministère de la Santé et des Soins de longue durée de l'Ontario, 268
ministère de l'Éducation de l'Ontario, 37, 87, 146, 152, 180, 251
Politique d'aménagement linguistique, 10, 25, 30, 32, 33
ministère de l'Éducation du Manitoba, 299

ministère de l'Éducation du Nouveau-Brunswick, 43, 44, 45, 46
ministère de l'Éducation du Québec (MEQ), 109
ministère de l'Éducation et de la Formation de l'Ontario, 25, 30, 146, *voir aussi* ministère de l'Éducation de l'Ontario
Modes d'apprentissage des étudiants universitaires en difficultés d'apprentissage : régulation, appropriation et performance, 162
Molebash, P., 171
Monkman, K., 89, 102
Montandon, C., 261, 263
Montgomery, D.J., 227
Moore, D., 68
Moore, D.G., 123
Moore, M., 278
Morat (Suisse), 239
Moreau, André C., 276–282
Moreau, J., 87
Moreau, M.-L., 41
Morgan, R.L., 278
Morin, Yvan, 16–22, 36
Morrison, T.G., 110
Morrow, L.M., 88, 89, 108, 109, 110
Moscovici, S., 68
Mucchielli, A., 24, 25, 26
Mujawamariya, D., 25
Mulcahy, D., 260
Munford, A., 164, 165
Murat, F., 93, 96, 286, 289
Murphy, J., 209
Myers, J., 89, 102

N

National Longitudinal Survey of Children and Youth, 288
National Longitudinal Survey of Youth, 94
Ndoye, A.K., 140
Neuman, K.L., 140
Neuman, S.B., 108, 110
Nickols, F.W., 191
Niles, S.G., 148
Nind, M., 305
Nixon, H., 171
No Child Left Behind Act, 153
Noble, K., 229
Noddings, N., 155, 156, 221
Nonaka, I., 206
Norris, C.J., 231

North, A.C., 123
Nouveau-Brunswick
Acadie, 40–46, 116–120
anglicisation, 247, 248, 249
directions d'écoles, 237, 238
gestion scolaire, 214, 215
identité, 240
leadership éthique, 218, 222, 223, 224
ministère de l'Éducation, 43, 44, 45, 46
technologies de l'information et des communications, 198
Nouvelle-Écosse
anglicisation, 247, 248
directions d'écoles, 237, 238
gestion scolaire, 215

O

O'Brien, J., 89
O'Brien Caughy, M., 93, 94, 96, 286, 289
OCDE (Organisation de coopération et de développement économique), 86, 87, 146
Office de la qualité et du rendement (OQRE), 95, 109, 287
Olds, D.L., 270
O'Neill, S.A., 123
Ontario (gouvernement)
ministère de la Santé et des Soins de longue durée, 268
ministère de l'Éducation, *voir* ministère de l'Éducation de l'Ontario
ministère de l'Éducation et de la Formation, 25, 30, 146, *voir aussi* ministère de l'Éducation de l'Ontario
Politique d'aménagement linguistique, 10, 25, 30, 32, 33
Ontario français, 17
OQRE (Office de la qualité et du rendement), 95, 109, 287
Ordre des enseignantes et enseignants de l'Ontario, 133–135
Organisation de coopération et de développement économique (OCDE), 86, 87, 146
Orientation et formation au cheminement de carrière, 146
Osborn, R.N., 138
Ottawa, 17
enseignement, 19, 154, 171
identité chez les jeunes, 52
immersion, programmes d', 57–63

littératie, 93
prévention, programmes de, 269, 271
Ouellet, F., 25
Owens, R.G., 235, 237

P

Pagani, L., 270
Page, Edward, 214
PAL *(Politique d'aménagement linguistique de l'Ontario)*, 10, 25, 30, 32, 33
Palacio-Quintin, E., 93, 285
Palsha, S.A., 278
Papert, Seymour, 188
Parmentier, P., 163
Partir d'un bon pas pour un avenir meilleur, 268–274
Pearl, P., 93
Pearman, C., 89
Pearson, D.P., 108, 109, 110
Peck, C., 171
Peck, C.A., 277
Pelletier, D., 146, 147
Pelletier, L.G., 124
Pelletier, R.J., 165
Pence, A.R., 285
Percheron, A., 261
Perez, S.A., 110
Perfetti, C.A., 108
Perrenoud, P., 25, 109, 181, 260, 261
Pesetsky, D., 108
Peters, Martine, 161–168
Peters, R. De V., 95, 269, 287
Peterson, D.P., 109, 110
Peterson, K.D., 235, 277
Piaget, J., 183, 189
Pictorial Self-Evaluation Scale, 288
Pierre, R., 108
PIREF, 108
Plaisance, É., 9, 306
Plante, J., 179
Plourde, G., 37
PLURAL (Plurilinguisme et attitudes linguistiques), 43
Plurilinguisme et attitudes linguistiques (PLURAL), 43
Politique d'aménagement linguistique de l'Ontario (PAL), 10, 25, 30, 32, 33
Porter, A.C., 152
Pounder, D.G., 209
Pour parler profession, 134
Powell, A., 226, 227
Pratt, D., 110

Pressley, M., 108, 109, 110
Programme de développement des habiletés sociales, 270–271, 273
Programme ministériel du français langue maternelle, 41
programme virtuel de formation et de soutien en éducation inclusive (PVFSEI), 278, 279, 281–282
Prosser, M., 181, 182
Proulx, 219
Proulx, Jean-Pierre, 216
Prout, A., 261
Purcell-Gates, V., 89, 108
PVFSEI (programme virtuel de formation et de soutien en éducation inclusive), 278, 279, 281–282
Py, Bernard, 67, 68

Q

QSFC (Questionnaire sur les styles de facilitateur de changement), 225, 226, 228
Québec
 appartenance, 18, 22
 article 23 de la *Charte canadienne des droits et libertés*, 219
 Charte de la langue française (Loi 101), 219, 220
 développement vocationel, 146, 148
 enseignants, 133
 migration, 5
 ministère de l'Éducation, 109
Questionnaire sur les styles de facilitateur de changement (QSFC), 225, 226, 228
Qvortrup, J., 261

R

Rae, Bob, 8
Ramey, C.T., 270, 273
Ramsden, P., 164, 182
Rancourt, R., 227, 229
Raphael, T.E., 108
Rapport au CDIP/EDK, 79
Rathunde, K., 123
Rayburn, S., 89
Rayner, K., 108
Reed, P.M., 89
Reeves, T.C., 171
Règlement 17, 16, 17, 20, 22
Regroupement des réseaux et des centres de formation (RRCF), 251

Reinert, M., 222
Réseau circum., 58
Revue des sciences de l'éducation, 204
Revues des échanges de l'AFIDES, 204
Reynolds, C., 235
Rhéault, E., 37
Rich, R., 162
Richard, B., 237, 286
Richard, M., 94
Richardson, W., 197, 198
Richarz, S., 277
Riehl, C., 209
Robichaud, Lise, 30, 116–120
Robinson, E., 278
Rodriguez, M.C., 109, 110
Rogers, C., 277
Rogers, E.M., 172
Romainville, M., 162, 163, 164, 165
Ross, L.D., 171
Ross, M., 123
Rossett, A., 278
Rouleau, S., 37
Rouré, H., 238
Rousseau, N., 295
Roussel, C., 119, 120
Route du savoir, 104
Roy, S., 13
Royce, J.R., 226, 227
Royer, N., 285
Rozanski, M., 137, 138, 141
Rozon, Paulette, 225–231
RRCF (Regroupement des réseaux et des centres de formation), 251
RREO, 137, 138
Rua, M.J., 152
Ruano-Borbalan, J.C., 309
Rubin, H.J., 140, 141
Rubin, I.S., 140, 141
Russell, C.C., 269
Rutherford, W.L., 228
Rutkowsky, J., 123
Ryan, R.M., 24, 25, 26, 122, 124, 125, 138, 139

S

Saint-Jean, fête de la, 6
Saint-Laurent, L., 89, 108
Saint-Pierre, M.H., 277, 280
Samson, André, 145–149
Samson, G., 19
Sandell, R., 118
Saracho, O., 88

Sashkin, M. et M.G., 235
Saskatchewan
　anglicisation, 247, 248
　directions d'écoles, 237, 238
　droits scolaires, 22
SASS (Services d'appui au succès scolaire), 163
Savoie, A., 139, 140
Savoie, Rodrigue, 119, 196–202
Savoie-Zajc, L., 140, 142, 152, 164
Saysset, V., 286
Scarborough, H.S., 108
Schein, E., 206
Scheinman, L., 124
Schermerhorn, J.R., 138
Schlöpfer, R., 75
Schneider, G., 81
Schorger, J.R., 278
Schroeder, R., 197
Schultheis, Franz, 75, 82
Schwartz, A.J., 124
Schweinhart, L.J., 94, 96, 270, 273, 285, 286, 289
Scott, C., 139, 140
Scrobino, M., 93, 286
Séguin-Kimpton, L., 18
Seidel Horn, I., 157
Seidenberg, M.S., 108
Sénécal, C.B., 124
Sénéchal, M., 89, 108
Sergiovanni, T.J., 155, 235
Serra, C., 68
Services d'appui au succès scolaire (SASS), 163
Sgritta, G., 261
Shakeshaft, C.S., 235
Shannon, P., 89
Shapiro, J., 162
Sheehy, K., 305
Sherman, L., 117
Shisler, L., 277
Shore, R., 152
Shön, D.A., 206
Siegel, L.S., 108
Simon, M., 108
Singy, P., 41
Sink, C.A., 146
Sirois, M., 37
Sirota, R., 260, 261
Slavin, R.E., 94, 96
Sloboda, J.A., 123
Smagorinsky, P., 89

Snow, C.E., 103, 108
Snyder, W.M., 206
Société Saint-Jean Baptiste d'Ottawa, 20
Soltis, J.F., 221
Soriano, P., 179
Soto, L.D., 87
Soudy, Don, 117
Soussi, A., 87
Spence, J.C., 260
Sprachenschutz, 75–76
St-Germain, Michel, 204–210, 233–242, 250–258, 260
Stacey, K., 184
Stake, R.E., 140, 141, 142
Stankiewicz, M., 117, 118, 119
Stanovich, K.E., 108
Stanzi, L.C., 89
Starratt, R.J., 221, 235, 237
Startcast Solutions Inc., 137
Statistique Canada, 5, 86, 245, 246, 247, 248, 288
Staub, D., 295
Stiles, K.E., 155
Stogdill, R.M., 234
Stoiber, K.A., 277, 280
Stott, K., 236
Street, 87, 88
Strike, K.A., 221
Stuhr, P., 118
Success for All, 94
Suisse, 74–83
Sulby, E., 88
Sulte, 17
Super, D.E., 147
Swinyard, W., 110
Sylvestre, P.-F., 17, 20
Symposium d'art nature de l'Acadie, 119

T

TACL (*Test for Auditory Comprehension of Language*), 287
Takeuchi, H., 206
Taleb, Kehra, 13, 303–309
Tardif, J., 181
Tardif, M., 133, 164
Tarrant, M., 123
Taylor, B.M., 108, 109, 110
Taylor, D., 89
Taylor, R.P., 188
Teale, W.H., 88
technologies de l'information et des communications (TIC), 169–202
　cybercarnets, 196–202
　enseignants, compétences, 187–194
　intégration, 170–176, 178–184
Terre-Neuve, anglicisation, 247, 248
Test for Auditory Comprehension of Language (TACL), 287
Théâtre Action, 25, 27, 30
Théberge, Mariette, 24–30, 166
Thériault, J.Y., 171
Thériault-Whalen, C.M., 287
Thill, E.E., 124, 139, 140
Thomas, A., 86
Thomas, D., 94, 96
Thompson, K., 123
Thorkildsen, T., 103
Thornburg, K.R., 93
Thousand, J.S., 295
Thurston, P.W., 235
TIC, *voir* technologies de l'information et des communications
Tin, L.G., 236
Tomasetto, C., 171
Toole, J., 206
Tracey, D.H., 108
Training for Inclusion Project, 278
Trajectoires sociales et scolaires d'élèves en difficulté à l'école élémentaire de langue française en Ontario, 303, 304
Tremblay, R.E., 270, 273, 286
Trentin, 278
Trigwell, K.M., 181, 182
Trollip, S.R., 188
Turcotte, Catherine, 107–111

U

Université de Fribourg, 79
Université de Moncton, x, 119, 196, 198, 199, 201
Université de Neuchâtel, 68
Université de Toronto, 251
Université d'Ottawa, x, 2, 163, 251
Université Laurentienne, 251
Université Laval, Faculté des sciences de l'éducation, 147

V

Val d'Aoste (Italie), 65–72, 239
VALIBEL (Variétés linguistiques du français en Belgique), 42
Vallée du Lys, 66–67, 70
Vallerand, R.J., 124, 139, 140, 165
Van der Maren, J.M., 154

Van Grunderbeeck, N., 109
van Zanten, A., 260
Vanbrugghe, A., 43, 44, 45
Variétés linguistiques du français en Belgique (VALIBEL), 42
Vasquez-Bronfman, A., 260, 262
Vaughan, F.E., 226
Veenman, S., 260
Vellutino, F.R., 108
Verlaan, P., 286
Verschueren, K., 288
Vézina, N., 198
Viens, J., 278
Vignault, G., 68
Villa, R.A., 295
Vinsonneau, G., 25
Vispoel, W.P., 123
Vitaro, F., 270, 286
Vogelsberg, R.T., 295
Von Glasersfeld, E., 183, 189

Vygotsky, L., 183

W
Wagner, S., 103
Wallace, M.J., 138
Walpole, S., 108
Wang, F., 171
Wandschneider, M., 277
Wasik, B.A., 94, 96
Waterhouse, F., 182
Webber, 205
Weigel, D.J., 88
Weikart, D.P., 94, 96, 270, 285, 286, 289
Wells, G., 158, 159
Wenger, E.C., 206
Wertsch, J., 183, 184
Wesley, P.A., 278
Wessels, H., 93, 94, 96, 285, 286, 289
Whalen, S., 123
Wharton-McDonald, R., 108

White, K.R., 285
White, R.W., 26
Whitehurst, G.J., 89
Widmer, Jean, 76, 82
Willower, D.J., 235
Windisch, U., 76, 79
Wintersberger, H., 261
Wirthner, M., 87
Woo, D., 108
Worthy, J., 110
Woudstra, A., 278
Wrede, O., 198

Y
Yerrick, R., 171
Young, B., 235

Z
Zakhartchouk, J.-M., 24, 25, 30

Imprimé et relié en mai 2007
par L'IMPRIMERIE GAUVIN, GATINEAU, QUÉBEC,
pour LES PRESSES DE L'UNIVERSITÉ D'OTTAWA

Une typo de 10pt sur 14pt ITC Galliard par Dan Sokolowski et Colette Patenaude

Conception de la mise en pages par Dan Sokolowski
Révision linguistique par Nadine Elsliger
Maquette de la couverture par Dan Sokolowski
Index par François Trahan

Imprimé sur Enviro éditions blanc 50 lb

QUESTIONS EN ÉDUCATION

La collection « questions en éducation » met l'accent sur les travaux universitaires qui cherchent à développer différents axes dans le domaine de l'éducation. Elle accueille des ouvrages de référence, des collectifs de chercheurs, que ces ouvrages soient de nature théorique et appliquée dans les champs de la sociologie de l'éducation, de la psychopédagogie, de l'administration éducative, de l'évaluation, de l'innovation pédagogique ou encore de la formation à l'enseignement. La collection vise particulièrement à promouvoir la publication de contributions qui se situent à l'intersection de ces domaines.